Axel Kühner

Überlebensgeschichten für jeden Tag

neukirchener
aussaat

Dieses Buch wurde auf FSC®-zertifiziertem Papier gedruckt.
FSC (Forest Stewardship Council®) ist eine nichtstaatliche,
gemeinnützige Organisation, die sich für eine
ökologische und sozialverantwortliche Nutzung
der Wälder unserer Erde einsetzt.

Bibliografische Information der Deutschen Nationalbibliothek
Die Deutsche Nationalbibliothek verzeichnet diese Publikation
in der Deutschen Nationalbibliografie; detaillierte bibliografische Daten
sind im Internet über http://dnb.d-nb.de abrufbar.

Limitierte Sonderausgabe
© 2011 Neukirchener Verlagsgesellschaft mbH, Neukirchen-Vluyn
Alle Rechte vorbehalten
Umschlaggestaltung: Andreas Sonnhüter, Düsseldorf,
unter Verwendung eines Bildes von © ClausAlwinVogel/istockphoto.com
DTP: Typomedia GmbH, Ostfildern
Verwendete Schriften: Aldus Roman und Optima
Gesamtherstellung: CPI books, Ebner & Spiegel, Ulm
Printed in Germany
ISBN 978-3-7615-5873-7

www.neukirchener-verlage.de

»Siehe, ich mache alles neu«

Wie ein heller Stern leuchtet über der dunklen Zukunft eines neuen Jahres das Wort Jesu: „siehe, ich mache alles neu!« (Offenbarung 21,5)

»Siehe, ich mache alles alt«, sagt die Zeit.
»Siehe, ich mache alles anders«, sagt die Jugend.
»Siehe, ich mache alles verkehrt«, klagt oft das Herz.
»Siehe, ich mache alles stumm«, sagt der Tod.
Aber Jesus sagt uns: »Siehe, ich mache alles neu!«

Das neue Jahr bedeutet neue Gnade, neue Kraft, neue Hoffnung. Über meinem Leben und der ganzen Welt steht eine wunderbare Aussicht. Das Leben veraltet nicht, sondern wächst einer Vollendung und Erneuerung entgegen. Es gibt nicht nur alte und junge Menschen, sondern auch neue Menschen. Es gibt nicht nur unsere alte Erde und einen verborgenen Himmel, sondern einmal eine neue Erde und einen neuen Himmel, in dem Gerechtigkeit wohnt.

Ins neue Jahr

Nun lasst getrost uns gehen ins neue Jahr hinein!
Ob Stürme uns umwehen, wir stehn im hellen Schein.
Es leuchtet Gottes Gnade auch durch die tiefste Nacht
auf unserm Erdenpfade, bis sie uns heimgebracht.

Wir dürfen nur nicht zagen, wenn wir den Weg nicht sehn,
auch in den schwersten Tagen willst Du, Herr, mit uns gehn.
Du stehst uns ja zur Seiten und führst uns jeden Schritt.
Durch alle Dunkelheiten gehst Du getreulich mit.

Halt uns an Dich gebunden mit ganzer Zuversicht,
dass nicht in dunklen Stunden erlischt des Glaubens Licht!
Du Trost zu allen Zeiten, Du Heil und Gottesgnad,
Du Licht der Ewigkeiten erleuchte unsern Pfad!

Mach täglich uns getreuer auf unsrer Lebensbahn
und zünd der Liebe Feuer aufs neue in uns an,
dass wir Dir ganz gehören in Kreuz und Ungemach,
mit unserm Werk Dich ehren, Dir treulich folgen nach!

Das alte ist vergangen, das neue kommt herbei,
mit Dir sei's angefangen, der Du die ew'ge Treu.
Nimm uns in Deine Hände, Du Heiland Jesus Christ,
und führ uns bis ans Ende, wo unsre Heimat ist.

(Käte Walter)

1. Januar

Die Nummer eins

Der indische Evangelist Sundar Singh hat einmal gesagt: »Christus ist die Nummer eins. Stellen wir die Eins an die Spitze und fügen nach rechts hin eine Anzahl Nullen an, so wird die Summe immer größer, denn die Eins steht an der Spitze. Setzen wir aber die Nullen nach links hin an, dass die Eins am Schluss steht, werden alle diese Nullen bedeutungslos bleiben. Christus ist die Eins. Wer ihn ans Ende stellt, bleibt eine hoffnungslose Null. Wer ihn an die Spitze stellt, wird aufgewertet und wichtig.«

Was ist in unserem Leben die Nummer eins? Was ist das Erste in einem neuen Jahr? Nehmen die Angst vor dem Kommenden und die Trauer über das Vergangene die erste Stelle in uns ein? Regieren uns die unheimlichen Sorgen um unser Lebensglück? Oder ist der Herr der Zeit, der Machthaber der Welt, der König aller Könige, der Erste, der den Tod überwand, auch für uns die Nummer eins? Ist Jesus in unserem Leben, in einem neuen Jahr das Wichtigste, dann können wir noch so klein und winzig, schwach und gebrechlich sein, unser Leben wird mit ihm kostbar und wertvoll, erfüllt und vollendet. Steht Christus mit seiner Liebesmacht am Ende unserer Gedanken und Pläne, können wir noch so reich und erfolgreich, tüchtig und tatkräftig sein, es wird nichts bringen und nichts bedeuten. Wir bleiben null und nichtig.

Bei Gott, in der Geschichte, über den Kosmos, über den Tod und im Leben ist Jesus Christus der Herr. Ist er es auch in uns, über das neue Jahr, in allem Wollen und Handeln, Denken und Fühlen, Lieben und Hoffen, Schaffen und Leiden?

»*Trachtet am ersten nach dem Reich Gottes und nach seiner Gerechtigkeit, so wird euch solches alles zufallen!*« (Matthäus 6,33)

Dein ist der Tag und dein die Nacht,
dein, was versäumt, dein, was vollbracht,
dein Saat und Ernte, täglich Brot,
das Leben samt Geburt und Tod.
So gehn wir, Gott, aus dem, was war,
getrost mit dir ins neue Jahr,

ins Jahr, dem du dich neu verheißt,
Gott Vater, Sohn und Heiliger Geist.

(Arno Pötzsch)

2. Januar

Ein gesegnetes neues Jahr

Kolumbus richtete, als er den neuen Erdteil betrat, als erstes ein Kreuz auf. Das neue, unbekannte Land sollte unter dem Zeichen Jesu stehen. Kolumbus konnte nicht ahnen, dass das Kreuz auch für Menschenschuld und Leid und vielfachen Tod stehen würde. Wie viel Unrecht und Grausamkeit, wie viel Blut und Tränen kam mit den Europäern nach Amerika! Und doch brauchen gerade Menschenschuld und Menschenleid, Menschengewalt und Menschentod das erlösende Zeichen Jesu Christi. Wenn wir ein neues Jahr wie ein unbekanntes Land betreten, wollen wir ein Kreuz aufrichten. Das neue Jahr soll von Anfang an unter dem Zeichen Jesu stehen. Gerade weil wir wissen, dass wir im neuen Jahr wieder schuldig werden, einander verletzen werden. Menschen werden leiden und sterben. Aber gerade darum wollen wir das Kreuz Jesu als Zeichen des Sieges aufrichten. In Jesu Namen wollen wir das neue Jahr beginnen. Alles, auch unsere Schuld, unser Leid und Tod, soll unter dem Zeichen seiner überwindenden Liebe stehen.

Das heißt ein gesegnetes Jahr: ein signiertes Jahr, ein Jahr unter dem Siegeszeichen Jesu, ein Jahr unter dem Zeichen des Kreuzes.

Jesus soll die Losung sein,
da ein neues Jahr erschienen;
Jesu Name soll allein
denen zum Paniere dienen,
die in seinem Bunde stehn
und auf seinen Wegen gehn.

(Benjamin Schmolck)

Alles im neuen Jahr, Freude und Leid, Schönes und Schweres, Erfolg und Versäumnisse. Menschen und Begegnungen, Reisen und Taten sollen unter dem Zeichen und Segen Jesu stehen. Unser Name soll zugedeckt werden durch den Namen Jesu. Unser Elend wird aufgewogen werden durch seine Herrlichkeit. Seine Liebe wird unsere Schuld bedecken. Wir bergen uns in allem in seinen Sieg hinein. Das ist ein gesegnetes, ein signiertes, ein von Jesus gezeichnetes Jahr. Jesus soll die Losung sein!

3. Januar

Kostbare Schätze

Eine persische Sage erzählt von einem Mann, der am Strand des Meeres entlanggeht und ein Säckchen voll kleiner Steine findet. Achtlos lässt er die Steine durch seine Finger gleiten und schaut dabei auf das Meer. Er beobachtet die zahlreichen Möwen, die auf den Wellen schaukeln, und wirft übermütig mit den Steinchen nach den Vögeln. Spielerisch schleudert er die kleinen Dinger ins Meer, und eins nach dem anderen versinkt in den Wogen. Einen einzigen Stein behält er in der Hand und nimmt ihn mit nach Haus. – Groß wird sein Schrecken, als er beim Schein des Herdfeuers in dem unscheinbaren Stein einen herrlich funkelnden Diamanten erblickt. Wie gedankenlos hat er den ungeheuren Schatz verschleudert. Er eilt zum Strand zurück, die verlorenen Diamanten zu suchen. Doch vergebens, sie liegen unerreichbar auf dem Meeresgrund verborgen. Keine Selbstanklage und Reue, keine Tränen und Vorwürfe können ihm den achtlos weggeworfenen Schatz zurückgeben.

Spielen wir nicht ebenso mit den uns geschenkten Tagen unseres Lebens? Gedankenlos lassen wir die »kleinen Dinger« durch unsere Hände gleiten und werfen sie spielerisch fort. Wir träumen vom großen Leben und verschleudern die einzelnen Tage. Bis wir dann erschrocken feststellen, welche kostbaren Schätze die Tage unseres Lebens sind, die wir vertändelt und vertan haben. – Jeder Tag ist ein Schatz und birgt in sich die Möglichkeit, erfüllt zu leben. Sorgsam und bewusst wollen wir mit unseren Tagen umgehen. Denn unser großes Leben besteht aus vielen kleinen richtig gelebten Tagen.

»Carpe diem!« – pflücke den Tag, sagt ein altes Sprichwort. Ganz neu wollen wir unsere einzelnen Lebenstage empfangen, gestalten, erfüllen und in Gottes Hand zurücklegen.

»*Dies ist der Tag, den der Herr macht; lasst uns freuen und fröhlich an ihm sein!*« (Psalm 118,24)

4. Januar

Die Wunderpillen

Ein Arzt besucht seine Patienten im Altenheim. Ihm fällt ein 96-jähriger Mann auf, der stets zufrieden und freundlich ist. Eines Tages spricht ihn der Arzt darauf an und fragt nach dem Geheimnis seiner Freude. Lachend antwortet der Mann: »Herr Doktor, ich nehme jeden Tag zwei Pillen ein, die helfen mir!« Verwundert schaut ihn der Arzt an und fragt: »Zwei Pillen nehmen Sie täglich? Die habe ich ihnen doch gar nicht verordnet!« Verschmitzt lacht der Mann und antwortet: »Das können Sie auch gar nicht, Herr Doktor. Am Morgen nehme ich gleich nach dem Aufstehen die Pille Zufriedenheit. Und am Abend, bevor ich einschlafe, nehme ich die Pille Dankbarkeit. Diese beiden Arzneien haben ihre Wirkung noch nie verfehlt.«

»Das will ich ihnen gerne glauben«, meint der Arzt. »Ihr gutes Rezept werde ich weiterempfehlen.«

»Der Dank ist eine Gewalt, vor der alle finsteren Mächte weichen.«
(H. Bezzel)

»*Du bist mein Gott, und ich danke dir; mein Gott, ich will dich preisen!*«
(Psalm 118,28)

5. Januar

Es ist Zeit zum Leben

Den Geschäftigen rinnt sie wie Sand durch die Finger. – Den Trägen hängt sie wie ein Mühlstein um den Hals. – Die jungen Leute können nicht abwarten, bis sie vergeht. – Die Älteren möchten sie gern noch ein wenig festhalten. – Die einen flehen um sie und empfangen sie wie eine Freundin. – Die anderen verfluchen sie und vertreiben sie wie einen Feind. Die Zeit!

Nichts täuscht uns mehr als die Zeit! Die einfachste Täuschung: Zeit ist Geld. – Ein kleines Mädchen geht mit einem großen Korb in einen Spielwarenladen und packt sich viele schöne Sachen ein. An der Kasse legt sie einen Stapel Papierstreifen hin. Als die Verkäuferin entsetzt abwehrt, sagt das Mädchen: »Papier ist Geld!« – Natürlich ist unter ganz bestimmten Umständen Papier auch Geld. Wenn es von der Bundesbank herausgegeben und amtlich als Geldschein bedruckt ist. Ebenso ist manchmal Zeit auch gutes Geld. Aber stimmt die Gleichung wirklich?

Zeit ist viel mehr als Geld. Sie ist die Chance zum Leben. Man kann an einem Tag sein ganzes Leben zerstören und in einer Stunde die letzte Erfüllung des Lebens empfangen. Ich denke an den Schächer, der neben Jesus gekreuzigt wurde. Nach einem verpfuschten Leben gewann er buchstäblich in einer Minute das ganze Leben, als er zu Christus rief: »Herr, denke an mich!« Die Begegnung mit Christus, der das Leben in Person ist, wird zum Maßstab für Leben und Sinnerfüllung. Zeit ist mit Geld nicht zu bezahlen und in Euro nicht zu umschreiben.

Zelt ist die große Leihgabe Gottes an die Menschen. Sie ist wie ein Gefäß, das sich mit Freude, Liebe und Leben füllen kann oder unter unseren Händen in tausend Scherben zerbricht. Gott gab uns die Zeit, damit wir in ihr mit Gott und nach seinem Willen leben. So wird die bloße Zeit zur erfüllten und gewonnenen Zeit, zur Zeit des Heils, die in die Ewigkeit einmündet. Gott gibt uns diesen Tag, Zeit für ihn und das Leben.

»Ein Tag kann eine Perle sein, und ein Jahrhundert nichts.« (G. Keller)

6. Januar

Der richtige Halt

»Irgendeinen Halt braucht der Mensch«, sagen wir. – Zwei Jungen unternahmen eine Paddelbootfahrt auf dem Rhein. Sie gerieten in einen gefährlichen Strudel. Ihr Boot wurde mit unheimlicher Gewalt herumgewirbelt und von starken Kräften in die Tiefe gezogen. Die Jungen kämpften um ihr Leben und schrien um Hilfe. Vom Ufer aus wurde der Unfall beobachtet. Männer eilten herbei und warfen ein Rettungsseil in den Fluss. Jeder der beiden Jungen suchte in seiner Todesangst nach einem Halt. Der eine Junge klammerte sich an das Boot, wurde mit ihm in die Tiefe gezogen und ertrank. Der andere griff nach dem Seil und wurde an das rettende Ufer gezogen.

Nicht *irgendeinen* Halt braucht der Mensch. Wenn der Strudel der Not und die Wirbel von Leid, wenn Grenzen und Krisen des Lebens, die Sogwirkungen des Bösen kommen und uns bedrohen, brauchen wir den *richtigen* Halt. Am eigenen Lebensschiff kann man sich nicht festhalten. Die eigene Tüchtigkeit reicht dann nicht mehr aus. Wir brauchen einen Halt, der uns vom rettenden Ufer aus zugeworfen wird. Wir brauchen Kräfte und Möglichkeiten über uns hinaus. – Gott streckt uns in Christus seine Hand entgegen. Jesus kam in den Strom der Zeit, in unsere Strudel von Angst und Sorge, Einsamkeit und Not, Schuld und Leid. Christus ist die ausgestreckte Hand Gottes, das Rettungsseil der Liebe vom rettenden Ufer aus. Damit möchte Gott unser Leben retten und bergen, es ans Ufer ziehen. Wir müssen nur zugreifen und uns an Christus halten. Alles andere hält nicht. Aber Christus hält uns fest!

»Meine Seele hängt an dir; deine rechte Hand hält mich!« (Psalm 63,9)

7. Januar

Gott lädt uns ein zu seinem Fest

»Zwei Menschen wollten Hochzeit halten. Die Brautleute hatten nicht viel Geld, aber dennoch waren sie der Meinung, dass viele Menschen mitfeiern sollten. Also baten sie die Eingeladenen, je eine Flasche guten

Wein mitzubringen. Am Eingang des Festsaales würde ein großes Fass stehen, in das sie ihren Wein gießen könnten. So sollte jeder die Gabe des anderen trinken und jeder mit jedem froh und ausgelassen sein.

Als nun das große Fest eröffnet wurde, liefen die Kellner zu dem großen Fass und schöpften daraus. Doch wie groß war das Erschrecken aller, als sie merkten, dass es Wasser war. Versteinert standen sie da, als ihnen allen bewusst wurde, dass eben jeder gedacht hatte: ›Die eine Flasche Wasser, die ich eingieße, wird niemand schmecken!‹ Als um Mitternacht die Flöten verstummten, gingen alle schweigend nach Hause, und jeder wusste, das Fest hatte nicht stattgefunden.«

(Aus einer chinesischen Parabel)

In Gottes großer Geschichte hat jedes Menschenleben eine Bedeutung. Das Reich Gottes ist wie eine große Hochzeit. Gott möchte, dass wir unsere Gaben mitbringen in die Gemeinde, damit daraus ein Fest wird. Aber wir denken ›Ich bin doch nur eine Flasche‹, lassen unsere Gaben zu Hause und wundern uns, wenn das Gemeindeleben eher einer Trauerfeier als einer Hochzeit gleicht. Wenn wir Gott und seiner Gemeinde unsere kleinen Gaben verweigern, fehlt etwas, und das Fest der Gemeinde kann leider nicht gefeiert werden.

> Es ist ja, Herr, dein Gschenk und Gab,
> mein Leib und Seel und was ich hab
> in diesem armen Leben.
> Damit ichs brauch zum Lobe dein,
> zu Nutz und Dienst des Nächsten mein,
> wollst mir dein Gnade geben.

(M. Schalling)

---

8. Januar

Arm oder reich

Wir haben als Kinder ein Spiel gespielt: »Ich sehe was, was du nicht siehst, und das sieht blau aus!« Vielleicht könnten wir einmal in unseren Gemeinden ein Spiel spielen. Das würde dann so gehen: »Ich sehe was,

was du nicht siehst, und das sieht reich aus!« Unsere Gemeinden sind oft so klein, kümmerlich und begrenzt, dass wir resignieren. Wir träumen von großen Gaben, vielen Menschen, unbegrenzten Möglichkeiten, tiefen Erkenntnissen. Aber die Wirklichkeit sieht ja anders aus. Eine kleine Schar, eine kleine Kraft, eine winzige Hoffnung und viel Uneinigkeit und Hemmung. Besinnen wir uns einmal ganz neu auf die Reichtümer, die wir in der Gemeinde haben. Wir haben einen Herrn, der alle Macht und Gewalt im Himmel und auf Erden hat, zu unserem Freund. Wir haben in Jesus einen Mitwisser um unser kleines Leben, aber auch einen Mitkämpfer in allen Nöten und Leiden. Wir haben einen Sieger über alles Begrenzte in unserer Mitte. Wir haben sein herrliches Wort mit den unzähligen Verheißungen und grenzenlosen Aussichten. Wenn wir uns auf diesen Herrn ganz neu besinnen, werden wir auch die Kämpfe und Leiden, die Schwächen und Grenzen noch als einen Reichtum erkennen, der uns immer mehr auf den Herrn wirft und uns immer unabhängiger von allen anderen Verhältnissen macht. Unser Klimpfen und Ringen im Glauben und in der Liebe sind eigentlich der Reichtum seiner Gemeinde. Die kleine Gemeinde ist ein Schatz Jesu Christi. »Ich sehe was, was du auch siehst, und das sieht reich aus!«

»Ich weiß deine Trübsal und deine Armut, du bist aber reich!«
(Offenbarung 2,9)

9. Januar

Warten und Handeln

Ein Junge kommt eines Tages zu seinem Vater und bekennt ihm kleine Fehler. Der Vater verspricht ihm, dass damit alles gut ist. Dann beten sie zusammen. Der Junge betet: »Vater im Himmel, lass mich so groß und stark werden wie mein Vater. Du kannst mir alle Schwächen vergeben. Ich bitte dich darum!«

Abends, als der Junge im Bett ist, betet auch der Vater: »Vater im Himmel, lass mich so klein und vertrauensvoll werden wie mein Kind!«

In dieser Spannung wird sich unser Leben ereignen: stark sein und handeln wie ein Mann, klein werden und Vertrauen haben wie ein Kind.

Es wird Situationen geben, da bleibt uns das Warten und Vertrauen. Dann wird es andere Umstände geben, die ein Handeln und Zupacken erfordern. Ruhen und Tun, Stillesein und Tätigsein, Besinnen und Beginnen, Horchen und Gehorchen, von Gott etwas erwarten und für Gott etwas tun, dazwischen wird sich unser Leben gestalten.

Am Anfang der Bibel heißt es: »Gott schuf Himmel und Erde.« Und dann heißt es: »Gott ruhte von allen seinen Werken.« Auch Gott hat die Spannung von Handeln und Ruhen gelebt. Im Leben Jesu kehrt die Spannung wieder. Jesus hat viel getan und gehandelt, Kranke geheilt, Kinder gesegnet, Stürme gestillt und Hungrige gespeist. Er ist viel gelaufen, hat viel gepredigt und getan. Aber dann hat er wieder sein Leben so ganz in die Hand Gottes gelegt und gewartet.

»Herr, ich warte auf dein Heil und tue nach deinen Geboten!«
(Psalm 119,166)

10. Januar

Die Zeit heilt nichts!

»Die Zeit heilt alles!« lautet ein altes Sprichwort. – Zeitlicher Abstand von aufregenden Ereignissen, von Momenten des Ärgers oder der Enttäuschung tut gut, rückt alles in ein milderes Licht. Aber die Wunden des Lebens, Angst und Einsamkeit, Schuld und Kränkung, Leiden und Sterben heilen nicht dadurch, dass Jahre vergehen. Kein tieferes Problem des Lebens, keine wirkliche Verletzung eines Menschen heilt allein dadurch, dass Zeit vergeht.

Würde ein Arzt zu einem Jungen, der mit einem gebrochenen Arm zu ihm kommt, sagen: »Die Zeit heilt das schon«? Jeder gute Arzt wird die gebrochenen Knochen sorgsam richten, den Arm eingipsen, und dann braucht es auch Zeit. Heilen tut das ärztliche Eingreifen von außen und die Kräfte des Körpers von innen. Und alles geschieht in der Zeit. Aber nicht die Zeit heilt alles.

So ist es auch mit Brüchen, Verletzungen und Kränkungen des Menschen. Sie müssen unter die Hand eines guten Arztes. Sein Eingriff von außen und die Lebenskräfte von innen vermögen die Wunden des Lebens zu heilen.

Gott heilt die Wunden unseres Lebens. Dass der Heilungsprozess auch Zeit braucht, bedeutet nicht, dass die Zeit selbst heilt.

Mein Bruder war sechs Jahre alt, als er sich mit einem Topf kochenden Wassers den ganzen Rücken verbrühte. Nach einem langen Krankenhausaufenthalt war der Rücken noch eine große eitrige Wunde, die täglich neu verbunden werden musste. Jeden Morgen ganz früh wurden die Schmerzen für ihn unerträglich, und er weinte und schrie: »Ich will zum Verbinden, ich will zum Verbinden!«

Das ist der Schrei des verletzten, zerrissenen, gekränkten Menschen: »Ich will zum Verbinden!« Gott hat seinem Volk sagen lassen: »Ich bin der Herr, dein Arzt.« Und dann hat Gott seinen Heiland gesandt, damit er die Wunden unseres Lebens verbinde. Waren wir schon bei Jesus mit unseren Verletzungen? Er will uns heilen. Die Zeit heilt nichts. Jesus heilt uns in der Zeit, und dann gilt es für eine ganze Ewigkeit.

»Heile du mich, Herr, so werde ich heil; hilf du mir; so ist mir geholfen!«
(Jeremia 17,14)

---

11. Januar

Bin ich ein toter Bahnhof?

In der kleinen Schwefelbergwerkstadt Riesi auf Sizilien gibt es einen einsamen Bahnhof. Man findet dort ein Bahnhofsgebäude, einen Bahnsteig und Signalanlagen. Aber es sind niemals Schienen gelegt worden. So ist niemals ein Zug in Riesi angekommen. Kein Zug konnte von dort abfahren. Der Bahnhof ist tot.

Es gibt Menschen, die gleichen jenem Bahnhof von Riesi. Sie sind Geschöpfe Gottes. Sie haben ihre Ohren zu hören, was Gott ihnen sagen will. Sie haben Herzen, um Gottes Liebe zu empfangen. Sie haben Hände, um Gottes Liebe weiterzuschenken. Aber sie haben die Verbindung zu Gott abgebrochen. Darum sind auch ihre Verbindungen zum Mitmenschen gestört. Ja, auch zu sich selbst haben sie ein gespaltenes Verhältnis. Sie wollen leben und tun alles, um es kaputtzumachen.

Wir alle sind tot wie der Bahnhof der kleinen Stadt auf Sizilien, wenn Gottes Liebe nicht bei uns ankommt und durch uns weitergeht zu anderen Menschen. Auch wenn wir einer Kirche angehören und ein normales

Leben führen, sind wir ohne eine persönliche Beziehung im Glauben an Jesus tot. Ohne Gottes Liebe sind unsere religiösen Bücher wie Kursbücher in einem toten Bahnhof. Ohne Gottes Liebe ist unsere Kirchenmitgliedschaft wie eine Fahrkarte, die nie gebraucht wird. Das Leben, das Gott uns in Jesus schenken will, kommt nie bei uns an. Die Liebe, die Gott durch uns hindurch in die Welt tragen will, geht nie von uns aus. Wir sind tot, wie schön auch alles Äußere sein mag. – Gott hat die Verbindung zu uns gesucht und hergestellt. Seine Züge kommen bei uns an. Wir können einsteigen in eine lebendige Beziehung zu Gott im Glauben an Jesus, im Danken und Hoffen. Wir müssen nicht länger ein toter Bahnhof sein.

»*Ich bin bei dir, spricht der Herr; dass ich dir helfe!*«   (Jeremia 30,11)

12. Januar

Güterzug oder Personenzug

Zwei junge Menschen verlieben sich und beschließen zu heiraten. Das Mädchen kommt aus einem überreichen Elternhaus. Dort wird der junge Mann zum Abendessen eingeladen und will um die Hand der Tochter bitten. Verlegen steht er mit seinem Blumenstrauß den zukünftigen Schwiegereltern gegenüber. Die wohlüberlegten Sätze sind wie weggeblasen. Schließlich spricht er von einem ungeheuren Zug, der ihn zu dem Mädchen zieht, dass der Zug immer stärker wird, dass er sich so zu dem Mädchen hingezogen fühlt, dass er um die Hand der Tochter bitten möchte. Der zukünftige Schwiegervater legt ihm gütig lächelnd die Hand auf die Schulter und fragt: »Dieser Zug, von dem Sie da sprechen, ist das ein Güterzug oder ein Personenzug?«

Ist Gott für uns nur der Geber und Wünscheerfüller und unsere Beziehung zu ihm nur ein Güterzug? Oder ist Gott unser Herr und Vater, Freund und Vertrauter und unsere Beziehung zu ihm ein Personenzug? Gott schickt wahrlich viele Güterzüge: Kosmos und Erde, Sonne und Regen, Zeit und Leben, Schätze und Reichtümer. Aber dann kam der Personenzug Gottes. Gott wurde Mensch und erklärte uns seine Liebe, trug unsere Schuld, teilte unser Leid und starb unseren Tod. Wenn wir darauf mit Liebe antworten und eine persönliche Beziehung zu Gott im Glauben und Vertrauen finden, dann werden auch unsere Beziehungen untereinander wieder gelöster, menschlicher und liebevoller. Sind unsere Bezüge in Familie, Gemeinde und Gesellschaft Güterzüge des Begehrens, Neidens und Habenwollens oder Personenzüge des Vertrauens, Schenkens und Liebens?

»Ich habe dich je und je geliebt!« ist die Einladung Gottes in seinen Personenzug der Liebe, sein Angebot, zu Teilhabern des Lebens zu werden. Und wir wollen einsteigen: »Mein Herr und mein Gott!«

13. Januar

Jesus war auch eingeladen

Manchmal ist das Leben wie eine Hochzeit. Glück ist angesagt. Liebe blüht auf. Freude liegt in der Luft. Ein großes Abenteuer beginnt. Alles ist heiter und festlich, herrlich und gelöst. Wie ein wunderbares Land liegt das Leben offen vor uns.

So war es auch bei der Hochzeit zu Kana. Ein herrlicher Festsaal, ein glückliches Brautpaar, liebe Gäste, fröhliches Feiern, köstliches Essen, guter Wein, reich gedeckte Tische und strahlende Gesichter. Und Jesus war auch eingeladen. Jesus war zur Hoch-Zeit, zur Freudenzeit, zur Glückszeit, zur Festzeit eingeladen. Die Brautleute wollten ihre Ehe nicht ohne Jesus beginnen, ihr Fest nicht ohne ihn feiern. Sie wollten ihr Glück mit ihm teilen.

Laden wir Jesus auch zu den Hoch-Zeiten unseres Lebens ein? Wenn wir fröhlich sind, vor Glück nicht wissen wohin, gesund und wohlsituiert? Oder warten wir mit der Einladung bis zu den Tief-Zeiten des Lebens, wenn Angst uns packt, Sorgen uns quälen, Einsamkeit uns überfällt, Mutlosigkeit sich ausbreitet, Sünde uns belastet?

Das wäre ein ganz einfacher Maßstab für unser Leben: Nichts ohne Jesus beginnen, nichts ohne seine Gegenwart tun, kein Fest ohne ihn feiern, keine Entscheidung ohne ihn treffen, nichts ohne Jesus wagen oder angehen.

Wir können Jesus in unsere Freude, zu unserem Glück, in unsere Beziehungen, unsere Ehe und Familie, in Gesundheit und Erfolg, in unser Lachen und Singen einladen. Er teilt es mit uns wie kein anderer.

Der einfachste Maßstab für ein richtiges Leben: Jesus ist eingeladen!

14. Januar

Spuren im Sand

Eines Nachts hatte ich einen Traum: Ich ging am Meer entlang mit meinem Herrn. Vor dem dunklen Nachthimmel erstrahlten, Streiflichtern gleich, Bilder aus meinem Leben. Und jedes Mal sah ich zwei Fußspuren im Sand, meine eigene und die meines Herrn.

Als das letzte Bild an meinen Augen vorübergezogen war, blickte ich zurück. Ich erschrak, als ich entdeckte, dass an vielen Stellen meines Lebensweges nur eine Spur zu sehen war. Und das waren gerade die schwersten Zeiten meines Lebens.

Besorgt fragte ich den Herrn: »Herr, als ich anfing, dir nachzufolgen, da hast du mir versprochen, auf allen Wegen bei mir zu sein. Aber jetzt entdecke ich, dass in den schwersten Zeiten meines Lebens nur eine Spur im Sand zu sehen ist. Warum hast du mich allein gelassen, als ich dich am meisten brauchte?«

Da antwortete er: »Mein liebes Kind, ich liebe dich und werde dich nie allein lassen, erst recht nicht in Nöten und Schwierigkeiten. Dort, wo du nur eine Spur gesehen hast, da habe ich dich getragen.«

(Margaret Fishback Powers)

»Da hast du gesehen, dass dich der Herr, dein Gott, getragen hat, wie ein Mann seinen Sohn trägt, auf dem ganzen Wege, den ihr gewandert seid!« (5. Mose 1,31)

15. Januar

Lebende Brücke

Drei Männer arbeiten auf einem Hochhaus in Brooklyn. In der Mitte des Wolkenkratzers bricht ein Feuer aus. Mit Windeseile breitet es sich nach oben aus. Als die drei Männer das Feuer bemerken, sind die Fluchtwege schon von Rauch und Feuer versperrt. Verzweifelt kämpfen und schreien sie um ihr Leben. Die Feuerwehren rücken aus. Wassertürme werden aufgebaut, Leitern ausgefahren. Rasch klettert der Hauptmann die Leiter empor und macht eine furchtbare Entdeckung. Die Leiter reicht nicht bis an den Dachrand. Er sieht über sich die verzweifelten Gesichter der Bauarbeiter, unter sich den gähnenden Abgrund. In ihrer Todesangst schreien die Männer auf. Da streckt sich der Hauptmann hoch, wirft sich mit aller Kraft an die Dachkante und umklammert mit seinen Händen die Dachrinne. Seine Füße hängen in der letzten Leitersprosse. Die Männer oben verstehen sofort und rutschen über seinen Körper auf die rettende Leiter hinab. Kaum hat der letzte über die lebende Brücke die Leiter erreicht, verlassen den Hauptmann die Kräfte, und er stürzt in die Tiefe. Von seinen Kameraden wird er tot geborgen. Aber die drei Männer verdanken dem Opfer ihr Leben.

Auch Jesus hat sich als lebende Brücke über den Abgrund gelegt, der sich zwischen Gott und Mensch, Leben und Tod aufgetan hat. Über seine Liebe und Hingabe können wir Menschen aus dem Feuer der Verlorenheit gerettet werden. Jesu Liebe bildet die Brücke, über die auch wir uns mit unserer ganzen Not und Last, Sorge und Sünde, Angst und Verzweiflung retten können. Die Brücke ist da und hält. Sind wir über sie zum Leben gekommen?

16. Januar

Mehr Leben

Ein Kind wird geboren. Es schreit, schreit nach Leben. Alle jungen Eltern wissen, wie unangenehm das Geschrei kleiner Kinder sein kann. Aber es dient dem Leben. Hinter dem Schreien der Kinder wohnt das Verlangen nach Nahrung und Liebe, nach Wärme und Zuwendung. Alle Menschen haben diese Sehnsucht nach Leben und Liebe, Anerkennung und Zuneigung.

Ich war neun Monate alt, lag in meinem Stubenwagen im Wohnzimmer und schrie laut. Mutter war in der Küche beschäftigt und konnte nicht herbeikommen. Meinem älteren Bruder wurde das Schreien lästig. So redete er auf mich ein: »Baby leise sein!« Als seine Ermahnungen nichts nützten, nahm er ein dickes Sofakissen und drückte es mit beiden Händen fest auf mein Gesicht. Noch ein schwaches Wimmern, dann war es still. Das Baby war leise, im Zimmer war Totenstille. Gerade in diesem Augenblick kam meine Mutter herein, riss das Kissen weg, nahm mich auf den Arm, drückte mich an sich, und die Atmung setzte wieder ein.

Ich schrie und lebte. Dann stillte mich meine Mutter, und ich wurde ruhig.

Menschen haben Hunger nach Leben und Durst nach Liebe. Sie sind wund an Leib und Seele. Sie rufen und schreien in ihren Ängsten und Sorgen nach Hilfe. Wie oft werden die Sehnsüchte nicht gestillt, sondern stillgemacht, nicht erfüllt, sondern mit sanfter Gewalt zum Schweigen gebracht. Jesus möchte unser Lebensverlangen wirklich stillen. Unter seiner Fürsorge und Liebe kommen wir wirklich zur Ruhe. Das eine ist Totenstille, das andere Lebensruhe.

Jesus ist wie eine gute Mutter. Er lässt unseren Schrei nach Leben und Liebe gelten und will uns mit seiner Barmherzigkeit wirklich stillen und uns mit seiner Kraft zur Ruhe führen.

Ist unser Leben nur stillgemacht, dann breitet sich Totenstille aus. Ist unser Leben bei Jesus gestillt, wächst eine tiefe Geborgenheit des Lebens.

17. Januar

Unser Lebenselement

Die Fische eines Flusses sprachen zueinander: »Man behauptet, dass unser Leben vom Wasser abhängt. Aber wir haben noch niemals Wasser gesehen. Wir wissen nicht, was Wasser ist!« Da sagten einige, die klüger waren als die anderen: »Wir haben gehört, dass im Meer ein gelehrter Fisch lebt, der alle Dinge kennt. Wir wollen zu ihm ziehen und ihn bitten, uns das Wasser zu zeigen.«

So machten sich einige auf und kamen auch endlich in das Meer und fragten den Fisch. Als der Fisch sie angehört hatte. sagte er: »0, ihr dummen Fische! Im Wasser lebt und bewegt ihr euch. Aus dem Wasser seid ihr gekommen. zum Wasser kehrt ihr auch wieder zurück. Ihr lebt im Wasser, aber ihr wisst es nicht!«

So lebt der Mensch in Gott. Gott ist in allen Dingen, und alle Dinge sind in Gott. Und doch fragt der Mensch: »Kann es Gott geben? Wer ist Gott?« (Aus einer Klosterbandschrift)

»*Gott ist nicht ferne von einem jeden unter uns. Denn in ihm leben. weben und sind wir!*« (Apostelgeschichte 17,28)

18. Januar

Nimm das Leben ernst!

Auf einem Kalenderblatt lese ich einen Spruch, der mir zu denken gibt. Dort heißt es fettgedruckt: »Nimm das Leben nicht so ernst, denn du kommst am Ende ja doch nicht lebend davon!« Das bedeutet: »Nimm das Leben leicht und locker, genieße die Tage, denk nicht an morgen und die andern, denn am Ende steht ja ohnehin der Tod!« Viele Menschen meinen, sie könnten auf diesem Weg der Leichtigkeit mehr Lebensfreude und sorgenfreie Tage haben.

Aber die Erfahrung zeigt, wer leichtfertig mit sich, den anderen, dem Leben umgeht, wird oft schwermütig und traurig. Wer aber das Leben, sich selbst, die anderen, seine Zukunft ernst nimmt, kann viel Freude entdecken und empfangen.

»Lasst uns essen und trinken, feiern und genießen, denn morgen sind wir tot!«, das ist der direkte Weg ins Aus und den Untergang. Wenn wir aber das Leben und den, der es uns gab, lieben und ernst nehmen, wird es der Weg zur Lebenserfüllung und Vollendung sein.

Darum würde ich auf einen Kalender schreiben: »Nimm das Leben und Gott, dich und die anderen, deine Herkunft und Zukunft, nimm Gottes Wort und seine Liebe ganz ernst, und du kommst immer lebend davon!«

»Wer den Sohn hat, der hat das Leben; wer den Sohn Gottes nicht hat, der hat das Leben nicht!« (1. Johannes 5,12)

19. Januar

Die beste Sehnsucht

Ein neunjähriges Mädchen hört, wie in einer Unterhaltung von Erwachsenen ein älterer Mann zu ihrer Mutter sagt: »Ach ja, alles ist eitel!«

Das Mädchen fragt später die Mutter, was eitel bedeutet. Die Mutter erklärt ihr, dass eitel in dem Zusammenhang soviel wie vergänglich und nichtig bedeutet. Der Mann meinte damit, alles vergehe. Darauf versinkt das Mädchen in tiefes Nachdenken. Nach einer ganzen Zeit geht sie durchs Haus und legt ihre kleinen Hände auf alles, was sie erreicht, und sagt: »Du vergehst!« Schließlich läuft sie hinaus und ruft dem Haus zu: »Du vergehst!« Auch dem Garten, der Sonne und den Bäumen ruft sie zu: »Ihr alle vergeht!« Dann kommt sie zur Mutter zurück und fragt erschrocken: »Mutter, vergehen wir Menschen denn auch alle?« Die Mutter antwortet ihr: »Ja, auch die Menschen sind vergänglich. Nur Gott bleibt ewig und die Menschen, die seine Kinder werden und sich an ihn halten.« Da ruft das Mädchen: »Dann hilf mir doch, dass ich ein Kind Gottes werde!«

Diese Sehnsucht, ein Kind Gottes zu werden und zu bleiben, wäre die beste Sehnsucht unseres Lebens. In allen Veränderungen und Wechseln des Lebens sollte das unser bleibender Wunsch sein, ein Kind Gottes zu werden und zu bleiben.

»Alles ist eitel! Du aber bleibst, und wen du ins Buch des Lebens schreibst!« (Ein Kanon)

20. Januar

Die richtige Wahl

Ein Segelschiff geriet in einen heftigen Sturm. Der Mast knickte wie ein Streichholz entzwei. Das Steuerruder zerbrach. Schiff und Mannschaft trieben hilflos auf die Klippen einer kleinen Insel zu. Das Schiff zerbarst an einem Felsen, aber die Mannschaft konnte sich retten. Die Lebensmittelvorräte konnten die Männer mit auf die kleine, einsame Insel bringen, darunter auch einen Sack Weizen. Notdürftig rodeten die Männer ein Stückchen Land, um einen Teil des Weizens auszusäen, damit sie überleben konnten. Als sie die Erde umgruben, fanden sie einen Goldschatz. Das Saatgut war vergessen. Alle gruben wie besessen nach dem Gold. Sie waren reich und wohlhabend. Erst als die Lebensmittel aufgebraucht waren, merkten sie, dass sie von dem Gold nicht leben konnten. Angesichts ihres Todes erkannten sie die Wertlosigkeit des Reichtums und den Fluch ihrer Begierde.

Die Insel ist die Welt. Das Saatgut ist Gottes Wort. Die Schiffbrüchigen sind wir. Uns locken Reichtum und Habsucht mehr als Gottes Heil. So müssen wir entdecken, dass man von Gold und Reichtum nicht überleben kann.

Jesus sagt: »Was hülfe es dem Menschen, wenn er die ganze Welt gewönne und nähme doch Schaden an seiner Seele?« (Matthäus 16,26)

21. Januar

Wer nicht betet

Ein Bauer ist zu einem Festessen in der Stadt eingeladen. Verwundert erlebt er die heiße Schlacht am kalten Büfett mit. Er sieht, wie die feinen Herren sich begierig ihre Teller füllen und einfach zu essen beginnen. Er bedient sich auch, setzt sich zu Tisch und spricht erst ein Dankgebet. Sein vornehmer Tischnachbar lächelt milde und sagt: »Na Bauer, du kommst wohl vom Lande. Seid ihr da alle noch so altmodisch und betet bei Tisch?« »Nein«, antwortet der Bauer, »alle nicht.« »Das habe ich mir gedacht. Sicher beten bei euch nur die Alten und Rückständigen«, fragt der Mann weiter. »Das nicht«, meint der Bauer. »Ich will es Ihnen erklären. Sehen Sie, ich habe im Stall ein paar Sauen mit vielen Ferkeln, die fressen alle so. Aber was bei uns Mensch ist, dankt seinem Schöpfer für alle guten Gaben!«

Die Handhabung der Güter ist eine Vorstufe des Lebens, die Beziehung zum Geber erst ist richtiges Leben. Was uns Menschen von den Tieren unterscheidet, ist nicht der aufrechte Gang oder etwas mehr Verstand – daran könnte man noch zweifeln –, sondern dass wir eine persönliche Beziehung des Dankens zu Gott haben können. Wir Menschen brauchen nicht nur Lebensmittel in der Hand, sondern eine Lebensmitte im Herzen.

»Ich will von deiner Macht singen und des Morgens rühmen deine Güte!« (Psalm 59,17)

22. Januar

Von allem nur den rechten Anstrich

Um 1740 suchte eine Gräfin für ihren Jungen einen Erzieher. Man empfahl ihr den später berühmt gewordenen Dichter Gellert. Die Gräfin ließ den jungen Gelehrten kommen und war tief beeindruckt von dessen schlichter Frömmigkeit und großer Klugheit. So machte sie ein Angebot großzügiger Vergütung und stellte auch sonst sehr angenehme Bedingungen. Doch zum Schluss sagte sie:

»Ich bitte mir eines aus. Sie genießen wegen Ihrer Gelehrsamkeit den besten Ruf. Ich verlange nichts weiter als einen leichten Anstrich von Sprachen, Geographie und Geschichte. Sie genießen wegen Ihrer Frömmigkeit den besten Ruf. Machen Sie aber aus meinem Jungen keinen ständig betenden Christen. Es genügt mir vollkommen, wenn mein Sohn die zehn Gebote lernt und sonntags in die Kirche geht. Verstehen Sie mich recht, ich verlange von allem nur den rechten Anstrich!« – Gellert erwiderte ihr: »Gnädige Frau, wenn das Ihr Ernst ist, rate ich Ihnen, nehmen Sie lieber einen Anstreicher!« Empfahl sich und ging fort.

Ist unser Glaube an Jesus nur ein frommer Anstrich eines ichsüchtigen Lebens oder die tiefe Durchdringung unseres Seins von den Kräften Jesu? Ist unsere Frömmigkeit nur hübsche Dekoration oder die Grundlage, auf der wir stehen? Ist Gott nur die Girlande unseres Lebens oder der Herr, auf den alles hinzielt? Gott will uns nicht von außen fromm anstreichen, sondern er möchte uns von innen her erneuern.

»Lasst uns aber wahrhaftig sein in der Liebe und wachsen in allen Stücken zu dem hin, der das Haupt ist, Christus!« (Epheser 4,15)

---

23. Januar

Persönlich erlebt

Junge Leute aus der Provinz gaben vor ihren Freunden damit an, dass sie nach New York fahren und das Musical »My fair Lady« besuchen würden. In New York mussten die Jugendlichen feststellen, dass die Vorstellungen auf Monate ausverkauft waren. Sie schämten sich jedoch, unverrichteter Dinge zurückzukommen. So kauften sie sich ein Programm des Musicals und eine Schallplatte mit den schönsten Liedern daraus. Nach den Vorstellungen suchten sie am Ausgang weggeworfene Eintrittskarten auf. Dann fuhren sie nach Hause, zeigten das Programm und die Eintrittskarten, sangen die Lieder und schwärmten den anderen etwas vor von dem berühmten Stück.

Ihre ganze Schau hatte nur einen Haken: Sie hatten das Musical nie persönlich erlebt. Sie kannten es nur vom Hörensagen und aus zweiter Hand.

So ist es auch bei vielen Menschen mit dem Glauben. Sie kennen das Programm, haben die Eintrittskarte in Gestalt der Gemeindezugehörigkeit und singen die Lieder. Aber sie haben Jesus nie persönlich erfahren. Und gerade darum geht es, dass wir Jesus persönlich erkennen, folgen und lieben.

»Ihn habt ihr nicht gesehen und habt ihn doch lieb; und nun glaubt ihr an ihn!« (1. Petrus 1,8)

24. Januar

Alles umsonst

Ein Fuchs fand einmal einen besonders verlockenden Weinberg. Die herrlichen Früchte darin reizten seine Gier. Aber der Weinberg war von allen Seiten sicher umzäunt. Da erblickte der Fuchs an einer Seitenecke eine winzige Öffnung, durch die er in den Weinberg eindringen wollte. Aber die Öffnung war zu eng. So konnte der Fuchs nicht hineinkriechen. In einer Mischung aus Begierde und Klugheit beschloss der Fuchs so lange zu fasten, bis er durch den Spalt in den Weinberg eindringen konnte. Nach einigen Tagen war er so mager, dass er hineinschlüpfen konnte. Nun fraß er sich an den wunderschönen und reifen Früchten satt – und wurde wieder dick. Als er durch die Öffnung wieder hinauswollte, gelang es ihm nicht. So musste er sich einige Tage verstecken und fasten, bis er wieder so mager war, um durch die Öffnung hindurch sein Leben zu retten. Als er abgemagert hinausgelangte, drehte er sich zum Weinberg um und sagte: »Weinberg, Weinberg! Wie schön bist du, und wie herrlich schmecken deine Trauben. Aber man hat von dir keinen Nutzen. So hungrig man auch hineinkommt, so hungrig geht man aus dir heraus!«
(Nach einem jüdischen Märchen)

So ist es wohl auch mit dieser Welt, in die wir nackt eintreten und sie auch wieder so verlassen, ohne etwas mitnehmen zu können!
(vgl. 1. Timotheus 6,7)

So ist es wohl auch mit den Weinbergen des irdischen Reichtums, der irdischen Macht und des irdischen Ruhms. Sie sind so verlockend und scheinen so herrlich. Aber man hat von ihnen keinen Nutzen. Denn abgemagert und unerfüllt muss man sie wieder verlassen! (vgl. Prediger 6,7)

Im Weinberg dieser Welt ist letztlich alles umsonst. Nichts bringt die letzte Erfüllung unseres Lebens. Nichts stillt auf immer die Sehnsucht unseres Herzens. Gejagt und abgemagert müssen wir die Weinberge dieser Welt wieder verlassen.

Ganz anders ist es im Weinberg Gottes. In seinem Reich, in seiner Liebe, in seiner Gemeinde ist auch alles umsonst. Aber nicht im Sinne von vergeblich und vergänglich, sondern im Sinne von frei und gratis. Gott schenkt uns seine Liebe umsonst. Seine Vergebung ist gratis. Sein Haus ist letztlich und sicher. Dort können wir bleiben und uns satt essen an den reichen Gütern seiner Barmherzigkeit. Dort wird die letzte Sehnsucht gestillt, der Lebenshunger wird befriedigt, und der Durst nach Liebe und Geborgenheit kommt tief zur Ruhe.

Unser Leben ist immer umsonst, entweder tragisch im Sinne der Vergeblichkeit oder glücklich im Sinne der Vollerfüllung.

»Trachtet nach dem, was droben ist, nicht nach dem, was auf Erden ist!«
(Kolosser 3,2)

---

25. Januar

Lebensschule

In einer kleinen Dorfschule gab es eine Schulinspektion. Der Schulrat kam und fragte die Kinder von der ersten bis zur achten Klasse, was sie lernen. Alle brachten ihre Lektionen vor. Vorne in der ersten Bank saß die kleine Tochter des Lehrers. Sie war noch gar nicht schulpflichtig, aber sie saß schon dabei. Zum Spaß fragte der Schulrat das Mädchen. »Und was lernst du?« Sie antwortete: »Ich lerne stille sein!«

Bevor man wirken kann, muss man still sein. Bevor man etwas Großes tun will, muss man auch Großes empfangen. Bevor man reden will, muss man hören. Und das ereignet sich in der Stille. »Ich lerne das Stillesein!« Diese Phase wird es auch in unserem Leben geben müssen, in der Schule des Lebens, in der wir Warten lernen.

Warum zieht man einen Pfeil, der nach vorne abfliegen soll, zurück? Im Zurückziehen erhält er die Kraft nach vorne, Wucht und Dynamik.

Warum ziehen sich Christen, die im Alltag wirken und schaffen wollen, zurück und gehen in die Stille? Dort empfangen sie die Kräfte und

Weisungen für das Leben und Handeln. Dynamik und Lebenskraft empfangen wir im Einswerden mit dem, der Kraft und Leben ist, mit Jesus. Und dieses Einswerden vollzieht sich in der Stille des Gebetes und Horchens.

26. Januar

Das Verderben kommt ganz von allein

Ein Kaufmann braucht sich nicht besonders anzustrengen, um Bankrott zu machen. Er braucht nur einige Zeit sein Geschäft zu versäumen, seine Kunden schlecht zu bedienen, bei seinen Einkäufen nachlässig zu sein, dann ist es schon passiert. – Ein Landwirt braucht kein Unkraut auf dem Acker zu säen, um die Ernte zu verderben. Der Acker bringt das Unkraut von selbst hervor. Der Bauer braucht nur untätig zu sein, und es geht mit seiner Wirtschaft von selbst abwärts. – Ein Angestellter braucht sich keine großen Dinge zuschulden kommen zu lassen, um seine Anstellung zu verlieren. Wenn er seine Arbeit nachlässig tut, wird er bald entlassen sein.

Niemand braucht etwas Besonderes anzustellen, um sein Leben zu verlieren. Es ist nicht nötig, dass man ein Verbrechen begeht oder die Achtung der Menschen verliert. Das Verderben kommt ganz von allein, wenn man gar nichts tut und sich treiben lässt.

Wenn man die Bibel liegenlässt, wenn man das Beten aufgibt, wenn man sich aus der Gemeinde fernhält, wenn man dem wild wachsenden Unkraut im Herzen untätig zusieht, verliert man ganz von selbst die persönliche Beziehung zum Leben. Wenn man nicht auf Jesus hört und seine Liebe ausschlägt, genügt das vollständig, um Gottes Heil zu versäumen und ewig verlorenzugehen.

Paulus sagt: »Seid nicht träge in dem, was ihr tun sollt. Seid brennend im Geist. Dienet dem Herrn!« (Römer 12,11)

27. Januar

Kurz und bündig

Eine Gemeinde ließ ihrem Pfarrer sagen, er möchte seine Predigten kürzer und einfacher machen. Sie hätten auch am Sonntag nicht so viel Zeit und Kraft, sich mit den Fragen des Lebens und des Glaubens intensiv zu beschäftigen. Der Pfarrer versprach, er wolle es sich einmal durch den Kopf gehen lassen und ihnen am nächsten Sonntag im Gottesdienst eine Antwort geben. Alle kamen gespannt zum Gottesdienst. Als die Predigt beginnen sollte, stieg der Pfarrer langsam und keuchend, stöhnend und ächzend die Stufen zur Kanzel hinauf, hielt mehrmals inne, wischte sich den Schweiß von der Stirn und gelangte nach langem, offensichtlich beschwerlichen Aufstieg doch noch auf die Kanzel. Dort hielt er einen Moment inne, sah die Gemeinde an und rief: »Liebe Gemeinde, schwer und mühsam ist der Weg zum Leben und in den Himmel!« Dann raffte er schnell seinen Talar zusammen, setzte sich blitzartig auf das Treppengeländer und sauste hinunter. Unten angekommen, rief er in die Kirche: »Und so schnell und einfach ist der Weg in die Hölle und das Verderben! Amen!« Damit war die Predigt für heute beendet. Aber die Gemeinde hatte nun begriffen, dass der Weg ins Leben Mühe und Zeit, Überlegung und Sorgfalt braucht. Ohne das geht es schnell bergab im Leben und im Glauben. Und wenn die Predigt mal etwas länger dauerte, dann dachten die Leute an den schmalen Weg, der zum Leben und in die Seligkeit führt.

»Die Pforte ist eng, und der Weg ist schmal, der zum Leben führt, und wenige sind ihrer, die ihn finden!« (Matthäus 7,14)

28. Januar

Stimmt deine Uhr?

Ein Indianer kam einst mit zwei Zeigern zu einem Uhrmacher und bat ihn: »Bring mir diese beiden Zeiger in Ordnung, sie geben schon seit einem halben Jahr die Zeit nicht mehr richtig an.« »Aber wo hast du denn deine Uhr?« »Daheim, in meiner Hütte«, gab der Indianer zur Antwort.

»Ja, aber wenn du mir deine Uhr nicht bringst, kann ich sie nicht wieder in Gang bringen«, sagte der Uhrmacher. »Aber ich habe dir doch gesagt, dass an der Uhr nichts zu reparieren ist, sondern nur an den Zeigern, und die habe ich mitgebracht. Du willst die Uhr nur haben, um mir eine große Rechnung schreiben zu können!« Zornig ging er davon.

Wir denken vielleicht mit überlegenem Lächeln: welch ein törichter Mensch! Aber sind nicht viele Menschen ebenso töricht, wenn sie nur dafür sorgen, dass ihr Lebenswandel in Ordnung ist, dass sie nicht auffallen und niemand ihnen etwas nachsagen kann? Tue recht und scheue niemand, das sind die beiden Zeiger, auf deren rechten Gang wir Wert legen. Aber die Uhr, das Herz, das alles regiert, soll bleiben, wie es ist. Das liefern wir dem großen himmlischen Meister nicht aus, damit er es richtig in Gang bringen kann. Man fürchtet die Kosten. Man hat Angst, dass man mit seiner Lieblingssünde brechen oder sein dickes, altes Ich verleugnen soll. Wenn davon die Rede ist, gehen viele zornig fort und bilden sich dennoch ein, dass die Zeiger richtig gehen, auch wenn sie von Gottes angegebenem Gang bedenklich abweichen. Die Uhr muss ich haben, sagt der große Meister des Lebens.

»*Erforsche mich, Gott, und erkenne mein Herz; prüfe mich und erkenne, wie ich's meine. Und sieh, ob ich auf bösem Wege bin, und leite mich auf ewigem Wege!*« (Psalm 139,23f)

29. Januar

So wird das Leben eine saubere Sache

»Mir geht es dreckig«, sagen wir und meinen damit die Mühsal und Last, die Not und Schwierigkeiten im Leben. Wie soll man über die Erde gehen, ohne dreckig zu werden! Wer hinter dem Leben herläuft, fällt bisweilen in den Schmutz. Wir sind nun mal Erdenkinder, aus Erde, für die Erde, auf der Erde. Unser Lebensraum jenseits von Eden ist ziemlich staubig. Und was hat sich auf unserem Lebensweg nicht alles an Dreck und Schmutz an unsere Füße geheftet! Jesus will uns die Füße waschen, wenn sie müde sind vom vielen Umherlaufen und dreckig von all dem Erdenkram. Kurz vor seinem Tod, bei der letzten Mahlzeit, hat Jesus seinen Jüngern die Füße gewaschen, um ihnen seine ganze Liebe zu zeigen. Mit seinem Liebesdienst wollte Jesus seinen Jüngern wohltun, sie reinigen und für neue Wege stärken. Seine Liebe wäscht alle Sünden ab. Seine Fürsorge teilt alle unsere Sorge. Seine Kraft hilft uns, die Lasten zu tragen. Seine Barmherzigkeit ist stärker als alle Gewalt. Sein Leben ist die Überwindung unseres Todes. Seine Auferstehung ist unsere Hoffnung.

Mir geht es dreckig, aber bei Jesus kann ich den ganzen Dreck loswerden. Jesus wäscht uns nicht den Kopf und stutzt uns nicht zurecht. Er wäscht uns die Füße und liebt uns zurecht. Da ist man wie neugeboren, rein und sauber, befreit und erleichtert. Wir brauchen diesen Liebesdienst, das Gewaschenwerden, immer wieder auf unserem Erdenweg. Jesus sagt: »Werde ich dich nicht waschen, so hast du keinen Teil an mir!« (Johannes 13,8). Darum wollen wir ihm unser Leben hinhalten und ihn bitten, dass er uns reinwäscht. So wird das Leben eine saubere Sache.

30. Januar

»Für mein Leben gern«

In Afrika haben die Schwarzen eine einfache Methode, kleine Affen zu fangen. Sie stellen am Waldrand Tonkrüge mit einem engen Rand auf, füllen Mandelkerne hinein und entfernen sich. Nun wittern die Affen ihre Lieblingsspeise, kommen heran und greifen gierig in den Krug, nehmen die Pfote voller Mandeln und bekommen die gefüllte Pfote nun nicht mehr aus dem Krug heraus. Sie brauchten die Mandeln nur loslassen, um ihre Freiheit und das Leben zu retten. Aber sie essen die süßen Mandeln nun mal »für ihr Leben gern«. Darum warten sie mit der gefüllten Pfote, bis die Schwarzen herbeikommen und die Affen gefangennehmen.

Manchmal geht es uns Menschen auch so. Wir sind in gewisse Dinge so vernarrt, dass wir sie »für unser Leben gern« festhalten. Wir brauchten manche Dinge nur einfach loszulassen und würden unsere Freiheit und das Leben gewinnen.

An welcher Sünde oder Begierde, an welcher Torheit oder Nichtigkeit halten wir »für unser Leben gern« fest? Gott ruft uns zu: »Lass die Sünde los, und du gewinnst die Freiheit!« Jesus lädt uns ein: »Lass deine Sorge los, ich sorge für dich!« Paulus mahnt uns: »Lasst die irdischen und vergänglichen Reichtümer los, und ihr werdet den wahren Reichtum des Lebens erlangen!«

Ob wir klüger und weitsichtiger sind als die kleinen Affen in Afrika?

»Wenn euch nun der Sohn frei macht, so seid ihr recht frei!«
(Johannes 8,36)

31. Januar

Matthäi am Letzten

»Matthäi am Letzten« sagen die Menschen, wenn alles aus ist, wenn keine Hoffnung mehr besteht, wenn das Ende endgültig ist. Dabei steht im letzten Vers des Matthäusevangeliums die beste Aussicht für unser Leben, die Menschheit und die ganze Welt: »Ich bin bei euch alle Tage bis ans Ende der Welt!« (28,20). Die letzten Worte Jesu an seine Jünger sind wie ein Testament, wie ein Vermächtnis für alle Zeit und alle Menschen. Jesus hält uns durch alle Tage hindurch die Treue. Bis zur Vollendung der Welt will Gott uns nahe sein. –

Im Alten Bund war ein Zeichen der Treue Gottes der Regenbogen mit seinen sieben Farben. Er sollte die Menschen an den Bund Gottes, den er nach der Sintflut geschlossen hatte, erinnern. Der Bogen der Treue Gottes, der Regenbogen erscheint den Menschen auf der Erde als ein Halbkreis, der sich von Horizont zu Horizont spannt. In Wirklichkeit ist der Regenbogen ein Kreis. Vom Flugzeug aus gesehen erscheint der Bogen als vollkommen runder Kreis. Auf der Erde, in Raum und Zeit begrenzt, kommt uns die Treue Gottes nur halb vor. Und wir sehen das Ganze nicht mehr. Und doch ist die Treue Gottes immer ganz und rund, vollkommen und aus sieben wunderbaren Farben. Die letzten Worte Jesu »Ich bin bei euch« sind auch wie ein großer Kreis, in dem unser ganzes Leben Platz hat und gut aufgehoben ist. Mit seiner ganzen, vollkommenen Liebe will uns Jesus begleiten, versorgen und durchdringen bis zur Vollendung. Die letzten Worte Jesu »bei euch« leuchten auch in sieben wunderbaren Farben vor uns auf. Jesus ist *vor* uns. Er öffnet die Türen, ebnet die Wege, erschließt die Räume. Jesus geht *vor* uns her. Jesus ist *hinter* uns. In seiner Liebe räumt er auf, ordnet und bringt zurecht, was in unserem Leben zerbricht und mangelt. Jesus ist in seiner Barmherzigkeit *unter* uns und trägt uns. Jesus ist mit seiner Macht *über* uns, deckt uns zu. Seine Übermacht ist wirklich über uns allezeit. Jesus geht *neben* uns her und bewahrt uns vor Verirrungen nach rechts oder links. Immer wieder bringt er uns auf den richtigen Weg. Jesus ist als Fürsprecher und Anwalt am Thron Gottes für uns. Er tritt für uns ein. Und schließlich ist Jesus auch *in* uns. Dort möchte er Wohnung nehmen, sich auswirken, unser Leben erfüllen, damit wir dann einmal bei ihm wohnen und zu Hause sein können. Ein wunderbarer Kreis aus sieben Farben, in dem wir ganz geborgen und gut aufgehoben sind. »Matthäi am Letzten« ist die beste Parole für unser Leben.

»Siehe, ich bin bei euch alle Tage bis an der Welt Ende!«
(Matthäus 28,20)

1. Februar

Sprache des Glaubens

Der bekannte Evangelist Samuel Keller hatte im Alter einen treuen Diener, der ihn auf allen seinen Reisen begleitete und die vielen kleinen äußeren Dinge einer Reise erledigte. Abends, wenn Samuel Keller in den überfüllten Kirchen sprach und die Menschen von den Worten tief beeindruckt waren, hielt es den Diener oft nicht mehr auf seinem Platz in der ersten Bank. Er sprang auf und rief in die Kirche hinein: »Das ist mein Herr, und ich bin sein Diener!«

In diesen Worten klang die ganze Freude auf, einen solchen Herrn zu haben. Diese Freude konnte er nicht für sich behalten, er musste sie hinausrufen und anderen mitteilen.

Wir rufen zu Jesus im Gebet, die Zwiesprache eines Menschen mit Gott. Aber dann ist Sprache des Glaubens auch das Zeugnis vor anderen. Beides gehört zusammen, das Reden mit Jesus und das Reden von Jesus. Paulus sagt: »Wenn man von Herzen glaubt, so wird man gerecht, und wenn man mit dem Munde bekennt, so wird man gerettet.« (Römer 10,10).

Warum entschuldigen wir uns, dass wir Christen sind? Wir gehören dem Herrn der ganzen Welt, dem Herrn über Raum und Zeit. Da brauchen wir uns nicht ängstlich zu verstecken. Wir dürfen fröhlich und begeistert weitersagen: »Das ist mein Herr!« Und dann gibt es sicher auch eine Sprache des Glaubens mit den Händen und dem Tun, wenn wir nach den Worten Jesu leben und anderen in seinem Namen begegnen. Mit dem Herzen glauben, mit dem Munde bekennen und mit den Händen das Richtige tun, wäre ein wunderbarer Dreiklang des Lebens. Die eine Sprache des Glaubens in drei verschiedenen Tönen, die zusammengehören.

»Nun danket alle Gott mit Herzen, Mund und Händen!«

2. Februar

Schönen Gruß von Gott

Zu Beginn des Jahrhunderts lebte im Schwabenland ein Grobschmied mit dem Namen Huschwadel. Der war stark wie ein Bär und hatte große Hände. Wenn er mit leeren Händen durch die Straßen ging, meinte man, er trüge zwei Handkoffer.

Als Geselle begab er sich auf die Wanderschaft und kam in ein kleines Städtchen in Thüringen. Dort suchte er sich Arbeit, und auf dem Weg zur Herberge sah er ein Plakat: »Heute Abend um 20 Uhr spricht Herr Professor X aus Berlin im Hinterstübchen des ›Ochsen‹ zu dem Thema: Warum es Gott nicht geben kann!« Huschwadel denkt bei sich: »Warum es Gott nicht geben kann? Ich habe doch eben noch mit ihm gesprochen!« So findet er sich interessiert um 20 Uhr im Hinterstübchen des »Ochsen« ein und muss mit anhören, wie ein kleiner Mann aus Berlin eine ganze Stunde lang in der lästerlichsten Weise über Gott herzieht. Seine Schimpf- und Spottreden gipfeln in dem Satz: »Liebe Leute, wenn es Gott wirklich gäbe, dann müsste er nach soviel Hohn und Spott jetzt einen Engel schicken, der mir vor Ihren Augen eine Ohrfeige gibt.«

Huschwadel erhebt sich, geht in aller Ruhe auf die Bühne und sagt: »Einen schönen Gruß von Gott, für solche Banausen wie dich schickt Gott keine Engel, das kann der Huschwadel auch besorgen!« Und dann legt er ihm die Hand an die Backe. Denn wenn er zugehauen hätte, wäre der Mann wohl hingewesen.

Unser ganzes Leben sollte ein Gruß von Gott sein, ein sichtbares Zeichen seiner Macht und Lebendigkeit, ein Ausdruck seiner Größe und Liebe. Für viele Aufgaben schickt Gott keine Engel. Das können wir auch besorgen: Trösten und Raten, Helfen und Lindern, Warnen und Mahnen.

Jesus sagt: »Ihr werdet aber die Kraft des heiligen Geistes empfangen und werdet meine Zeugen sein!« (Apostelgeschichte 1,8)

3. Februar

Im Zeugenstand

Der Husarengeneral von Ziethen war im siebenjährigen Krieg einer der tapfersten und bedeutendsten Generäle. Friedrich der Große mochte ihn besonders gern und lud ihn immer wieder in seine abendliche Tischrunde ein. So auch an einem Karfreitag. Von Ziethen ließ sich entschuldigen, er wäre unabkömmlich, da er zum Abendmahl ginge. Eine Woche nach Ostern saß von Ziethen dann wieder an der Tafel Friedrichs des Großen. Mitten in der Unterhaltung unterbrach Friedrich der Große das Gespräch und sagte zu von Ziethen: »Na, mein Lieber von Ziethen, wie ist ihm denn das Abendmahl am Karfreitag bekommen, hat er den Leib und das Blut Christi auch ordentlich verdaut?« Gespannte Stille. Von Ziethen erhob sich: »Königliche Majestät, Ihr wißt, dass ich bereit bin, auf Euren Befehl alles einzusetzen, Leben, Leib und Gut. Aber es ist noch eine Majestät über Euch, die lasse ich nicht antasten. Ich gebe Euch einen Rat, Majestät: Wenn Ihr dem Volk und den Soldaten diesen Heiland abspenstig macht, grabt Ihr Euch selbst das Grab. Halten zu Gnaden, Majestät!« Die ganze Versammlung hielt den Atem an und wartete ängstlich, was nun kommen würde. Der König erhob sich, legte seine Hand auf die Schulter des Generals und sagte: »Von Ziethen, glücklicher von Ziethen. Um einen solchen Glauben beneide ich ihn!«

Wenn wir unser Christuszeugnis mutig, ehrlich und unbekümmert weitersagen, werden wir neben Hohn und Spott auch Anerkennung und Aufhorchen finden. Wir haben doch die beste Nachricht der Welt weiterzugeben. Viele warten darauf, andere werden darauf gestoßen. Christen sind immer im Zeugenstand.

4. Februar

Wie lahme Christen wieder auf die Füße kommen

Martin Buber erzählt von seinem Großvater. Er war gelähmt und wurde eines Tages gebeten, die Geschichte von seinem Lehrer zu erzählen. Da erzählte er, wie der heilige Baalschem beim Beten zu hüpfen und zu tanzen pflegte. Der Großvater stand und beschrieb den Lehrer, und die Erzählung riß ihn so hin, dass er hüpfend und tanzend zeigen musste, wie es der Meister gemacht hatte. Von Stund an war er von seiner Lahmheit geheilt.

So muss man von Jesus erzählen und das Leben verkündigen, dass es uns selbst hinreißt und andere ansteckt. Es gibt so viele Rechtgläubige und so viele richtige Predigten, aber so wenige Begeisterte, Hingerissene, über deren Glaubenszeugnis andere Menschen zum Glauben und sie selbst wieder in Schwung und auf die Füße kommen.

»Wir können's ja nicht lassen, von dem zu reden, was wir gesehen und gehört haben!« (Apostelgeschichte 4,20)

5. Februar

Eingeschlossen in die Bewahrung

Es war strahlend blauer Himmel. Die Sonne lachte. Und die Menschen lachten auch, als Noah auf trockenem Land sein großes Schiff baute. Noah lud die Menschen in sein Schiff ein, damit sie vor dem kommenden Gericht bewahrt blieben. Aber sie hatten nur gelacht und ihre Köpfe geschüttelt. Dann begann es zu regnen. Noah und seine Familie gingen in den großen Kasten. Und Gott schloss hinter ihnen zu. Die Menschen standen dabei und lachten.

»Der arme Noah, nun sitzt er in dem dunklen Schiff wie in einem Gefängnis eingesperrt. Der arme Noah, er kann die Sonne nicht mehr sehen, die Menschen nicht mehr hören, sein Haus nicht mehr betreten, sich an den Blumen und Festen nicht mehr freuen, die Wege nicht mehr gehen und seine Felder nicht mehr abernten. Der arme Noah ist ausgeschlossen vom Leben, von allem Schönen, seine Freiheit hat er verloren und ist eingeschlossen in den dunklen Kasten mit all den vielen Tieren!«

Der Regen wurde stärker und mehr. Er hörte gar nicht wieder auf. Die Wasser wurden zur Flut. Sie bedrohte das Leben und riss schließlich alle Menschen dahin. Das Lachen formte sich zum Schrei der Angst, und der Spott wich tiefer Verzweiflung.

Noah aber war gar nicht ausgeschlossen vom Leben, sondern eingeschlossen in die Bewahrung. Noah schaukelte dem Leben entgegen. – Wenn Gott unser Leben fest in die Hand nehmen will, dann nicht, um es zu zerdrücken und kleinzumachen, sondern um es sorgsam zu umgeben mit Liebe und Bewahrung. Wenn Gott hinter uns abschließt, dann ist das nie der Ausschluss aus dem Leben, sondern der Einschluss in seine Barmherzigkeit. Gott möchte unser Leben nicht mindern und verkürzen, unsere Wege versperren und Lebensräume verwehren, sondern Leben eröffnen und Zukunft schenken. Wenn Gott uns in seine Hand nimmt, geht die Tür zum Leben auf!

»*Darum bleibe ich stets an dir; denn du hältst mich bei meiner rechten Hand!*« (Psalm 73,23)

6. Februar

Bunte Gesellschaft an Bord

War das eine Vielfalt in der Arche! Der alte Noah und seine Frau, die jungen Söhne und deren Frauen. Und dann die vielen verschiedenen Tiere. Ein wunderbares Bild für die Gemeinde.

Da ist der Windhund, der allen voran ist, und die Schnecke, die immer hinterherkommt. Das gibt es in einer Gemeinde, Menschen, die schnell und vorneweg sind, und andere, die hinterherkommen. Aber sie gehören beide dazu, und Gott hat sie lieb.

Da ist der Löwe mit seinem mächtigen Haupt und seinen starken Pranken, der König der Tiere, und die kleine Maus, die nur piept und um die Ecke huscht. Starke Menschen mit Führungsqualitäten und schwache Menschen, die scheu ihr »Piep« sagen, gehören in der Gemeinde zusammen. Und was sie rettet, ist nicht ihre Stärke, sondern das In-der-Arche-Sein.

Da ist die Nachtigall, die so schön singt, dass alle begeistert sind, und der Spatz, der nur so herbe pfeift. Jeder wirkt in der Gemeinde auf seine Weise, und Gott freut sich an der Vielfalt der Gaben und Stimmen.

Da ist der Elefant mit seiner massigen Gestalt und dicken Haut. Wo der hintritt, wächst lange nichts mehr, und an seiner Haut scheint alles abzuprallen. Aber es gibt auch das zarte Reh, das so leicht verletzt und gekränkt ist, zerbrechlich und empfindsam. Bei Gott wohnen Menschen mit einem dicken Fell und solche mit dünner Haut in einem Schiff. Wie massig und unempfindlich sind die einen, wie verletzt und schnell verwundet die anderen. Aber Gott hat sie alle sorgsam in seiner Hand.

Da ist die Eule, deren Weisheit man rühmt, und das Schaf, das man für dumm hält, nur weil es den Mund nicht auftut. Auch in der Gemeinde leben Menschen mit Weisheit und Erkenntnis. Und andere hält man fälschlicherweise für dumm, nur weil sie still und schweigsam sind. Aber Gott sieht ihr Herz an und freut sich über alle, die in der Arche leben.

Da ist der Pfau mit der wunderbaren Farbenpracht seines Federkleides, die allen ins Auge fällt, aber auch die Ratte, vor der sich viele ekeln. Manche Menschen in der Gemeinde können ihre Gaben zur Geltung bringen, dass es eine Pracht ist. Andere denken, sie wären wie eine Ratte, die niemand mag. Aber Gott mag sie und lässt sie in seiner Arche überleben.

Was uns Menschen rettet, sind nicht unsere Vorzüge oder Qualitäten. Was uns zugrunde richtet, sind nicht unsere Schwächen und Fehler. Sondern wir überleben in Gottes Gemeinde und gehen außerhalb seiner bergenden Liebe verloren.

---

7. Februar

Nur mit dem Haufen da!

Es war in Amerika in der guten alten Zeit, als eine Grundschullehrerin zu Beginn der Religionsstunde ihre Klasse fragte: »Wer von euch möchte später einmal in den Himmel kommen?« Alle Kinder der Klasse streckten den Arm. Nur Charlie nicht. Da wandte sich die Lehrerin erstaunt an ihn: »Nun Charlie, möchtest du nicht?« Der Junge antwortete: »Natürlich will ich in den Himmel kommen, aber doch nicht mit dem Haufen da!«

Es gibt kein Christsein ohne Gemeinde. Sowenig ein Blatt ohne den Baum und seine Wurzel leben kann, sowenig kann ein Mensch im Glauben ohne die Verwurzelung in der Gemeinde Jesu leben.

Manchmal gleicht die örtliche Gemeinde tatsächlich einem kümmerlichen Haufen. Und doch ist dort unser Platz, unsere Aufgabe und unsere Bewahrung. Denn Jesus ist nur in der Gemeinde. Der Weg zu Gott führt über Jesus und seinen Leib, die Gemeinde. Die kleine, menschliche Gemeinde hat eine große, göttliche Verheißung: »Fürchte dich nicht, du kleine Herde! Denn es ist eures Vaters Wohlgefallen, euch das Reich zu geben« (Lukas 12,32).

In der Bibel wird der Plan Gottes deutlich: eine Gemeinde aus allen Völkern und Zeiten. Gott geht es um sein großes Reich, dass es Gestalt gewinnt, aufgebaut, durchgebracht und vollendet wird. Und uns darf es nicht nur um unsere persönliche Seligkeit gehen. Wir verkürzen das Evangelium, wenn wir es auf die Fragen nach unserem persönlichen Heil begrenzen.

Jesu kostbares Eigentum ist seine Gemeinde. Er liebt sie wie seine Braut, er hütet sie wie seinen Schatz, er pflegt sie wie sein Ein und Alles. Und wir wollen von der Selbstliebe zur Jesusliebe und zur Gemeindeliebe hinwachsen. Jeder einzelne Mensch ist Gott wichtig, und er liebt jeden einzelnen persönlich. Aber sein Ziel ist die Gemeinde aus vielen einzelnen Menschen.

»Nur mit dem Haufen da« gibt es einen Weg in das Leben und in die Ewigkeit.

---

8. Februar

Neue Schritte wagen

»Wer einen Sprung nach vorne machen will, geht weit zurück« (B. Brecht). Eine Zukunft in dem Sinn, dass Neues hinzukommt, hat nur, wer seine Vergangenheit ordnet. Für die meisten Menschen bedeutet Zukunft, dass die Vergangenheit wieder vor ihnen steht. Niemand kann ohne seine Geschichte, die er mit seinem Leben geschrieben hat, einfach neu beginnen, ohne zurückzugehen und Altes zu ordnen. In vielen Neuanfängen, sei es in einem neuen Haus, an einem neuen Ort, in einem neuen Beruf oder mit einem neuen Partner, steckt der Trugschluss, einfach so ein neues Leben beginnen zu können. Solange wir selbst die Alten bleiben, gibt es keinen wirklichen Neuanfang. Denn die Macht des Vergangenen stellt sich uns in den Weg.

Wer Zukunft haben will, geht weit zurück und ordnet seine Vergangenheit. Eine Frau kam zum Gespräch und beichtete eine uralte Schuld, die schon über vierzig Jahre zurücklag. Nach Menschenmeinung war über die Sache schon längst Gras gewachsen. Aber die Frau spürte, dass die alte Schuld sie an der Entfaltung ihres Lebens hinderte. So deckte sie die Sache auf und bat Gott um Vergebung. Nach dem Zuspruch der Vergebung in Jesu Namen sagte sie: »Jetzt habe ich wieder eine Zukunft!«

Im Glauben an Jesus haben wir die Chance, zurückzugehen und zu ordnen. Schuld wird uns Christus vergeben. So wird der Rücken frei für einen neuen Weg nach vorn. Wo wir unschuldig eine schwere Vergangenheit mit uns herumschleppen, hilft uns der Glaube an Jesus, mit unserer Lebensgeschichte versöhnt zu sein. Einen Neuanfang gibt es für jeden, der in seiner Personenmitte erneuert und durch Bewältigung des Alten zu einer neuen Lebenszukunft befreit wird.

»Ist jemand in Christus, so ist er eine neue Kreatur; das Alte ist vergangen, siehe, Neues ist geworden!« (2. Korinther 5,17)

---

9. Februar

Wenn die Flut kommt

Bei Ebbe, wenn die Wasser sich verlaufen haben, kann man sie liegen sehen: Fischerboote. Schräg liegen sie auf dem Wattenmeer, schief und untüchtig, als könnten sie nicht mehr. Schiffe, für frohe Fahrt und großen Fang gebaut, liegen fest und unfähig im Schlick. – Aber dann kommt die Flut. Kleine Wellen umspielen das Boot. Die Wasser werden höher, die Wellen kräftiger. Plötzlich hebt sich das massige Schiff von der Erde und schaukelt auf dem Wasser. Es gewinnt seine Bestimmung wieder und fährt hinaus auf das Meer.

Ein wunderbares Bild für unser Leben. Wie oft kommt nach der Flut von Glück und Liebe, nach Wellen der Freude und des Überschwangs die Ebbe. Alles wird leer und trocken, unser Lebensschiff liegt auf der Erde fest. Alles ist schwer und gedrückt. Es kommt uns vor, als hätten wir unsere Bestimmung verloren. Von unheimlichen Kräften werden wir nach unten gezogen. – Und dann kommt die Flut der Liebe Gottes. Seine Barmherzigkeit umgibt unser Lebensschiff, es löst sich von der Erde, hebt sich und gewinnt neue Fahrt. Gottes Liebe ist stark wie die Meeresflut. Sie hebt und trägt unser Leben durch das Meer der Zeit.

Wir Menschen sind nicht dazu gemacht, auf Grund zu liegen, im Dreck der Erde festzusitzen. Unser Leben hat ein Ziel, wir sollen ausfahren auf frohe Fahrt und großen Fang. Gottes Liebe ist die Flut, die uns nach einer Ebbe wieder hebt und trägt und dieses Ziel, diese Bestimmung erreichen lässt.

»Denn die Liebe Gottes ist ausgegossen in unser Herz!« (Römer 5,5)

10. Februar

Das Testament

Ein wohlhabendes Elternpaar hatte einen Sohn. Die Mutter starb, als der Junge noch klein war. Nun galt die ganze Liebe des Vaters seinem Kind. Der Junge wuchs unter der liebevollen Fürsorge des Vaters heran. Zwischen Vater und Sohn entstand eine innige Beziehung von Vertrauen und Zuneigung. Wie groß war der Schmerz, als der gerade erwachsene Sohn eines Tages starb! Der Vater litt unsäglich unter dem Verlust des geliebten Sohnes. Nach einigen Jahren quälender Einsamkeit starb auch der Vater. Nach der Beerdigung kamen die Verwandten, um das Testament zu öffnen. Sie waren gespannt, wem das große Vermögen zufiele. Aber sie suchten ohne Erfolg. Im ganzen Haus war kein Testament zu finden.

So beschlossen die Verwandten, den Besitz unter sich aufzuteilen. Am Nachmittag kam auch das Hausmädchen, das jahrelang für die Familie treu gearbeitet hatte. Sie trauerte dem Mann nach, der ihr in seiner Liebe zu seinem Sohn immer ein Beispiel gewesen war. Sie wollte nichts von den wertvollen Dingen aus dem Haus. Sie wollte nur ein Andenken an die Familie mitnehmen. So nahm sie ein kleines Bild von der Wand, das den Vater mit dem Sohn zeigte. Es war nur eine ganz einfache Fotografie, aber sie würde das Mädchen stets an die Liebe zwischen Vater und Sohn erinnern. Sie brachte das Bild nach Hause, und als sie es bei sich aufhängen wollte, fiel ein Stück Papier auf den Boden. Sie nahm es auf und fand das Testament des Vaters. Er hatte geschrieben: »Wer immer den Wunsch hat, dieses Bild zu besitzen, soll mein Erbe sein. Er soll meine ganzen Besitztümer erhalten!«

Sind wir nicht auch wie die Verwandten? Wir kommen lediglich zum Haus des Vaters, um von seinen Reichtümern zu bekommen. Es geht uns nicht um seine Liebe, seinen Sohn, sondern nur um die Reichtümer aus seiner Hand. Aber die Bibel sagt uns, dass wir nur in der Liebe des Sohnes reich sind.

»*Wer den Sohn hat, der hat das Leben!*« (1. Johannes 5,12)

11. Februar

Wege finden

Ein Mann gerät mit vielen anderen Kameraden in russische Kriegsgefangenschaft. Überharte Arbeit, eine raue Behandlung und schlechte Ernährung bringen sie an den letzten Rand ihrer Lebenskräfte. Tief verzweifelt denken sie an ihr Zuhause. Ein Überleben dieser Strapazen wird immer unwahrscheinlicher. Die Belastung wird immer größer, die Kräfte immer kleiner. Schließlich ist einer so zermürbt, dass er nicht mehr weiterkann. Ohne jede Hoffnung möchte er seinem Leben ein Ende machen. Es gibt eine ganz einfache Art von Selbstmord. Man läuft in den Stacheldraht des Lagers und wird sofort von den Wachen erschossen. Der Mann geht auf die Umzäunung zu. Da weht ihm der Wind ein Blatt Papier vor den Bauch. Eine Böe drückt das Papier an seinem Körper fest. Der Mann nimmt das Blatt und erkennt darin eine Seite aus dem Militärgesangbuch. Der Mann nimmt die Seite in beide Hände und liest darauf: »Befiehl du deine Wege und was dein Herze kränkt der allertreusten Pflege des, der den Himmel lenkt. Der Wolken, Luft und Winden gibt Wege, Lauf und Bahn, der wird auch Wege finden, da dein Fuß gehen kann.« Der Mann schreit im Gebet zu Gott: »Herr, wenn das wahr ist, dass du Wege hast, dann zeige mir einen Weg hier heraus, und mein Leben gehört dir!«

Gott fand einen Weg und brachte den Mann wieder nach Hause. Dort hat er zur Ehre Gottes immer wieder sein Erlebnis erzählt.

Viele Menschen kommen an letzte Grenzen. In tiefer Verzweiflung scheint kein Ausweg mehr möglich zu sein. Doch Gott hat immer einen Weg für uns. Niemals ist Gott mit seinen Möglichkeiten am Ende. Für jeden und alles gibt es von Gott einen Weg. Wir wollen ihm das zutrauen und uns damit trösten.

»Weiß ich den Weg auch nicht, du weißt ihn wohl. Das macht die Seele still und friedevoll!«

»Befiehl dem Herrn deine Wege und hoffe auf ihn, er wird's wohl machen!« (Psalm 37,5)

12. Februar

Mut zu sich selbst

Kierkegaard erzählt in einem Märchen von einer Lilie, die an einer entlegenen Stelle sorglos und froh blühte. Eines Tages kam ein kleiner Vogel und besuchte die Lilie. Am nächsten Tag kam er wieder und dann immer wieder, bis sich die Lilie in den Vogel verliebte, weil er so gut gelaunt war. Doch es war ein schlimmer Vogel, der die Lilie ihre Gebundenheit und seine Freiheit fühlen ließ. Der Vogel erzählte ihr schließlich von anderen herrlichen Lilien, die anderswo blühten und viel Bewunderung und Beachtung fänden.

Darüber war die Lilie nun bekümmert und begann, sich mit ihrem Geschick zu beschäftigen. Sie kam sich selbst immer kümmerlicher vor und wünschte sich sehnlichst, an anderer Stelle zu wachsen, unter den Kaiserkronen und Königsblumen, von denen ihr der Vogel so viel erzählt hatte. So bat sie den kleinen Vogel eines Tages, er möchte sie doch in seinem Schnabel mitnehmen zu all den anderen Blumen, die so prächtig seien. Der Vogel erfüllte ihr den Wunsch. Er hackte mit seinem Schnabel das Erdreich rings um die Wurzeln der Lilie weg und trug sie dann unter seinen Flügeln davon. Er wollte sie dorthin tragen, wo sie in besserer Gesellschaft eine prachtvolle Lilie sein könnte. Doch unterwegs verwelkte die Lilie.

Kierkegaard schließt sein Märchen: »Hätte die bekümmerte Lilie sich genügen lassen, Lilie zu sein, wo Gott sie hingestellt hatte, wäre sie in aller ihrer Pracht dortgeblieben. Dann wäre sie die Lilie gewesen, über die der Pfarrer am Sonntag sprach, als er das Evangelium las: Betrachtet die Lilien auf dem Felde, ich sage euch, dass auch Salomo in aller seiner Herrlichkeit nicht bekleidet gewesen ist wie eine von ihnen!«

13. Februar

Liebe ist stärker als der Tod

Ein großer Baum mit einer herrlichen Krone ist in Jahrhunderten gewachsen. Nun wird er in Minuten gefällt, und ächzend sinkt er zur Erde. Noch grün und lebendig fällt er stöhnend um. Totes Leben oder lebendig tot. Da entdecke ich in seinem Stamm das Herz und lese, in die Rinde eingeritzt, die Worte: »Ich liebe dich!«

Auch unser Leben wächst in Jahrzehnten auf, entfaltet sich, streckt seine Wurzeln tief und die Verästelungen hoch hinaus. Aber einmal kommt der Tod, und auch wir Menschen sind schnell gefällt und stöhnend umgefallen.

Das Kreuz von Golgatha war auch solch ein gefällter Stamm. Und der daran hing, wurde von den Kräften des Bösen gefällt. Er fiel stöhnend um: »Mein Gott, warum hast du mich verlassen?« Aber Gott hat seine Liebe hineingeritzt. Der Kreuzesstamm und Opfertod Jesu sind eine einzige Liebeserklärung Gottes an uns Menschen. Und seine Liebe verwandelt das tote Leben in den Auferstandenen. »Jesus lebt. Nun ist der Tod mir der Eingang in das Leben!«

So wurde Jesus in seinem Leben und Sterben zur Liebeserklärung Gottes an uns. Seine Liebe überwindet den Tod. Und wo immer sich ein Mensch Gott hinhält, damit er in ihn seine Liebe schreiben kann, wird totes Leben in Auferstehung verwandelt – hier in Glaubensleben, dort in ewiges Leben.

Auch wir werden eines Tages fallen. Aber wir fallen nicht dem grausamen Tod, sondern dem lebendigen Herrn in die Hände, wenn Gott in unser Leben einritzen durfte: »Ich liebe dich!«

14. Februar

Ungeduld des Herzens

Ein Mann bekommt eines Tages eine wunderbare Gans geschenkt. Am nächsten Morgen legt die Gans ein goldenes Ei. Der Mann ist außer sich vor Freude und strahlt vor Glück. Am folgenden Morgen legt die Gans wieder ein goldenes Ei. Der Mann weiß sich vor Jubel kaum zu fassen. Nun kann er sich alle Wünsche erfüllen. Als die Gans am dritten Morgen wieder ein goldenes Ei legt, kommt ihm ein Gedanke. Er rennt in die Küche, holt das große Messer, stürzt sich auf die Gans, schneidet sie hastig auf und greift gierig hinein. Aber er findet nur Gedärme und Dreck. Nun ist die Gans tot und legt ihm nie wieder ein goldenes Ei.

Eine traurige Geschichte, die vom Menschen erzählt, der in seiner Gier nach Mehr das Lebensglück zerstört. Jeder Tag, jeder Lebensabschnitt, jede Liebe, jede Beziehung ist ein großes Geschenk. Wir brauchen Zeit und Ruhe, um die täglichen Geschenke richtig zu empfangen und mit ihnen besonnen umzugehen. Aber die Ungeduld des menschlichen Herzens hat schon so manchen Tag, so manche Liebe, so manches zarte Glück zerstört, weil sie nicht warten und vertrauen konnte. Die Angst vor dem Weniger und die Gier nach dem Mehr machen uns das Leben schwer. Die Angst, zu kurz zu kommen, etwas zu verpassen, das Glück zu versäumen, und die Gier, immer alles und sofort haben zu wollen, machen unser Leben kaputt. Wir müssen jeden Tag in Ruhe ausgehen, jedes Glück besonnen empfangen, jede Beziehung ausreifen lassen und jeden Erfolg wachsen lassen. Wie hastig rennen die Menschen hinter dem großen Leben her und sehen nicht die vielen wunderbaren kleinen Dinge. Wie ängstlich hüten die Menschen ihre Güter und vergessen das wirklich Gute: ihre Lebenszeit zu nutzen.

Gott schenkt uns jeden Tag seine Liebe und Nähe, umgibt uns immer wieder neu mit seiner Barmherzigkeit. Damit können wir in Ruhe und Vertrauen leben.

Jesus sagt: »Wer ist unter euch, der seines Lebens Länge eine Spanne zusetzen kann, ob er gleich darum sorget!« (Matthäus 6,27)

15. Februar

Arme Schlucker

Wenn wir einen Menschen bezeichnen, der gescheitert, nicht zurechtgekommen, krank geworden oder heruntergekommen ist, sagen wir: »Das ist ein armer Schlucker!« Hinter dieser leicht hingeworfenen Bemerkung steckt eine schwerwiegende Aussage über den Menschen. Im tiefsten und wahrsten Sinne des Wortes sind wir alle »arme Schlucker«. Was müssen wir nicht alles herunterschlucken: die unerfüllten Träume, die Ängste, die immer anwachsen, die Sorgen um Leben und Zukunft, den Ärger mit Menschen und Verhältnissen, die Unzufriedenheit im eigenen Herzen, die Kränkungen, die man uns zufügt, die Schuld, die wir auf uns laden, die Gebundenheiten auf der einen, die Zerrissenheiten auf der anderen Seite, die Gier nach Mehr, die Furcht vor dem Weniger, die Gedanken an Krankheit, Alter und Sterben.

Wo bleiben wir mit all den schweren Brocken? Wir schlucken sie herunter. Arme Schlucker. »Wisch dir die Angst vom Gesicht und schluck deine Sehnsucht herunter!« heißt es in einem Lied.

Wer all diese Probleme in sich hineinschluckt, wird krank, innerlich und äußerlich krank. Unmäßiges Essen, Alkoholmissbrauch, Abhängigkeit von Tabletten sind oft nur der verleibliche Ausdruck einer inneren Not.

Für uns »arme Schlucker« wusste Gott eine Medizin, die Liebe.

»In seiner Liebe hat uns Gott verordnet, dass wir seine Kinder seien durch Jesus Christus!« (Epheser 1,5)

Gott hat uns Menschen die Kindschaft als Heilmittel verordnet. In diesem Geist der Kindschaft Gottes dürfen wir alle Nöte und Leiden, Schulden und Ängste hinausschreien. »Vater, in deine Hände ... Vater, vergib mir ... Vater unser ...!« Es liegt auf der Hand, dass die Gesundung dort beginnt, wo ein Mensch nicht mehr alles schluckt, sondern es Gott heraussagen kann. Wir brauchen unsere Sorgen und Lasten, Ängste und Sünden nicht mehr im eigenen Herzen vergraben, sondern dürfen sie Gott ans Herz legen. Wer Gott am Herzen liegt, der gesundet mit seinem Herzen!

»Herr, Gott, mein Heiland, ich schreie Tag und Nacht vor dir!«
(Psalm 88,2)

16. Februar

Trost erfahren

In einem kleinen Dorf wohnte ein großes Glück. Ein Mann und eine Frau bekamen ein Mädchen, das der Sonnenschein aller wurde. Eines Tages wurde das Kind vor den Augen der Eltern auf der Straße überfahren. Das ganze Dorf nahm Anteil an der Trauer der Eltern. Auch nach über einem Jahr war die Mutter über den Verlust ihres Kindes untröstlich. Sie konnte keine Kinder mehr spielen sehen ohne bittern Gedanken. Langsam wuchsen in ihr Hass und Zorn, Neid und Eifersucht auf alles Lebendige und Gesunde. In ihren Gedanken lebten alle Menschen glücklich und zufrieden. Nur sie war geschlagen und voller Leid.

In ihrer Not ging sie zum Pfarrer. Der bat sie, durch das Dorf zu gehen und sich aus jedem Haus, in dem kein Leid wohnt, eine Blume zu erbitten. Mit dem Strauß sollte sie dann nach einer Woche wiederkommen. Die Frau ging durch ihr Dorf von einem Haus zum anderen. Als sie nach einer Woche zum Pfarrer kommt, hat sie nicht eine einzige Blume, aber einen Strauß von Erfahrungen. Sie musste erleben, dass in jedem der Häuser ein Leid wohnt, eine Not ist und Trost nötig war. So konnte sie manchen Leuten aus ihrer eigenen Schmerzerfahrung raten und beistehen. Das war der Anfang einer inneren Heilung.

»*Gelobt sei Gott, der Vater unseres Herrn Jesus Christus, der Vater der Barmherzigkeit und Gott allen Trostes, der uns tröstet in aller unserer Trübsal, damit wir auch trösten können!*« (2. Korinther 1,3f)

17. Februar

An-Gebote zum Leben

Eine Legende aus England erzählt, dass die Menschenkinder sich am Anfang ihrer Geschichte in einem wunderbaren Garten vorfanden. Sie waren darin geborgen und zufrieden. Sie spielten auf der herrlichen Wiese inmitten des Gartens ihre fröhlichen und heiteren Spiele. Niemand fühlte sich eingeengt durch die hohe Mauer, die den Garten und das Glück umgab. Eines Tages machte ein Menschenkind die anderen auf die Mauer aufmerksam: »Man traut uns nicht. Die Mauer engt uns ein. Sie verwehrt uns die weiteren Räume des Lebens. Auf, lasst uns die Mauer niederreißen!« Die Menschenkinder wollten die Freiheit und rissen die Mauer nieder. Dabei machten sie eine furchtbare Entdeckung. Hinter der Mauer gähnte ein tiefer Abgrund. Die Mauer hatte ihr Leben nur schützen, den Spielraum des Lebens nur sichern wollen. Aber nun war sie niedergerissen. Aus Bewahrung war Bedrohung geworden. Fortan saßen die Menschenkinder ängstlich in der Mitte des Gartens und wagten nicht mehr die schönen, freien Spiele des Lebens. Aus der scheinbaren Befreiung war Angst vor dem Absturz gewachsen.

Gott gab uns seine guten An-Gebote zum Leben, damit sie uns schützen und schonen, bewahren und sichern. Wer diese Mauern niederreißt, bekommt einen neuen Herrn: die Angst. Wenn die Ehrfurcht vor Gott niedergetreten wird, macht sich die Heidenangst um das Leben breit. Wer die Liebe Gottes verliert, wird zwischen den grausamen Mühlsteinen Angst vor dem Weniger und Gier nach Mehr gnadenlos zerrieben. Welch eine Freiheit wäre das, nur einen Herrn zu haben, der uns liebt, von einer Mauer der Barmherzigkeit umgeben zu sein, die uns schützt, nur eine Macht zu kennen, die uns beherrscht! Darum gibt es auf das An-Gebot des einen Herrn nur eine Antwort des Menschen: Hingabe an den, der sich für uns gab. Dann könnte das Gebot Gottes zum Gebet des Menschen werden: »Nimm mich hin und lass mich sein, ewig, einzig, völlig dein!«

---

18. Februar

Unser Lebensbuch

Wir alle schreiben ein Buch, das Buch unseres Lebens. Wenn jeder Tag, den wir erleben, nur eine Seite füllt, dann ist unser Leben ein dickes Buch mit vielen tausend Seiten. Was steht da alles drin?!

Manche Seiten quellen über von großer Freude, die wir erlebten. Sie erzählen von der Lust am Leben, sprechen von schönen Dingen, glücklichen Zeiten und herrlichen Erlebnissen.

Manche Seiten unseres Lebensbuches sind erfüllt von Begegnungen mit Menschen und Ländern, Büchern und Gedanken, Kunst und Musik. Welch ein Reichtum liegt in diesen Seiten verborgen!

Manche Seiten zittern noch von der Spannung und Dramatik, in die wir gerieten. Wie viele Abenteuer und Gefahren haben wir erlebt, welche Grenzen und Proben erfahren, was für Kämpfe und Herausforderungen empfangen! Wir sind darin gewachsen und gereift, geläutert und gestärkt.

Manche Seiten sind noch ganz nass von den Tränen, die wir darauf geweint haben. Schmerzen und Leid, Trauer und Einsamkeit füllen viele Seiten unseres Lebensbuches. Wir erkennen sie am schwarzen Rand der leisen Schwermut, und sie erinnern uns an durchwachte Nächte und durchlittene Tage, an Verlust von Menschen, an gestorbene Hoffnungen, an riesige Enttäuschungen und schmerzhafte Kränkungen. Das Leben war mehr als einmal auch zum Weinen.

Und manche Seiten möchten wir am liebsten herausreißen. Das sind die Seiten im Lebensbuch, die wir verkehrt geschrieben, verkleckst und verkorkst haben. Seiten voller Fehler, an die wir uns nicht gerne erinnern und die wir niemandem zeigen möchten. Falsch gelebt, lieblos geredet, gedankenlos gehandelt, unwahr gesprochen. Worte und Dinge, die wir gern ungeschehen machen würden. Eine tiefe Wehmut legt sich wie ein dunkler Schatten auf uns, wenn wir diese Seiten bedenken.

Kein Mensch nimmt uns unsere Fehler und diese Wehmut ab. Die Seiten fallen uns schwer auf die Seele. Vor Menschen möchten wir sie verbergen und verstecken. Aber bei Gott sind sie alle offenbar. Doch gerade Gott liebt uns mit den dunklen Seiten in unserem Lebensbuch. Er will sie uns vergeben und die ganze Schuld eines langen Lebens ausradieren. Mit der Liebe Jesu können wir ganz neu beginnen, zu leben und uns zu freuen, denn alle Sünde hat er für uns getragen.

19. Februar

Ein Liebesbrief

Eine Prinzessin bekommt von ihrem Verlobten zu ihrem Geburtstag ein großes, schweres Paket. Voller Erwartung öffnet sie die gewichtige Sendung und findet darin eine dunkle, schwere Eisenkugel. Tief enttäuscht und verärgert wirft sie die schwarze Kugel in die Ecke. Auf den Boden fallend, springt die äußere Schale der Kugel auf, und eine Silberkugel kommt zum Vorschein. Die Prinzessin nimmt die Silberkugel in die

Hand, dreht und wendet sie nach allen Seiten. Da öffnet sich die silberne Hülle, und es kommt ein goldenes Etui heraus. Sorgsam bewegt die Prinzessin das Etui und findet ein kleines Knöpfchen, drückt es, und das Etui springt auf. Da liegt ein kostbarer Ring mit einem wunderbaren Diamanten. Ein kleiner Brief liegt dabei mit den Worten: »Aus Liebe zu dir!«

So geht es vielen Menschen mit der Bibel. Fremd und schwer, dunkel und eigenartig erscheint sie auf den ersten Blick. Wer sie aber in die Hand nimmt, aufschlägt, sie hin und her wendet, von allen Seiten betrachtet und darin liest, dem öffnet sie sich. Immer neue Schönheiten, immer tiefere Werte werden wir bei unserem Anschauen entdecken. Bis wir schließlich den kostbaren Kern – einem Diamanten gleich – aufleuchten sehen: »Aus Liebe zu dir!«

Die Bibel ist ein einziger Liebesbrief Gottes an seine Menschenkinder. Je mehr wir darin lesen und leben, um so geborgener und getrösteter werden wir sein.

»Seit ich gelernt habe, die Bibel zu lesen, wird sie mir täglich wunderbarer. Ich lese jeden Tag darin. Ich weiß, dass ich nicht mehr leben könnte ohne sie!« (Dietrich Bonhoeffer)

20. Februar

Der Leuchtturm

Ein Leuchtturm ohne Licht ist nicht nur nutzlos, sondern auch gefährlich. Er bietet für die Schiffe unterwegs keine Orientierung. Dann steht er im Wege und schadet nur. – Ein Christ, aus dem die Liebe Jesu nicht herausleuchtet, steht im Weg und hindert noch dazu. Aber der Leuchtturm, der sein Licht aussendet, bietet den Schiffen Rettung und Orientierung. Doch während er sein helles Licht in die Weite schickt, ist es an seinem Fuß oft ganz dunkel.

Viele Menschen, die für andere ein helles Licht waren, haben in ihrer eigenen Seele oft viel mit Dunkelheit und Anfechtung zu kämpfen. Klerkegaard zum Beispiel, der für viele Menschen zum Segen geworden ist, hat zeitlebens mit Schwermut und Depressionen zu tun gehabt. Große Leute Gottes, die viel Segen wirken konnten, waren oft tief angefochten und innerlich bedrängt und belastet. Das Licht des Glaubens geht in die

Weite und hilft vielen Menschen. Und am Fuß ist es manchmal ganz dunkel. Eine Spannung, die zu denken gibt und trösten kann.

Jesus sagt über Paulus: »Dieser ist mir ein auserwähltes Rüstzeug, dass er meinen Namen trage vor Heiden und vor Könige und vor das Volk Israel. Ich will ihm zeigen, wie viel er leiden muss um meines Namens willen!« (Apostelgeschichte 9,15f)

---

21. Februar

Ein sehr persönliches Buch

In der Fußgängerzone von Paris hat die französische Bibelgesellschaft einen Stand aufgebaut. Den Vorübergehenden werden Bibeln angeboten. Da kommt eine Gruppe junger Leute heran, die den Mitarbeiter hinter dem Bibelstand verspottet: »Bau deinen Laden ab! Das alte Buch ist längst überholt. Das liest doch niemand mehr!« Der Bibelmissionar nimmt sich den Anführer der Gruppe vor und sagt ganz freundlich zu ihm: »Das will ich dir sagen, in diesem Buch redet Gott persönlich mit dir!« »Was, mit mir? Das ist ja zum Lachen. Gib her dein Buch, das will ich sehen!« Der junge Spötter, mit Namen Philippe, greift sich eine Bibel, schlägt sie wahllos auf, liest einen Satz, wird kreidebleich und legt sie schweigend zurück. »Was ist, Phillippe?«, rufen die Kameraden. Er hatte aus Johannes 14 den 9. Vers gelesen: »Jesus spricht: So lange bin ich bei euch gewesen, und du kennst mich nicht, Philippe?«

Gott spricht in der Bibel zu uns ganz persönlich. Er ruft uns mit unserem Namen. Er kennt uns und liebt uns. Gott hat an unserem Leben Interesse. Wir kommen bei Gott vor. Unser Leben ist in der Bibel mit gemeint. In all den Geschichten der Bibel kommen wir vor. Wir sind Adam und Abel, Kain und Noah, Sarah und Rebecca, Jakob und Esau, Joseph und seine Brüder, David und Elia, Petrus und Judas, Maria und Martha, Paulus und Markus. Auf jeder Seite bin ich persönlich gemeint und herausgefordert. Die Bibel ist das größte und beste Buch über den Menschen, sein Leben, seine Welt, seine Wege und Ziele und führt doch darüber hinaus zu Gott. Die Bibel ist das Buch, das eine Brücke baut von Gott ganz persönlich zu mir ganz persönlich. Ein sehr persönliches Buch!

22. Februar

Die Bibel rettet Leben

Unter dieser Überschrift berichtet eine Tageszeitung von einem Hotelportier in Amerika. Stets trägt er ein kleines Neues Testament bei sich, damit er nachts in seiner Pförtnerloge, wenn er auf späte Gäste wartet, in der Bibel lesen kann. – Die Nachtschicht hat gerade begonnen. Der Portier ordnet die Belegpläne vom Tag. Da reißt ein Verrückter die Tür auf, springt in die Hotelhalle, zieht einen Revolver, gibt einen gezielten Schuss auf den Portier ab und verschwindet in der Nacht. – Die Kugel, die für das Herz des Mannes bestimmt war, bleibt im Neuen Testament, das in der Brusttasche ruht, stecken. Die Bibel auf seinem Herzen rettet dem Mann das Leben.

Die Bibel rettet das Leben. Eine Bibel im Schrank, ein kostbarer Druck hinter Glas nützen uns wenig. Legen wir uns das Wort Gottes ans Herz, tragen wir es bei uns, lesen wir darin, leben wir danach, dann rettet sie unser Leben.

Jemand schrieb seinem Freund in die Bibel: »Dieses Buch wird dich von der Sünde fernhalten. Oder die Sünde wird dich von diesem Buch fernhalten!«

Wenn wir mit der Bibel leben, werden wir immun gegen das Böse. Wenn wir mit der Sünde leben, werden wir immun gegen Gottes Wort.

Auch Jesus widerstand den gezielten Angriffen des Teufels mit dem Wort Gottes. Er ist ein lebendiges Beispiel für das Wort, das Gott schon durch Mose seinem Volk sagen ließ: »Es ist nicht ein leeres Wort an euch, sondern es ist euer Leben!« (5. Mose 32,47). Tragen wir es auf dem Herzen, es rettet unser Leben!

23. Februar

Bewahrung durch raue Wege

Eine amerikanische Missionarsfrau, die mit ihrem Mann in Taiwan arbeitete, kümmerte sich intensiv um eine Siedlung von Leprakranken. Als ihr einmal eine größere Summe Geld zur Verfügung stand, ließ sie die Wege der Siedlung, die sich bei Regenwetter in tiefen Morast verwandelten und für die kranken Füße unbegehbar wurden, neu machen und betonieren. Sie freute sich auf die glatten Wege und war bitter enttäuscht, als sie sah, dass die neuen Straßen nicht glatt wurden, sondern dass man sie aufraute. Sie reklamierte und wurde dann belehrt: »Wenn die Wege nicht rau sind, fallen die Leute mit ihren kranken Füßen hin, weil sie mit ihren Stöcken ausrutschen!« Das bewegte die Missionarsfrau sehr. Und sie erzählte abends ihrem Mann davon. Nachdenklich fügte sie hinzu: »Macht Gott unsere Wege deswegen auch manchmal ein bisschen rau, damit unsere kranken Füße und Stützen nicht ausrutschen, sondern Halt finden?«

Wir wünschen uns glatte und ebene Wege, die ohne Mühe zu gehen sind. Wir denken, alles müsse glatt und schnell gehen. Und doch sind bisweilen raue Wege besser, weil sie uns bewahren vor dem Ausgleiten und Hinfallen.

> Ordne unsern Gang,
> Jesu lebenslang.
> Führst du uns durch raue Wege,
> gib uns auch die nöt'ge Pflege;
> tu uns nach dem Lauf
> deine Türe auf!

(N. L. von Zinzendorf)

24. Februar

Leben aus Leben

Ein Vater fragt seinen Jungen, was er sich zum Geburtstag wünscht. Spontan antwortet der Junge: »Ein Pferd!« Erschrocken fragt der Vater zurück: »Aus Holz?« »Nein!« »Aus Pappe?« »Nein!« »Aus Metall?« »Nein!« »Aus Plastik?« »Nein!« »Ja, woraus dann?« Der Junge energisch: »Aus Pferd!« Das ist wahr, ein echtes Pferd kann nur aus Pferd selber sein. Alles andere wäre billiger Ersatz.

Was wünschen wir uns? Ich wüßte etwas: Leben, ganzes, erfülltes Leben! Und wenn jemand zurückfragt: »Aus Arbeit?« «Nein!« »Aus Erfolg?« »Nein!« »Aus Idealen?« »Nein!« »Ja, woraus dann?« »Aus Leben!«

Leben kann nur aus Leben selber sein. Leben kann nur von dem kommen, der das Leben ist. Leben kann nur der empfangen, der sich dem Lebendigen hingibt. Gott ist das Leben. Sein Leben kam zur Welt. In der Schöpfung einmal und dann vor allem in seinem Sohn. Jesus ist das Leben. Seine Liebe ist Leben. Sein Leiden und Auferstehen ist Leben. Nicht nur wirkliches Leben, sondern auch ewiges Leben. Jesus hat den Tod als letzte Grenze unseres irdischen Lebens durchbrochen. Er hat ein bleibendes, vollendetes Leben erworben. Und das möchte Gott durch Jesus an uns verschenken.

Gott ist seinem Wesen nach Gebender. Sein ganzes Sein ist verschenkend. Menschen sind ihrem Wesen nach Nehmende. Unser ganzes Sein ist empfangend. So können Gott und Mensch Partner werden und das Ganze finden. Gott möchte Leben verschenken. Der Mensch möchte Leben empfangen.

Darum sucht Gott Menschen, die sich für seine Lebenskräfte öffnen,
* die ihre Einsamkeit aufgeben und die Gemeinschaft mit Gott suchen,
* die ihre Sorgen wegwerfen und Vertrauen festhalten,
* die ihre Ängste vor Gott aussprechen und seine Hoffnung mitnehmen,
* die ihre Sünden abladen und sich Vergebung aufladen,
* die ihren Egoismus begraben und Jesu Liebe aufleben lassen,
* die ihre Begrenzung eingestehen und Jesu Möglichkeiten ausleben.

So wollen wir Leben aus erster Hand, aus Gottes Güte, aus Jesu Vergebung, aus der Kraft des Heiligen Geistes.

»Der Sünde Sold ist der Tod; die Gabe Gottes aber ist das ewige Leben!«
(Römer 6,23)

25. Februar

Traurige Wanka oder Flamme für Gott

»Zur nächtlichen Stunde unterhalten sich die Blumen hinter dem Fensterchen der Großmutter. Bis der Morgen kommt, haben sich die Blumen immer viel zu erzählen. Schnell vergehen die Stunden. Eine aber ist still und in sich gekehrt und macht ein trauriges Gesicht. Noch nie hat sie jemand blühen sehen, noch nie hat sie jemand reden hören. Schweigend nur schaut sie durch die Fensterscheiben in die dunklen Augen der Nacht und weint. Dann aber eines Nachts, als es wieder still geworden ist im Haus, wendet sich die traurige Blume an die Begonie neben sich und fragt: ›Weißt du eigentlich, wer ich bin?‹ ›Natürlich, du bist die traurige Wanka!‹ – ›So nennt mich die Großmutter wegen meiner Tränen. Aber niemand von euch weiß, warum ich weine, und niemand kennt meinen richtigen Namen. Ich heiße Flämmchen!‹ ›Ein seltsamer Name‹, meint die Begonie. ›Flämmchen?! Aber du brennst doch nie und blühst auch nicht.‹ ›Das ist ja mein Unglück, dass mich Großmutter nicht blühen lässt. Denn wenn ich ausgeblüht habe, muss ich sterben. Schneidet aber jemand meine Blütenknospen ab, dass sie sich nicht öffnen können zur Blüte, dann kann ich lange leben. Darum wacht Großmutter darüber, dass sich meine Blütenknospen nicht öffnen, und schneidet sie ab. Aber diesmal hat sie eine übersehen, ich habe sie versteckt, und morgens, da wird sie blühen.‹ ›Nein, du darfst nicht blühen‹, sagt die Begonie ängstlich. ›In deiner Blüte lauert der Tod!‹ ›Ich konnte einfach nicht anders. Was ist das für ein Leben, wenn man nicht blühen darf? Aber morgen werde ich blühen, und ihr sollt sehen, warum man mich Flämmchen nennt.‹ Am Morgen, als die Sonne aufgeht, hat die traurige Wanka eine Blüte.«

Was ist das für ein Leben, wenn ich nur dasein, aber nicht blühen darf? Ein bedrückendes Bild: auf der Fensterbank des Lebens stehen, irgendeine Funktion wahrnehmen, vielleicht sogar geschätzt sein, aber fortwährend daran gehindert werden, aufzublühen und richtig zu leben. Gott will nicht, dass wir eine traurige Wanka sind und unser Leben so dahingeht. Wir sollen aufblühen für ihn und Frucht bringen aus der Blüte. Unser Name ist Flamme. Jesus möchte uns mit seiner Liebe anzünden und zu einer hellen Flamme seiner Hoffnung machen. Die Welt sagt: »Nein, in der Blüte lauert der Tod!« Gott sagt: »Ja, in der Blüte wohnt die Frucht!« Lassen wir uns also von niemandem daran hindern, für Gott aufzublühen und für ihn zu brennen.

Jesus sagt: »Ich bin gekommen, dass ich ein Feuer anzünde auf Erden!«
(Lukas 12,49)

26. Februar

Sonne der Gerechtigkeit

Auf einem Schulschiff überraschte der Kapitän einen der Schiffsjungen, der in seiner Kajüte auf den Knien lag und betete. In seiner derben Art packte der alte Seebär den kleinen Moses am Kragen, stellte ihn vor sich auf die Füße und polterte los: »Gott gibt es nicht. Alles Einbildung von Angsthasen. Zeige mir Gott! Ich habe ihn noch nie gesehen.«

Darauf sagt der Schiffsjunge ganz ruhig: »Herr Kapitän, selig sind, die reinen Herzens sind, denn sie werden Gott schauen.« Ohne ein Wort zu sagen, verließ der Kapitän nachdenklich die Kajüte.

Gott sehen, seinen Glanz erkennen, seine Liebe empfangen, sein Heil erfahren, das ist eine Frage der Augen und der Einstellung des Herzens. Gott lässt uns durch seinen Propheten sagen: »Euch aber, die ihr meinen Namen fürchtet, soll aufgehen die Sonne der Gerechtigkeit und Heil unter ihren Flügeln!« (Maleachi 3,20).

Gott über alle Dinge fürchten, lieben und vertrauen wäre der richtige Abstand und die einzig mögliche Einstellung zum göttlichen Lichtglanz.

Aber wir fürchten eine Lebensminderung mehr als Gott. Wir lieben uns stärker als Gott und vertrauen auf irdische Mächte eher als auf Gottes Kraft. So verlieren wir Gott aus den Augen, und unser Herz wird ihn niemals sehen.

Wenn wir aber unsere Hände und Herzen Gott hinhalten, dass er sie leert und reinigt, füllt und verwandelt, wird uns die Sonne Gottes aufgehen und seine Liebe uns heilen.

> Sonne der Gerechtigkeit,
> gehe auf zu unsrer Zeit,
> brich in deiner Kirche an,
> dass die Welt es sehen kann.
> Erbarm dich, Herr!
>
> (Christian David)

27. Februar

Man sieht nur mit dem Herzen gut

»In einem fernen Lande lebte einst ein König, den am Ende seines Lebens Schwermut befallen hatte. ›Schaut‹, sprach er, ›ich habe in meinem Leben alles, was nur ein Sterblicher erleben und mit den Sinnen erfassen kann, erfahren, vernommen und geschaut. Nur etwas habe ich nicht schauen können in meinen ganzen Lebensjahren. Gott habe ich nicht gesehen. Ihn wünschte ich noch wahrzunehmen!‹ Und der König befahl allen Machthabern, Weisen und Priestern, ihm Gott nahezubringen. Schwerste Strafen wurden ihnen angedroht, wenn sie das nicht vermöchten. Der König stellte eine Frist von drei Tagen.

Trauer bemächtigte sich aller Bewohner des königlichen Palastes, und alle erwarteten ihr baldiges Ende. Genau nach Ablauf der dreitägigen Frist um die Mittagsstunde ließ der König sie vor sich rufen. Der Mund der Machthaber, der Weisen und Priester blieb jedoch stumm, und der König war bereit, in seinem Zorn das Todesurteil zu fällen. Da kam ein Hirte vom Feld, der des Königs Befehl vernommen hatte, und sprach: ›Gestatte mir, o König, dass ich deinen Wunsch erfülle.‹ ›Gut‹, entgegnete der König, ›aber bedenke, dass es um deinen Kopf geht.‹ Der Hirte führte den König auf einen freien Platz und wies auf die Sonne. ›Schau hin‹, sprach er. Der König erhob sein Haupt und wollte in die Sonne blicken, aber der Glanz blendete seine Augen, und er senkte den Kopf und schloß die Augen. ›Aber König, das ist doch nur ein Ding der Schöpfung, ein kleiner Abglanz der Größe Gottes, ein kleines Fünkchen seines strahlenden Feuers. Wie willst du mit deinen schwachen, tränenden Augen Gott schauen? Suche ihn mit anderen Augen!‹« (Leo Tolstoi)

»Gott wohnt in einem Licht, da niemand zukommen kann, welchen kein Mensch gesehen hat noch sehen kann!« (1. Timotheus 6,16)

Mit den Augen des Herzens, mit den Augen des Glaubens wollen wir Gott suchen!

28. Februar

Die Augen des Glaubens

Ein Missionar sucht monatelang nach einem Wort für »Glaube« in der Papuasprache. Eine Tages kommt ein Eingeborener zu ihm und sagt: »Du erzählst uns von Jesus und sagst, er sei für uns gekreuzigt und auferstanden. Hast du Jesus gesehen?« »Nein.« »Bestimmt aber dein Großvater!« »Auch nicht.« »Dann lebt Jesus gar nicht in deiner Heimat, woher weißt du dann, dass Jesus lebt?« Unterdessen hatte sich eine Wolke vor die Sonne geschoben. »Siehst du die Sonne?« fragte der Missionar. Der Mann schüttelte den Kopf. »So ist es auch mit Jesus. Die Sonne scheint, auch wenn du sie nicht siehst. Ich sehe Jesus nicht und weiß doch, dass er lebt!« Der Mann dachte lange nach, dann sagte er: »Ich verstehe dich. Dein Auge hat Jesus nicht gesehen, aber dein Herz kennt ihn. Mit dem Herzen hast du Jesus gesehen!«

Nun hatte der Missionar das Wort für »Glaube« gefunden: »Jesus mit dem Herzen sehen.«

»Selig sind, die nicht sehen und doch glauben!« (Johannes 20,29)

29. Februar

Ein ganz neues Buch

Der bekannte amerikanische Schriftsteller Wallace wollte, von einem Freund dazu aufgestachelt, ein Buch schreiben, um die Unwahrheit des christlichen Glaubens zu beweisen. Mehrere Jahre durchstöberte er alle Bibliotheken auf der Suche nach alten Schriften. Schließlich glaubte er, genügend Beweise gesammelt zu haben, und begann mit dem Schreiben. Er verfasste das erste Kapitel, dann das zweite und auch das dritte. Beim vierten Kapitel hörte er auf. Bestürzt stellte er fest, dass er durch die intensive Beschäftigung mit den alten Quellen immer mehr zu der Überzeugung gekommen war, Jesus habe wirklich gelebt und gewirkt. Tagelange innere Kämpfe und Zweifel folgten. Eines Nachts, als er nicht schlafen konnte, kniete Wallace vor dem Bett nieder und bat Gott das erste Mal in seinem Leben darum, sich ihm zu offenbaren. Gegen Morgen empfand er ein tiefes Gefühl der Erleichterung und des Friedens. Er erzählte seiner Frau davon. Und sie erzählte ihm, dass sie von dem Tage an, an dem er das Buch begonnen hatte, besonders für ihn gebetet habe.

Was sollte nun mit dem gesammelten Material geschehen? Seine Frau riet ihm, ein ganz neues Buch zu schreiben, in dem er Jesus als den Retter der ganzen Welt darstellte. So machte sich Wallace an die Arbeit und schrieb ein ganz neues Buch. Es erhielt den Titel »Ben Hur« und wurde weltberühmt.

»Ich will ihnen ein anderes Herz und einen neuen Geist geben.«
(Hesekiel 11,19)

---

1. März

Wo ist Gott?

Ein Mann verspottet einen Jungen, der aus dem Kindergottesdienst kommt. »Ich gebe dir einen Euro, wenn du mir sagst, wo Gott ist!« fordert er den Jungen heraus. Der antwortet: »Und ich gebe Ihnen zehn Euro, wenn Sie mir sagen, wo Gott nicht ist!«

Auf die uralte Frage nach Gott gibt es zwei Antworten, die sich gegenüberstehen. Die einen sagen: »Gott ist nirgends. Wir haben ihn nicht gesehen. Wo war Gott in Stalingrad und Auschwitz? Wo war Gott, als unser Kind starb? Gott ist nicht da!« Die anderen sagen: »Gott ist überall. Wir sehen ihn in allen Dingen. Wir erleben ihn in der Schöpfung, wir hören ihn in der Bibel, wir begegnen ihm in der Gemeinde. Und gerade in der Not ist er da. Wir haben Gott in Stalingrad und Auschwitz erfahren. Nirgends war Gott so nahe wie in der Hölle des Leides.« Gott ist nirgends. Gott ist überall. Unbeweisbar und unvereinbar stehen sich beide Überzeugungen gegenüber.

Vielleicht gibt es noch bessere Antworten auf die uralte Frage nach Gott. Gott wohnt dort, wo man ihn einlässt. Gott ist der Herr über die ganze Welt. Aber erkennen und erfahren kann man ihn nur, wenn man sein Leben öffnet. Wo immer wir unser Herz, unser Haus, unser Leben ihm auftun, wird Gott mit seiner ganzen Lebensmacht hereinkommen. Wo Gott nicht ist? Wenn Gott überhaupt irgendwo nicht ist, dann in den Herzen der Ungläubigen, die ihr Leben vor Gott verschließen und versperren.

Jesus sagt: »Siehe, ich stehe vor der Tür und klopfe an. Wenn jemand meine Stimme hören wird und die Tür auftun, zu dem werde ich hineingehen!« (Offenbarung 3,20)

2. März

Dynamit Gottes

Einige Jungen erlaubten sich einen frechen Silvesterscherz. Sie stahlen aus der Dorfkirche die große Altarbibel. Zu Hause schnitten sie respektlos in das Innere ein großes Loch, verbargen darin einen Knallkörper und verbanden einen Zünder mit dem Deckel des Buches. Gut verpackt legten sie die Bibel nachts vor die Pfarrhaustür. Am Neujahrsmorgen entdeckte der Pfarrer das Paket, öffnete es und fand darin die gestohlene Bibel. Voller Freude öffnete er das Buch. Da gab es einen lauten Knall, und dem Pfarrer flogen die Fetzen um die Ohren. Vom Schreck erholt und vom Dreck gesäubert, geht der Pfarrer in die Kirche und beginnt seine Neujahrspredigt mit der Geschichte von der explodierenden Bibel. »Wer dieses Buch öffnet, muss mit Explosionen rechnen. Denn in diesem Buch ist Dynamit Gottes, seine lebensverändernde Kraft enthalten!« Eindrücklich predigte er über die lebendige Macht des göttlichen Wortes, über die Macht, die in der Bibel verborgen ist und die sich in das Leben hinein auswirkt, wenn wir die Bibel öffnen und darin lesen.

Die Jungen, die neugierig gekommen waren, um einen explodierenden Pfarrer zu erleben, wurden von den Worten so gepackt, dass sie ihren Streich bekannten und sich zu Jesus bekehrten.

Wer Gottes Wort öffnet, darf mit der Kraft Gottes und der Macht Jesu rechnen. Welche »Explosionen« würden sich wohl in unserem Leben ereignen, wenn wir Gottes Wort ganz ernst nähmen. Aber was bleibt von der Bibel und ihrer Lebensmacht, wenn man die Gerichtsworte Gottes in den Wind schlägt und seinen Verheißungsworten kein Vertrauen schenkt. Die Bibel wird zum wirkungslosen Bestseller in Schränken und Vitrinen. Die Bibel will gelesen und gelebt sein. Dann lässt sie die Mächtigen zittern und verleiht den Ohnmächtigen übermenschliche Kräfte. Denn das Wort Gottes ist Dynamit, Lebenskraft.

»Heilige sie in der Wahrheit; dein Wort ist die Wahrheit!« (Johannes 17,17)

3. März

Das Leben braucht einen Grund

Eins der schönsten Bauwerke Venedigs ist der berühmte Kampanile, der Glockenturm auf dem Markusplatz. Man hatte Sorge, dass der Turm eines Tages einstürzen würde. Man prüfte das Mauerwerk. Fachleute kamen zu dem Ergebnis, dass das Mauerwerk festgefügt, sicher und verlässlich ist. Um so überraschter war man, als eines Tages der schöne Turm zusammenstürzte und seine Trümmer den ganzen Markusplatz übersäten. Neue Untersuchungen ergaben: das Mauerwerk war fest und solide gefügt, aber das Fundament war nicht tragfähig. Darum konnte das Bauwerk auch keinen Bestand haben.

Es gibt ein wichtiges Gesetz beim Bau eines Hauses: Das Fundament ist so wichtig wie die Mauer. So gut, wie das Haus nach oben gebaut werden muss, so fest muss der Grund nach unten gelegt sein. All die schönen Räume, die sich Menschen einrichten, haben keinen Bestand, wenn sie nicht auf einen soliden Grund, einem tragfähigen Fundament gebaut sind.

Wenn das für einen Hausbau gilt, für einen Turm oder eine Brücke wichtig ist, wie viel wichtiger ist es für das Leben. Wie töricht wäre es, im Leben zuerst an die schönen Räume zu denken, sich auszumalen, was man alles erleben, beginnen und aufbauen will, wenn man nicht die Frage nach dem Grund stellt. Ohne ein sicheres Fundament ist alles, was man baut und erlebt, haltlos, sinnlos und zukunftslos.

Jesus bietet uns ein Fundament für unser Leben an. Seine Worte und Verheißungen können uns tragen. Es sind keine leeren Worte, sondern Worte, die Jesus mit Leben gefüllt hat, Worte, die er mit seinem Leiden und Sterben bewiesen und mit seinem Blut unterschrieben hat. Wenn dann die Stürme des Lebens kommen, und sie werden kommen, und an unserem Lebenshaus rütteln, dann steht es fest. Wer sein Lebenshaus in den Sand von Illusionen, Ideologien und Philosophien baut, wird, wenn die Stürme des Lebens, die Wasser der Not, die Widrigkeiten des Lebens kommen, einen Zerbruch erleben. Nur Jesus in seiner tiefen Liebe und seiner festen Hand kann das Fundament unseres Lebens sein.

»Einen andern Grund kann niemand legen außer dem, der gelegt ist, welcher ist Christus!« (1. Korinther 3,11)

4. März

An Gottes Segen ist alles gelegen

Ein alter Mann ist vollkommen taub. Aber er geht jeden Sonntag zum Gottesdienst. Als ihn jemand fragt, warum er in die Kirche geht, obwohl er kein Wort versteht, antwortet er: »Der Segen!«

Was ist das eigentlich, Segen? Was ist ein gesegnetes Leben, ein gesegnetes Alter? Was bedeutet es, wenn wir sagen: »An Gottes Segen ist alles gelegen«? Was hat Jakob gemeint, als er rief: »Ich lasse dich nicht, du segnest mich denn«? – Segnen kommt von signare, signieren und heißt: mit einem Zeichen versehen. Gott hat viele Zeichen gegeben. Gott machte an Kain das Zeichen der Schonung. Er gab Noah das Zeichen des Regenbogens. Abraham bekommt ein Zeichen. Jakob sieht die Himmelsleiter, Mose den brennenden Dornbusch, das Volk Israel die Wolken und Feuersäule. Zeichen über Zeichen, bis das Zeichen kommt, in dem alle anderen eingeschlossen sind, das Zeichen des Christus, das Kreuz. Gesegnet sein ist mit dem Zeichen des Kreuzes von Gott signiert sein.

Zunächst ist das Kreuz ja ein Todeszeichen, ein Fluchzeichen. Aber indem Jesus den Fluch des Todes, das Gericht für uns trägt und überwindet, wird das Kreuz ein Siegeszeichen, ein Lebenszeichen.

Ein kleines Mädchen kommt vom Dorf in die Großstadt, sieht die vielen Kirchtürme und fragt die Mutter: »Warum sind auf den Kirchen die Pluszeichen?« Vom Rechnen wusste sie, dass das Kreuz das Zeichen für Plus ist.

Ein gesegnetes Leben ist ein Leben, das unter dem Pluszeichen Gottes steht. Eigentlich steht unser Leben unter dem Minuszeichen von Sünde und Tod. Aber wenn wir mit unserer Schuld zu Jesus kommen, wird er uns vergeben und uns mit dem Zeichen des Kreuzes segnen. Dann ist die Schuld vergeben, der Tod besiegt, das Leid getragen. Wir sind von Gott zum Leben gezeichnet, gesegnet.

5. März

Signiert oder resigniert

Ein Junge fragt seinen Vater auf einer Bergwanderung: »Vater, sind auf den Bergen, wo die Kreuze stehen, Menschen abgestürzt?« »Nein«, erklärt der Vater, »ein Kreuz auf einem Gipfel bedeutet, Menschen haben den Berg mit seinen Gefahren besiegt und bezwungen. Hier ist das Kreuz ein Zeichen des Sieges, nicht des Todes.«

Wie viele Berge gibt es in unserem Leben, Berge von Schwierigkeiten, Berge der Sorge und Not, Berge von Leid und Schuld, Berge von Mühsal und Einsamkeit! Jesus hat alle diese Berge besiegt und bezwungen. Auf all diesen Bergen steht sein Kreuz, das Zeichen des Sieges. Wenn wir uns an Jesus halten, werden wir auf diesen Bergen nicht abstürzen, sondern sie mit ihm überwinden und meistern. Hat Jesus an unserem Leben sein Zeichen gemacht? Sind wir von Jesus handsigniert? Wer mit der Liebe und Vergebung Jesu signiert ist, lebt auf einen großen Sieg hin. Wer mit dem Kreuz Jesu nicht signiert ist, wird re-signiert sein, traurig und ohne Hoffnung, denn er lebt auf die große Niederlage des Sterbens und Verlierens hin. Darum wollen wir uns bewusst unter den Sieg Jesu stellen und ihn bitten, dass er uns zeichnet, segnet, signiert.

Als Johann Christoph Blumhardt auf dem Sterbebett lag, legte er seinem Sohn die Hand auf und sagte zu ihm: »Junge, ich segne dich zum Siegen!«

So möchte uns Jesus seine Hand auflegen und in aller Not und Angst, Sorge und Schwachheit zusprechen: »Ich segne dich zum Siegen!« Niemand ist zum Verlieren geboren. Jesus möchte, dass wir das Leben gewinnen. Darum rufen wir mit Jakob: »Herr, ich lasse dich nicht, du segnest mich denn!«

> Der Herr segne und behüte dich.
> Der Herr lasse sein Angesicht
> über dir leuchten und sei dir gnädig.
> Der Herr wende dir sein Angesicht zu
> und gewähre dir Heil.

6. März

Eine Quelle der Kraft

Dr. Claude Fly, ein amerikanischer Landwirtschaftsexperte, war in Uruguay im Auftrag der UNO tätig. Eines Tages wurde er auf offener Straße von Tupamaros als Geisel genommen. Acht lange Monate musste er in einem winzigen Versteck tief unter der Erde, von unnachgiebigen Gangstern bewacht, aushalten. Die lange Zeit der Leiden und Qualen beschrieb Dr. Fly nach seiner Freilassung in dem Buch »Gott in meiner Angst«.

»Mein Aufenthalt in der Zelle der Tupamaros kommt mir nun wie ein böser Traum vor. Es fällt mir schwer, mich an all die verschiedenen Gefühle und Leidenschaften zu erinnern, die mich so umgetrieben haben. Glücklicherweise hatte ich während der ganzen Zeit ein kleines Neues Testament bei mir. Es wurde für mich die einzige Quelle der Begegnung mit solchen Kräften, die außerhalb meines eigenen Herzens und auch außerhalb meiner Gefängniszelle wirksam waren. Das Klappern von Gewehren, die geladen und entladen wurden, das Geräusch von auf den Boden fallenden Patronenhülsen – dies alles nur zwei Meter von meinem Bett entfernt – waren für mich eine Seelenqual und ließen mich immer wieder vor Angst erschauern. Die ganze Zeit hindurch hielt mich die ständige Lektüre des Neuen Testaments aufrecht« (Seite 161).

Die Bibel eröffnet uns den Zugang zu Kräften außerhalb unseres Herzens und unserer Möglichkeiten. Der einfachste Weg über sich hinaus ist das Lesen der Bibel. Da öffnen sich Bereiche, die uns sonst verschlossen bleiben. Da zeigen sich Wege, die wir alleine nicht finden können. Da sehen wir Ziele, die uns über alles Eigene und Selbstgemachte erheben. Da begegnen uns Kräfte, die stärker sind als Leiden und Tod, als Böses und Irrtum, als Lüge und Wahn.

»Dein Wort ist meines Herzens Freude und Trost!« (Jeremia 15,16)

7. März

Das Geheimnis der Kraft

Eine griechische Sage erzählt von Antäus. Er war der Sohn der Mutter Erde und unüberwindlich stark. Niemand konnte ihn im Kampf bezwingen. Er verfügte über schier unermessliche Kräfte. Lange rätselte man über das Geheimnis seiner Kraft. Woher hatte Antäus seine Stärke?

Schließlich kam Herkules und löste das Geheimnis der Kraft. Im Kampf mit Antäus packte er ihn mit beiden Armen und hob ihn vom Erdboden hoch. Im Moment, als die Verbindung zur Erde unterbrochen war, wurde Antäus kraftlos und bezwingbar. Das Geheimnis seiner Kraft war die Verbindung mit seinem Ursprung, seiner Mutter Erde. Als Herkules diese Verbindung löste, konnte er Antäus besiegen. Seitdem gilt Herkules als der stärkste Mann.

Antäus bezog seine Kraft aus der Verbindung mit seinem Ursprung, seiner Mutter Erde. Christen beziehen ihre Kraft aus ihrem Ursprung, aus Gott, ihrem himmlischen Vater in einer lebensmäßigen Verbindung mit Jesus haben wir teil an den Kräften Gottes und sind für die Sünde, den Tod und die Zerstörung unantastbar. Wenn es aber dem Feind gelingt, unsere Verbindung zu Jesus zu unterbrechen, werden wir kraftlos und schwach, anfällig und besiegbar.

»Unser Glaube ist der Sieg, der die Welt überwunden hat!«

(1. Johannes 5,4)

8. März

Acker oder Feldweg

Gleicht unser Leben einem aufgebrochenen Acker oder einem plattgefahrenen Feldweg? Ein umgepflügter Acker ist offen und empfänglich für die Saat. Es arbeitet und rumort, sehnt und erwartet, gärt und bewegt sich in ihm. So offen und empfänglich sollte unser Leben sein. Aufgebrochen und voller Sehnsucht, fragend und hoffend, die guten Lebenskräfte zu empfangen und zu verarbeiten. Aber oft gleicht das Leben mehr einem Feldweg, auf dem die Wagen des Alltäglichen so sicher und gleichmäßig dahinrollen. Alles ist eingeebnet, plattgetreten, nivelliert und eingestampft. Kein Hoffen und Sehnen, kein Rumoren und Bohren, kein Fragen und Kämpfen. Alles ist eingelaufen und festgefahren, gewohnt und abgenutzt. Alles hat seinen Platz gefunden, ist eingespielt und müde. Es dringt nichts mehr ein, bricht nichts mehr auf. Die Alltagskaros von Einkommen und Auskommen, leisten und sich etwas leisten, Ansehen und Aussehen, Haus und Garten bestimmen unser Leben. Kein Fragen und Wagen, kein Umbruch und Aufbruch, keine Aussaat und keine Frucht.

Gott möchte seine Lebenskräfte in uns hineinsäen. Sind wir, wie ein Acker, offen und empfänglich? Kann Gott seine Liebe in uns hineinlegen, damit sie sich vermehrt und Frucht bringt?

»Bei dem aber in das gute Land gesät ist, das ist, der das Wort hört und versteht es und dann auch Frucht bringt!« (Matthäus 13,23)

»Mache mich zum guten Lande,
wenn dein Samkom auf mich fällt.
Gib mir Licht in dem Verstande
und, was mir wird vorgestellt,
präge du im Herzen ein,
lass es mir zur Frucht gedeihn.«

(Benjamin Schmolck)

9. März

Was wir wirklich brauchen

Von Rainer Maria Rilke gibt es eine Geschichte aus der Zeit seines ersten Pariser Aufenthaltes. Gemeinsam mit einer Französin kam er um die Mittagszeit an einem Platz vorbei, an dem eine Bettlerin saß, die um Geld bat. Ohne zu einem Geber je aufzusehen, saß die Frau immer am gleichen Ort und streckte ihre Hand bittend aus. Rilke gab nie etwas. Seine Begleiterin gab häufig ein Geldstück. Eines Tages fragte die Französin, warum er nichts gebe, und Rilke gab ihr zur Antwort: »Wir müssten ihrem Herzen schenken, nicht ihrer Hand!«

Wenige Tage später brachte Rilke eine eben aufgeblühte weiße Rose, legte sie in die offene, abgezehrte Hand der Bettlerin. Da blickte die Bettlerin auf, sah den Geber, erhob sich mühsam von der Erde, tastete nach der Hand des fremden Mannes, küßte sie und ging mit der Rose davon. Eine Woche lang war die Frau verschwunden, ihr Platz blieb leer. Nach acht Tagen saß die Bettlerin wieder da am gewohnten Platz und streckte ihre bedürftige Hand aus. »Aber wovon hat sie denn all die Tage, da sie nichts erhielt, nur gelebt?« fragte die Französin. Rilke antwortete ihr: »Von der Rose.«

Gott hat unserem Leben nicht nur die Gaben für die Hand zugedacht, sondern auch die Liebe für das Herz. Gott gab uns nicht nur die Lebensmittel für das äußere Leben, sondern auch für das innere Leben. Es geht für uns nicht nur um den Lebensunterhalt, sondern um den Lebensinhalt. Kein Leben erfüllt sich im Haben von Dingen, wohl aber im Erfahren einer großen Liebe. Darum gab uns Gott das Beste, seinen Sohn, seine ganze Liebe und Treue.

»Ich habe dich je und je geliebt, darum habe ich dich zu mir gezogen aus lauter Güte!« spricht Gott der Herr. (Jeremia 31,3)

10. März

Das Süßeste und das Bitterste

Ein König befahl eines Tages seinem Wesir: »Lauf und besorge mir eine Speise, die auf Erden an Süße nicht ihresgleichen hat und auch in den Meeren nicht süßer zu finden ist!« Der Wesir ging los, bedachte alle möglichen Speisen und kaufte schließlich eine zarte Zunge. Zu Hause bereitete er sie als ein köstliches Mahl zu und trug sie dem König auf. Der König war zufrieden, denn die Zunge schmeckte ihm vorzüglich. Darauf befahl er dem Wesir: »Geh und besorge mir etwas, was so bitter ist, dass es auf der ganzen Welt nichts gibt, was bitterer ist!« Der Wesir machte sich auf und kaufte wieder eine Zunge, lichtete sie und brachte sie dem König. Der König war überrascht: »Als das Süßeste brachtest du mir eine wunderbare Zunge. Nun verlange ich das Bitterste, und du bringst mir wieder eine Zunge!«

Der Wesir fragte den König: »Mein Herr, gibt es etwas Süßeres auf

Erden als eine Zunge? Und gibt es etwas auf der Welt, was bitterer ist als eine Zunge?«

Ein einziges Wort kann ein Leben retten und bewahren, einer Seele wohltun und Verletzungen heilen. Und ein anderes Wort kann töten und kränken, verderben und Bitternis säen. Unsere Zunge kann die Süße der Liebe und die Bitternis von Hass hervorbringen. Darum wollen wir unser Innerstes in die Liebe Gottes eintauchen, damit auch die Äußerungen des Lebens Worte der Liebe sind.

»So ist auch die Zunge ein kleines Glied und richtet große Dinge an. Siehe, ein kleines Feuer, welch einen Wald zündet's an! Und die Zunge ist auch ein Feuer. Sie setzt des Lebens Kreis in Flammen und ist selbst von der Hölle entzündet. Die Zunge kann kein Mensch zähmen, das unruhige Übel, voll tödlichen Giftes. Aus einem Munde gehen Loben und Fluchen. Das soll nicht so sein. Lässt denn die Quelle aus einem Loch Süßes und Bitteres fließen?« (Jakobus 3,5–11)

11. März

Das Beste für Gott

Ein Bauer trägt einen Sack voll Weizen nach Hause. Er freut sich über das gute Korn. Da begegnet ihm Gott und bittet den Bauern: »Schenk mir deinen Weizen!« Der Bauer öffnet den Sack und sucht das kleinste Korn heraus und reicht es Gott. Der verwandelt das kleine Weizenkorn in Gold und gibt es dem Bauern zurück. Da ärgert sich der Bauer, dass er Gott nicht den ganzen Sack voll Weizen geschenkt hat.

(Nach einer indischen Legende)

Was wir Gott geben, schenkt er uns gesegnet und verlebendigt zurück. Was wir den selbstgemachten Göttern opfern, zerstört unser Leben. Was wird den Göttern Profit und Reichtum, Lust und Macht, Ehre und Ruhm alles geopfert! Dabei wird das Leben immer ärmer und elender. Was wir Gott opfern, macht uns reich und erfüllt unser Leben mit Glanz und Schönheit.

Abraham opferte Gott das Liebste, seinen einzigen Sohn. Und er empfing ihn gesegnet und lebendig wieder. Die Menschen nennen diese Geschichte grausam und ärgern sich über einen Gott, der ein solches Opfer erwartet. Dabei opfert eine Menschheit ihre Würde, ihre Seelen und Kinder den Göttern des Fortschritts und Wirtschaftswachstums. Dabei werden Menschen ärmer und verzweifelter.

Was wir Gott geben, wird auch das Beste für uns sein. Das Beste für Gott, die besten Jahre, die besten Kräfte, die besten Werte, das Liebste für Gott ist immer auch das Sinnvollste und Richtigste für uns.

»Ich ermahne euch durch die Barmherzigkeit Gottes, dass ihr eure Leiber gebet zum Opfer, das da lebendig, heilig und Gott wohlgefällig sei. Das sei euer vernünftiger Gottesdienst!« (Römer 12,1)

12. März

Ich danke Gott

In einer fränkischen Zeitung erscheint eines Tages eine Anzeige mit dem Wortlaut: »Ich danke Gott und dem Opelfahrer, der am ... auf der Bundesstraße ... mein falsches Überholen durch geschicktes Bremsen ausgeglichen und mir das Leben gerettet hat!«

Drei Tage später erscheint in derselben Zeitung an gleicher Stelle eine neue Anzeige mit dem Wortlaut: »Noch mal Schwein gehabt! Der Opelfahrer.«

»Ich danke Gott« oder »Schwein gehabt«, welche Anschauung vom Leben haben wir? Empfangen wir das Leben als Geschenk von Gott, oder sehen wir es als Ergebnis von Glück oder Unglück an?

Das Haben und Bekommen ist die Vorstufe des Lebens. Erst im Danken finden wir die Beziehung zum Geber und zum Nächsten. Gott und dem anderen danken sind elementare Äußerungen des Lebens.

Täglich zu singen

Ich danke Gott und freue mich
wie's Kind zur Weihnachtgabe,
dass ich bin, bin! Und dass ich dich,
schön menschlich Antlitz! habe.

Gott gebe mir nur jeden Tag,
so viel ich darf zum Leben.
Er gibt's dem Sperling auf dem Dach;
wie sollt er's mir nicht geben!

(Matthias Claudius)

»Gott nötig haben, ist des Menschen höchste Vollkommenheit. Man braucht sich nicht zu schämen, dass man Gott braucht, sondern gerade das ist die Vollkommenheit; und am traurigsten ist es, wenn ein Mensch durchs Leben ginge, ohne zu entdecken, dass er Gott braucht.«

(Søren Kierkegaard)

13. März

Schritte des Glaubens wagen

Eine Legende erzählt von einem alten Juden aus Krakau mit dem Namen Eisik Jekel. Er hatte in seinem Leben viel Schweres erlebt, war aber darüber nicht bitter geworden. Vielmehr hatte er sich ein kindliches Vertrauen auf Gottes Güte und seine Macht bewahrt. Er war alt und sehr arm. Aber in seinem Herzen lebte die Sehnsucht, etwas Großes für Gott tun zu können. Eines Nachts träumt er, dass Gott ihm befiehlt, er solle nach Prag wandern, dort an der Brücke zum königlichen Schloss würde er einen Schatz finden. Eisik Jekel erwacht, bindet sich seine zerfetzten Sandalen unter die Füße, wirft sich den alten Mantel über und wandert den weiten Weg nach Prag. Dort sucht er die Brücke zum königlichen Schloss und findet sie schwer bewacht. Jeden Morgen zieht die Wache auf, und jeden Tag streift Eisik Jekel um die Brücke herum und hält Augen und Ohren offen. In seiner Glaubenseinfalt sucht er den Schatz. Gehorsam wartet er, bis er ihn findet. Nach einigen Tagen fällt dem Hauptmann der Wache der alte Jude auf, und er spricht ihn an: »Suchst du etwas? Bist du mit jemandem verabredet? Wartest du auf jemanden?« Eisik erzählt ihm seinen Traum. Da lacht der Hauptmann und nennt ihn einen Narren: »Träume sind Schäume. Du bist ein Dummkopf. Dann müsste ich ja auch töricht sein und losgehen, denn mir träumte vor Jahren, ich solle nach Krakau wandern und dort bei einem alten Juden, der Eisik Jekel heißt, unter dem

Ofen nach einem Schatz graben. Nein, das ist doch Dummheit!« Eisik Jekel verbeugt sich, nimmt den Mantel zusammen, wandert nach Hause, gräbt unter seinem Ofen und findet einen großen Schatz. In seiner Freude baut er für Gott ein wunderschönes Bethaus.

Gott offenbart und verhüllt sich zugleich. Jesus zeigt seine Herrlichkeit und verbirgt sie zugleich. Gott liegt nicht auf der Straße, Jesu Größe ist nicht in den Schaufenstern ausgestellt. Man kann den Schatz des Lebens nicht einfach kaufen und erwerben. Er ist verborgen. Der kindliche Glaube und der schlichte Gehorsam finden den Weg und sehen die Erfüllung. Wer sich öffnet, in dem zeigt sich Gott. Wer Sehnsucht hat, wird erfüllt. Wer losgeht, der findet den Reichtum des Lebens und kann Großes für Gott tun.

14. März

Ich habe gehorcht!

Der Überlinger Philosoph Leopold Ziegler bestimmte schon bei Lebzeiten den Spruch für seinen Grabstein. Dort sollte einmal nach seinem Willen stehen: »Ich habe gehorcht!« Ziegler meinte damit wohl zwei Dinge, die im Leben zusammengehören. Mein Leben ist ein Horchen, Wachen, Warten, Empfangen und Lauschen. Mit dem Hören und Horchen, Stillewerden und Empfänglichsein beginnt das Leben. Aber dann auch das andere. Leben ist Gehorchen und Handeln, Aktivwerden und Schritte wagen.

In dieser Spannung von Besinnen und Beginnen, Ruhen und Tun, Horchen und Gehorchen wollte Ziegler sein Leben verstanden wissen.

Schweigen und Horchen fällt uns oft schwer. Warten und Offensein macht uns Mühe. Was uns so leicht dünkt, einfach nichts zu tun, nicht rennen, nichts in die Hand nehmen, ist bisweilen das Schwerste. Dabei ist Schweigen viel mehr als Nichtreden. Es ist die aktive Haltung aufmerksamer Bereitschaft. Es ist das bewusste Hinhören und Empfangenwollen. Dabei ist Warten mehr als ein Nichthandeln. Es ist die angespannte Wachsamkeit, die auf Kommendes wartet und mit Neuem rechnet.

Mit Horchen und Warten muss alles Gehorchen und Handeln beginnen.

»*Durch Stillesein und Hoffen würdet ihr stark sein!*« (Jesaja 30,15)

15. März

Die besten Waffen

Als Gott die Welt erschaffen hatte, freute er sich über alle seine Werke. Jedes Wesen hatte seine Bestimmung, und alle Geschöpfe lebten fröhlich in ihrer Eigenart. Nur das Lamm lag traurig vor dem Throne Gottes und konnte die Freude der anderen Geschöpfe nicht teilen. Gott bemerkte das Leid des Lammes und fragte es: »Was fehlt dir, dass du so traurig und niedergeschlagen bist?« – »Ach, mein Gott«, antwortete das Lamm seufzend, »wie kann ich vergnügt und fröhlich sein, wenn ich schwach und hilflos bin. Warum bin ich so anders unter deinen Geschöpfen? Warum gabst du mir nicht Waffen zur Verteidigung wie allen anderen Tieren? Spitze Hörner und scharfe Klauen, kräftige Rüssel und giftige Zähne, schnelle Beine und breite Flügel haben andere Tiere. Sie alle können sich retten durch Klettern und Laufen, Fliegen und Tauchen, Beißen und Stechen, Fangen und Rauben. Aber ich bin wehrlos in der großen Welt und der Willkür meiner Feinde ausgesetzt.«

Gott hörte die Klagen des Lammes und gab ihm recht: »Ich überlasse dir die Wahl. Möchtest du Krallen, Nägel, scharfe Zähne, ein Geweih oder Rüssel, Flügel oder Flossen?« – »Ach nein, mein Gott. Solche gefährlichen Waffen verletzen. Ich möchte dich um die besseren Waffen bitten, mit denen ich das Böse und den Feind wirklich überwinden kann!« – »Deine Bitte ist gerecht, darum will ich sie dir erfüllen. Ich gebe dir hiermit die besten Waffen, mit deren Hilfe du alles überwinden und besiegen kannst!« Und Gott gab dem Lamm seine besten Gaben, nämlich Sanftmut, Hingabe und Geduld. (Nach einem jüdischen Märchen)

Die besten Waffen sind nicht Raub und Gewalt, Schnelligkeit oder Stärke, Reißen oder Schlagen. Sie haben immer nur neues Unglück hervorgebracht. Die besten Waffen wählte Jesus, das Lamm Gottes, zur Überwindung alles Bösen: seine Hingabe in Liebe und sanfter Geduld. So überwand Gott den Hass und den Tod, den Teufel und das Gericht.

»Das Lamm, das geschlachtet ist, ist würdig, zu nehmen Kraft und Reichtum und Weisheit und Stärke und Ehre und Preis und Lob!«
(Offenbarung 5,12)

16. März

Lammesweg geht über Löwenmacht

Auf dem Berge Mandara hauste ein mächtiger Löwe. Unaufhörlich riß er andere Tiere und nahm sie zur Beute. Die Tiere hielten in ihrer Angst eine Versammlung ab und kamen überein, dem Löwen einen Vorschlag zu machen. Unbestritten sei er, der Löwe, der König der Tiere. Aber bevor er sich jeden Tag auf seinen Beutezügen so anstrengen müsse, wollten die Tiere ihrerseits ihm jeden Tag freiwillig eines aus ihrer Mitte zum Fraß bereitstellen. So könne er im Schatten liegen und brauche sich nicht mehr so zu bemühen. – Der Löwe war geschmeichelt und willigte ein. Die Tiere führten jeden Tag ängstlich ein Tier herbei. Da fiel die Wahl auf einen Hasen. Der alte Angsthase dachte bei sich, man müsse klug sein, wenn man sein Leben behalten wolle. Schleppend und hinkend näherte er sich dem Löwen und erzählte aufgeregt, dass ihn unterwegs ein noch mächtigerer Löwe überfallen habe. Nur mit Mühe habe er entkommen können. Zornig sprang der Löwe auf und befahl dem Hasen, ihm diesen schändlichen Widersacher zu zeigen. Der Hase nahm den Stolzen mit zu einem tiefen Brunnen, zeigte dem Löwen sein eigenes Spiegelbild im tiefen Wasser und rief, da unten sitze er. Aufgeblasen vor Wut warf sich der Löwe in den Brunnen und ertrank.

Löwenweg und Löwenmacht haben in der Geschichte der Menschheit unendlich viel Grausamkeit und Zerstörung, Leid und Schmerzen, Blut und Tränen hervorgebracht. Kriege und Untergang, Trümmer und Tote, Flucht und Folter, Hunger und Hass, Armut und Ausbeutung säumen den Löwenweg. Löwen haben immer andere für sich geopfert, um ihre Macht zu beweisen und selber zu überleben. Aber Löwenmacht ist nur begrenzte, zeitlich und räumlich begrenzte Macht, weil sich auf Dauer und Länge auf dem Wege der Gewalt kein Reich gründen lässt. Letztlich sind Löwenwege immer in der Zerstörung geendet. Letztendlich führte Löwenmacht immer in die Vernichtung, erst anderer und schließlich auch zur eigenen Vernichtung. Wege der Gewalt und Menschen der Macht haben nie wirklich überleben können. Aber sie haben viel Unglück und Schmerzen bereitet.

Gott hat einen anderen Weg gezeigt, den Weg der Liebe, des Opfers, der Geduld und Versöhnung. Jesus hat seine Macht an die Liebe gebunden und seine Liebe im Opfer stark werden lassen. Er hat sich für andere geopfert und ist zum Überwinder geworden. Sein Lammesweg geht über alle Löwenmacht.

»Siehe, das ist Gottes Lamm, welches der Welt die Sünde trägt!«
(Johannes 1,29)

17. März

Warum gerade Jesus?

Nach einem Vortrag kommt eine Frau zu mir und sagt schnippisch: »An einen barmherzigen Gott im Himmel glaube ich auch, aber einen gekreuzigten Jesus brauche ich nicht. Ein leidender, blutender Christus am Kreuz ist mir zu unappetitlich und zuwider!« Ich versuche ihr zu erklären, warum der barmherzige Gott im Himmel und der gekreuzigte Jesus eins sind.

Im Sommer 1988 ereignete sich in Borken ein schweres Grubenunglück. Eine furchtbare Explosion zerstörte einen Stollen. Eine fieberhafte Rettungsaktion begann. Grubenwehren aus ganz Deutschland suchten nach Überlebenden und bargen Tote. Fünfzig Bergleute kamen ums Leben. Als kaum noch Hoffnung auf Überlebende bestand, entdeckte man sechs Männer, die sich in ein Stollenende hatten retten können. Man begann zu rechnen und zu planen. Dann wurde eine Bohrung niedergebracht. Und schließlich, nach langen Stunden von Bangen und Hoffen, drangen die Retter zu den Verschütteten vor. Die Retter kamen dreckig, verschwitzt in der gleichen Kleidung und unter Einsatz ihres Lebens zu den Eingeschlossenen und brachten sie vorsichtig und mit viel Mühe ans Tageslicht. Was hätte den Bergleuten in ihrer Angst und Todesnot, in ihrer Dunkelheit und Bedrohung ein schön angezogener Bergwerksdirektor über Tage genützt? Die Retter kamen zu den Gefangenen herab, sie kamen in die gleiche Not und Dunkelheit hinunter. Sie trugen die gleiche Kleidung und wurden mit den Bergleuten eins. Nur so konnten sie sie retten. Ob die Befreiten sich am Dreck und Schweiß ihrer Retter gestört haben? – Gott will uns aus unserer tiefen Todesnot retten. Tief steigt er darum herab, bis zum Kreuz auf Golgatha erniedrigt sich Gott. Das Blut seines Sohnes ist ihm nicht zu teuer. Wer sich daran stört, hat noch nicht begriffen, wie tief verloren er ist. Der barmherzige Gott im

Himmel kann uns nur retten und bergen, wenn er so tief zu uns herunterkommt, wie wir gefallen und geraten sind. Der blutende Christus am Kreuz ist nicht schön. Aber er ist unsere einzige Rettung. Gerade im Leiden Jesu kommt die Barmherzigkeit Gottes zum Ausdruck. Es geht hier nicht um Ästhetik, sondern um unser Überleben. Und dazu brauchen wir den Gekreuzigten. Gott gab ihn in seiner Liebe, und wir nehmen seine Rettung mit Dank an.

»*Denn Gott hat den, der von keiner Sünde wusste, für uns zur Sünde gemacht, auf dass wir würden in ihm die Gerechtigkeit, die vor Gott gilt!*« (2. Korinther 5,21)

18. März

Vom Wolf zum Lamm

Das Märchen vom »Wolf und den sieben Geißlein« erzählt anschaulich, wie der böse Wolf seine Pfote in Weißmehl tunkt und seine Stimme mit Kreide weich und sanft macht, um den kleinen Ziegen wie eine gute Mutter zu erscheinen. Er kommt als Unschuldslamm und ist doch der reißende Wolf.

Wie viele Menschen tauchen ihre groben Hände in das Weißmehl der bürgerlichen Unschuld und machen ihre rauen Stimmen und Sitten mit etwas Anstandskreide sanft und verführerisch! Doch innen drin wohnt der Wolf, reißend, räuberisch und hinterlistig gemein.

Das idealistische Menschenbild geht davon aus, dass der Mensch manche Fehler und Schwächen hat, aber im Kern gut und edel ist. Das biblische Menschenbild sieht den Menschen in seinem Innersten verdorben und zerbrochen. Er ist zum wirklich Guten nicht fähig, auch wenn er sich eine weiße Pfote und eine sanfte Art zulegt.

Der Mensch ist ein Wolf, und er soll ein Lamm werden. Nicht indem er sich äußerlich verkleidet, sondern indem er von innen her verwandelt wird in eine neue Art. Damit ist der Kampf und das Ziel unseres Lebens angedeutet, vom Wolf unserer gefallenen Natur nach zum Lamm unserer erlösten Art nach. Jesus, das Lamm Gottes, gibt uns die Möglichkeit der Verwandlung, wenn wir uns ihm mit unserer alten Natur anvertrauen.

19. März

Zum Paradies

In vielen Orten gibt es eine Straße, einen Platz oder ein Gasthaus »Zum Paradies«. Hinter diesem Namen steht die Sehnsucht nach einem Ort der Vollkommenheit und Ganzheit, Geborgenheit und Freude. Wir haben das Paradies, das Gott den Menschen am Anfang gab, verloren. Und nun sind wir auf der Suche, um es irgendwo wiederzufinden. Überall suchen es die Menschen, in Liebe und Ehre und Glück, in Dingen und Reisen, in Menschen und Werten, im Übersinnlichen und Abartigen. Es gibt einen Weg zum Paradies. Er führt über Golgatha und den Mann am Kreuz. Es ist ein schmaler Weg mit einer engen Pforte, aber er führt in das ganze vollkommene Leben.

Zwischen dem Paradies der Schöpfung auf den ersten Blättern der Bibel und dem Paradies der Vollendung auf den letzten Blättern der Bibel liegt die Geschichte von Kreuz und Auferstehung Jesu. Zwischen dem Garten Eden für die ersten Menschen und dem Garten des Himmels für die erlösten Menschen liegt der Garten Gethsemane, in dem Jesus den Gehorsam errang. Zwischen dem Baum des Lebens im Paradies und dem Baum des Lebens in einer neuen Welt (Offb. 22,2) steht das Kreuz von Golgatha, das Todeszeichen, das durch die Liebe Jesu in ein Siegeszeichen verwandelt wurde. Zwischen den vier Strömen im Garten Eden und dem Strom des lebendigen Wassers, der vom Thron Gottes ausgeht (Offb. 22,1), fließt der Bach Kidron, der »Schwarzbach«, über den Jesus gehen musste in der Nacht, in der er verraten wurde. Zwischen den ersten Menschen, die sündigten und den Fluch auf alle anderen brachten, und der großen Schar der Erlösten aus allen Völkern und Sprachen (Offb. 7,9) steht der Mann der Schmerzen. Zwischen den folgenschweren Worten »Verflucht sei der Acker um deinetwillen. Im Schweiße deines Angesichts sollst du dein Brot essen, bis du wieder zur Erde werdest, davon du genommen bist« (1. Mose 3,17–19) und den wunderbaren Worten »Der Tod wird nicht mehr sein, noch Leid noch Geschrei noch Schmerz wird mehr sein!« stehen die Worte Jesu: »Folge mir nach!« Zwischen dem erlösungsbedürftigen Menschen auf dem verfluchten Acker der Welt und dem erlösten Gottesmenschen in einer neuen Welt steht die Erlösung, die durch Jesus Christus in Kreuz und Auferstehung geschehen ist. Der Weg zum Paradies führt über Jesus auf Golgatha!

20. März

Ein Stichwort borgen

Gottfried Benn schrieb als lyrische Summe seiner Lebensanschauung das Gedicht »Verlorenes Ich«. Darin beklagt Benn den Verlust von Zeit und Ort, Zusammenhang und Geschichte. Der Mensch hat den Sinn und die Hoffnung, Geborgenheit und Ziel seines Lebens verloren. Das Ich ist zersprengt, die Welt zerdacht, der Mensch entartet. Alle Bereiche und Zusammenhänge des Lebens zeigen Auflösungserscheinungen. Gegen Schluss des Gedichtes heißt es: »Woher, wohin – nicht Nacht, nicht Morgen, kein Evoè, kein Requiem, du möchtest dir ein Stichwort borgen – allein bei wem?« Der Mensch weiß nicht mehr um Herkunft und Zukunft. Nachts, als Ziel des Tages, ist nicht. Morgen, als Anbruch und Aufbruch einer neuen Zeit, ist nicht. Es gibt keinen Jubelruf (Evoè), keine Begeisterung, aber auch kein Trauerlied (Requiem). Alles ist gestorben und verloren.

Die Menschen suchen ein Stichwort, ein Wort, das sticht und löst, heilt und erneuert. Allein bei wem? Lange hat man gedacht, das Stichwort könnte Fortschritt heißen oder Wissenschaft, Leistung oder Technik, Wohlstand oder Freizeit. Aber alle diese Worte stechen nicht. Es gibt nur ein Wort, das Hand und Fuß, Herz und Leben hat, das alle Bereiche des menschlichen Lebens umfasst, die Tiefe des Leides, die Höhe der Leistungen, die Weite des Ewigen und die Dichte des wirklichen Lebens. Ein Wort wurde Mensch und Leben, Jesus Christus. In seinem Leben ist alles enthalten, Gott und Geschichte, Gott und Mensch, Raum und Zeit, Leben und Ewigkeit. Sein Leben umfasst das Requiem – gehorsam bis zum Tode am Kreuz – und auch das Evoè, den Jubelruf: »Er ist auferstanden und lebt!«

Gott borgt uns sein Stichwort. Damit können wir wirklich gewinnen. Wir können in Jesus Gott wiederfinden, den Frieden, den Zusammenhang mit der Schöpfung, mit der Zukunft, mit den anderen und uns selbst. Selbstfindung ist nur als Christusfindung möglich. Aber dort, in seiner Liebe und Treue, finden wir das verlorene Ich wieder. Borgen wir uns Gottes Stichwort, es heißt Jesus.

21. März

Der leere Platz

In der Marienkirche in Lübeck hängt ein berühmtes Altarbild von Hans Memling. Das Bild stellt die Kreuzigung Jesu dar. Man sieht die drei Kreuze in den Himmel ragen. Jesus und die beiden Schächer neben ihm hängen daran. Unter den Kreuzen sieht man ein buntes Gewimmel von Gestalten. Da drängen sich Kriegsknechte und neugieriges Volk, weinende Frauen und stolze Priester. Aber genau in der Mitte, gerade unter dem Kreuz Jesu, ist ein Platz ausgespart. Da ist deutlich eine leere Stelle zu sehen. – Es ist, als wollte der Maler den Betrachter fragen, wer auf dem leeren Platz unter dem Kreuz stehen sollte. Jeder, der das Bild anschaut, soll merken: Ich muss dort stehen. Unter dem Kreuz Jesu ist mein Platz. Dorthin darf ich mit meiner Sorge und Angst, Einsamkeit und Verwundung, Sünde und Schuld kommen. Da ist ein Platz frei für mich. Jesus wartet in Liebe auf mich. Mein Leben hat er am Kreuz getragen und gelöst. Dort unter dem Kreuz Jesu finde ich Frieden und Versöhnung, Heilung und Hoffnung, erfülltes und ewiges Leben. Der Platz ist leer, ich kann ihn einnehmen und dort alles empfangen, was Jesus für mich erkämpft hat.

> Nun, was du, Herr, erduldet, ist alles meine Last;
> ich hab es selbst verschuldet, was du getragen hast.
> Schau her, hier steh ich Armer, der Zorn verdienet hat.
> Gib mir, o mein Erbarmer, den Anblick deiner Gnad.

(Paul Gerhardt)

22. März

Das Wort vom Kreuz

Eine der ältesten Darstellungen des Kreuzes ist eine Karikatur auf dem Palatin in Rom. Da ist in einer ehemaligen Wachstube der kaiserlichen Garde in groben Zügen ein Kreuz an die Wand gekritzelt. An dem Kreuz hängt ein Mensch mit einem Eselskopf. Davor kniet ein Soldat in der

Rüstung eines römischen Legionärs. Daneben stehen die Worte: »Alexamenos betet seinen Gott an!«

Offenbar hat es in der kaiserlichen Garde damals einen Soldaten namens Alexamenos gegeben, der sich zu Christus bekannte. Seine Kameraden haben ihm bescheinigt, was sie davon halten. An einen gekreuzigten Jesus zu glauben ist eine Eselei, eine Dummheit.

Das alte Spottlied erinnert uns daran, wie anstößig die Predigt vom Kreuz und dem Opfertod Jesu war. Wir haben das Kreuz zu einem Schmuckstück gemacht, es vergoldet, an zarte Ketten gehängt und in wunderbare Musik gekleidet. Eigentlich ist das Kreuz ein Fluchholz, ein Skandal und ein Ärgernis, ein Zeichen des Todes. Doch durch die Auferstehung Jesu wurde das Kreuz zu einem Zeichen des Sieges und der Kraft. Allein in Jesu Tod liegt die Chance zu einem neuen Leben, das Schuld und Leid, Schicksal und Tod überwindet, weil Jesus diese Mächte dort am Kreuz ausgehalten und überwunden hat.

»Den gekreuzigten Christus, den Juden ein Ärgernis und den Griechen eine Torheit, predigen wir als göttliche Kraft und Weisheit!«
(1. Korinther 1,23f)

23. März

Draußen auf dem Feld

Ein Krankenhausseelsorger geht durch die Klinik und besucht die Patienten. Um sie mit ihrem Namen ansprechen zu können, schaut er jeweils über dem Bett nach dem Namen des Kranken. Eines Tages kommt er zu einem Mann, über dessen Bett auf dem Blatt nur der Name »Feld« steht. Er fragt den Mann: »Heißen Sie einfach nur Feld?« »Ja, ich heiße einfach nur Feld. Ich habe keinen Namen und keine Eltern. Man hat mich als Säugling auf einem Feld ausgesetzt und dort gefunden. Darum heiße ich einfach nur Feld. Ich bin nicht gewollt und nicht geliebt, habe kein Zuhause und keine Angehörigen, ich bin auf dem Feld ausgesetzt und gefunden, einfach nur Feld!«

Heißen wir nicht alle mal so: ungeliebt und ungewollt, ausgesetzt und ungeborgen, heimatlos und unbehaust? Und doch heißen wir im Grunde ganz anders. Von Gott her heißen wir geliebt und gewollt. Gott kam auf das Feld der Erde. Auf dem Hirtenfeld von Bethlehem kam er in einer Notunterkunft zur Welt. Er starb auf dem Hügel Golgatha, draußen vor der Stadt, ausgesetzt und preisgegeben. Als wollte Gott sagen: »Draußen auf dem Feld, wo ihr seid, ungeborgen und heimatlos, da komme ich hin, werde euch gleich und verwandle euren Namen von Feldmenschen in Gotteskinder!« Wir sind letztlich Kinder der Liebe Gottes. Hinter unserem Leben steht kein blinder Zufall, sondern eine Liebesabsicht Gottes. Wir sind Gottes Wunschkinder, von ihm gewollt und gemeint, gesucht und gefunden, heimgesucht und nach Hause gebracht. Auch auf dem Feld dieser Erde sind wir Gottes Kinder. Denn Jesus kam auf dieses Feld und nahm sich unserer persönlich an.

»Ich will euch nicht als Waisen zurücklassen; ich komme zu euch!«
(Johannes 14,18)

24. März

Gerettet aus Liebe

Im August 1941 gelang einem der Häftlinge aus dem KZ in Auschwitz die Flucht. Aus Wut, Hass, Rache und Abschreckung zugleich wurden abends beim Appell zehn Männer ausgewählt, die in einer Zelle ohne Essen und Trinken qualvoll sterben sollten. Der Kommandant rief wahllos zehn Nummern auf, und die Männer traten vor. Unter ihnen war ein junger Pole, Franz Gajowniczek. Er trat weinend aus der Reihe und brach schreiend zusammen. Da löste sich ein elfter Mann aus der Reihe und ging auf den Lagerleiter zu: »Ich bin katholischer Priester, ich bitte Sie, lassen Sie mich für den Mann gehen, der eine Frau und drei kleine Kinder zu Hause hat!« Der Lagerleiter war so verblüfft, dass er der Bitte nachgab. Pater Maximilian Kolbe ging für den jungen Polen in die Zelle und starb einen qualvollen, elenden Tod. Der andere Mann war gerettet. Er hatte durch das Opfer des Paters sein Leben noch einmal geschenkt bekommen. Das ist ein eindrückliches Bild für die Liebe Jesu am Kreuz. Dort geht Jesus für uns den Weg in den Tod und die Gottverlassenheit, trägt unsere Schuld und unser Gericht. Wer sein stellvertretendes Opfer persönlich annimmt und für sein Leben gelten lässt, wird gerettet. Der Pole hat damals sein Leben gleichsam noch einmal empfangen. So werden Menschen, die durch Jesu Liebe gerettet sind, noch einmal geboren, wiedergeboren. Die Liebe Jesu hat Macht; lassen wir uns durch sie retten und neu mit Leben beschenken, irdischem Leben und ewigem Leben!

»Siehe, das ist Gottes Lamm, welches der Welt die Sünde trägt!«
(Johannes 1,29)

25. März

Liebe ist stark wie der Tod

Liebe und Tod haben etwas gemeinsam. Sie sind unwiderstehlich. Sie haben eine Macht in sich, der sich schließlich alle beugen müssen. Gegen den Tod anzukämpfen ist letztlich genauso aussichtslos wie der Liebe zu entgehen.

Nach der russischen Revolution 1917 tobte mehrere Jahre ein erbitterter Bürgerkrieg zwischen der konservativen Bevölkerung, den Weißen, und den Kommunisten, den Roten. Zu dieser Zeit ging ein orthodoxer Priester eine Straße entlang, als er sah, wie Soldaten der Weißen Armee einen kommunistischen Soldaten an einen Baum banden, um ihn hinzurichten. Der Offizier des Exekutionskommandos sah den Priester und grüßte ihn mit dem üblichen Gruß in Rußland: »Segne uns, Vater!« Der Priester antwortete: »Ich kann einen Mord nicht segnen!« Die Weißen ließen ihren Gefangenen, durch die Worte des Priesters betroffen, frei.

Einige Zeit später rief eine Frau den gleichen Priester zu ihrem sterbenden Sohn, damit er ihm die Sterbesakramente verleihe. Als der Priester das Haus betrat, schrie der Sohn wütend: »Ich will keinen Priester. Diese Bösewichte sollen alle umgebracht werden. Ich bin Kommunist. Ich kann Priester nicht ausstehen.« Doch dann erkannte er in dem Mann den Priester, der ihm neulich das Leben aus der Hand der Weißen gerettet hatte. »Du hast mir das Leben gerettet. Aber ich hatte den Auftrag, dich umzubringen. Siehst du das Messer auf dem Tisch? Wenn du das gewusst hättest, hättest du dann genauso gehandelt?«

»Auch dann«, antwortete der Priester, »hätte ich keinen Mord gesegnet, denn Gott hat für uns alle Vergebung und Liebe bereit. Seine Liebe ist stärker als der Tod. Nun hat mich Gott ein zweites Mal zu dir geschickt, um dich zu retten.«

Kurze Zeit später war der Mann tot. Doch der ganze Hass war aus seinem Leben gewichen und hatte der Liebe und Versöhnung Gottes Platz gemacht.

»*Liebe ist stark wie der Tod!*« (Hoheslied 8,6)

26. März

Das Opfer

Vom Perserkönig Cyrus wird erzählt, dass er auf einem seiner Eroberungszüge einen Fürsten mit Frau und Kindern gefangennahm. Als man sie Cyros zuführte, fragte dieser den Fürsten: »Was gibst du mir, wenn ich dir deine Freiheit zurückgebe?« »Die Hälfte meines Reiches«, war die Antwort. »Und wenn ich auch deine Kinder freilasse?« »Mein ganzes Reich.« »Aber was gibst du für deiner Gattin Freiheit?« »Mich selbst!«

Cyros gefiel diese Antwort so sehr, dass er die ganze Familie ohne Lösegeld freigab. Auf der Heimreise fragte der Fürst seine Frau, ob sie beobachtet habe, was für ein edler, schöner Mann Cyros sei. Darauf erwiderte sie: »Ich sah nur den, der bereit war, sich selbst als Lösegeld für meine Freiheit zu geben.«

Könnten nicht alle Gotteskinder ebenso lernen, nur Augen für Jesus zu haben, der nicht nur willig war, sich für uns zu opfern, sondern es auch tat?

27. März

Wohin gehen wir?

Unter dem Kaiser Nero werden die Christen in Rom grausam verfolgt. Sie werden eingekerkert, gefoltert und warten auf die Begegnung mit den wilden Tieren in der Arena zur Belustigung des Volkes. Die Christen haben Petrus gebeten, die Stadt zu verlassen und sein Leben im Interesse der anderen Gemeinden zu retten. So zieht Petrus mit einem Jungen als Begleiter heimlich aus der Stadt. Unterwegs kommt ihm in einer Vision der auferstandene Christus entgegen. Petrus erkennt freudig seinen

Herrn und fragt ihn: »Quo vadis, domine?« – »Wohin gehst du, Herr?« Jesus antwortete ihm: »Ich gehe in die Stadt, um mit den Meinen zu leiden und zu sterben!« – Da erkennt Petrus, dass er in die Stadt Rom zurückkehren, die Christen stärken und mit ihnen sterben soll. Schnell dreht er sich um und kommt gerade noch rechtzeitig, um die Christen in den Gefängnissen zu stärken und mit ihnen zu beten, bevor sie den wilden Tieren zum Fraß und dem Volk zur Erheiterung dienen sollen. Auch Petrus stirbt schließlich in Rom für seinen Herrn.

Diese Szene aus dem Roman »Quo vadis« fragt uns, wohin wir gehen. Aus der Stadt hinaus, um unser Leben zu retten, oder in die Leiden hinein, um für Jesus ein Zeugnis zu sein?

Jesus sagt: »Will mir jemand nachfolgen, der verleugne sich selbst und nehme sein Kreuz auf sich und folge mir!« (Matthäus 16,24)

28. März

Unser Scherbelino

Vor den Toren Stuttgarts gibt es einen großen, heute mit Rasen bepflanzten Hügel, den die Schwaben liebevoll Scherbelino nennen. Auf diesen Hügel haben die Bewohner der Stadt nach dem Zweiten Weltkrieg die Trümmer und Scherben gebracht, um die Stadt wieder neu aufbauen zu können. In Wagen und Karren fuhr man damals den Schutt auf einen Hügel, damit der Wiederaufbau beginnen konnte.

So einen Hügel brauchten wir auch für unser Leben, wohin man die Trümmer und Scherben bringen und dann neu anfangen könnte. Gottlob, diesen Scherbelino gibt es. Es ist der Hügel Golgatha vor der Stadt Jerusalem. Dort, wo Jesus für unsere Sünden und Schwächen starb, kann man alle seine Scherben und Trümmer abladen und dann mit Vergebung und Heilung neu beginnen. Das Kreuz Jesu ist der Ort, an dem wir alles abladen können, der Scherbelino für eine ganze Menschheit. Gott sei Dank!

Die Sünden, die wir verbergen, werden immer wieder zum Vorschein kommen und den Lebensaufbau stören. Die Sünden, die wir unter dem Kreuz abladen, sind wirklich verborgen und vergeben. Darauf kann man ganz neu beginnen.

»Wohl dem, dem die Übertretungen vergeben sind, dem die Sünde bedeckt ist!« (Psalm 32,1)

29. März

Der Schatz im Acker

Ein Bauer im Edertal bei Frankenberg pflügt seinen Acker. Plötzlich bleibt der Pflug hängen. Der Landwirt springt vom Schlepper und gräbt mit seinen Händen ein mit Erde verschmiertes Holz aus. Als er es etwas säubert, erkennt er den geschnitzten Körper Jesu, der einmal an einem Kreuz angenagelt war. Das Kreuz ist längst vermodert, die Nägel, mit denen Hände und Füße angenagelt waren, sind verrottet. Aber der Leib Jesu ist vollkommen erhalten. Der Bauer nimmt seinen Fund mit nach Hause, reinigt das Schnitzwerk vom Dreck und sieht sofort, dass es sich um ein besonderes Kunstwerk handelt. Der Körper Jesu ist wunderbar geschnitzt. Ein Restaurator stellt die wunderbaren Farben wieder her, und das jahrhundertealte Kunstwerk kommt in einer kleinen Kirche im Edertal zur Geltung. Das Kreuz fehlt, aber der Leib Jesu ist erhalten. Ja, Jesus ist aus einem anderen Holz geschnitzt, das nicht vermodert. Er ist jetzt nicht mehr der Gekreuzigte, obwohl seine ausgebreiteten Hände noch die Löcher für die Nägel zeigen und an die Liebe Jesu am Kreuz erinnern. Jetzt erscheint Jesus dort mit seinen weit ausgebreiteten Armen als der Segnende, der seine Arme den Menschen entgegenstreckt. Jesus lebt, und wer ihn findet, findet einen großen Schatz, die Segnung seines Lebens und die Heilung seiner Verwundungen.

»Durch seine Wunden sind wir geheilt!« (Jesaja 53,5)

30. März

Das sanfte Joch

Vielen Menschen tut der Hals weh vom vielen Drehen und Wenden nach all den Dingen dieser Welt. Sie sind von den verlockenden Angeboten des Lebens hin- und hergerissen. Sie haben einen verdrehten Hals, und ihr

Nacken tut ihnen weh. Lassen wir uns umdrehen zu Jesus und nur noch eine Blickrichtung haben! Das Angebot unseres Herrn ist befreiend. Er bietet uns an, nur noch einen Herrn zu haben, der es gut mit uns meint. Jesus sagt: »Mein Joch ist sanft und meine Last ist leicht!« Jesus war Zimmermann und wusste, dass schlecht angepasste Joche drücken und wundreiben, scheuern und schmerzen. Darum haben so viele Menschen Schmerzen und Wunden, Kränkungen und Verletzungen auszuhalten. Wir tragen an den falschen Jochen, die uns kaputtmachen. Das Joch der Sorge reibt uns auf. Das Joch der Sünde drückt uns nieder. Das Joch der Angst tut weh. Aber Jesu Liebe passt zu uns. Wenn wir uns mit Jesus in ein Joch spannen lassen, ist es eine Wohltat gegen alle anderen Joche. Das Joch Jesu passt wie angegossen und tut uns wohl. Kein Vergleich zu all den Lasten, die wir so mit uns herumschleppen. Lassen wir uns umdrehen zu Jesus und gehen wir mit ihm in einem Joch! So werden wir heil und ganz, versöhnt und stark.

»Nehmet auf euch mein Joch und lernet von mir; denn mein Joch ist sanft und meine Last ist leicht!« (Matthäus 11,29f)

---
31. März

Horchen und Gehorchen

Drei Schmiedegesellen wanderten von Borkum aus bei Ebbe auf das Wattenmeer hinaus. Weit waren sie gelaufen, tief hatten sie die gute Luft eingesogen, fröhlich hatten sie miteinander geredet. Aber dann überfiel die Männer von einer Minute zur anderen dichter Nebel. Sie fassten sich bei der Hand und rannten zum Ufer. Doch sie verloren im dichten Nebel die Orientierung. Sie rannten in diese und jene Richtung, aber sie konnten das rettende Ufer nicht finden. Dann kam das Wasser. Langsam stieg die Flut. In dem höher auflaufenden Wasser kämpften die Männer um ihr Leben. Dann sagte einer von ihnen: »Jetzt sind wir ganz still, halten den Atem an, rühren uns nicht!« Mit dem Finger tastend und den Ohren horchend prüfte er die Richtung des Wassers, denn bei Flut läuft das Wasser auf das Ufer zu. Nach dem Horchen rannten sie ein kurzes Stück. Dann wieder Stille und Horchen, dann wieder laufen. So erreichten sie schließlich doch das rettende Ufer.

Was hat sie gerettet? Das Stillesein oder das Laufen? Beides hat sie bewahrt. Einfach nur laufen hilft nicht weiter, wenn man die Richtung nicht findet. Einfach nur stille sein und warten bedeutet den Untergang. Nur in der Spannung und Ergänzung von Horchen und Handeln liegt eine Überlebenschance.

So ist es auch im Leben. Wir müssen Einhalten und Horchen, Losgehen und Gehorchen. Wir nehmen uns Stille und hören auf Gottes Weisung. Und dann gehen wir los und tun, was er uns gesagt hat.

»Herr; ich warte auf dein Heil und tue nach deinen Geboten!«
(Psalm 119,166)

1. April

Ich weiß, dass mein Erlöser lebt

Es war im Jahre 1741, als eines Nachts ein gebeugter Mann in sich versunken durch die dunklen Straßen Londons schlurfte. Der Mann war Georg Friedrich Händel, der große Musiker. In seinem Gemüt stritten Hoffnung und Verzweiflung. Die Gunst der vornehmen englischen Welt hatte sich von ihm abgewandt. Bittere Not kam über ihn. Der schöpferische Funke erlosch, und mit noch nicht 60 Jahren fühlte sich Händel alt und lebensmüde. Ohne Hoffnung kehrte er in seine armselige Wohnung zurück. Da fiel sein Blick auf ein dickes Paket. Er öffnete es. »Ein geistliches Oratorium« hieß die Überschrift. Händel ärgerte sich über den zweitrangigen Dichter und besonders über dessen Bemerkung: »Der Herr gab mir den Auftrag!« Gleichgültig blätterte Händel im Text. Da sprang ihm eine Zeile in die Augen: »Er war verachtet und verschmäht von den Menschen ... da war nicht einer, der Mitleid mit ihm hatte ...«

Händel las weiter: »Er vertraute Gott ... Gott ließ seine Seele nicht ... Er wird dir Ruhe geben ...« Diese Worte füllten sich für Händel mit Leben und Erleben. Und als er noch weiterlas: »Ich weiß, dass mein Erlöser lebt ... Frohlocke ... Halleluja!«, da wurde es in Händel lebendig. Wunderbare Klänge überstürzten sich in seinem Innern. Der Funke von oben hatte ihn in Brand gesteckt. Händel griff nach der Feder und begann zu schreiben. Mit unglaublicher Schnelligkeit füllte sich Seite um Seite mit Noten.

Am nächsten Morgen fand ihn sein Diener über den Schreibtisch gebeugt. Er stellte das Tablett in Reichweite und ging hinaus. Am Mittag stand es noch unberührt da. Händel schrieb und schrieb. Zwischendurch sprang er auf und stürzte ans Cembalo, lief auf und ab, fuchtelte mit den Armen in der Luft und sang aus voller Kehle: »Halleluja, Halleluja!« Der Diener fürchtete, Händel würde wahnsinnig. Als ihm sein Herr sagte, die Tore des Himmels hätten sich vor ihm aufgetan und Gott selber sei über ihm. Vierundzwanzig Tage arbeitete Händel wie ein Besessener, fast ohne Ruhe und Nahrung. Dann fiel er erschöpft auf das Bett. Vor ihm lag die fertige Partitur des »Messias«.

Unter Händels persönlicher Leitung wurde der Messias 34mal aufgeführt. Am 6.4.1759 erlebte er zum letzten Mal sein eigenes Werk. Händel erlitt einen Schwächeanfall und wünschte sich, am Karfreitag zu sterben. Gott gewährte ihm diese Bitte und rief den großen Meister am Karfreitag, den 14.4.1759, zu sich. Händel durfte zu dem gehen, den er so ergreifend besungen und der ihm sein Herz abgewonnen hatte, sodass Händel jubeln konnte: »Ich weiß, dass mein Erlöser lebt!«

2. April

Jesus wurde Sieger

Mary Reed (1854–1943) war als junge Missionarin aussätzig geworden. Nun stand sie vor der Wahl, ihr Leben isoliert in einem Sanatorium zu verbringen oder in die Himalajagegend zu gehen und dort Aussätzige zu pflegen. Sie entschloß sich für das letztere und musste alle Schrecken der Einsamkeit und Krankheit durchkosten. Sie schreibt: »In den ersten Jahren litt ich entsetzlich unter unsagbaren Ängsten. Es war die Angst vor meiner Krankheit, vor wilden Tieren, vor der Einsamkeit. Eines Nachts hielt ich diese Angstzustände nicht mehr aus. Ich warf mich auf die Knie und flehte inbrünstig zu Gott, er möge mich in dieser Nacht doch von der Angst befreien oder mich den Morgen nicht mehr erleben lassen. So rang und betete ich bis zum Morgengrauen. Immer heftiger wurden meine innere Qualen. Da – auf einmal wusste ich gewiss, dass Jesus neben mir stand. Seine Hand berührte mich. Die Angst war verschwunden. Ich konnte nicht anders, ich musste loben und danken.« Der Auferstandene hatte die Angst durchbrochen und ihr seinen Frieden zugesprochen.

Mary Reed nahm einen Pinsel und schrieb mit Farbe an die Wand: »Jesus wurde Sieger!«

»Wenn ich mitten in der Angst wandle, so erquickst du mich und hilfst mir mit deiner Rechten!« (Psalm 138,7)

3. April

Die ganz große Liebe

Der Evangelist Moody hat einmal in einzigartiger Weise die Liebe Jesu dargestellt. Er schildert ein Zwiegespräch zwischen dem Auferstandenen und Petrus. Petrus fragt: »Ist es wirklich deine Meinung, Herr, dass wir das Evangelium allen Menschen predigen sollen? Auch diesen Sündern, die dich gemartert haben?« »Ja, Petrus«, antwortet der Herr, »bietet denen zuerst das Evangelium an. Macht euch auf die Suche nach jenem Mann, der mir ins Gesicht gespuckt hat. Sagt ihm, dass ich ihm vergebe. Sucht den Mann, der mir die Dornenkrone auf die Stirn gedrückt hat. Sagt ihm, dass ich in meinem Reich eine Krone für ihn bereithalte, wenn er das Heil annehmen will. Sucht den Mann, der mir das Rohr aus der Hand nahm und mich damit geschlagen hat. Ich will ihm ein Zepter geben, und er soll mit mir auf meinem Thron sitzen. Sucht den Mann, der mir mit der Hand ins Gesicht geschlagen hat. Sagt ihm, dass mein Blut rein macht von allen Sünden und dass es auch für ihn vergossen wurde. Sucht den Soldaten, der mir den Speer in die Seite stieß. Sagt ihm, dass es einen näheren Weg zu meinem Herzen gibt als diesen!«

4. April

Der Tod hat keine Hände

Einem afrikanischen Christen wurde seine siebzehnjährige Tochter durch den Tod genommen. Trauer erfüllte die ganze Familie. Aber sie waren auch getröstet durch die Hoffnung auf ein ewiges Leben. Auf das Grab der Tochter setzte der Vater ein schlichtes Holzkreuz und schrieb die Worte darauf: »Der Tod hat keine Hände!« – Als der Missionar ihn fragte, was die Inschrift bedeuten solle, gab der Vater zur Antwort: »Ich weiß, dass mir der Tod mein Kind nicht wegnehmen und auf ewig festhalten kann, sondern ich werde es bei Jesus wiedersehen. Der Tod hat ja seit Ostern keine Hände mehr!«

Nein, der Tod hat keine Hände. Aber Gott hat starke Hände, die uns bis in Ewigkeit festhalten. Jesus sagt von Menschen, die ihm im Glauben gehören: »Der Vater, der sie mir gegeben hat, ist größer als alles, und niemand kann sie aus meines Vaters Hand reißen!« (Johannes 10,29).

5. April

Vivit – Er lebt!

Käthe Luther war eine kluge und umsichtige Frau. Sie hatte ein waches Auge für die Freuden, Sorgen und Anfechtungen ihres Mannes. Als Martin Luther gegen Ende seines Lebens viele Enttäuschungen zu verkraften hatte, bestellte Käthe einen Steinmetzmeister und gab ihm den Auftrag, an ihrem Haus ein neues Portal einzusetzen. Auf den Schlussstein im Türbogen ließ sie das Wort einmeißeln: Vivit! Jeder, der künftig durch das Tor ein- und ausging, sollte wissen: Jesus lebt! Keiner konnte nunmehr das Haus betreten, dem nicht in Erinnerung gerufen wurde: Jesus lebt! Keiner konnte das Haus verlassen, den nicht noch einmal diese Botschaft zum Abschied gegrüßt hat. Was immer in den Gesprächen mit Martin Luther verhandelt wurde, der Gruß der Pforte besiegelte jeden Besuch im Haus: Er lebt! Zuerst aber galten diese Worte dem Hausherrn selber in den Stunden seiner Anfechtung, seiner Zweifel und Sorgen. Jesus lebt. Der Auferstandene ist gerade in unserer Schwachheit stark. Wenn unsere Kräfte schwinden, seine Lebensmacht ist ungebrochen. Vivit – Er lebt. Das ist die Botschaft, die trägt.

Wir sollten dieses Wort immer wieder über unser Haus, unsere Familie, unsere Arbeit, unsere Sorgen und Mühen, Lasten und Leiden schreiben: Jesus lebt!

Jesus sagt: »Ich lebe, und ihr sollt auch leben!« (Johannes 14,19)

6. April

Der verlorene Schlüssel

Eine alte Geschichte erzählt, dass die Menschen einmal den Schlüssel zum Himmel in ihren Händen gehabt hätten. Aber sie gingen leichtfertig damit um. Sie meinten, sie brauchten den Schlüssel nicht. So ging er verloren. Und als man ihn nicht mehr hatte, da stellte sich das Verlangen nach ihm ein, und man suchte ihn. Aber man fand dort, wo er gelegen haben soll, nur Blumen, goldene Himmelsschlüssel, nur Abbilder des echten Schlüssels. So ziehen denn um die Osterzeit die Menschen hinaus auf Wiesen am sonnigen Hang mit einer heimlichen Sehnsucht im Herzen, binden die Himmelsschlüssel zu Sträußen und nehmen sie mit nach Haus. Sie stellen sie in ihre Vasen und lassen sich erinnern an den verlorenen Schlüssel. Aber die Blumen welken bald, und die Sehnsucht bleibt ungestillt.

In Jesus hat alles Sehnen nach dem Himmelsschlüssel ein Ende. Jesus hat den Schlüssel wiedergefunden und uns den Weg zum Himmel aufgeschlossen. Wer Jesus gefunden hat, hat den Schlüssel zum Himmel gefunden. Jesus lebt! Nicht nur an Ostern, nein, für eine ganze Ewigkeit. Wir brauchen nicht in die Natur, um ihn zu finden. Wir brauchen nicht zu verreisen, um ihm zu begegnen. Wir brauchen nicht in unser Inneres lauschen, um ihn zu hören. In seinem Wort, in seiner Gemeinde, im Gebet, in der Stille vor Gott ist er zu finden.

Ganz am Anfang seiner Wirksamkeit sagte Jesus: »Ihr werdet den Himmel offen sehen!« (Johannes 1,51), und ganz am Ende sagte Jesus: »Ich bin lebendig von Ewigkeit zu Ewigkeit und habe die Schlüssel der Hölle und des Todes!« (Offenbarung 1,18).

7. April

Wichtige Nachricht

Ein gutgekleideter Herr steht vor dem Schaufenster einer Kunsthandlung und betrachtet aufmerksam ein großes Kreuzigungsgemälde. Während er dort steht und schaut, stellt sich neben ihn ein kleiner Junge mit schmutzigen Hosen und einem zerrissenen Hemd. Der Mann zeigt auf das Bild und fragt den Jungen: »Weißt du, wer das ist, der da am Kreuz hängt?« »Das ist Jesus«, kam die schnelle Antwort. Dann nach einer Pause fügte er hinzu: »Die Soldaten, das sind Römer, die Frau, die unter dem Kreuz weint, ist Maria, seine Mutter. Die vornehmen Herren sind die Pharisäer und Schriftgelehrten, und die Menge im Hintergrund ist das schaulustige Volk!« Nach einem langen Schweigen fährt der Junge fort: »Sie haben Jesus gekreuzigt. Er ist für alle Menschen auf dem Hügel Golgatha gestorben.«

So stehen sie vor dem Bild und lassen es auf sich wirken. Schließlich streicht der Mann dem Jungen über den Kopf, bedankt sich und geht weiter. Als er schon in der Menge verschwunden ist, hört er plötzlich den Jungen hinter sich herrufen: »Hallo, Herr!« Der Mann wendet sich um und wartet auf den Jungen. Noch außer Atem ruft der Junge dem Mann zu: »Er ist wieder auferstanden. Jesus ist auferstanden und lebt. Das wollte ich ihnen noch sagen!«

Jesus ist auferstanden. Welch eine wichtige Nachricht!

Jesus ist der leidende und erhöhte Herr, der gekreuzigte und auferstandene Christus. Jesus ist die tiefste Stufe, die Gott herabgestiegen ist, und die höchste Stufe, die ein Mensch je erreichen kann. Jesus ist der Treffpunkt zwischen Gott und Mensch, der Treffpunkt des Lebens!

8. April

Mehr Licht

Als Goethe auf dem Sterbebett lag, soll er gerufen haben: »Mehr Licht, mehr Licht!« Der Tod ist dunkel und leuchtet uns nicht ein. Das Leid ist ein finsteres Tal, und wir tappen im Unklaren. Die Schuld liegt wie ein düsterer Schatten auf unserem Leben, und wir sehen oft kein Licht mehr.

Mehr Licht gegen das Dunkel einer Weltnacht, mehr Licht gegen alle finsteren Absichten und düsteren Prognosen, mehr Licht gegen alle Unklarheit und Ratlosigkeit, mehr Licht gegen die dunklen Mächte von Angst und Sorge, Zweifel und Aberglaube. Mehr Licht heißt mehr Jesus, mehr von seinem Glanz, mehr von seiner Liebe und Macht.

Als Jesus am Kreuz starb, verlor die Sonne ihren Schein. Als das Licht der Welt ausgelöscht wurde, mochte auch die Sonne nicht mehr hinsehen und verweigerte ihr lebenspendendes Licht. Das war die dunkelste Stunde der Weltgeschichte. Aber wenn die Nacht am finstersten ist, ist der neue Tag nicht mehr fern. Gott ließ nach dem Dunkel des Todestages die Helle des Auferstehungsmorgens werden. Auf »unsere Stunde und die Macht der Finsternis« (Lukas 22,53) folgte seine Stunde und die Kraft des Lichtes und Lebens. Jesus lebt. Tod und Leid, Schuld und Gericht, Hölle und Teufel und alle dunklen Mächte sind überwunden. Die Ostersonne geht auf über einer Karfreitagswelt. Mehr Licht! Mehr Leben! Mehr Wahrheit! Mehr Liebe! Mehr Jesus!

Als mein Urgroßvater auf dem Sterbebett lag, waren seine letzten Worte an die versammelte Familie: »Suchet Jesus und sein Licht, alles andre hilft euch nicht!«

> »Herr Jesus, Gnadensonne, wahrhafts Lebenslicht:
> mit Leben, Licht und Wonne wollst du mein Angesicht
> nach deiner Gnad erfreuen und meinen Geist erneuen;
> mein Gott, versag mir's nicht!«

(L. A. Gatter)

---

9. April

Was Glauben ist

In einem Gottesdienst möchte ich der Gemeinde und vor allem den Konfirmanden deutlich machen, was Glauben ist. Ich halte mitten in der Predigt einen Zehneuroschein hoch. Alle Konfirmanden sind hellwach und schauen her. »Glaubt ihr, dass dies ein echter Zehneuroschein ist?« frage ich. Alle nicken, einige sagen hörbar Ja. Ich frage weiter: »Dieser Zehneuroschein ist für euch, ich verschenke ihn an einen von euch, glaubt ihr das?« Verwundert, erstaunt, etwas ungläubig schauen mich die Konfirmanden an. Ich versichere wieder und wieder, die zehn Euro wären für sie. Schließlich rufen einige Ja. Sie halten es also für wahr und möglich. Dann halte ich ihnen vor, dass sie es doch nicht richtig glauben. Schließlich begreift eine Konfirmandin, steht auf, geht durch die ganze Kirche vor allen Leuten nach vorn, kommt bis zur Kanzel, streckt ihre Hand aus und bekommt von mir die zehn Euro. Als sie freudestrahlend ihren Platz eingenommen hat, ärgern sich die anderen Konfirmanden, dass sie sich nicht getraut haben zu kommen. – Nun kann ich erklären, was Glauben ist: aufhorchen auf ein Wort, aufstehen, hingehen und empfangen, was in dem Wort versprochen wurde, und schließlich damit leben. Viele glauben an Gott, indem sie seine Existenz für wahr halten, aber sie kommen nicht zu ihm, empfangen ihn nicht, leben nicht mit ihm. Das ist ein toter Glaube des Kopfes. Aber ein lebendiger Glaube des Herzens macht sich auf und empfängt alles, was Gott uns versprochen hat, und lebt damit.

Das Schönste an der Geschichte mit dem Zehneuroschein aber war, dass die Konfirmandin aufgrund dieser Erfahrung dann wirklich auch zu Gott ging und sich im Glauben sein ganzes Heil abholte und fröhlich damit lebte.

»Ich bin das Brot des Lebens. Wer zu mir kommt, den wird nicht hungern; und wer an mich glaubt, den wird nimmermehr dürsten!«
(Johannes 6,35)

10. April

Gott ist noch da

Ein kleiner Junge darf zum ersten Mal mit seinem Vater in der Eisenbahn mitfahren. Voller Neugier und froher Erwartung stehen sie auf dem Bahnsteig.

Endlich fährt der Zug ein. Vater und Sohn suchen sich einen Platz. Das Abteil ist nun mit ihnen voll besetzt. Der Junge schaut aus dem Fenster und plaudert mit den Mitreisenden über alles, was er draußen sieht. Ganz vergnügt genießt er die Reise und plappert munter drauflos.

Plötzlich fährt der Zug in einen Tunnel. Es wird finster. Der Junge verstummt. Er sagt kein Wort mehr. Es wird immer dunkler. Da schiebt der Junge seine Hand zum Vater hin und fragt: »Papa, bist du noch da?« Der Vater nimmt die Hand des Jungen und sagt: »Ja, ich bin noch da!« Bald kommt der Zug aus dem Tunnel heraus. Es wird hell. Der Junge beginnt wieder zu plappern.

Das Leben ist wie eine Reise. Freude erfüllt uns. Neugier wacht auf. Wir genießen die Tage, und das Glück lacht uns entgegen. Miteinander und munter sind wir unterwegs. Es geht voran, wir sind froh, es gibt viel zu erleben. Plötzlich ist da der Tunnel der Angst. Dunkle Sorgen legen sich schwer auf uns. Krankheit macht uns einsam und hilflos. Wir werden still, wo man uns verwundet und gekränkt hat. Der Glanz des Lebens verliert sich im Alltagstrott, die Sonne geht unter in den Mühen und Kämpfen. Ganz allein stehen wir vor großen Schwierigkeiten. Wie eine schwere Last drückt uns die Schuld nieder. Die Schatten des Todes fallen auf uns.

Es ist gut, wenn wir dann Gott unsere Hand entgegenstrecken und uns vergewissern: »Vater, bist du noch da?« Gott ist noch da. Er wacht über uns, ist bei uns. Gott ist hellwach und ganz Ohr für seine Menschenkinder.

Auch Jesus durchlebte den Tunnel der Angst und das Dunkel des Todes. Aber Gott führte ihn wieder heraus zu einem neuen Leben und wunderbaren Licht. Und der auferstandene Christus lässt uns sagen: »Siehe, ich bin bei euch alle Tage bis an der Welt Ende!« (Matthäus 28,20).

11. April

Wasser reinigt und erneuert

Wenn man nach anstrengender Arbeit, verschwitzt, dreckig und ermüdet, ein Bad genommen hat, sagt man: »Jetzt fühle ich mich wie neugeboren!« Wasser wäscht allen Schweiß und Dreck ab, belebt und erfrischt und lässt verbrauchte Kräfte wiederkehren.

Gott bietet uns solches Lebenswasser an, in dem wir uns reinigen, erneuern und beleben können. Unser Leben ist durch die Sünde mit Mühe und Arbeit, Fluch und Dreck, Schweiß und Tränen vermengt. Aber in seiner Liebe richtet Gott das Bad der Wiedergeburt an, lädt uns zum Baden ein, damit die Sünde abgewaschen, die Wunden geheilt, der Fluch abgenommen, die Mühe in Hoffnung verwandelt werden kann. Im Glauben an Jesus bietet uns Gott ein erfrischendes Bad der Wiedergeburt an. Wer sein verfluchtes, verdrecktes, verweintes und verschwitztes Leben in die Liebe Jesu eintaucht, wird rein und neu geboren. In einer natürlichen Geburt werden wir Menschenkinder. In einer geistlichen Geburt werden wir Gotteskinder. Lassen wir uns einladen in Gottes Badehaus! Er wartet in unendlicher Liebe und großer Freundlichkeit auf uns.

Gott rettete uns nach seiner Barmherzigkeit durch das Bad der Wiedergeburt und Erneuerung im Heiligen Geist! (vgl. Titus 3,4–7)

12. April

Der Tropfen auf den heißen Stein

»Ich bin Jesus neu begegnet. Er hat mich befreit von der dicken Kruste aus Schlamm und Angst, die mich umgab. Jetzt bin ich rein, kristallklar, durchsichtig wie ein Tropfen. Die Sonne spiegelt sich darin. Ich bin ein Tropfen. Aber während ich mich freue, dass ich rein geworden bin, schickt mich mein Meister fort. Ich soll ein Tropfen sein, der ein Feld bewässert. Die Erde saugt mich auf, ich werde Schlamm. Ich soll ein Tropfen sein, der Menschen erfrischt. Aber geht nicht meine Schönheit, meine Klarheit dabei verloren? Ich bin ein Tropfen auf einem heißen Stein, der verdampft wie viele vor ihm. Ich wehre mich dagegen, Herr, dass du mich immer wieder in die Welt schickst, in der ich vor Schmutz nicht atmen kann, in der mich andere ausnützen und mein ganzer Einsatz nicht mehr wert ist als ein Tropfen auf einem heißen Stein. – Aber wenn der Tropfen verdampft, steigt er auf, bis der Dampf wieder flüssig wird und als Tropfen erneut zur Erde fällt, gereinigt, klar, mit anderen Tropfen zusammen. Das geschieht auch mit mir. Herr, wenn ich meine, ich hätte mich verausgabt an eine Welt, die ausgetrocknet ist ohne deine Liebe, wenn ich das Gefühl habe, ich sei leer, dann holst du mich wieder nahe zu dir, machst mich neu, frisch, erfrischend für andere. – Ich verstehe, Herr, du hast dir diesen Kreislauf erdacht. Auch wenn ich manchmal verzagt bin, sage ich wieder Ja zu deinem Auftrag. Ich will der Tropfen auf dem heißen Stein sein – heute – morgen – immer wieder, bis alles geschehen ist, was du durch mich tun willst!« (Nada Albert)

Nicht große Dinge wollen wir tun, sondern kleine Dinge ganz großartig und treu!

13. April

Das einfache Glück

Der bekannte französische Dichter Saint-Exupéry war während des Zweiten Weltkrieges als Kurier- und Aufklärungsflieger eingesetzt. Auf einem seiner Flüge musste er in einer verlassenen Wüstengegend Afrikas notlanden. Die Maschine ging zu Bruch, und Saint-Exupéry irrte mit seinem Copiloten tagelang durch die Wüste. Sie waren schon fast verdurstet, als sie von vorbeiziehenden Nomaden gefunden wurden. Sie gaben den Entkräfteten kleine Schlucke Wasser zu trinken und retteten deren Leben.

Damals schrieb Exupéry in sein Tagebuch: »Wasser, du hast weder Geschmack noch Farbe. Man kann dich nicht beschreiben. Es ist nicht so, dass man dich zum Leben braucht, du selber bist das Leben! Du durchdringst uns als Labsal, dessen Köstlichkeit keiner unserer Sinne auszudrücken vermag. Durch dich kehren uns alle Kräfte zurück, die wir schon verloren haben. Dank deiner Segnung fließen in uns wieder alle bereits versiegten Quellen der Seele. Du bist der köstlichste Besitz dieser Erde.
»Du schenkst uns ein unbeschreiblich einfaches und großes Glück.«

Alle Menschen haben Durst nach Leben und Sehnsucht nach dem einfachen Glück. Gott hat auf die unbändige Sehnsucht der Menschen geantwortet und sich den Verlangenden als Wasser des Lebens gezeigt.

»Wohlan, alle die ihr durstig seid, kommt her zum Wasser! Hört doch auf mich, so werdet ihr Gutes essen und euch am Köstlichen laben!«
(Jesaja 55,1f)

14. April

Es geht ohne Gott in die Dunkelheit

Nach den Riesen der Antike, den Titanen, hatte man auch den Ozeanriesen benannt, »Titanic«. Dieses Schiff wurde als Triumph menschlicher Technik gefeiert und galt als unsinkbar. Übermütige Werftarbeiter sollen an den Schiffsrumpf unter der Wasserlinie Lästerparolen geschrieben haben: »No God – no Pope!« Wir brauchen keinen Gott und keinen

Papst! Als das Schiff zu seiner ersten Fahrt von England nach Amerika aufbrach, waren die reichsten und einflussreichsten Menschen der damaligen Welt unter den 1800 Passagieren. Während die Menschen auf dem Schiff dinierten und tanzten, sich an den Bars und in den Sälen vergnügten, war der Eisberg schon da. Kein Mensch glaubte an eine Gefahr. Auch der Kapitän änderte trotz mehrmaliger Warnungen über Funk nicht seinen Kurs. Dieses Schiff würde allen Hindernissen überlegen sein. In der Nacht des 14. April 1912 rammte das Schiff einen Eisberg und zerbarst. Nur wenige der Passagiere konnten in Rettungsbooten vom sinkenden Schiff entkommen. 1517 Menschen ertranken in jener Nacht mit all den Pelzen und Juwelen, mit all dem Glanz und Prunk. Die unsinkbare Titanic versank in den Wogen und liegt seitdem auf dem Meeresgrund. Während das Superschiff langsam unterging und die Menschen mit in die Tiefe zog, spielte die Bordkapelle den Choral: »Näher, mein Gott, zu dir, näher zu dir!«

Wie oft fuhren die Lebensschiffe auf das Meer der Zeit hinaus. An manchen konnte man die Überzeugung lesen: Kein Gott! Wie viele Lebensschiffe sind an den Eisbergen von Not und Elend, Leid und Schuld zerbrochen. Und manchmal verwandelte sich die Überheblichkeit in Sehnsucht und Gebet: »Näher, mein Gott, zu dir, näher zu dir!«

»Der Herr hat sich kundgetan und Gericht gehalten. Der Gottlose verstrickt sich in dem Werk seiner Hände. – Der Herr ist des Armen Schutz, ein Schutz in Zeiten der Not!« (Psalm 9, 17.10)

15. April

Das Leben lohnt sich

Ein Student im 1. Semester an der Universität in Pennsylvania springt von einem Hochhaus in den Tod. Ein Pastor geht mit den Eltern des Jungen in dessen Zimmer, um das Eigentum des Jungen abzuholen. An der Wand über dem Schreibtisch des Studenten sehen sie einen Zettel angeheftet. Darauf steht in großen Buchstaben: DAS LEBEN IST EINE HÖLLE!

Ein kleiner Junge geht an der Hand seines Vaters spazieren. Auf einem Mäuerchen tanzt er balancierend entlang und hält sich bei seinem Vater fest. Plötzlich sagt der Junge ganz unvermittelt zu seinem Vater: »Papi, das Leben lohnt sich!« – Man möchte fragen, was der kleine Junge von der Schwere und Tiefe des Lebens, von Leid und Trauer, Einsamkeit und Sterben weiß. Und doch: an der Hand des Vaters, die großen und schweren Dinge, die Fragen und Sorgen dem Vater überlassend, lohnt sich das Leben. Wenn wir nur wieder wie Kinder geborgen und gelassen, vertrauensvoll und aufgehoben bei Gott, unserem Vater, an der Hand leben könnten!

»Der Herr ist mein Licht und mein Heil; Vor wem sollte ich mich fürchten? Der Herr ist meines Lebens Kraft; vor wem sollte mir grauen?«
(Psalm 27,1)

16. April

Die Wunschliste

Ein junger Mann hatte einen Traum: Er betrat einen Laden. Hinter der Ladentheke sah er einen Engel. Hastig fragte er ihn: »Was verkaufen Sie?« Der Engel gab ihm freundlich zur Antwort: »Alles, was Sie wollen!« Der junge Mann sagte: »Dann hätte ich gern das Ende der Kriege in aller Welt, immer mehr Bereitschaft, miteinander zu reden, die Beseitigung der Elendsviertel in Lateinamerika, mehr Ausbildungsplätze für Jugendliche, mehr Zeit der Eltern, um mit ihren Kindern zu spielen, und, und …«

Da fiel ihm der Engel ins Wort und sagte: »Entschuldigen Sie, junger Mann, Sie haben mich falsch verstanden. Wir verkaufen keine Früchte, wir verkaufen den Samen!«

Jesus sagt: »Wer in mir bleibt und ich in ihm, der bringt viel Frucht; denn ohne mich könnt ihr nichts tun!«
(Johannes 15,5)

17. April

Was bleibt am Ende?

In seiner Novelle »Der alte Mann und das Meer« beschreibt Hemingway einen Mann, der immer wieder mit seinem Fischerboot hinausfährt, um einen großen Fang zu machen. Nachdem er viele Male vergeblich geangelt hat, gelingt ihm eines Tages der große Fang. Ein Riesenfisch beißt sich an seiner Angel fest. In einem langen Kampf und unter Aufbietung aller Kräfte kann er den Fisch langsam ermüden. Stolz und dankbar nimmt er ihn an sein Boot und tritt die Heimfahrt an. Er freut sich auf das Heimkommen, den Bootssteg und die Leute, die seinen Fang bestaunen würden. Er kommt an, zurrt sein Boot fest und macht eine grausige Entdeckung: Die Haie haben seinen Fisch bis auf das Skelett abgenagt.

Die Novelle möchte unser Leben umschreiben. Wir fahren hinaus aufs Meer der Zeit. Wir hoffen auf Erfolg, und schließlich gelingt uns der große Fang. Mit aller Kraft haben wir etwas geschafft und aufgebaut. Was nehmen Menschen nicht alles an ihr Lebensschiff längsseits! Aber wenn wir ans Ufer kommen, bleibt nichts. Der Zahn der Zeit und die Widrigkeiten des Lebens machen alles zunichte. Am Ende bleibt nichts. Der alte Mann sagt resigniert: »Ich bin viel zu weit hinausgefahren!«

Ja, wir Menschen sind viel zu weit von Gott und seinen Weisungen hinausgefahren. Wir haben uns von der Liebe Gottes, vom Leben Jesu, von der Macht des Geistes Gottes viel zu weit entfernt. Am Ende bleibt nichts. Dinge vergehen, Menschen sterben, Kräfte schwinden, Überzeugungen wanken. Was bleibt am Ende? Von uns bleibt nichts. Es sei denn, wir tun uns mit dem Bleibenden, dem Lebendigen, dem Zukünftigen zusammen. In der Bindung an Jesus, den Auferstandenen und Kommenden, werden wir bleiben bis in Ewigkeit.

»Glaubt ihr nicht, so bleibt ihr nicht!« (Jesaja 7,9)

18. April

Sind die Menschen noch zu retten?

Im Atelier eines Bildhauers steht ein großer Steinblock. Der Künstler geht mit Hammer und Meißel an die Arbeit. Ein kleiner Junge schaut ihm dabei zu. Große und kleine Steinsplitter fliegen zur Seite. Bald wird es dem Jungen langweilig, und er läuft hinaus zum Spielen. Nach längerer Zeit kommt der Junge wieder einmal ins Atelier und sieht dort, wo der Steinblock stand, einen wunderbaren Löwen. Aufgeregt rennt er zum Künstler und sagt: »Meister, woher wussten Sie, dass in dem Stein ein Löwe wohnt?« Der Bildhauer gibt ihm zur Antwort: »Ich sah ihn in meinem Herzen.«

Michelangelo erwarb einst in Florenz einen besonders schönen Marmorblock, an dem sich schon mehrere Künstler versucht hatten. Sie hatten den kostbaren Stein verschlagen und verschandelt. Doch Michelangelo formte daraus den berühmten David. Wenn man ihn fragen könnte: »Woher wusstest du, dass in dem verschandelten Stein ein wunderbarer David steckt?«, würde er wohl antworten: »Ich sah ihn in meinem Herzen.«

Marmor ist kostbar. Aber Menschen sind noch viel kostbarer. Sie haben ein ähnliches Schicksal erlitten. Man hat sie verschandelt und zerschlagen. Und doch kann Gott aus ihnen noch seine Kinder mit einem gesegneten Leben machen. Wenn wir Gott fragen könnten: »Herr, woher weißt du, dass in uns angeschlagenen Menschenkindern noch lebendige Gotteskinder wohnen?«, dann würde er wohl antworten: »Ich sehe es in meinem Herzen voller Liebe.«

»Sehet, welch eine Liebe hat uns der Vater erzeigt, dass wir Gottes Kinder heißen sollen!« (1. Johannes 3,1)

19. April

Wer sind wir Menschen?

In einer Kleinstadtzeitung erscheint folgende Anzeige: »An die Damen unserer Stadt! Nächsten Sonntag findet bei uns eine große Wohltätigkeitsveranstaltung statt. Stellen Sie uns für einen guten Zweck alle Gegenstände zur Verfügung, für die Sie keine Verwendung mehr haben, die aber noch andere glücklich machen können. Bringen Sie auch ihren Ehemann mit!«

Dieser ungewollte Witz erinnert uns daran, dass sich viele Menschen in unserer Gesellschaft vorkommen wie Gegenstände, die eine Zeit lang nützlich sind und dann wie Trödelkram an die Seite oder auf die Straße gestellt werden.

Wer sind wir Menschen? *Gebrauchsgegenstände*, die man wegwerfen oder auf den Sperrmüll geben kann?

Wer sind wir Menschen? *Spielbälle*, die andere sich zuwerfen, solange es ihnen Spass bereitet, und eines Tages in den Dreck fallen lassen?

Wer sind wir Menschen? *Winzige Tropfen*, die sich im riesigen Meer der Menschheit einfach lösen, und keiner sieht sie mehr?

Wer sind wir Menschen? *Lose Blätter*, vom Wind der Zeit hierhin und dorthin, von irgendwo nach nirgendwo getrieben?

Wer sind wir Menschen? *Unbeschriebene Seiten*, auf die andere Mächte unser Leben schreiben, und keiner weiß, warum?

Wer sind wir Menschen? *Wir sind Bilder Gottes.* Gott hat in seiner Liebe in jeden Menschen eine Bestimmung eingraviert. In der Humangenetik würde man das einen genetischen Code nennen. Von Gott her gesehen sind wir kein Zufallsprodukt, sondern ein persönliches Gegenüber und Ebenbild Gottes. Wir sind keine Gebrauchsgegenstände, Spielbälle, winzigen Tropfen, losen Blätter oder unbeschriebenen Seiten, sondern Menschen Gottes. Und bevor wir richtig anfangen zu leben, hat Gott in uns eingraviert: Ich habe dich lieb!

»Du bist in meinen Augen wert geachtet und auch herrlich, und ich habe dich lieb!« (Jesaja 43,4)

20. April

Wir haben einen Namen

Wissen wir, wer wir sind? Genügt es, wenn unser Name im Pass und an der Wohnungstür steht? Unser Name ist unsere Identität. Aber wer sind wir?

In China wagte man früher nicht, den Namen eines Kindes auszusprechen. Man hatte Angst, böse Geister könnten dann von dem Kind Besitz ergreifen. Diese Furcht beherrscht auch heute noch manche Eingeborenenstämme. Sie hüten sich, den Namen eines anderen zu nennen, weil sie meinen, die Dämonen bekämen dann Macht über ihn. Ein solcher Stamm, der zum Glauben an Jesus kam, erfuhr die glückliche Freiheit von dieser Heidenangst. Einer nach dem anderen übergab seinen Namen Jesus. Sein Name wurde mit dem Namen Jesu verbunden und damit frei von der Furcht vor anderen Mächten.

Einmalig ist unser Name, eben unser Eigenname, uns eigen. Aber damit verbindet sich nicht nur Einmaliges, Geheimnisvolles, sondern auch Unheimliches und Dunkles, Schuld und Schicksal. Darum brauchen wir für unseren Namen eine Heimat, ein Zuhause, wo er aufgehoben und aufgeschrieben ist. Unser Name wird mit dem Namen über alle Namen verbunden. Unser Name wird bei Gott in das Buch des Lebens geschrieben. Wir werden nach seinem Namen genannt, nennen uns in einer ganz neuen Identität nach Christus, eben Christen. In der Taufe wird nicht der Name gegeben, sondern wir werden mit unserem Namen auf seinen Namen getauft. »Ich taufe dich im Namen des Vaters und des Sohnes und des Heiligen Geistes!« Damit ist allen anderen Namen, Menschen und Mächten der letzte Einfluss auf unser Leben abgesprochen, und wir sind Jesus als Eigentum zugesprochen. Das müssen wir dann im Glauben beantworten und ausleben. Dann ist unser Name, unser Leben, unsere Identität im Leben Jesu aufgehoben und bewahrt. Über unserem Namen leuchtet sein Name auf. Gott ruft uns zu: »Ich habe dich bei deinem Namen gerufen, du bist mein!« (Jesaja 43,1).

21. April

Versteht mich niemand?

Ein Mädchen kommt weinend zu mir und sagt: »Niemand versteht mich!« Ich sage: »Du hast Eltern, die sich Mühe geben mit dir.« »Ja, aber richtig verstehen können sie mich nicht!« Ich frage: »Hast du Freundinnen und Freunde, mit denen du reden und deine Gedanken teilen kannst?« »Ja, die sind alle nett zu mir, aber mein Innerstes, was mich letztlich bewegt, verstehen sie auch nicht.« Dann sage ich zu ihr: »Verstehst du dich denn selbst?« Da hören die Tränen plötzlich auf, und nachdenklich sagt das Mädchen: »Ich verstehe mich ja selber nicht ganz!«

Ja, wir können uns selbst und einander nicht ganz verstehen. Das gehört mit zu uns Menschen jenseits von Eden. Wir sind einander wie ein Versprechen, das nicht gehalten werden kann. Wir können uns im Letzten nicht verstehen. In den Höhen des Glücks, in den Tiefen des Leides, in den letzten Fragen nach Wahrheit, in der Einsamkeit des Todes, in der Verantwortung vor Gott können wir uns das Leben letztlich nicht teilen. Es bleibt ein Rest Einsamkeit. Das gehört zu uns Menschen nach Adam und Abel, nach Kain und Babel. Das gehört mit zur Last des entfremdeten Menschen.

Die Einmaligkeit des Menschen ist immer auch seine Einsamkeit. Aber Gott in seiner Liebe teilt unser Leben in einem ganz tiefen und restlosen Verstehen. Sein Mitwissen mit uns wird ein Mitleben, Mitfreuen, Mitleiden, Mitsterben und Für-uns-Auferstehen. Einer versteht mich!

»Wie er die Seinen geliebt hatte, die in der Welt waren, so liebte er sie bis ans Ende!« (Johannes 13,1)

22. April

Ach, wie gut

Wir kennen das Märchen vom Rumpelstilzchen. Ein kleiner Mann tanzt nachts im Wald um ein Feuer herum. Er ist ganz allein und singt: »Ach, wie gut, dass niemand weiß, dass ich Rumpelstilzchen heiß!« Die verschwiegene Freude daran, dass niemand seinen Namen, seine Identität kennt, lässt den Mann um sein Feuer herumtanzen. Wir kennen die Freude daran, dass wir nicht allen offenbar sind. Unsere Träume und Begierden, Sehnsüchte und Gedanken, Worte und Wege, Taten und Unterlassungen sind verborgen. Ach, wie gut, dass nicht jeder weiß, wer wir im Inneren sind. Aber irgendwann ist das Feuer heruntergebrannt, schmutzige Asche und traurige Dunkelheit bleiben zurück. Niemand singt und keiner tanzt. Weinend erhebt sich die Klage: »Ach, wie schlimm, dass niemand weiß, wie ich wirklich heiß!«

Einsamkeit ist nicht eine Frage von Stimmungen oder Alleinsein. Einsamkeit ist die Erfahrung, sich letztlich niemandem offenbaren zu können, niemandem seinen Namen sagen zu können. Wenn wir nicht sagen können, was uns zerreißt, bedrückt, kränkt oder auffrißt, dann sind wir todeinsam. Darum möchte ich eine dritte Version des Liedes anbieten: »Ach, wie gut, dass einer weiß, wie ich wirklich heiß!« Wenn wir Jesus unser Leben offenbaren, ihm sagen, wer wir letztlich sind, wie wir leben, was uns bewegt und umtreibt, wird er uns empfangen und verstehen. Sein Kennen aber ist sein Lieben. Wenn wir Jesus sagen, was wirklich ist, was unsere Hände getan, unsere Augen gesehen, unsere Köpfe gedacht, unsere Münder geredet, unsere Seelen begehrt haben und unsere Füße für Wege gegangen sind, dann wird er uns eintauchen in seine Barmherzigkeit und Versöhnung. Wir dürfen in Wissen und Lieben einswerden mit Gott, mit uns und den anderen.

»Ach, wie gut, Herr, dass du weißt, wie ich wirklich bin, und mich so liebst und mir alles vergibst!«

»Herr, du erforschest mich und kennest mich. Von allen Seiten umgibst du mich und hältst deine Hand über mir!« (Psalm 139, 1.5)

---
23. April

In Gottes Steingarten

Ein kleines Bild kenne ich: gelbe Blüten zwischen Steinen und dunklen Felsritzen. Die Sonne leuchtet ihnen und wärmt sie. Ein Wort von Pastorelli steht dabei: »Wo Gott uns gesät hat, da sollen wir blühen.«

Es gibt Bilder, die brauchen Abstand, wenn sie wirken sollen. Dieses nicht. Ich muss nahe herangehen und mit den Augen suchen und »hineinsehen«, dann beginnt es zu sprechen: »Wo Gott uns gesät hat, da sollen wir blühen.«

Ich begreife: da – hier – jetzt. Und nicht, wo du dachtest, wo du es so brennend gewünscht, fast verlangt oder gefordert, still gehofft hattest. Also ganz woanders sollst du blühen. Auf fremdem Boden? Nein, es scheint noch schlimmer, noch unbegreiflicher zu kommen: auf gar keinem Boden. Auf Steinen. Dort, wo eigentlich keine Voraussetzungen gegeben sind zu blühen. Der Boden und seine Umgebung waren so wichtig, so ausschlaggebend für die Zukunft. Nun bleibt nicht einmal mehr der Boden, nur der Stein. Vielleicht sagst du: »Mir ist der Boden unter den Füßen genommen worden.« Du hattest gemeint, du wärest Gott doch wohl guten Mutterboden wert. Das müsste ihm ein Leichtes sein auf seiner großen Erde. Du verstehst es nicht. Wie soll man da bestehen! Alles ist gegen die Vernunft und ohne Hoffnung. Zum Blühen braucht man doch Erde, saftige Erde mit reichen Nährstoffen. – Dennoch, hier wächst eine gesunde, schöne, leuchtende Pflanze. So wenig brauchst du also, um blühen zu können. Hier, wo Gott dich ausgesät hat, findet er es ausreichend. Du lebst aus seiner Fülle. Die Steine geben dir Kühle und Schatten und – wenn du es brauchst – ihre eigene Sonnenwärme ab. Sie schützen vor Stürmen, speichern ein wenig Regen in ihren Ritzen und haben Mineralstoffe und allerlei Lebendiges für dich bereit. Und du stellst dich auf die Steine ein. Es fehlt dir eigentlich nichts. Du bist reich gesegnet. Du hast keinen Mangel. Du blühst. Mehr sollst du nicht.

(Lieselotte Jacobi)

»*Der Herr ist mein Hirte, mir wird nichts mangeln!*« (Psalm 23,1)

24. April

Eine neue Identität

Eine Anekdote erzählt von Martin Luther, dass er in Wittenberg spät abends in seinem Arbeitszimmer studiert. Der Teufel schleicht durch die Stadt und will den Reformator bei seiner Arbeit stören. Unter dem Fenster des Arbeitszimmers ruft der Teufel nach oben: »Wohnt hier der Doktor Martinus Luther?« Luther hört die Stimme des Teufels, springt zum Fenster, reißt die Läden auf und ruft hinunter: »Nein, der Martin Luther, der ist längst gestorben. Hier wohnt Jesus Christus!« Da zieht der Teufel den Schwanz ein und flüchtet.

Luther wollte damit sagen: Der alte Mensch ist gestorben, ein neuer Mensch geboren, mit einer ganz neuen Identität. Für die Sünde, den Teufel, seine Versuchungen und Störungen ist Luther tot. Christus lebt in ihm. So hat es Paulus gemeint, wenn er an die Galater schreibt: »Nun lebe nicht mehr ich, sondern Christus lebt in mir!« In Christus sind wir neue Menschen mit ganz neuen Maßstäben und Motiven, mit neuen Horizonten und Dimensionen. Wenn die Sünde, der Teufel, die Anfechtung und Versuchung kommen, sind wir dafür tot. Wenn Jesus mit seinem Wort und Ruf kommt, sind wir hellwach. Lassen wir uns mit unserem alten dicken Ich beerdigen und stehen als wiedergeborene Menschen auf! Mit einem neuen Namen, einer neuen Identität. »Wir sind ja, Herr, nach deinem Namen genannt!«

»Leget von euch ab den alten Menschen mit seinem vorigen Wandel und ziehet den neuen Menschen an, der nach Gott geschaffen ist!«
(Epheser 4,22.24)

25. April

Komische Vögel

Manche Christen gleichen einem Haufen schnatternder Gänse, die auf einem wunderbaren Hof leben. An jedem siebenten Tag wird eine festliche Parade abgehalten. Im Gänsemarsch versammelt sich das stattliche Federvieh. Der beredteste Gänserich steht auf dem Zaun und schnattert mit ergreifenden Worten über das Wunder der Gänse. Immer wieder kommt er auf die herrlichen Zeiten zu sprechen, in denen einst die Gänse zu fliegen wagten und dabei ganze Erdteile überquerten. Der Gänserich lobt die Schöpfermacht und Größe Gottes, der den Gänsen große Flügel und sicheren Instinkt zum Fliegen gab. Die Gänse sind alle tief beeindruckt, senken andächtig ihre Köpfe und drücken ihre Flügel fest an den wohlgenährten Körper. Auf dem Weg nach Hause loben sie noch lange die gute Predigt und den beredten Gänserich. Aber das ist auch alles. Fliegen tun sie nicht. Sie machen nicht einmal den Versuch. Sie fliegen nicht, denn das Korn ist gut, und der Hof ist sicher.

(Nach Søren Kierkegaard)

»*Und Jesus sah ihn an und liebte ihn und sprach zu ihm:* ›*Eins fehlt dir. Geh hin, verkaufe alles, was du hast, und gib's den Armen, so wirst du einen Schatz im Himmel haben, und komm und folge mir nach!*‹«
(Markus 10,21)

26. April

Grausames Spiel

Im Mittelalter gab es ein grausames Spiel, das zur Belustigung des Volkes gezeigt wurde. In einem verschlossenen Burghof hing über dem Feuer ein Kessel mit siedendem Honig. Ein Bär wurde in den Innenhof gelassen und von dem süßen Duft des Honigs angezogen. Oben auf den Rängen saßen die vornehmen Damen und stand das schaulustige Volk. Sie alle sahen zu, wie der Bär in seinem Hunger an dem siedenden Honig leckte und mit verbrannter Schnauze davonlief. Immer wieder vom süßen Honig angelockt, versuchte der Bär zu lecken, und immer wieder verbrannte er sich heftig das Maul, bis er schließlich erschöpft und voller Schmerzen zusammenbrach.

Immer wieder werden wir Menschen von den süßen Verlockungen der Sünde angezogen. Macht und Reichtum, Erfolg und Ruhm, Sex und Lust, Rausch und Trug, Ehrgeiz und Eitelkeit verführen die Menschen zu manchen Torheiten. Wie oft haben wir uns schon den Mund verbrannt, aber immer neu lassen wir uns verführen, bis wir schließlich daran kaputtgehen, ohne je wirklich befriedigt gewesen zu sein. Manchmal sind die ersten Becher der Sünde und Gier leicht und süß, aber dann brennt es wie Feuer vor Scham und Schande, Reue und Verlorenheit. Und die Welt hat noch ihren Spass daran. Wir aber wollen umkehren und uns von diesem grausamen Spiel erlösen lassen.

»*Wer Sünde tut, der ist der Sünde Knecht. Wenn euch nun der Sohn frei macht, so seid ihr wirklich frei!*« (Johannes 8,34ff)

27. April

Festgebunden und doch frei!

Odysseus kam auf seiner Fahrt an die Inseln der Sirenen. Die Sirenen faszinierten mit ihren verführerischen Stimmen die Seeleute so sehr, dass die ihren Kurs aufgaben, um jenen herrlichen Stimmen zu folgen. Aber der neue Kurs war tödlich, denn die Schiffe zerschellten an den Klippen. Odysseus ließ sich von seinen Gefährten an den Mastbaum binden, damit er nicht von den verführerischen Stimmen weggelockt werden konnte. So entkam er der unwiderstehlichen Versuchung und überlebte.

Auch wir sind auf der Fahrt unseres Lebens von manchen Stimmen und Verführungen bedroht. Lassen wir uns ganz fest an das Wort Gottes binden, damit wir frei bleiben von allen anderen Mächten und Diktaten, Stimmen und Einflüsterungen. In den gefährlichen Fahrwassern unserer Zeit müssen wir den richtigen Kurs halten und dürfen nicht ins Verderben abweichen. Aber dazu müssen wir uns auch anbinden lassen von den Gefährten, die mit uns auf dem Weg des Lebens sind. Wenn wir uns an die Liebe Jesu anbinden lassen, sind wir frei. Wer meint frei zu sein, wird von anderen Mächten gebunden. Wer kindlich abhängig ist von Jesus und seinem Wort, wird königlich unabhängig von allen anderen Stimmen. An Jesus festgebunden, das ist die Freiheit des Lebens.

»Der Herr ist der Geist; wo aber der Geist des Herrn ist, da ist Freiheit!«
(2. Korinther 3,17)

28. April

Warum leben?

»Warum werden wir geboren, wenn wir doch sterben müssen?« fragt mich ein elfjähriger Junge nach einem Gottesdienst. – Ich antworte ihm mit anderen Fragen: »Warum bereitet deine Mutter ein schönes Essen, wenn es doch verzehrt wird? – Warum sät der Bauer im Frühjahr aus, wenn er im Herbst die Frucht abentet? – Warum entspringt der Fluss als Quelle, wenn er doch ins Meer wieder einmündet? – Warum verloben sich zwei junge Leute, wenn sie kurze Zeit später doch heiraten? – Warum startet ein Marathonläufer, wenn er bald darauf ans Ziel kommt? – Warum beginnen wir morgens eine Wanderung, wenn wir abends wieder nach Hause kommen? – Warum gehen wir zur Schule, wenn wir sie eines Tages beenden? – Warum waschen wir uns, wenn wir doch wieder dreckig werden? – Warum stehen wir morgens auf, wenn wir abends doch zu Bett gehen? – Warum blüht eine Sommerblume auf, wenn sie doch bald verwelkt?« – Da unterbricht mich der Junge und sagt: »Jetzt verstehe ich, unser Leben ist nicht sinnlos, weil es begrenzt ist. Es zielt auf einen Sinn und eine Vollendung hin.« – »Das Wichtigste ist, dass wir zwischen Geborenwerden und Sterben das ausleben, wofür wir geschaffen sind. Gott hat uns zur persönlichen Beziehung mit ihm bestimmt, und wenn wir unser Leben mit Gott leben, reift es aus zu einer wunderbaren Frucht für Gott! Dann ist das Sterben nicht das schreckliche Ende, sondern die glückliche Vollendung eines sinnvollen Lebens!« erkläre ich ihm dann. Nachdenklich geht der Junge davon. – Lassen wir uns keine Ruhe, bis wir diesen Sinn wiederfinden, auszureifen für Gott.

> Herr, meinen Durst nach Leben
> stillst nur du allein.
> Ich will im Strom deines Lebens
> eine Welle sein.
> Nur eine Welle, die vor Freude schäumt,
> weil sie in dir entspringt,
> und die noch im Zerfließen davon träumt,
> dass sie den Durst'gen Wasser bringt.
>
> (Manfred Siebald)

---

29. April

Was ist der Sinn?

In einer Kleinstadt fragten wir vierzig junge Leute auf der Straße: »Was ist der Sinn deines Lebens?« Nur drei Jugendliche wussten spontan eine Antwort. Ein Mädchen sagte: »Der Sinn meines Lebens ist Lieben, Arbeiten, Sterben!«

Hinter dieser schnellen und kecken Antwort erscheinen die tiefsten Sehnsüchte des Menschen. Natürlich meinte das Mädchen die körperliche Liebe, die menschliche Arbeit und das irdische Sterben. Und doch wird darin deutlich, dass wir Menschen ein Leben als sinnvoll empfinden, wenn es geliebt, vollbracht und vollendet ist. Wir haben Sehnsucht nach einer letzten Liebe, die bedingungslos und maßlos, grenzenlos und vorbehaltlos gültig ist. Welche Liebe schließt alle Tiefen ein, geht mit bis in den Tod, hält alle Grenzen aus und überlebt jede Schwierigkeit? Die Liebe Jesu zu uns ist allein und ganz rund, vollkommen und am Ende noch gültig. In der Liebe Jesu geborgen, wird ein Leben sinnvoll und gut. – Dass wir Menschen arbeiten können, Hände und Köpfe regen können, ist ein großes Geschenk. Aber unsere Arbeit kann nicht das Leben sein. Die Arbeit ist ein wunderbares Lebensmittel, aber niemals die Lebensmitte. Es gibt nur eine Arbeit, die wirklich vollkommen und bleibend ist. Die Arbeit Jesu für uns, die Lebensarbeit Jesu, die sein Leiden und Sterben für uns mit einschließt, kann das tragende Fundament unseres Arbeitens sein. Sein Werk trägt uns. So sind wir zu Leistungen befreit. Und wenn wir dann nicht mehr arbeiten können, sind wir vom Leistungsdruck befreit. Denn unser Leben erhält den letzten Sinn im Werk Jesu für uns. – Kann Sterben der Sinn des Lebens sein? Können wir das wirklich aushalten, geboren zu sein, um sterben zu müssen? Es ist nur einer, dessen Leben den Sinn hatte, dass er sterben sollte. Jesus wurde geboren, damit er sein ganzes Leben für uns einsetzt. Sein Sterben aus Liebe und an unserer Statt endete im Leben und gibt auch unserem sterblichen Leben eine Hoffnung über das Vergängliche und Verwesliche hinaus. Eine Liebe, die ganz ist, ein Werk, das vollkommen ist, ein Sterben, das im Leben endet. Die Liebe, die Arbeit und das Sterben Jesu sind die tragenden Elemente meines Lebens. Sie machen uns geborgen und frei, versöhnt und hoffnungsvoll zugleich. Das ist der Sinn meines Lebens!

»Wir sind sein Werk, geschaffen in Christus Jesus zu guten Werken, die Gott zuvor bereitet hat, dass wir darin wandeln sollen!«
(Epheser 2,10)

30. April

Kap der Guten Hoffnung

Einst war das Kap der Guten Hoffnung ein gefürchtetes Vorgebirge an der Südspitze Afrikas. Von den Schiffen, die der Sturm oder die Strömung des Meeres dorthin getrieben hatte, war noch nie eines zurückgekehrt. Das Vorgebirge war der Schrecken der Seefahrer, und man nannte es das »Kap der Stürme«.

Doch dann wagte ein Seefahrer, das Kap zu umsegeln. Er entdeckte den Seeweg nach Indien und erschloß somit die Schätze der östlichen Welt. Als das der König hörte, rief er aus: »Nun soll es nicht mehr ›Kap der Stürme‹, sondern das ›Kap der Guten Hoffnung‹ heißen.«

Auf unserer Lebensfahrt gibt es auch so ein gefürchtetes Vorgebirge. Das ist der Tod. Noch nie kam einer zurück. Und alle fürchten sich vor der dunklen Macht des Todes. Wie viele sind schon an diesem »Kap der Stürme« gescheitert! Aber seitdem Jesus den Tod überwunden und den Weg ins Leben erkämpft hat, ist es für uns ein »Kap der Guten Hoffnung«.

Nehmen wir Jesus in das Schiff unseres Lebens, geben wir ihm das Steuer in die Hand, überlassen wir ihm die Lebensfahrt, dann bringt er uns an diesem Kap vorbei in ein neues Leben. Und die Schätze des Himmelreiches stehen uns offen. Übergeben wir Jesus unser Leben, so sind wir geborgen in allen Stürmen für Zeit und Ewigkeit!

»Die Wasserwogen im Meer sind groß und brausen mächtig; der Herr aber ist noch größer in seiner Höhe!« (Psalm 93,4)

1. Mai

Ein langes oder ein ganzes Leben

Ein reicher Mann hat sich eine wunderbare Villa bauen lassen. Er bezieht sein Traumhaus mit all den herrlichen Räumen und Schätzen. Doch da mischt sich in seine Freude die Wehmut über die Vergänglichkeit des Lebens, und er denkt: »Wenn ich jetzt noch dreihundert Jahre leben könnte!«

Ob wir das überhaupt aushalten könnten, noch dreihundert Jahre zu leben? Und wäre das andererseits selbst dann nicht zu wenig für uns Menschen mit einer unstillbaren Lebenssehnsucht? – »Sieben Leben möcht ich haben. Und ich hab ein einzig Leben nur!« (Albrecht Goes) Verbirgt sich hinter diesem törichten Wunsch nicht der Trugschluss, dass sich ein Leben durch die Länge und Dauer erfüllt? – Gott hat sich das menschliche Leben anders gedacht. Er hat es in drei Stufen geordnet. Sie alle drei zusammen bilden ein ganzes, volles und richtiges Leben. Die erste Stufe ist das irdische Leben. Aus einer Mutter werden wir als Menschenkinder geboren. Das ist ein Wunder, ein Geschenk. Aber das irdische Leben als Menschenkind ist von der Sünde gebrochen und bedarf der Erneuerung und Verwandlung. Die zweite Stufe ist das geistliche Leben. In einer Wiedergeburt werden wir von einem Menschenkind zu einem Gotteskind. Das ist auch ein Wunder und ein Geschenk. Das geistliche Leben, das Leben im Glauben zielt auf die dritte Stufe, das ewige Leben. In einer Auferstehung mit einem neuen Leib in einer neuen Welt vollendet sich das Leben. Alle drei Stufen gehören zusammen. Jede ist wichtig, und alle drei Stufen bilden das ganze, volle Leben. Irdisches Leben in einer natürlichen Geburt als Menschenkind, geistliches Leben in einer Wiedergeburt als Gotteskind und ewiges Leben in einer Auferstehung für eine neue Welt, das ist ein ganzes Leben. Gehen wir alle drei Stufen aus. Gott wartet mit seiner ganzen Liebe auf uns, um uns – nicht unbedingt ein langes – ein ganzes Leben zu schenken.

»Gleichwie Christus auferweckt ist von den Toten durch die Herrlichkeit des Vaters, also sollen auch wir in einem neuen Leben wandeln!«
(Römer 6,4)

---

2. Mai

Was ist mein Leben?

»Gnädige Frau, wie sieht Gott mein Leben an?« fragte einst Clemens Brentano seine Vertraute. Luise Hensel gab dem Dichter eine wunderbare Antwort. »Mein Herr«, sagte sie, »Gott sieht Ihr Leben an wie eine Perle, die auf die Erde gefallen ist!« – Zwei Dinge wollte Luise Hensel damit sagen. Der Mensch ist in den Augen Gottes eine Perle. Aber die

Perle ist aus der Hand Gottes heraus in den Dreck der Erde gefallen. – Jeder Mensch ist in den Augen Gottes kostbar und wertvoll. Jedes Leben ist eine Perle und ein Juwel von Gott. Jeder Mensch ist vor Gott ein Schatz und einmalig. Aber der Glanz und der Wert sind überdeckt von Erdendreck und Sündenschmutz. – Aus unserer Bestimmung, die Herrlichkeit Gottes widerzuspiegeln, sind wir herausgefallen. Wir sind noch eine Perle, haben tief innen noch den Wert und die kostbare Einmaligkeit, sind nach dem Willen Gottes noch seine Ebenbilder, aber wir sind auf die Erde, in den Schmutz, in die Verlorenheit gefallen. Nicht den Glanz Gottes, sondern die Last der Erde und den Fluch der Sünde spiegelt unser Leben wider. – Doch Gott lässt seine Menschenkinder nicht im Dreck liegen, in der Sünde verkommen, in der Erde verwesen. Er macht sich auf, um seine Perlen wiederzufinden, sie aufzuheben, zu reinigen und ihnen ihren Glanz wiederzugeben. Das ist eine gute Nachricht für uns. Jesus sucht jede einzelne Perle auf der Erde. Er möchte sie aufheben und reinigen, Glanz und Bestimmung wieder herstellen.

Christus spricht: »Kommt her zu mir, alle, die ihr mühselig und beladen seid; ich will euch erquicken!« (Matthäus 11,28)

3. Mai

Wenn ich einmal reich wär' ...

Als junger Mensch war er stark und unverwüstlich. Als Geschäftsmann trieb er sich gnadenlos zu Höchstleistungen an. Mit 33 Jahren hatte er die erste Million Dollar verdient. Jede Sekunde seines Lebens widmete er seinen Geschäften. Krankhafter Ehrgeiz trieb ihn zu ungewöhnlichen Leistungen an. Mit 43 Jahren beherrschte er das größte Geschäftsunternehmen der Erde, und mit 53 Jahren war er der reichste Mann und erste Dollarmilliardär. Aber seinen Erfolg hatte er mit seiner Gesundheit und Lebensfreude bezahlt. John Rockefeller wurde schwer krank. Er verdiente in der Woche zwar eine Million Dollar, aber er sah aus wie eine Mumie. Er war einsam und verhasst, ruhelos und todkrank. Er konnte nur noch Zwieback und Milch schlürfen. Sein ausgemergelter Körper und seine ruhelose Seele boten ein Jammerbild menschlicher Existenz. Die Zeitungen hatten seinen Nachruf schon gedruckt, und niemand gab Rockefeller noch eine Lebenschance. In langen, schlaflosen Nächten kam Rockefeller dann aber zur Besinnung. Er dachte an die Unsinnigkeit, Geld aufzuhäufen und selber daran kaputtzugehen. So entschloß er sich, sein Vermögen gegen die Nöte auf der Erde einzusetzen. Er gründete die berühmten Rockefellerstiftungen. Sein Geld ging in alle Teile der Erde und erreichte Universitäten, Krankenhäuser und Missionsgesellschaften. Seine Millionen waren für die ganze Menschheit ein Segen. Sie halfen mit, das Penicillin zu entdecken und Malaria, Tuberkulose, Diphterie und andere Krankheiten zu besiegen. Armut, Hunger und Unwissenheit wurden mit seinem Geld bekämpft. Ganze Bücher müssten geschrieben werden, um die Segnungen seines Geldes zu schildern. Und dann geschah das Wunder. Rockefeller konnte wieder schlafen. Bitterkeit, Egoismus, Groll und Hass wichen aus seinem Herzen und machten der Liebe und Dankbarkeit Platz. Er wurde gesund und konnte wieder Freude am Leben erfahren. Ein kalter, harter Mann verwandelte sich in Liebe und Wärme und blühte auf zu einem erfüllten Leben. Er wurde 98 Jahre alt.

»Den Reichen in dieser Welt gebiete, dass sie nicht stolz seien, auch nicht hoffen auf den ungewissen Reichtum, sondern auf Gott, dass sie Gutes tun, reich werden an guten Werken, gerne geben, behilflich seien!«
(1. Timotheus 6,17f)

4. Mai

Heimlicher, unheimlicher Feind

»Ich bin gefährlicher als viele Armeen der Welt. Ich greife mehr Menschen an, als alle anderen Waffen. Ich zerstöre Leben und Werte, mache Hoffnungen zunichte und vergifte die Beziehungen unter den Menschen. Ich finde meine Opfer überall, unter Reichen und Armen, bei Jung und Alt, unter Gelehrten und Ungelehrten. Ich verhindere viele Erfolge, richte ganze Familien zugrunde, zersetze die Gesellschaft, schleiche mich in alle Büros und Fabriken ein, bin in allen Abteilungen und Gruppen am Werk. Ich mache Herzen krank und Seelen wund, ich verletze Menschen und zerreiße Netze der Liebe und Zusammengehörigkeit. Ich war der Grund, warum Kain seinen Bruder Abel tötete, warum Esau seinen Bruder Jakob töten wollte, warum die Söhne Jakobs ihren Bruder Joseph hassten, warum die Menschen Jesus kreuzigten, warum Paulus von seinen Mitjuden fast zu Tode gesteinigt wurde. Ich bin der Grund für unendlich viel Hass und Grausamkeit, Mord und Greuel, Zerstörung und Verletzung. Meine Macht ist groß, besonders, weil ich nicht ernst genommen werde. Ich bin in allen Religionen und Kirchen zu finden und kann auch dort meine zersetzende Tätigkeit ausüben. Ich führe die Menschen zu einer tiefen Erniedrigung, lasse sie alle Würde und Menschlichkeit vergessen. Auch unter den Christen erkennen mich nur wenige und suchen mich zu meiden. Ich bin immer da und komme immer wieder. Ich bin dein größter Feind und verfolge dich bis zum Tod. Mein Name ist – Neid!«

»*Habt ihr aber bittern Neid und Zank in eurem Herzen, das ist nicht die Weisheit, die von oben herab kommt, sondern sie ist irdisch, menschlich und teuflisch. Denn wo Neid und Zank ist, da ist Unordnung und allerlei böses Ding!*«
(Jakobus 3,14–16; vgl. auch Mt. 27,18 – Apg. 13,45 – Phil. 1,15 – 1. Tim. 6,4 – 1. Petr. 2,1)

5. Mai

Die Bürgschaft

Rabbi Sussja kam eines Tages in ein Dorfgasthaus und blieb dort über Nacht. Als er abends in seinem Zimmer allein war, sang er, wie er es gewohnt war, verschiedene Loblieder. Dann setzte er sich, um in den alten Schriften des Talmud zu lesen. Er schlug zufällig die Stelle im Traktat Sanhedrin auf, wo es heißt: »Ganz Israel bürgt füreinander!« Da überkam ihn das Gefühl der Mitverantwortung für sein ganzes Volk. Tief bewegt rief er stellvertretend für alle Menschen: »Sussja, Sussja, du Sünder, was hast du alles getan?« Und er zählte Sünde um Sünde auf und brachte sie mit Schmerzen der Reue vor Gott.

Der Wirt stand hinter der Tür, um den frommen Mann zu belauschen. Nun musste er genau seine eigenen Sünden hören. Er erkannte sie und wurde tief bestürzt. Gedanken der Reue erwachten in ihm. Er bereute seine Sünden gegen Gott aus tiefster Seele und kehrte im Herzen um zu Gott. Und jene Stunde der Bekehrung für den Wirt war die Stunde der letzten Hingabe im Leben des Rabbi Sussja.

Geben wir Gott unser Leben ganz, und er wird daraus Frucht wachsen lassen. Die Stunde der Ganzhingabe unseres Lebens wird vielleicht die Stunde der Umkehr für einen anderen.

»Ziehet den neuen Menschen an, der nach Gott geschaffen ist in wahrer Gerechtigkeit und Heiligkeit!« (Epheser 4,24)

6. Mai

Schafskopf

Pieter Bruegel (1525–1569) wurde auch »Bauern-Bruegel« genannt, weil er aus einer Bauernfamilie stammte und auf vielen seiner Bilder das dörfliche Leben dargestellt hat. – Als er als Künstler weltberühmt war, wurde er auf einer großen und vornehmen Festlichkeit in Brüssel von einem Edelmann spöttisch gefragt: »Herr Bruegel, tut es ihnen nicht manchmal weh, dass Sie eine so entsetzliche Jugendzeit erleben mussten? Ich hörte, dass Sie Jahre hindurch nur stumpfsinnige Schafe hüten mussten?« Bruegel sah den Spötter scharf an und entgegnete ihm: »Wissen Sie, bei den Schafen, da lernt man das Leben, und vor allem erkenne ich seitdem jeden Schafskopf auf den ersten Blick!«

Wer möchte schon ein Schafskopf sein? Und doch steckt hinter der abschätzigen Bewertung der Schafe ein Irrtum, denn bei den Schafen lernt man etwas Wesentliches über das Leben: Leben ist angewiesen und bezogen, Leben ist Kommunikation und Verbindung. Alle anderen Tiere sind auf den ersten Blick besser dran. Der Löwe hat seine Kraft, der Gepard seine Schnelligkeit, der Hirsch sein Geweih, die Schlange ihren Giftzahn. Das alles hat ein Schaf nicht. Darum gilt es als dumm und schwach. Und doch ist es besser dran als alle, denn es hat einen Hirten, der für es sorgt und handelt, es begleitet und schützt. Schafe müssen nicht kämpfen, sie werden gepflegt und geweidet, bewacht und geliebt. Der Hirte kennt jedes einzelne Schaf. Er trägt die kleinen und leitet die großen, versorgt die kranken und schont die müden Schafe. – Wohl dem, der ein Schaf ist und einen guten Hirten hat!

Jesus sagt: »Ich bin der gute Hirte und kenne die Meinen, und die Meinen kennen mich!« (Johannes 10,14)

7. Mai

Der Herr ist barmherzig und ein Erbarmer

Durch die lange Geschichte der Menschheit zieht sich ein blutroter Faden von Verletzung und Kränkung, Leiden und Sterben. Wie haben Menschen sich, einander und ihren Lebensraum verwundet und geschlagen! Daraus ist viel Not und Leid, Trauer und Schmerz entstanden. Reich und schön sollte die Welt nach Gottes Willen sein. Fröhlich und erfüllt das Leben. Ärmlich und erbärmlich ist es geworden, weil Menschen sich von Gott abwandten und ihr Heil woanders suchten. Aber Gott antwortet auf unsere Erbärmlichkeit mit seinem Erbarmen. Wie ein blutroter Faden zieht sich durch die lange Geschichte der Menschen die Barmherzigkeit Gottes. Auch Gott webt in die Geschichte seinen roten Faden ein, den roten Faden seines grundlosen Erbarmens.

Barmherzigkeit heißt wörtlich: Beim armen Herzen sein! Gott ist mit seiner ganzen Liebe bei unserem armen Herzen. Ein Herz ist gekränkt durch Lieblosigkeit und Enttäuschung. Gott ist beim armen Herzen. Ein Herz ist zerrissen von Trauer und Schmerz. Gott ist beim armen Herzen. Ein Herz ist verzweifelt über Schuld und Versagen. Gott ist beim armen Herzen. Ein Herz geht durch die tiefe Nacht von Schwermut und Einsamkeit. Gott ist beim armen Herzen. Ein Herz ist gebrochen durch Unglück und Verlust. Gott ist beim armen Herzen. Ein Herz ist von Zweifeln und Ängsten erfüllt. Gott ist beim armen Herzen. Ein Herz krampft sich im Sterben zusammen. Gott ist beim armen Herzen.

In Jesus Christus ist Gott ganz nahe bei unserem Herzen. Er berührt unsere Not, er teilt unser Leid, empfängt unsere Tränen. Jesus wandelt unsere Armut mit seinem reichen Erbarmen. Er selbst nimmt sich unserer an. Denn wir liegen Gott am Herzen. Da strömt seine Wärme und Liebe, seine Tröstung und Heilung in unser Herz hinüber. Ein Austausch findet statt, Gott nimmt unsere Erbärmlichkeit und schenkt uns sein Erbarmen. Wenn Gott bei unserem armen Herzen ist und wir am reichen Herzen Gottes liegen, wird alles gut. Ja, wir liegen Gott sehr am Herzen.

»Herr, deine Barmherzigkeit ist groß!« (Psalm 119,156)

8. Mai

Erfüllte oder verlorene Zeit

In Salo am Gardasee liegt dicht am Ufer eine alte, niedrige Weinschenke. Über der Eingangstür steht auf einem Gasthausschild eine seltene Überschrift, aus der tiefer Ernst und grimmiger Humor zugleich sprechen: »Al tempo perduto!« »Zur verlorenen Zeit!«

Müsste man nicht über manches Haus, manchen Abend, manches Vergnügen, manche Begegnung und manches Leben schreiben: Zur verlorenen Zeit?!

Wir vertändeln die Zeit wie wertlosen Kram. Wir verspielen die Zeit bei der Suche nach Glück und Freude. Wir vertreiben die Zeit, weil sie uns langweilt. Wir schlagen die Zeit tot wie einen Gegner. Und wenn sie dann vorbei ist, möchten wir sie noch einmal haben. Und wenn dann am Ende über unserem ganzen Leben steht: Zur verlorenen Zeit?

Gott möchte, dass unser Leben erfüllte Zeit, gefundene Zeit, sinnvolle Zeit ist. Jeder Tag ohne die Liebe und Gegenwart Gottes ist verlorene Zeit, und wenn wir noch so viele Dinge gewinnen. Jeder Tag in der persönlichen Gemeinschaft mit Jesus, geborgen in seiner Barmherzigkeit, ist ein erfüllter Tag. Jeden Tag von Gott empfangen, jeden Tag mit seiner Güte rechnen, jeden Tag in seinem Namen beginnen, jeden Tag in Gottes Hand zurücklegen, ist erfüllte Zeit. – Wie ein Schreckgespenst steht über manchem, was wir beginnen, nur ein Wort: vergebens! Gott möchte in seiner Liebe von diesem schrecklichen Wort einen Buchstaben durchstreichen. Dann wird daraus ein wunderbares Wort: vergeben! So wollen wir die Zeit nutzen, um mit Gott zu leben. Und wo wir versagen, ist seine Liebe da. Und es muss nicht traurig heißen: vergebens, sondern es kann glücklich ausgehen: vergeben!

»So sehet nun wohl zu, wie ihr wandelt, nicht als Unweise, sondern als Weise, und kaufet die Zeit aus; denn es ist böse Zeit!«

(Epheser 5,15f)

9. Mai

Wer liebt, hat Zeit

Atemlos hetzen wir durch das Leben. Wie in einem Netz sind wir in Eile und Zeitnot gefangen. Das Treiben der modernen Welt wird immer fieberhafter und die Menschen immer gehetzter. Wir haben Angst, etwas zu verpassen und jagen den Gelegenheiten hinterher. Die Gier nach Mehr und immer Neuem lässt uns nicht zur Ruhe kommen. Wie ein Fluch ist diese Eile, und ganz tief sinkt die Seele dabei. Und mit den Menschen rotieren die Begriffe und Bilder, verflacht die Sprache, verlieren sich die Maße und Normen des Lebens.

Das Verrückte an der Hast und Hetze ist, dass wir dabei stillsitzen. Entweder sitzen wir in Fahrzeugen und rasen an ruhigen Bildern vorbei, oder wir sitzen in bequemen Sesseln und lassen die Bilder an unseren Augen vorüberzucken.

Während der Mensch sitzt und immer dicker und träger wird, rast und rennt es an seinen Augen und an seiner Seele vorbei.

Der hektischen Raserei des Bösen können wir nur die Gelassenheit und Intensität der Liebe entgegensetzen. Wer liebt, hat Zeit! Zeit haben ist keine Frage der Uhren und der Berufe, der Kalender oder Aufgaben. Zeit haben ist eine Frage der Liebe und der Geborgenheit. Wer von der Liebe zu Gott, zu einem Menschen, zu einer Aufgabe, zu einer lohnenden Zukunft gepackt ist, hat viel Zeit dafür.

Wenn Zeitnot und Hektik, Angst und Gier, Sorgen und Rasen wie ein Netz über uns ist, in dem wir gefangen sind, dann ist die Liebe Gottes zu uns wie ein Netz unter uns, das uns auffängt, wenn wir uns fallen lassen. Gottes Liebe fängt uns auf. Die Lebensangst und Lebensgier fangen uns ein, und je mehr wir strampeln, desto gefangener werden wir sein. Die Liebe Gottes fängt uns auf. Und je mehr wir uns fallen lassen, desto mehr werden wir die Sicherheit und Festigkeit der Liebe erfahren.

»Du wollest mich aus dem Netze ziehen, denn du bist meine Stärke. Ich aber, Herr, hoffe auf dich und spreche: Du bist mein Gott! Meine Zeit steht in deinen Händen!« (Psalm 31,5.15f)

10. Mai

Die bessere Heiligkeit

Der ägyptische Eremit Makarius soll Gott einmal gefragt haben, welchen Grad der Heiligkeit er nach mehreren Jahren des Fastens und Betens in der Einsamkeit erlangt habe. Im Traum erschien ihm ein Engel und antwortete, sein Grad an Heiligkeit sei noch lange nicht so hoch wie der, den zwei Frauen in der nächsten Stadt erreicht hätten. Er solle sie aufsuchen und von ihnen die bessere Heiligkeit lernen. So ging Makarius in die Stadt und fand die beiden Frauen. Es waren ganz gewöhnliche Hausfrauen. »Worin besteht das Geheimnis eurer Heiligkeit?« wollte er von ihnen wissen. Seine Frage erstaunte sie. Ihre Beschäftigung bestand darin, gut für ihre Ehemänner und die Kinder zu sorgen. Zum Beten hatten sie nicht so viel Zeit wie Makarius, und die Bibel konnten sie nicht lesen, weil sie Analphabeten waren. Sie nannten sich »arme Frauen mit vielen Sorgen!«

Makarius fand heraus, dass sie mit zwei Brüdern verheiratet waren. Sie lebten gemeinsam unter einem Dach, stritten aber niemals miteinander, und kein einziges hartes Wort trübte ihre Beziehung. Von ihnen lernte Makarius, dass ein Zusammenleben in Liebe, in dem man die Spannungen mit dem Geist der Versöhnung austrägt, ohne verletzende Worte und neidische Blicke, in den Augen Gottes kostbarer sein kann als vieles Fasten und Beten.

Gott spricht: »Ich habe Lust an der Liebe und nicht am Opfer!«

(Hosea 6,6)

11. Mai

Die drei Siebe

Ganz aufgeregt kam einer zum weisen Sokrates gelaufen: »Höre, Sokrates, das muss ich dir erzählen, wie dein Freund...« »Halt ein!« unterbrach ihn der Weise. »Hast du das, was du mir erzählen willst, durch die drei Siebe gesiebt?« »Drei Siebe?« fragte der andere verwundert. »Ja, drei Siebe. Das erste Sieb ist die Wahrheit. Hast du alles, was du mir erzählen willst, geprüft, ob es wahr ist?« »Nein, ich hörte es erzählen.« »So, so. Aber sicher hast du es mit dem zweiten Sieb geprüft, es ist die Güte. Ist, was du mir erzählen willst, wenn schon nicht als wahr erwiesen, so doch wenigstens gut?« »Nein, das ist es nicht, im Gegenteil.« Der Weise unterbrach ihn: »Lass uns auch noch das dritte Sieb anwenden und fragen, ob es notwendig ist, mir das zu erzählen, was dich so erregt.« »Notwendig nun gerade nicht.« »Also«, lächelte der Weise, »wenn das, was du mir erzählen willst, weder wahr noch gut noch notwendig ist, so lass es begraben sein und belaste dich und mich nicht damit!«

»*Darum leget die Lüge ab und redet die Wahrheit, ein jeder mit seinem Nächsten!*« (Epheser 4,25)

12. Mai

Kleine schwarze Federn

Einst hatte eine Frau über ihren alten Pfarrer eine hässliche Verleumdungsgeschichte aufgebracht, die schnell durch die ganze Gemeinde flog und weit über ihre Grenzen hin Unheil anrichtete. Als die Frau bald darauf schwer krank wurde, bereute und bekannte sie ihre Lügen. Nach ihrer Genesung ging sie zum Pfarrer und bat ihn um Verzeihung. »Gewiss verzeihe ich dir gern«, sagte der alte Pfarrer freundlich, »aber weil du mir damals so weh getan hast, möchte ich dich jetzt um einen Gefallen bitten!« »Gern«, rief die Frau erleichtert. »Geh heim und schlachte ein schwarzes Huhn und rupfe ihm alle Federn aus, auch die kleinsten, und verliere keine davon. Dann lege die Federn in einen Korb und bringe sie zu mir!«

Die Frau dachte, dass es sich um einen alten Brauch handele, und tat, wie ihr geheißen war. Nach kurzer Zeit kam sie mit dem Körbchen voller schwarzer Federn wieder zum Pfarrer. »So«, sagte dieser, »jetzt geh langsam durch das Dorf und streue alle drei Schritte ein wenig von den Federn aus und dann steige auf den Kirchturm, wo die Glocken hängen, und schütte den Rest dort oben auf das Dorf hinab. Dann komm wieder zu mir!« Die Frau war nach einer Stunde wieder mit dem leeren Korb beim Pfarrer. »Schön«, meinte der freundlich, »jetzt gehe durch das Dorf und sammle alle die ausgestreuten Federn wieder in dein Körbchen, aber sieh zu, dass keines fehlt!« Die Frau starrte den Pfarrer erschrocken an und sagte: »Das ist unmöglich! Der Wind hat die Federn in alle Richtungen zerstreut.«

»Siehst du, so ist es auch mit deinen bösen Worten gegangen. Wer kann sie wieder einsammeln und zurücknehmen und ihre Wirkung ungeschehen machen? Denke an die kleinen schwarzen Federn, bevor du Worte ausstreust!«

So ist es mit vielen Geschichten gegangen, die wir über andere Menschen weitererzählt haben: Kleine schwarze Federn, die der Wind verweht. Wer kann sie wieder einsammeln und zurücknehmen? Darum lässt uns Gott sagen: »Du sollst nicht falsch Zeugnis reden wider deinen Nächsten!« (2. Mose 20,16).

13. Mai

Wunsch und Wirklichkeit

Menschen haben Träume, die bis an den Himmel reichen. Aber die Verwirklichung will nicht gelingen. Da stellt sich Trauer ein, und Enttäuschung kommt auf. »Der ich bin, grüßt trauernd den, der ich sein könnte!« hat Hebbel einmal gesagt. Wir leiden unter dem Zwiespalt von Wunsch und Wirklichkeit. Was haben wir alles gewollt, und was haben wir davon geschafft? Was hatten wir für wunderbare Träume, und wie viele blieben unerfüllt? Unsere Ideen waren oft maßlos, aber die Verwirklichung so kraftlos. Viele wollten ganz hoch hinaus und sind sehr tief gefallen. Menschen wollten über sich hinauswachsen und sind schließlich weit unter die Tiere gesunken. Das ist eine große Not, die Paulus so umschreibt: »Das Gute, das ich will, das tue ich nicht; sondern das Böse, das ich nicht will, das tue ich!« (Römer 7,19).

Unser Herz ist zerrissen, unser Wesen aufgespalten, unsere Wirklichkeit vom Wunsch entfernt und unser Leben vom Guten entfremdet. Wehmut und Schmerz breiten sich aus über die fehlende Verwirklichung des Lebens. »Ich elender Mensch! Wer wird mich erlösen von dem Leibe dieses Todes? Ich danke Gott durch Jesus Christus, unsern Herrn!« (Römer 7,241).

Die Liebe Jesu, die stellvertretend für uns die Erfüllung und Vollendung des Lebens erreicht, kann diese Wunden von Wehmut und Trauer heilen. Gott sieht, wenn wir uns an Jesus und seine vollkommene Liebe halten, in uns nicht das Versagen und Versäumen, sondern das Bild seines Sohnes, einen ganzen und vollendeten Menschen. Dann können wir den Satz von Hebbel ganz anders sagen: »Der ich in Christus bin, grüßt fröhlich den, der ich sein könnte!«

»*Ich vermag alles durch den, der mich mächtig macht, Christus!*«
(Philipper 4,13)

---

14. Mai

Skandal oder Lebenskraft

Napoleon wollte die ganze Welt erobern. Eines Tages wurde ihm gesagt, man könne mit Dampfmaschinen mächtige Kriegsschiffe betreiben. Solche Schiffe würden ihn seinem Ziel wesentlich näher bringen. Napoleon sah zum Fenster hinaus, wie draußen jemand eine Zigarre rauchte, und fragte dann spöttisch: »So ein bisschen Dampf soll ein Kriegsschiff antreiben?« Damit war für ihn der Vorschlag erledigt. Sein Stolz und fehlendes Vertrauen in die unsichtbare Kraft des Wasserdampfes hinderten ihn daran, sich diese ungeheure Energie nutzbar zu machen. – Viele Menschen denken: »Was soll ein Christus am Kreuz, ein Lamm Gottes mir schon helfen? Ein Leidender, ein Sterbender, was sollen von ihm für Lebenskräfte ausgehen?« – In Jesus liegen alle Kräfte des Lebens, die Fülle Gottes, die Hoffnung für die ganze Welt verborgen. Aber viele Menschen gehen in ihrem Stolz und ihrer Vermessenheit daran vorbei. Denen aber, die ihr Vertrauen auf Jesus setzen, wachsen ungeahnte Möglichkeiten zu.

»*Das Wort vom Kreuz ist eine Torheit denen, die verloren werden, uns aber, die wir selig werden, ist es eine Gotteskraft!*« (1. Korinther 1,18)

15. Mai

Müll oder Festmahl

Ein Londoner Polizist ging eines Abends durch die Straßen seines Bezirks, als er laute Geräusche aus einer Mülltonne hörte. Er dachte an eine Katze und wollte sie verjagen. Doch statt der Katze zog er einen zerlumpten Jungen aus der Mülltonne. »Lass mich los, das gehört mir!« schrie der Junge. Der Polizist brachte das Kind zu irischen Nonnen, die streunende Kinder versorgten. Dort fand sich der Junge in einer Gruppe Gleichaltriger wieder, die auf ihr Abendessen warteten. Bevor der Junge an dem festlich gedeckten Tisch Platz nehmen durfte, musste er gebadet und neu eingekleidet werden. Während des Bades hielt der Junge die Hand geschlossen und sagte immer wieder: »Das gehört mir!« Schließlich gelang es der Schwester, die Hand zu öffnen, und fand darin eine schmutzige, vertrocknete Brotrinde. Der Junge wollte sein in der Tonne gefundenes Essen festhalten, und unten im Saal war ein sättigendes Mahl bereitet. – Wie oft handeln wir ebenso! Wir fürchten uns, den alten Kram loszulassen, und glauben nicht den wunderbaren Verheißungen Gottes auf Lebensbrot und Wärme der Liebe und Erfüllung des Lebens. Wenn wir schließlich die harten Krusten unseres armen Lebens an Jesus abtreten, nimmt er uns mit zu einem wunderbaren Fest des Lebens, wo unser Lebenshunger gestillt und die Sehnsucht nach Geborgenheit erfüllt wird.

»Was kein Auge gesehen hat und kein Ohr gehört hat und in keines Menschen Herz gekommen ist, was Gott bereitet hat denen, die ihn lieben!« (1. Korinther 2,9)

16. Mai

Reich, ohne es zu wissen

In einem kleinen Dorf wohnt eine ältere, arme Frau. Ihr Sohn ist vor Jahren nach Amerika ausgewandert. Regelmäßig schreibt er ihr. Eines Tages erhält die Frau Besuch vom Lehrer im Dorf. Sie zeigt ihm freudig die Briefe des Sohnes und auch die hübschen »Bildchen«, die der Sohn seinen Briefen beigelegt hat. Es sind zwar immer die gleichen Bilder, die der Sohn geschickt hat, aber die alte Frau freut sich daran. »Frau«, sagt der Lehrer, »das ist doch Geld. Das sind amerikanische Dollarnoten. Sie sind reich und wissen es gar nicht!«

Wir mögen vielleicht lächeln über die Unwissenheit der Frau. Aber sind wir nicht auch oft so mit den Schätzen Gottes in seinem Wort umgegangen? Immer die gleichen hübschen Geschichten. Immer die gleichen netten Worte. Und wir merken gar nicht, dass sie voller Reichtum und Leben, voller Freude und Kraft stecken. Wir sind reich im Glauben, reich in der Hoffnung und wissen es gar nicht. Wir sind Königskinder, sind die Erben Gottes und leben wie Bettler und beklagen die Lebensnöte.

»Hat nicht Gott erwählt die Armen auf dieser Welt, dass sie am Glauben reich seien und Erben des Reichs, welches er verheißen hat denen, die ihn lieb haben?« (Jakobus 2,5)

---

17. Mai

Handlanger Gottes

Friedrich von Bodelschwingh erzählt aus seiner Kindheit: »Als im Herbst das Obst reif an den Bäumen im Garten hing, hatte uns der Vater streng verboten, auf die Bäume zu klettern. Wir durften nur von den heruntergefallenen Früchten essen. Aber einmal hatte ich das Verbot doch übertreten und war heimlich auf einen Baum geklettert. Dabei zerriß ich mir unglücklich den Hosenboden. Heimlich schlich ich mich mit einem bösen Gewissen nach Hause. Dabei drehte ich mich immer so geschickt, dass keiner den Schaden entdecken konnte. Nach dem Abendbrot ging ich in mein Zimmer, besah dort erst richtig voll Entsetzen die zerrissene Hose und legte sie zuunterst auf den Stuhl, alle anderen Kleidungsstücke geschickt darüber. Dann kniete ich am Bett nieder, um mein Abendgebet zu sprechen: ›Lieber Gott, ich bin heute ungehorsam gewesen. Vergib es mir doch und mach, dass morgen früh meine Hose wieder heil ist!‹ – In diesem Augenblick ging meine Mutter an der Kindezimmertür vorbei, blieb einen Augenblick stehen und hörte mein Gebet. Dann ging sie lächelnd weiter. Dem Vater sagte sie nichts. Sie wollte eine Handlangerin

Gottes sein. Als ich fest eingeschlafen war, nahm sie die zerrissene Hose und machte sie wieder heil. Dann legte sie die Hose so hin, wie sie unter dem Berg von Kleidern gelegen hatte. – Als ich am nächsten Morgen erwachte, war mein erster Griff nach der Hose. Welch ein Wunder, die Hose war wieder in Ordnung! – Ich weiß noch wie heute dass dieses Erlebnis, wo Mutter ein Engel gewesen war, meinen Kinderglauben mächtig stärkte.«

Mutterliebe (nach 1. Korinther 13)

Lebte ich in einem Haus von makelloser Schönheit und Ordnung und hätte keine Liebe, so wäre ich eine Haushälterin, keine Mutter. Hätte ich Zeit zum Waschen, Polieren und Dekorieren und hätte keine Liebe, so lernten meine Kinder zwar Sauberkeit und Ordnung, aber nicht, was göttliche Reinheit ist.

Liebe übersieht den Schmutz auf der Suche nach dem Lächeln des Kindes.

Liebe freut sich über die winzigen Fingerabdrücke an der frischgeputzten Fensterscheibe.

Liebe wischt erst die Tränen ab, bevor sie die verschüttete Milch aufwäscht.

Liebe ist einfach da, wenn man sie braucht. Sie weist zurecht, korrigiert und reagiert.

Liebe krabbelt mit dem Baby, läuft mit dem Dreikäsehoch, rennt mit dem Schulkind und tritt zur Seite, damit der Jugendliche erwachsen werden kann.

Liebe ist der Schlüssel, der das Herz deines Kindes für Gottes frohe Botschaft aufschließt.

Bevor ich Mutter wurde, rühmte ich mich meiner perfekten Hausfrauenfähigkeiten. Nun rühme ich Gott über dem Wunder meines Kindes. Als Mutter muss ich mein Kind vieles lehren; aber das Größte und Wichtigste von allem ist die Liebe. (Jo Ann Merrell)

18. Mai

Worte der Liebe

Staufenkaiser Friedrich II. lebte um 1250 in Palermo. Er wollte die Ursprache der Menschen herausfinden. In einem Waisenhaus ließ er Findelkinder unterbringen und von Kinderpflegerinnen versorgen. Sie sollten die Säuglinge mit Nahrung und Fürsorge bestens hegen und pflegen. Nur eines wurde den Pflegerinnen strengstens verboten: mit den Kindern ein Wort zu sprechen. Wenn die Kinder nie ein Wort in einer bestimmten Sprache hören, so dachte der Kaiser, würden sie eines Tages in der Ursprache der Menschen anfangen zu reden. Das Experiment brachte nicht die Ursprache der Menschen, wohl aber die Urbedürfnisse des Menschen an den Tag. Denn die Kinder verkümmerten und starben schließlich trotz der guten Pflege und Ernährung. Daran wird deutlich, was wir Menschen im Letzten zum Leben brauchen. Neben aller sächlichen Versorgung brauchen Menschen, um sich entfalten, aufblühen und leben zu können, Worte der Liebe. Wenn man zu den Menschenkindern nicht Worte der Liebe spricht, dann gehen sie zugrunde, und wenn sie noch so viel zu essen haben.

Jeder Mensch braucht zum Leben eine Liebe, die ihn birgt und trägt. Diese Liebe wird durch das Wort vermittelt und begreifbar. Darum hat Gott immer wieder seinen Menschenkindern sagen lassen: »Ich habe dich je und je geliebt!« Darum wurde sein Wort der Liebe schließlich Mensch, damit wir die Worte Jesu noch deutlicher, menschlicher, fassbarer hören können: »Gleichwie mich mein Vater liebt, so liebe ich euch auch. Bleibet in meiner Liebe!« (Johannes 15,9).

Worte und Zeichen brauchen wir, um der Liebe gewiss zu werden. Und Liebe brauchen wir, um leben, aufleben und überleben zu können.

»Mit einer Kindheit voll Liebe kann man ein halbes Leben hindurch für die kalte Welt haushalten.« (Jean Paul)

19. Mai

Geliebt und unantastbar

»Als ich zehn Jahre alt war, hatten wir in unserer Klasse einen Jungen, den wir gar nicht leiden mochten. Er war ein Streber, ein Angeber und Versager bei unseren heftigen Prügeleien. Eines Tages hatten wir – grausam und bedenkenlos, wie Kinder sind – beschlossen, ihm zu seiner Abhärtung eine Tracht Klassenhiebe zu verpassen. Als wir an dem betreffenden Morgen vor dem Schultor auf Einlass warteten, sahen wir, wie der Vater mit dem Jungen kam. Beide hatten an diesem Morgen offenbar den gleichen Weg. Der Vater war einer der angesehensten Männer meiner Heimatstadt, und auch wir Jungen hatten großen Respekt vor ihm. Vor dem Schultor verabschiedeten sich beide voneinander. Der Vater streichelte die Wange des Jungen, strich ihm liebevoll über die Haare, sagte ihm gute Worte und drehte sich dann winkend noch mehrmals nach dem Jungen um. Bei uns, die wir das beobachteten, trat eine eigentümliche Wirkung ein. Die geplanten Klassenhiebe unterblieben. Sicher nicht aus Angst vor dem Vater. Aber uns überkam eine merkwürdige Scheu, die uns bremste. Der Junge wurde von diesem Vater so geliebt. Da konnten wir uns nicht an ihm vergreifen. –

Damals habe ich zum ersten Mal die Macht der Liebe erkannt und geahnt, was Gott mit dem Gebot der Liebe gemeint hat. Der letzte Grund dafür, dass wir unsere Mitmenschen lieben sollen, dass wir uns nicht an ihnen vergreifen, sie hindern oder ausnützen dürfen, ist, dass Gott sie liebt. Die Liebe Gottes zu den Menschen macht sie für unseren Hass unantastbar. Man würde sich an Gott selbst vergreifen, wollte man seinen Menschen schaden. Wir sind von Gott geliebt. Darum sind wir unantastbar. Von Gott Geliebte stehen auch unter seinem Schutz.«

(Helmut Thielicke)

»Ein neues Gebot gebe ich euch, dass ihr euch untereinander liebt, wie ich euch geliebt habe!« (Johannes 13,34)

20. Mai

Liebe bewahrt

Ein Tibetmissionar erzählt, dass er mit einem Tibetaner zusammen auf einer Wanderung in dem unwegsamen Gebirgsland am Himalaja in einen gefährlichen Schneesturm geriet. Mühsam kämpften sich die beiden Männer durch den immer höher werdenden Schnee, als sie einen Mann fanden, der im Schnee einen Abhang hinuntergestürzt war. Der Missionar wollte dem Verunglückten helfen, der Begleiter lehnte das energisch ab: »Wir sind selbst in Lebensgefahr, da können wir uns nicht noch mit einem Verunglückten befassen. Wir werden am Ende alle drei umkommen. Ich will mein eigenes Leben retten!« Er stapfte los. Der Missionar hob den Bewusstlosen auf und trug ihn mühsam auf seinem Rücken. Durch die Anstrengung wurde ihm warm, und die Wärme seines Körpers übertrug sich auf den anderen. Der kam wieder zu sich, und nun kämpften sich die beiden in einer langen und beschwerlichen Wanderung nach Hause durch. Aber vorher sahen sie den früheren Begleiter im Schnee liegen. Müde, wie er war, hatte er sich im Schnee niedergelegt und war erfroren. – Der Missionar schließt seinen Bericht mit dem Satz: »Ich wollte einen anderen Menschen retten und habe dabei mein eigenes Leben bewahrt!«

»Wer sein Leben erhalten will, der wird's verlieren; wer aber sein Leben verliert um meinetwillen, der wird's finden!« (Matthäus 16,25)

21. Mai

Liebe verwandelt

In einem Gefängnis saß ein Schwerverbrecher seine lebenslange Strafe ab. Er war voller Hass und Bitterkeit, verschlossen und grob. Immer wieder versuchte der Gefängnisseelsorger, mit ihm zu sprechen und ihm nahezukommen. Er wurde getreten, angespuckt, bekam das Essen ins Gesicht geschüttet und Flüche an den Kopf geworfen. Siebzehn lange Jahre bemühte sich der Seelsorger mit außerordentlicher Liebe um den Mann. Eines Tages, als er in die Zelle kam, brach der Häftling weinend vor dem Pfarrer zusammen und sagte: »Seit siebzehn Jahren bin ich nun zu ihnen wie ein Teufel, und Sie haben mich immer als Menschen behandelt. Nun will ich auch ein Mensch werden!«

Das war der Anfang einer langen und grundlegenden Verwandlung eines Menschen. Die Liebe des Seelsorgers, die in dem hasserfüllten Verbrecher das sah, was noch werden könnte, verwandelte den Mann.

Die Augen der Wahrheit sehen, was ein Mensch ist und nicht ist. Aber die Augen der Liebe sehen das, was ein Mensch noch werden kann, wenn er geliebt wird. Das war das Geheimnis der Liebe Jesu. Er sah als Wahrheit die Grenzen und Mängel eines jeden, aber er sah als Liebe schon die Verwandlung. Ein Zöllner wird ein Apostel, ein Blinder sehend, eine Ehebrecherin geheiligt, ein Besessener frei.

»Die Liebe erträgt alles, sie glaubt alles, sie hofft alles, sie duldet alles!«
(1. Korinther 13,7)

22. Mai

Die Liebe deckt die Sünde zu

Die drei Weltmeere sind durchschnittlich drei bis viertausend Meter tief. Die größte Meerestiefe wurde im Pazifischen Ozean mit über elftausend Metern gemessen. Die Meere sind ein majestätisches Bild für die Weite, Tiefe und Unerschöpflichkeit des Lebens.

Gott gebraucht die für den Menschen unerreichbare Tiefe des Meeres als Veranschaulichung seiner Liebe, die alle Menschenschuld buchstäblich bedeckt. So heißt es im Propheten Micha: »Er wird sich unser wieder erbarmen, unsere Schuld unter die Füße treten und alle unsere Sünden in die Tiefen des Meeres werfen« (Micha 7,19).

Wenn das Meer der Liebe Gottes, weit, tief und unerschöpflich, unsere Lebensschuld bedeckt, dann ist sie wirklich vergeben und weg. Da darf man sie nicht wieder hervorholen und sich damit quälen. Wenn Gott unsere Schuld im Meer seiner Liebe versenkt hat, dann setzt er gleichsam ein Schild dazu: »Angeln verboten!«

Ich denke an einen jungen Mann, der schwere Schuld auf sich geladen hatte. Wieder und wieder hatte er seine Sünde bereut und bekannt, konnte aber die Vergebung immer nur für einen Moment glauben und festhalten. Nachts, wenn er wachlag, tags, wenn er allein war, kamen die quälenden Gedanken und die Angst vor der Schuld. Schließlich klammerte er sich an die Verheißung aus dem Prophetenbuch des Micha und erkannte, dass er die Liebe Gottes schmälerte, wenn er seine im Meer der Liebe versenkte Sünde immer wieder hervorangelte.

»Selig sind die, welchen ihre Ungerechtigkeiten vergeben sind und welchen ihre Sünden bedeckt sind!« (Römer 4,7)

23. Mai

Füreinander einstehen

Zu einem alten Mönchsvater kam ein Bruder, der von Trauer und Depression geplagt wurde. Er gestand dem geistlichen Vater, dass er nicht mehr beten könne. Der antwortete: »Wenn du nicht beten kannst, so geh doch in den Gottesdienst und höre zu, wie die anderen beten!« Die Anfechtung wird nicht ausgeredet, nicht dramatisiert. Der Bruder darf trauern. Er wird nicht zum Beten gezwungen. Aber er wird nicht sich selbst überlassen, sondern er darf sich fallen lassen in die Gemeinschaft der anderen, die beten, mit ihm beten, für ihn beten, an seiner Stelle beten, bis er es wieder mit Freuden tun kann.

Luther hat den Trost solchen Für-Glaubens auch beschrieben: »Wenn du nicht verzweifelst, die Geduld nicht verlierst, wo steckt der Grund? In deiner Tugend? Gewiss nicht, sondern in der Gemeinschaft der Heiligen!«

Jeder von uns ist auf die Menschen in der Gemeinde, ihre Nähe und Glaubenskraft angewiesen.

»Einer trage des anderen Last, so werdet ihr das Gesetz Christi erfüllen!« (Galater 6,2)

24. Mai

Weicht, ihr Trauergeister

Eines Tages wird es in Martin Luthers Studierzimmer still. Tiefe Schwermut und bange Verzweiflung bringen Luther zum Verstummen. Er spricht nicht mehr, er arbeitet nicht mehr, er betet nicht mehr. Stumpf und dumpf brütet Luther unter dem dunklen Schatten der Traurigkeit dahin. Seine Frau Käthe macht sich ernste Sorgen. Wie kann sie ihrem Mann helfen?

Kurz entschlossen zieht sie schwarze Kleider an und klopft an seine Arbeitszimmertür. Erschrocken sieht Luther auf, als seine Frau in Trauerkleidern eintritt. »Wer ist denn gestorben?« fragt er ängstlich. Seine Frau antwortet: »Gott ist gestorben! Wenn du nicht mehr arbeitest und betest, sprichst und singst, dann ist Gott tot und hat keine Macht!« Wie ein Blitz trifft es Luther. Weit hat ihn die Anfechtung und Mutlosigkeit von Gott fortgetrieben. Gott lebt, zum Verzweifeln ist kein Grund. Jesus ist Sieger. Und wir leben, als sei er tot. Eine helle Sonne brach durch die dunkle Nebelwand von Verzweiflung und Trauer. Die Geister der Schwermut und Verzagtheit mussten weichen vor dem Sieg Jesu und seiner lebendigen Hoffnung. Ein befreiter Luther geht wieder an seine Arbeit.

>Weicht, ihr Trauergeister,
>denn mein Freudenmeister,
>Jesus, tritt herein.
>Denen, die Gott lieben,
>muss auch ihr Betrüben
>lauter Freude sein.
>Duld ich schon hier Spott und Hohn,
>dennoch bleibst du auch im Leide,
>Jesu, meine Freude.
>
>(Johann Franck)

25. Mai

Bewahrt mit Umsicht

Schlafende Kinder sind ein schönes Bild. Es atmet Frieden aus und stellt Geborgenheit dar. Der Betrachter empfindet, so müsste das Leben sein. Mitten in Dunkel und Bedrohung der Nacht ruhig und zufrieden, entspannt und gelöst, weil das Kind geschützt und geborgen ist in der Fürsorge anderer.

Dass wir als kleine Kinder in den Bombennächten des Zweiten Weltkrieges, bedroht durch feindliche Flieger und ihre tödliche Bombenlast, trotz Sirenengeheul und Lebensgefahr ruhig schlafen konnten, lag an der wachsamen Fürsorge unserer Mutter. Im letzten Kriegsjahr trug uns Mutter bei Fliegeralarm oft mehrmals in einer Nacht in den Luftschutzkeller und legte uns dort in bereitgestellte Liegestühle, wo wir, ohne das Geringste zu merken, tief und fest weiterschliefen. Mutter wartete und wachte und brachte uns nach der Entwarnung wieder in unsere Betten. Wir Kinder waren uns weder der Gefahr unseres Lebens noch der Mühe unserer Mutter bewusst. Wir haben kindlich geschlafen und die Bewahrung und Geborgenheit einfach empfangen. Erst sehr viel später haben wir mit großer Dankbarkeit erkannt, unter welchem Einsatz, durch welche Mühe und Opfer, durch wie viel Wachen und Sorgen der Mutter unser kleines Leben bewahrt blieb.

Leben wir als Menschen nicht alle davon, dass Gott wie eine Mutter für uns wacht und sorgt? Wir ahnen wohl kaum die wirkliche Bedrohung unseres Lebens. Feindliche Mächte überfliegen uns, zerstörerische Absichten kreuzen unseren Weg. Wir sind als Menschenkinder viel gefährdeter, als wir es sehen können. Was wissen wir schon von den tausend Möglichkeiten, in denen unser Leben scheitern, zerbrechen und verkümmern könnte. Unser Menschsein ist heiß umkämpft von Mächten und Gewalten. Aber Gott sieht das alles mit wacher Fürsorge, und unermüdlich setzt er sich für die Bewahrung unseres Lebens ein.

»In wie viel Not hat nicht der gnädige Gott über uns Flügel gebreitet!«

»*Der dich behütet, schläft nicht. Siehe, der Hüter Israels schläft und schlummert nicht!*« (Psalm 121,3f)

26. Mai

Achtung Lebensgefahr!!

In der Nähe der Pillauer Mole befand sich am Strand eine Warntafel: »Baden ist an dieser Stelle mit Lebensgefahr verbunden!« Entlang der Samlandküste gibt es gefährliche Meeresströmungen. Man nennt sie »Sucht«. Seeleute und Fischer kennen diese »Sucht« und fahren an bestimmten Tagen und bei bestimmten Winden nicht aus. Im Becken der Pillauer Mole war diese »Sucht« am gefährlichsten. Und darum stand dort die Warntafel.

An einem schönen Sommertag kommen mit vielen Ausflüglern auch zwei Mädchen aus Königsberg an den Strand. Sie sehen die Warntafel und lachen. Sie sind beide geübte Rettungsschwimmerinnen und weit gefahren, um baden zu können. Keineswegs wollen sie auf das Vergnügen verzichten. Jauchzend springen sie ins Wasser und genießen die Erfrischung. Weit schwimmen sie hinaus. Da, ein starker Sog und Hilferufe. Rettungsmannschaften sind weit weg, da hier doch das Baden verboten ist. So finden beide Mädchen den Tod. Sie waren in die gefährliche »Sucht« geraten und bezahlten ihren jugendlichen Leichtsinn mit ihrem Leben.

Gott hat in unserem Leben auch hier und dort seine Warntafeln aufgerichtet, um uns vor tödlichen Gefahren zu bewahren. Aber wie oft schlagen wir Gottes Warnungen in den Wind, stürzen uns in das Abenteuer und geraten in eine lebensgefährliche »Sucht«! Lassen wir uns von Gottes Liebe warnen, bevor wir ohne ihn unser Leben verlieren.

»Das ist mein Schatz, dass ich mich an deine Befehle halte!«
(Psalm 119,56)

27. Mai

Gefährliches Spiel

Auf der Nordseeinsel Borkum liegt ein transatlantisches Kabel, das mit schweren Ketten am Ufer verankert ist. Wenn die Ebbe kommt und das Meer zurückweicht, liegen die Ketten unbedeckt auf dem Strand. An einem Sonntagnachmittag spielen drei Jungen dort auf dem Sandstrand. Sie versuchen, die schweren Ketten zu heben, indem sie ihre Füße in die Kettenglieder stecken. Wer kann die Kette am höchsten heben? Das ist die Kraftprobe, um die es geht. Plötzlich bleibt der Fuß des einen Jungen in dem Kettenglied stecken. Zuerst lachen und scherzen die beiden Freunde: »Nun bist du gefangen und musst ertrinken!« Dann versuchen sie, den Freund zu befreien. Weder der Stiefel ist aus der Kette zu lösen, noch lässt sich der Fuß aus dem Stiefel ziehen. Von ferne hören sie das Brausen des aufkommenden Wassers. Die Flut kommt. In panischer Angst arbeiten und ziehen die Jungen, aber umsonst. Der Fuß bleibt in der Kette. Die Wasser kommen. Die beiden Jungen müssen weichen, um sich selber zu retten und Hilfe zu holen. Über dem anderen schlägt die Flut zusammen. In der Kette gefangen, muss er ertrinken. Aus einem harmlosen Spiel ist tödlicher Ernst geworden.

Ein Leben an der Kette ging zugrunde. Davon erzählt man auf Borkum immer noch. Auch unser Leben hängt an einer Kette. Aus dem harmlosen Spiel mit der Sünde wird eine lebensgefährliche Gefangenschaft. Wenn wir daraus nicht freiwerden, werden wir elend zugrunde gehen. Aber es gibt eine Kraft, die uns befreien kann. »Wenn euch nun der Sohn freimacht, so seid ihr recht frei!« (Johannes 8,36).

28. Mai

Gott ist treu

Wir hatten eine wunderbare Jugendfreizeit in der Lüneburger Heide. Mit zwanzig jungen Leuten verlebten wir herrliche Tage. Lange Waldwanderungen, wilde Ausritte mit schnellen Pferden, Pilze sammeln und zubereiten, Nachtwanderungen und spannende Spiele füllten die Tage. Dazu kamen die täglichen Bibelarbeiten über die sieben Sendschreiben in der Offenbarung. Unter dem siebenfachen Zuspruch Jesu an seine Gemeinde kamen die jungen Menschen zum lebendigen Glauben an Jesus. War das ein Singen und Klingen, Freuen und Danken, Lachen und Jubilieren. Ein kleines Stück Himmel auf Erden haben wir zusammen erlebt.

Dann saßen wir im Bus auf der Rückfahrt. Mit viel Lob und Dank blickten wir auf die schönen Tage zurück. Plötzlich zogen dunkle Wolken auf. Ein heftiges Gewitter entlud sich über uns. Blitze zuckten. Sturm und Wolkenbrüche fegten über uns dahin. Da packte mich die tiefe Sorge um die jungen Menschen. Ich dachte an ihren Alltag in Schule, Beruf und Elternhaus. Bang fragte ich mich, ob sie wohl ihren Glauben durchhalten, sich die Freude an Jesus bewahren könnten, wenn die Nöte und Anfechtungen sie bestürmen würden. Mit den düsteren Wolken zogen auch die dunklen Fragen und Sorgen ein. Und dann öffnete sich der Himmel für einen Moment, das Sonnenlicht brach durch die Wolken und traf auf den Regenschauer. So entstand vor unseren Augen ein wunderbarer Regenbogen. Die sieben leuchtenden Farben riefen uns zu: »Gott ist treu!« Im selben Moment dachte ich beruhigt an Gottes Verheißung und seine Treue. »Der in euch angefangen hat das gute Werk, der wird es auch vollenden bis auf den Tag Christi!« Heute nach vielen Jahren kann ich dankbar bestätigen: Gott ist treu. Er hat die jungen Menschen festgehalten durch viele Nöte und Anfechtungen hindurch. Sie sind geblieben. Das Feuer des Glaubens und der Liebe ist kein Strohfeuer, das einmal auflodert und verlöschend Asche zurücklässt. Die Jugendlichen sind jetzt als Erwachsene und mündige Christen in ganz verschiedenen Orten und Berufen als Pfarrer, Jugendwarte, Diakonissen, Lehrer, Krankenschwestern, Pfarr- und Missionarsfrauen tätig.

»*Gott ist treu, durch den ihr berufen seid zur Gemeinschaft seines Sohnes Jesus Christus, unseres Herrn!*« (1. Korinther 1,9)

29. Mai

Der Sohn ist schon drüben

»Sie wollen es auf ihre alten Tage noch wagen?« Er fühlt meine Skepsis, lässt sich aber nicht beirren: »Ja, sehen Sie, mein Sohn ist doch schon seit Jahren drüben. Er ist eingebürgert, hat ein gutes Einkommen und wird mir die Umstellung erleichtern.« Ich kann Vater Schmidt verstehen. Natürlich, sein Sohn Georg ist drüben, schon vor fünf oder sechs Jahren ausgewandert nach Kanada. Gelegentlich schreibt er auch mir und berichtet, wie es ihm geht. Ich drücke Vater Schmidt zum Abschied die Hand. »Na, dann Gott befohlen!« Ich mache mir keine Sorgen um ihn. Er wird alles gut vorbereitet antreffen. (A. Salomon)

Auch uns ist jemand vorangegangen. Jesus ist uns voraus in das unbekannte Land der Ewigkeit gegangen. Er hat alles vorbereitet, damit wir nachkommen können. Seine Himmelfahrt ist der Weg in die unsichtbare Welt Gottes. Jesus ist nicht weggegangen, sondern hingegangen, eine Stufe weiter im Leben zu Gott. Darum dürfen auch wir uns auf ein Leben »drüben« freuen. Jesus wartet auf mich. Er lässt mich eines Tages nachkommen und gibt mir den Mut für die letzte Reise: »Auf Christi Himmelfahrt allein, ich meine Nachfahrt gründe!«

»Ich gehe hin, euch die Stätte zu bereiten. Und wenn ich hingehe, euch die Stätte zu bereiten, so will ich wiederkommen und euch zu mir nehmen, damit ihr seid, wo ich bin!« (Johannes 14,2f)

---
30. Mai

Ganz bei Trost

Wenn wir einen unglücklichen, gescheiterten, hilflosen Menschen bezeichnen, sagen wir: »Der ist auch nicht ganz bei Trost!«

Hinter dieser leicht hingeworfenen Bemerkung steckt eine wesentliche Aussage über den Menschen. Er ist nicht ganz bei Trost. Wir alle haben und kennen kleine Tröstungen, aber letztlich ist kein Mensch ganz bei Trost. Wir sind angewiesen auf Zuspruch und Hilfe von außen. Niemand hat die letzte Lebenskraft und Lebensfreude in sich. Alle Menschen sind bedürftig und auf Trost angewiesen. Eine solche Trostbedürftigkeit ist nicht Schwäche, sondern das Vorrecht des Menschen. Darum sagt Jesus: »Aber der Tröster, den mein Vater senden wird in meinem Namen, der wird euch alles lehren« (Johannes 14,26).

Jesus geht zu seinem Vater, kehrt an den Thron Gottes zurück, damit wir Menschen wieder ganz bei Trost sein können. Seine Himmelfahrt bedeutet für uns den Empfang des Trösters, das Erkennen des Heils. Jesu Himmelfahrt gibt uns Hoffnung gegen alle Verlustangst, eröffnet uns Zukunft gegen alle Vergänglichkeit.

Der kleine menschliche Trost lebt vom Vergessen. Die Menschen sagen: »Vergiss es! Denk nicht mehr daran! Das Leben geht weiter. Kopf hoch, es wird schon besser werden. Warte, wenn der Frühling kommt. Denk an andere, denen es noch schlimmer ergeht!«

Der göttliche Trost lebt vom Erinnern. Der Tröster Gottes wird alles, was Gott geäußert hat, was er in Jesus Christus zum Ausdruck gebracht hat, in uns erinnern und in uns eindrücken. Die Äußerungen Gottes will der Tröster in uns festmachen. Der Geist Gottes erinnert uns daran, was Jesus für uns gelebt und getan, erreicht und vollbracht hat.

»Siehe, um Trost war mir sehr bange. Du aber hast dich meiner Seele herzlich angenommen, dass sie nicht verdürbe!« (Jesaja 38,17)

31. Mai

Das himmlische Mahl

Ein reicher Mann starb und erwachte in einer neuen Welt. Eine reichgedeckte Tafel verhieß wahrhaft himmlische Freuden. Er fragte nach dem Preis der köstlichen Gerichte. »Alles kostet hier nur einen Cent!« war die Antwort. Der Mann freute sich, denn er war sehr reich. Aber als er bezahlen wollte, schüttelte man den Kopf. »Hier gilt nur das Geld, das einer bei Lebzeiten verschenkt hat!« Da wurde der Mann sehr traurig. Er war plötzlich bettelarm, denn er hatte im Leben nie etwas verschenkt.

Diese alte Sage aus Asien erinnert uns daran, was wahrer Reichtum ist: Leben teilen, Liebe verschenken, Freude machen, Hände reichen, Herzen öffnen. Solange Geld und Besitz die Währungen unseres Lebens sind, bleiben wir arm. Wenn Liebe und Freude, Teilen und Schenken, Freundlichkeit und Erbarmen die Maße werden, sind wir ganz reich.

Wir können aus diesem Leben nichts mitnehmen, aber wir können viel vorausschicken!

1. Juni

Das prächtige Landgut

Es waren einmal zwei reiche Kaufleute, die hießen Akiba und Tarphon. Tarphon war aus einem reichen Haus und hatte nie die Armut kennengelernt. So vergaß er die Armen und verbrauchte seinen ganzen Reichtum nur für sich. Akiba aber war Kind armer Leute gewesen und wusste, wie bitter die Armut ist. So verwandte er einen großen Teil seines Geldes dazu, die Not anderer Menschen zu lindern.

Weil er seinen Freund Tarphon liebte, tat es ihm weh, dass dieser niemals etwas für die Armen gab. – Eines Tages ging er zu seinem Freund und erbot sich, für ihn ein prächtiges Landgut zu einem günstigen Preis zu erwerben. Tarphon war erfreut über die günstige Gelegenheit und gab Akiba eine große Summe Geld. Der aber ging damit ins Armenviertel und verteilte es unter die Bedürftigen. Nach einiger Zeit wollte Tarphon sein Landgut besichtigen, und Akiba nahm seinen Freund mit in das Armenviertel. »Hier soll das Gut sein, von dem du mir vorgeschwärmt hast?« fragte Tarphon überrascht. »Ich habe dein ganzes Geld an die Armen verteilt! Komm, lass uns dein Gut ansehen«, sagte Akiba. In einer schmutzigen Gasse traten sie in ein Haus. Drinnen war es finster, kein Tageslicht drang in das ärmliche Zimmer. Nur ein Herd brannte, ein Tisch und ein Stuhl standen im Raum. »Warum hast du diesen Menschen nichts gegeben?« »Ich habe ihnen gegeben«, antwortete Akiba, »früher war der Herd kalt, der Topf leer und die Leute lagen auf der Erde!«

In einem anderen Haus trafen sie einen Studenten, der beim Schein der Kerze in einem Buch las. »Warum hast du diesem Jungen nichts gegeben?« »Ich habe ihm etwas gegeben. Früher hatte er weder ein Buch noch ein Licht, und er konnte überhaupt nicht studieren, sondern musste als Tagelöhner arbeiten!« sagte Akiba. So gingen sie weiter. Und das Entsetzen Tarphons wurde immer größer, als er begriff, wie viel Elend und Not es in seiner Stadt gab. Er schämte sich, dass er bisher so wenig für die Armen getan hatte. Auf dem Nachhauseweg fragte Akiba: »Nun, wie gefällt dir das Landgut, das ich für dich gekauft habe?« Da senkte Tarphon seinen Blick und meinte: »Ich werde deine Lehre beherzigen und noch viele prächtige Landgüter erwerben, um anderen Menschen in ihrer Not zu helfen!« (Eine Jüdische Legende)

»*Wem viel gegeben ist, bei dem wird man viel suchen; und wem viel anvertraut ist, von dem wird man umso mehr fordern!*« (Lukas 12,48)

2. Juni

Ich suche die Sonne

In einem Heim für mehrfach behinderte Kinder lebte ein blindes Mädchen. Unruhig tappte es am Spielzimmerfenster auf und ab. Wenn jemand das Kind fragte: »Mädchen, was suchst du denn?«, antwortete sie: »Ich suche die Sonne.«

In diesen wenigen Worten eines kleinen Mädchens ist die tiefste Sehnsucht des Menschen nach Licht zusammengefasst. Alles Lebendige streckt sich dem Licht entgegen. Ohne die Sonne gibt es kein Leben. Was sucht der Mensch? Er sucht die Sonne, das Licht und die Wärme, den Glanz und die Klarheit.

Aber für das Licht der Welt, die Sonne des Lebens sind unsere Augen oft untauglich. Wie blind tappen wir an den Fenstern unseres Lebensspielraums auf und ab. Wir suchen die Sonne und sind doch blind. Wir suchen das Licht und spüren das Dunkel. Wir brauchen Klarheit und leiden unter der Finsternis.

Unsere Sehnsucht nach Licht und Wahrheit ist das Verlangen nach Gott und seiner Liebe. Aber unsere Augen sehen ihn nicht. Darum wollen wir mit den Psalmen beten: »Herr, lass leuchten über uns das Licht deines Antlitzes!« »Öffne mir die Augen, dass ich sehe die Wunder an deinem Gesetz!« (Psalm 4,7 und 119,18).

3. Juni

Alle Blumen brauchen Sonne

In einem Lied vergangener Jahre heißt es: »Alle Blumen brauchen Sonne, um zu blühen und um zu leben. Alle Menschen brauchen Liebe, und ich will dir Liebe geben!«

Im Frühling und Sommer kann man sehen, wie sich die Blumen unter dem wärmenden Licht der Sonne öffnen, ihre Blütenpracht entfalten und sich in der Kühle der Nacht wieder schließen. – So können Worte der Liebe ein Menschenleben zur Entfaltung und Blüte bringen. In der Wärme einer bergenden Umgebung öffnen sich Menschen und leuchten. Vertrauen strahlen sie aus, und Freude lacht aus ihren Gesichtern. Andererseits können Kälte und finstere Absichten einen Menschen verschließen und bedrücken. Viele Menschen verkümmern auf der Schattenseite des Lebens, ohne die Sonne der Liebe und die Wärme von Zuneigung zu erleben. Darum möchte Gott uns Menschen wie eine freundliche Sonne Licht geben und Wärme schenken. Unter seiner göttlichen Liebe darf unser menschliches Leben aufblühen und seine ganze Pracht entfalten. Wenden wir unser Gesicht seiner Liebe zu, dann fallen die Schatten hinter uns. Gott möchte uns mit seiner Freundlichkeit öffnen und mit seiner Barmherzigkeit wärmen.

Ohne Gottes Liebe werden wir verkümmern. Unsere Jahre werden freudlos und ohne Glanz bleiben. Aber wenn uns die Sonne der Liebe Gottes lacht, wird auch unsere Antwort Freundlichkeit und Fröhlichkeit sein. Alle Menschen brauchen Liebe, und Gott will uns Liebe geben!

> Du durchdringest alles,
> lass dein schönstes Lichte,
> Herr, berühren mein Gesichte.
> Wie die zarten Blumen
> willig sich entfalten
> und der Sonne stillehalten,
> lass mich so,
> still und froh,
> deine Strahlen fassen
> und dich wirken lassen!
>
> (Gerhard Tersteegen)

4. Juni

Lichtblicke

Einer der großen Clowns, Oleg Popov, kann mit seinen Späßen die Zuschauer im Zirkus auch zum Nachdenken anregen. Seine Nummern sind humorvoll, aber auch tiefsinnig und hintergründig. – Der Zirkus ist überfüllt. Die Manege ist noch dunkel. Ein Scheinwerfer geht an und wirft einen winzigen Fleck Licht in das Rund der Manege. Oleg Popov kommt aus dem Dunkel, weiter Mantel, zu große Schuhe, einen kleinen

Koffer in der Hand. Er geht auf das kleine Fleckchen Licht zu, nimmt Platz und räkelt sich wohlig im Licht. Das Licht aber wandert weiter, und der Clown sitzt im Dunkel. Er steht auf, nimmt sein Köfferchen und läuft dem Licht nach. Wohlig streckt er sich darin aus, als sei es die wärmende Sonne. Aber wieder geht das Licht weiter. Der Clown hinterher. Aber der Lichtfleck entweicht, und der Clown steht wieder in Dunkel und Kälte. Er läuft dem Licht nach, und schließlich beginnt er, es in seinem Köfferchen einzufangen. Es gelingt ihm. Aber nun ist es in der Manege wieder dunkel. Da öffnet der Clown seinen kleinen Koffer und schüttet das Licht in die Manege. Es wird taghell im Zirkus. Die Zuschauer klatschen Beifall. Die Vorstellung beginnt.

Oleg Popov, ein Mensch auf der Suche nach Licht, nach Wärme und Geborgenheit. Einer wie du und ich. Wir laufen dem Licht nach, möchten uns im Licht wohlig ausstrecken, aber dann ist es wieder weg. Wenn wir schließlich das Licht des Lebens irgendwo finden, dürfen wir es nicht für uns behalten, dann wird es dunkel sein. Wenn wir es aber ausschütten, weitergeben, wird es hell im ganzen Rund unserer Umgebung.

Jesus Christus spricht: »Ich bin das Licht der Welt. Wer mir nachfolgt, der wird nicht wandeln in der Finsternis, sondern wird das Licht des Lebens haben!« (Johannes 8,12)

»Ihr seid das Licht der Welt. So soll euer Licht leuchten vor den Leuten, dass sie eure guten Werke sehen und euren Vater im Himmel preisen!«
(Matthäus 5,14.16)

5. Juni

Ein Reiskorn hingestreut

Der bekannte Sumatra-Missionar Ludwig Nommensen (1834–1918) besuchte tief im Urwald ein abgelegenes Batak-Dorf. Abends saß er mit den Männern um das Feuer und erzählte von Gottes Liebe zu den Menschen, von Jesus und seiner Lebensmacht. Da sagte der Häuptling: »Du – was bist du denn? Ein Reiskorn hingestreut, und die Hühner kommen und fressen es auf!« Schweigen. Dann sagte Nommensen: »Wenn aber der Mann, der das Reiskorn hingeworfen hat, die Hühner verjagt?«

Ludwig Nommensen, auf der kleinen Insel Nordstrand geboren, wird mit 12 Jahren todkrank. Ein Jahr liegt er zwischen Leben und Tod. Auf dem Krankenbett verspricht er Gott: »Wenn ich gesund werde, werde ich Missionar!« Nach einem Jahr wird es besser mit ihm, und er möchte sein Versprechen auch einlösen. Als er 14 Jahre alt ist, stirbt sein Vater. Nommensen muss nun sieben lange Jahre die vaterlose Familie ernähren, indem er beim Bauern Hilfsknecht wird. Schließlich wird er Hilfslehrer, was damals Ställe ausmisten und die Schule fegen bedeutete. Auch das macht er in großer Treue jahrelang. Er schreibt an das Missionsseminar in Wuppertal. Er bekommt keine Antwort. Er fährt einfach hin. Nach einem weiteren Jahr kann er mit der vierjährigen Ausbildung beginnen. Dann bricht er auf nach Sumatra. Ein halbes Jahr Fahrt und drei Jahre Ausbildung im Land. Dann endlich bezieht er als Dreißigjähriger sein selbstgezimmertes Haus. Ein Reiskorn hingestreut. Aber Gott, der ihn gesandt und zubereitet hat, verscheucht dann die Hühner, und Nommensen bleibt bewahrt. Als er mit 84 Jahren zu Gott heimgeht, bilden 120.000 Christen eine lebendige, junge Kirche auf Sumatra.

Oft mag sich der Christ in der Welt so vorkommen – hingestreut und preisgegeben. Aber Gott, der ihn hingestreut hat, hält seine bergende Hand über ihn und wacht über seinem Ausgestreut- und Gesandtsein.

»*Der Engel des Herrn lagert sich um die her, die ihn fürchten, und hilft ihnen heraus!*« (Psalm 34,8)

---

6. Juni

Ein Blumenstrauß voller Leben

Es war einmal ein kleines Mädchen, das wollte das Leben zu einem bunten Blumenstrauß zusammenbinden. Es nahm den roten Klatschmohn voller Rausch, die Kornblumen mit ihrem Himmelsblau, pflückte den herben Löwenzahn mit seiner gelben Unverwüstlichkeit und das Buschwindröschen mit seiner roten Zartheit dazu, verband die lachenden Sommerblumen mit dem tränenden Herz, mischte Sonnenblumen mit Schneeglöckchen, ließ Frühlingstulpen und Herbstastern einander zulächeln, fügte liebevoll die bezaubernden Düfte der Rosen dazu und band sich schließlich als Lilie selbst in den herrlichen Strauß hinein.

Der Blumenstrauß blühte voller Leben, strahlte Zauber aus und duftete nach Glück. Das Mädchen freute sich an dem Strauß des Lebens, bis es ängstlich daran dachte, wie schnell die Blüten verwelken würden. Ein Freund riet ihr, die Blumen in das Haus Gottes auf den Altar zu bringen.

Gott sah den Strauß voller Leben und schenkte dem Mädchen einen wunderbar weißen Christusdorn. Der Strauß wurde noch schöner, das Mädchen noch fröhlicher, und mit all den anderen Blumen reifte es heran, wurde zur Frau und schenkte sich Gott.

Gott sah den Strauß voller Freude und schenkte der Frau einen wunderbar roten Feuerdorn. Der Strauß wurde von Liebe durchglüht, von Leidenschaft in Brand gesteckt, bekam einen unbeschreiblichen Glanz und noch mehr Zauber des Lebens. Hier und dort zeigten sich neue Blüten und Blätter.

Um sie zu schützen, stellte die Frau den Strauß noch näher an die Güte Gottes heran. Gott sah den Strauß voller Liebe und schenkte der Frau einen wunderbar blühenden Schwarzdorn.

Da wurde der Strauß noch einmal reicher und schöner, erhabener und reiner. Er leuchtete wie Zuversicht und Hoffnung, duftete wie Geborgenheit und Reife. Da nahm Gott den Strauß ganz in seine Hand und verwandelte ihn in einen Korb voller Früchte. Er tat es so behutsam, dass man das Verwelken gar nicht wahrnehmen konnte.

»Die Wüste und Einöde wird frohlocken, und die Steppe wird jubeln und wird blühen wie die Lilien. Sie wird blühen und jubeln in aller Lust und Freude!« (Jesaja 35,1f)

7. Juni

Die Sonne, die wir zum Leben brauchen

»Nichts ist so fein gesponnen, kommt alles an die Sonnen!« sagt eine alte Lebensweisheit. Wir haben bei aller Sehnsucht nach Licht und Klarheit doch auch Angst vor der Wahrheit. Wir möchten die Wahrheit und fürchten sie doch.

Einige Jungen einer kleinen Stadt schrieben an stadtbekannte Persönlichkeiten einen Brief mit nur einem Satz: »Es ist alles rausgekommen!« Die Folgen dieses üblen Scherzes waren furchtbar. Einer der Männer nahm sich das Leben. Ein anderer verließ die Stadt. Der dritte Mann wagte sich Monate nicht auf die Straße.

Die Sonne bringt es an den Tag. Vor Gott ist »alles rausgekommen«. Alles, was wir gedacht und gesagt, getan und gelebt haben. Darum haben wir Angst vor dem Licht, fürchten die Wahrheit, denn die nackte Wahrheit stellt bloß, verletzt und tötet.

Wie gut, dass Gottes Licht nicht nur die Wahrheit aufdeckt, sondern auch in Liebe zudeckt. Gott will uns nicht bloßstellen und verwunden. Gott will unsere wunden Stellen nicht berühren, um darin lustvoll herumzukratzen, sondern um sie zu heilen. Wie einem guten Arzt dürfen wir Gott unsere kranken und wunden Stellen bringen, denn er will sie verbinden und heilen.

In unserer Welt gibt es oft die Wahrheit ohne Liebe, dann wieder die Liebe ohne Wahrheit. Wenn Menschen sich lieblos die Wahrheit ins Gesicht sagen und sich liebevoll belügen, werden sie sich immer wehtun und entwürdigen. In Jesus aber sind die ganze Wahrheit und die ganze Liebe eins. Jesus hat nie etwas mit dem Mantel der Liebe zugedeckt, was nicht in Wahrheit aufgedeckt war. Aber er hat auch nie Jemanden mit Wahrheit entborgen, ohne ihn dann mit Liebe zu bergen.

Die Sonne ist beides: helles Licht und hellende Wärme. Gottes Licht ist wie die Sonne: die ganze Wahrheit und die ganze Liebe zu uns. In Jesus liegt der Treffpunkt von Wahrheit und Liebe. Jesus ist die Sonne, die wir brauchen.

»*Gott der Herr ist Sonne und Schild; der Herr gibt Gnade und Ehre!*«
(Psalm 84,12)

8. Juni

Nichts Schöneres, als unter der Sonne zu sein

Die Sonne taucht alles Leben in einen zauberhaften Glanz. »Es gibt nichts Schöneres unter der Sonne, als unter der Sonne zu sein« (Ingeborg Bachmann). Und im Buch Prediger heißt es: »Es ist das Licht süß, und den Augen lieblich, die Sonne zu sehen« (Prediger 11,7).

Was ist ein Sommer ohne Sonne? Er geht vorüber. Aber es fehlen zwei wesentliche Dinge: der Glanz und die Frucht. Das Sonnenlicht überstrahlt die Tage, wärmt die Menschen, die Erde, das Wasser und lässt die Früchte reifen auf den Feldern, an den Bäumen und in den Weinbergen.

Was ist ein Leben ohne Gottes Liebe? Es geht vorüber. Aber es fehlen zwei wesentliche Dinge: der Glanz und die Frucht. Mit Gott werden unsere Tage schön, sinnvoll und fruchtbar. Wenn es Herbst wird im Leben, und es ist nichts gewachsen, was Gott ernten könnte, das wäre traurig. Wenn unser Leben wie ein welkes Blatt vom Baum der Geschichte abfällt, in die ewige Nacht hinausweht und verloren ist, wie furchtbar wäre das. Ein Sommer ohne Sonne und ein Herbst ohne Ernte sind traurig. Ein Leben unter der Liebe Gottes, das zu einer bleibenden Frucht für Gott ausreift, das ist wunderbar. Lichtquelle ist immer auch Lebensquelle. Und beides finden wir nur in Gott.

9. Juni

Aufblühen und ausreifen

Ein Sonnenblumenkern sollte mit vielen anderen in die Erde gesenkt werden. Das wollte er aber nicht. Er entwischte der Hausfrau in einem günstigen Moment und versteckte sich unter einem Schrank. »Man darf nicht immer über sich verfügen lassen«, sagte der Kern und fristete nun ein recht unruhiges Leben unter dem Schrank. Im Kampf um sein Leben – er war ja immer auf der Flucht vor Besen und Putzlappen, wenn diese unter den Schrank fuhren – hatte er manche Not zu bestehen. Aber was tat's, er war dabei doch sein eigener Herr. Bis zum herbstlichen Hausputz! Da wurde er entdeckt und als wertloser Kern auf den Abfallhaufen am Gartenzaun geworfen.

»Man hat mich in meinem Wert völlig verkannt«, sagte der Sonnenblumenkern zu dem welken Rosenblatt auf dem Komposthaufen. »Ich gehöre nicht hierher, ich habe wertvolle Öle in mir!« – Da neigte sich eine große, goldene Blütensonne zu ihm herab. »Wer bist du?« schrie der kleine Kern; ganz hingerissen von so viel Schönheit. »Eine Sonnenblume! Ich wurde als Samenkorn vor Monaten in die Erde gelegt.« – »Ich will auch in die Erde«, rief der Kern, »ich will auch!« »Zu spät! Die Saatzeit ist vorbei und dein Leben vertrocknet«, sagte die Sonnenblume und wandte ihr schönes Blütengesicht mit der reifenden Frucht darin dem Licht zu.

10. Juni

Getröstet mit Nähe

Es war ein warmer Sommertag im Jahr 1945. Die Pracht der Sonne wollte gar nicht passen zu all dem Elend, das über Deutschland gekommen war. Mein Bruder und ich ahnten als kleine Kinder nichts von der schweren Last unserer Mutter, der mühevollen Sorge um das tägliche Brot und der bangen Gewissheit über das Schicksal unseres Vaters in russischer Gefangenschaft. Wir verloren uns an die kleinen Freuden eines sommerlichen Sandkastens. Wir Kinder hatten die Mutter, uns lachte die Sonne, wir fühlten den Sand. Wir entbehrten nichts.

Es war noch warm und hell, als uns Mutter abends zu Bett brachte. Wenn wir eingeschlafen waren, brach Mutter mit dem Fahrrad auf, um von einem kleinen Acker weit draußen vor der Stadt ein wenig Gemüse zu holen. Nach einem ersten festen Schlaf wachten wir noch einmal auf. Wir riefen nach der Mutter. Keine Antwort. Wir liefen durch die Wohnung, suchten in allen Räumen. Eine Wahnsinnsangst packte uns und trieb uns hinaus in den Garten. Wir riefen und weinten. Niemand hörte uns. Tiefe Verlassenheit, Angst und Hilflosigkeit erfüllte uns.

Barfuß, weinend und im Nachthemd lief ich auf die Straße. An der Ecke begegnete mir ein englischer Soldat. Ich lief auf ihn zu und redete auf ihn ein. Dann sagte er etwas zu mir. Aber wir verstanden uns nicht. So standen wir uns gegenüber. Ein kleiner Junge und ein großer Soldat. Barfuß ich, in Stiefeln er. Kinderhände, die Tränen abwischend, Männerfäuste, die ein Gewehr hielten. Ein verwirrter Kinderkopf, ein blinkender Stahlhelm. Wir konnten uns nicht verstehen, und er konnte mir nicht helfen. – Sooft mir das Bild wieder in den Sinn kommt, wird es mir zum Bild für das Leben. Auf der Suche nach Geborgenheit, getrieben von Verlustangst und Sorge, erfüllt von Verlassenheit laufen wir ständig auf die Straßen der Welt. Eine voll ausgerüstete, technisch perfekte Welt begegnet uns. Aber es gibt keine Verständigung und Hilfe, – So standen wir uns gegenüber. Wir konnten uns nicht verstehen und helfen. Da kam meine Mutter auf ihrem Rad um die Ecke. Sie nahm mich bei der Hand.

Wir gingen nach Hause. Mein Bruder kam erleichtert hinter dem Gartenzaun hervor. Mutter beruhigte uns und brachte uns wieder zu Bett. Es war alles gut. Die Verlustangst war durch die Nähe der Mutter überwunden. – Gott ist wie eine Mutter. Er nimmt unsere Hand, beruhigt unser Herz und überwindet unsere Angst durch seine liebende Gegenwart.

»Wenn mein Geist in Ängsten ist, so nimmst du dich meiner an!«
(Psalm 142,4)

11. Juni

Der besondere Tag

»Es lebten einst sieben Brüder zusammen. Sechs gingen zur Arbeit, der siebte besorgte den Haushalt. Wenn die sechs Brüder müde von der Arbeit heimkehrten, fanden sie das Haus geordnet, das Essen bereitet und alles in bester Ordnung. Darüber freuten sie sich und lobten den siebten Bruder. – Aber einer der Brüder wollte klüger sein als die anderen. Er schalt den siebten Bruder einen Faulenzer und Tagedieb, der auch mit zur Arbeit gehen und sein Brot verdienen sollte. Das böse Wort fand leider bei den anderen Gehör. Sie beschlossen einmütig, dass ihr siebter Bruder nicht länger seines bisherigen Amtes wallten sollte. So nötigten sie ihn denn, gleich ihnen Axt und Karst zu nehmen und mit ihnen früh am Morgen an die Arbeit zu gehen. – Als nach langer schwerer Arbeit endlich der Feierabend kam, traten sie alle sieben zusammen den Heimweg an. Müde und abgespannt kehrten sie nach Hause. Aber kein heller, freundlicher Lichtschein winkte ihnen entgegen. Keine fürsorgende Hand hatte das Hauswesen geordnet und den Tisch gedeckt. Kein Bruder stand an der Haustür und empfing sie mit einem herzlichen Wort. – Jetzt erst merkten sie, wie töricht sie gehandelt hatten, als sie ihren siebten Bruder seines stillen Dienstes enthoben. Sie fühlten sich, weil es ihre eigene Schuld war, doppelt elend und verlassen. Da beschlossen sie, ihn wieder in sein Amt einzusetzen. Das verlorene Glück des Bruderkreises kehrte mit seinem heimlichen Segen zu ihnen zurück.«

Diese Geschichte wiederholt sich jede Woche. Der Sonntag ist unter seinen Werktagbrüdern der Tag, der den anderen sechs Tagen Licht, Heil und Segen bringt. Aber wir haben ihn verstoßen. Nun kommt von ihm keine Kraft, keine Ruhe, kein Frieden mehr. Wir müssen den Sonntag wieder in sein Amt einsetzen. Gott gab uns in der Reihe der Alltage einen besonderen Tag. Er ordnete nach den Arbeitstagen den Ruhetag. Er stiftete in der Abfolge der Werktage den Feiertag. Gott segnete und heiligte den siebten Tag und vollendete seine Schöpfung im Ruhen und Feiern. – Wer sich diesen Tag von Gott und für Gott nicht mehr gönnt, schneidet sich selbst von der Quelle und vom Ziel des Lebens ab. Er vergisst, dass das Leben nicht im Haben, sondern im Empfangen besteht. Er arbeitet nicht mehr, um zu leben, sondern er lebt, um zu arbeiten. Er gewinnt keinen Tag, sondern er verliert alle Tage. Wir müssen den Sonntag wieder in sein Amt einsetzen.

»Gedenke des Sabbattages, dass du ihn heiligest!« (2. Mose 20,8)

12. Juni

Vom Sinn der Arbeit

Drei Bauarbeiter sind dabei, Steine zu schleppen, als ein Vorübergehender sie anspricht. Er fragt den ersten Arbeiter: »Was tun Sie da?« »Ich trage Steine!« brummt der und sieht dabei nicht einmal auf. »Was machen Sie?« fragt er den zweiten Arbeiter. Seufzend antwortet der: »Ich muss Geld verdienen, um meine große Familie ernähren zu können!« Schließlich wird auch der dritte Arbeiter gefragt: »Und was tun Sie?« Der blickt auf den Fragenden, dann auf das Bauwerk und sagt leise: »Ich baue mit an einem Krankenhaus!«

Es ist die gleiche Arbeit, aber es sind ganz verschiedene Motive. Alle menschliche Arbeit sollte auch eine lebendige Beziehung zum Menschen haben. Sie ist ein soziales Werk. Und alle menschliche Arbeit sollte eine lebendige Beziehung zu Gott haben. Sie ist ein geistliches Werk, ein Stück Gottesdienst. Wenn unsere Arbeit die soziale und geistliche Dimension verliert, verliert sie ihren Sinn. Wir werden sie dann entweder überschätzen und mit dem Leben gleichsetzen oder sie verteufeln und als Last empfinden.

Arbeit ist nicht das Leben, und Leben ist nicht Arbeit. Arbeit ist ein gutes Lebensmittel, aber nicht die Lebensmitte. Arbeit gehört in unseren Lebenskreis, aber sie ist nicht der Mittelpunkt. So gesehen, können wir die Arbeit dankbar tun, um sie eines Tages ebenso dankbar aus der Hand zu legen.

»Alles, was ihr tut mit Worten oder mit Werken, das tut alles in dem Namen des Herrn Jesus und danket Gott, dem Vater, durch ihn!«
(Kolosser 3,17)

13. Juni

Alle Berufe in einem

»Ich bin nur eine kleine Nonne. Aber ich fühle noch andere Berufungen in mir: Priester, Apostel, Lehrer, Märtyrer zu werden. Alles, was Heldenmut erfordert, möchte ich vollbringen. Oh Beruf eines Priesters! Mit welcher Liebe wollte ich Jesus in meinen Händen tragen. Mit welcher Liebe wollte ich ihn den Menschen darreichen. Wie die Propheten und Lehrer möchte ich ein Licht für die Menschen werden. Ich möchte die Welt durcheilen und den Namen Gottes verkünden und sein Reich aufrichten. – Dann begriff ich, dass die Liebe alle Berufe einschließt und alle Zeiten und alle Orte umspannt, weil sie ewig ist. Da rief ich in überquellender Freude:»Endlich habe ich meinen Beruf gefunden, mein Beruf ist die Liebe. Ich habe meinen Platz gefunden, und du, mein Gott, hast mir diesen Platz gegeben. Im Herzen meiner Kirche werde ich die Liebe sein: So werde ich alles sein. So wird sich mein Traum erfüllen.« (Therese von Lisieux)

Die Liebe ist die größte Geistesgabe! (vgl. 1. Korinther 12,31; 13,13)

14. Juni

Vom toten Holz zum lebendigen Baum

Ein Vater pflanzt mit seinem kleinen Jungen einen Baum. Sie nehmen das Bäumchen, Muttererde, den Spaten, sonnengewärmtes Wasser und graben im Garten eine Grube. Der Vater fragt den Jungen: »Was geschieht, wenn wir in das Erdloch ein Stück Holz legen?« »Es vermodert«, antwortet der Junge. »Aber was passiert, wenn wir den Baum in die Erde pflanzen?« fragt der Vater weiter. Der Junge: »Er wächst!« »Ja«, sagt der Vater, »aber es ist doch beides Holz und die gleiche Erde, das eine vermodert, das andere Holz wächst auf, wo liegt denn da der Unterschied?« Der Junge überlegt und sagt: »Das Bäumchen lebt, darum wächst es!«

Wir sind alle aus dem gleichen Holz. Wir stammen alle vom Baum Gottes ab. Aber wir sind durch die Sünde vom Lebenszusammenhang abgeschnitten. Wir sind noch Holz, und Holz ist wunderbar. Man kann es gut verarbeiten, aber es ist tot. Es kann in der Erde nur vermodern. Doch in der Begegnung mit Jesus kann aus dem toten Holz wieder ein lebendiger Baum werden. Wir sind berufen zur Gemeinschaft mit Jesus. Wir sollen nicht in der Erde vermodern, sondern mit unserem Leben den Zusammenhang mit Gott und seiner Lebenskraft wiederfinden.

Ohne Jesus können wir auf dieser Erde nur absterben. Mit Jesus, bei Gott wieder angewachsen, können wir auf der gleichen Erde aufblühen und Frucht bringen für Gott. Was wollen wir? Eine kleine Zeit abgeschnitten leben und dann vermodern? Oder wollen wir in der Gemeinschaft mit Jesus neu geboren werden und wie ein kleiner Baum aufwachsen und Bestand haben? In der persönlichen Begegnung mit Jesus werden wir vom toten Holz zum lebendigen Baum verwandelt.

Wer sich auf den Herrn verlässt, der ist wie ein Baum, am Wasser gepflanzt! (vgl. Jeremia 17,7f)

---

15. Juni

Oase-Menschen in der Welt-Wüste

Unter den vielen verschiedenen Bäumen nimmt die Wüstenakazie eine besondere Stellung ein. Wenn sich solch ein kleines Pflänzchen in der Wüste aussamt, braucht es Nährboden und Wasser. Beides ist im Wüstensand natürlich schwer zu finden. Aber die Wüstenakazie gibt nicht auf. Die kleine Pflanze wandert durch den Wüstensand und senkt schließlich ihre Wurzeln bis zu 80 Meter tief in den Boden. Dort findet sie in den Urschichten Wasser und Nahrung. Nun wächst sie mitten in der Wüste auf. Um den Baum herum siedeln sich dann andere Pflanzen an, Menschen kommen und lagern in ihrem Schatten. So entsteht mitten in der Wüste ein kleiner Lebensraum, ein Mini-Biotop, eine Oase.

So sollen wir Menschen in der Wüste von Isolation und Einsamkeit, in der Steppe von Angst und Verzweiflung, im Sand der Nichtigkeit und Vergänglichkeit, in der Dürre von Schuld und Sorge, in der Sonnenglut von Leiden und Sterben ein kleiner Lebensraum sein. Dazu müssen wir unsere Lebenswurzeln tief hinabsenken in die uralte Geschichte Gottes mit seinen Menschen. Wer bis in die tieferen Schichten der Liebe Gottes wurzelt, wer aus der Kreuzigung und Auferstehung Jesu seine Lebenskräfte bezieht, wächst auf zu einem Hoffnungsbaum, der Schatten spendet für andere und einen Stamm bietet zum Anlehnen. Wer das Wasser des Lebens findet, der wird dann auch zu einem Ort des Lebens für andere, die in der Wüste unterwegs und müde, lebenshungrig und ermattet sind.

»*Wer an mich glaubt, wie die Schrift sagt, von des Leibe werden Ströme lebendigen Wassers fließen!*« (Johannes 7,38)

16. Juni

Die Liebe kennt kein Übermaß

Viele schöne Dinge behalten ihren Zauber nur in maßvollen Grenzen. Eine leckere Mahlzeit macht nicht nur dem Gaumen Freude, sie ist eine Labsal für den ganzen Menschen. Aber Essen im Übermaß verursacht Überdruß und Übelkeit. Trinken stillt den Durst und schafft eine tiefe Befriedigung. Wer über den Durst trinkt, tauscht Wohlsein mit Unwohlsein. Spiel und Sport tun dem Körper gut und machen die Seele fröhlich. Wer seinen Körper im Übermaß fordert, macht ihn kaputt. Laufen und Wandern bringen uns in Bewegung und zu mancher neuen Erfahrung. Wer es übertreibt, wird zum Kilometerfresser und schließlich Opfer der Ruhelosigkeit. Schlafen bringt neue Kräfte und Erholung. Wer zuviel schläft, wird schlaff und träge. Die körperliche Liebe bereitet in den von Gott gesetzten Grenzen der Ehe eine tiefe Lust und Freude. Wer die Grenzen überschreitet, findet schnell zu Abscheu und Ekel. Selbst die Arbeit hat in einem guten Maß tiefe Freude und Sinnfülle für uns Menschen bereit. Doch Arbeit im Übermaß erniedrigt zum Arbeitstier und raubt uns die Menschenwürde. Geld und Macht, Ruhm und Wissen können in Grenzen wertvolle Lebenshelfer sein. Aber im Übermaß sind sie oft verderblich. – Eigentlich jeder Genuss bleibt in Maßen als Vor- und

Nachfreude erhalten. Das Übermaß jedoch macht alles Schöne, Wertvolle, Lustvolle und Zauberhafte zunichte.

Allein in einer echten, tiefen Liebe, die aus Gott zum Menschen und durch ihn hindurch zu anderen strömt, gibt es kein Übermaß. Der Liebe sind keine Grenzen gesetzt. Auch eine maßlose Liebe verkehrt sich nicht in ihr Gegenteil. Gottes Liebe zu uns ist grenzenlos und maßlos. Beim Verschenken dieser Liebe an andere gibt es kein Übermaß, keine Übertreibung und kein Umkippen.

Meistens ist das maßlose Zuviel der Anfang vom Nichts! Nur in der Liebe ist das grenzenüberschreitende Mehr der Anfang der Vollendung.

»Das ist mein Gebot, dass ihr euch untereinander liebt, gleichwie ich euch liebe!« (Johannes 15,12)

17. Juni

Umkehr zum Leben

Viele Menschen haben Gott gesucht und ihn schliesslich auch gefunden. Manche Menschen haben Gott bekämpft, und Gott hat sie schließlich überwunden. So ging es Paulus vor Damaskus. Und so ging es in unserem Jahrhundert Sadhu Sundar Singh aus Indien. In seiner Jugend war er ein fanatischer Gegner des Christentums. In Gegenwart seiner Eltern zerriß er das Neue Testament und warf es voller Hass ins Feuer. Nach schweren inneren Kämpfen erlebte er am 18.12.1904 eine Erscheinung des erhöhten Christus. Sadhu Sundar Singh hat selbst darüber berichtet: »In alle Ewigkeit werde ich weder sein liebevolles Antlitz noch die Worte vergessen, die er an mich richtete: ›Siehe, ich bin für dich und die ganze Welt am Kreuz gestorben; was verfolgest du mich?‹ Diese Worte brannten sich mit Blitzesschärfe in mein Herz, ich fiel zu Boden, und mein Herz füllte sich mit unaussprechlicher Freude und seligem Frieden.«

Diese Vision änderte sein ganzes Leben. Viele Länder Asiens und Europas hat Sadhu Sundar Singh evangelisierend durchzogen. Seine realistische, vollmächtige Verkündigung machte ihn in der ganzen Welt bekannt.

Jesus, der Knecht Gottes, wird die Starken zum Raube haben, dafür dass er sein Leben in den Tod gegeben hat! (vgl. Jesaja 53,12)

18. Juni

Viele Seiten und ein Buch

Vor 25 Jahren bekamen meine Frau und ich zu unserer Trauung eine Bibel geschenkt. Sie umfasst 2500 Seiten. Jede Seite der Bibel ist nur einmal da, also einmalig. Keine Seite ist das Ganze, aber jede Seite ist für das Ganze wichtig. Alle Seiten zusammen enthalten die wunderbarsten und wichtigsten Worte der Welt. 25 Jahre lang haben wir jeden Tag in dieser Bibel gelesen und geblättert, gearbeitet und gesucht. Dass alle 2500 Seiten heute noch ganz und heil, vorhanden und brauchbar sind, liegt an dem sorgsamen Einband, der all die vielen dünnen Seiten schützt und zusammenhält. Ich habe mich oft gefragt, wo die einzelnen Seiten wohl heute nach so vielen Jahren wären, wenn sie nicht so fest eingebunden wären in das Buch. Jede einzelne Seite wäre vielleicht zerrissen, verknickt, abhandengekommen oder verlegt, vom Winde verweht oder im Trubel untergegangen. Aber eingebunden sind alle Seiten noch vorhanden und vollständig, lesbar und brauchbar. – Auch die einzelnen Christen sind wie viele Seiten eines Buches. Jeder ist anders. Keiner ist das Ganze, aber alle zusammen bilden die ganze Gemeinde. Jeder Christ braucht, damit er bewahrt und brauchbar bleibt, den sorgsamen Einband in einer Gemeinde. Christen als Lose-Blatt-Sammlung haben keinen Bestand. Schnell sind sie zerrissen, verweht, geknickt und untergegangen. Aber als Gemeinde sind wir einmal bewahrt, und dann sind wir nur im Einband auf Dauer zu gebrauchen. So wie die vielen verschiedenen Seiten eines Buches in ihrer Einmaligkeit und Ergänzung das Ganze bilden, so sollen auch wir Christen uns gegenseitig ergänzen und als Gemeinde der Welt das ganze Zeugnis Gottes weitergeben. – Und noch eines fällt mir an der Bibel auf. Vom Goldschnitt sieht man nur etwas, wenn alle Seiten zusammenliegen. Jede einzelne Seite leuchtet fast überhaupt nicht. Aber alle Seiten zusammen verbreiten einen starken Glanz. So können wir als Lichter in der Welt nur in der Gestalt der Gemeinde leuchten und wirken. Allein wirken wir blass und winzig, aber zusammen bilden wir eine ausstrahlungskräftige Gemeinde.

»Über alles aber ziehet an die Liebe, die da ist das Band der Vollkommenheit!« (Kolosser 3,14)

19. Juni

Die liegengelassenen Bibeln

Enrino Dapozzo, aus Italien stammender Evangelist, erzählt von seiner Missionsarbeit in der französischen Schweiz und Frankreich:

»Vor einiger Zeit gab ich in einigen Zeitungen Inserate auf, in denen ich um Bibeln bat, auch alte und gebrauchte. Lange hörte ich nichts. Dann kam eine Nachricht von einem Gastwirt: ›Werter Herr, kommen Sie vorbei. Ich habe viele Bibeln zu verschenken.‹ Ich machte mich sofort auf den Weg. Ein freundlicher Gastwirt empfing mich. ›Ich habe einen ganzen Berg von Bibeln. Sehen Sie, dort ist die Kirche. Dort werden die Hochzeitspaare kirchlich getraut und bekommen vom Pfarrer eine wunderbare Bibel. Vorn auf dem ersten Blatt stehen die Namen des Paares und die Daten. Nach der Trauung kommt die ganze Hochzeitsgesellschaft zu mir ins Wirtshaus. Sie essen gut und trinken reichlich. Und wenn sie fortgehen, reißen sie aus der Bibel die erste Seite mit ihrem Namen raus, stecken sie ein und lassen die Bibel bei mir zurück!‹ Dann führte mich der Wirt in ein kleines Nebenzimmer, und dort lagen 62 Bibeln auf dem Tisch, neu und liegengelassen!«

So machen es viele Menschen: Ihren Namen nehmen sie ernst und wichtig, halten ihn in Ehren und rahmen ihn ein, aber Gottes Namen und sein Wort lassen sie liegen. Gottes Wort und unser Name gehören zusammen, und wir reißen sie auseinander. Wir nehmen unsere Seite mit, und Gottes Wort lassen wir unbeachtet. Das Leben wird im eigenen Namen gelebt und nicht im Namen Gottes geführt und gestaltet. Die Bibeln bleiben liegen, und wir gehen weiter. So bringen sich viele Menschen um den kostbarsten Schatz, den es gibt: Worte des Lebens und der Liebe, Worte der Freude und Zuversicht, Worte der Hoffnung und Macht.

»Ich möchte lieber alles verlieren und dich finden, Gott, als alles gewinnen und dich nicht finden.« (Augustinus)

20. Juni

Das Leben sichern

Ich denke an einen jungen Mann, der sich seinen Traum von einem schweren Motorrad erfüllte. Er sauste durch die Gegend und genoss die Geschwindigkeit, fühlte den Rausch und die Freiheit, den Wind und die Weite. Vorne auf das Schutzblech seiner Maschine hatte er einen Aufkleber angebracht, der seine Lebenseinstellung zusammenfasste: »Mich wirft keiner um!«

Eines Tages stand in der Zeitung der Bericht von einem Verkehrsunfall. Die Nachricht war überschrieben mit der Zeile: »Tödlicher Irrtum!« Das Motorrad konnte man verbeult am Straßenrand sehen, und der junge Mann war tot. »Mich wirft keiner um!« Welch ein Irrtum.

Schreiben wir das auch über unser Leben, an unsere Stirn: »Mich wirft keiner um. Wir schaffen das schon. Wir werden das Leben meistern«? Hemdsärmlig, pausbäckig und überheblich stehen wir dem Leben gegenüber. Das ist ein tödlicher Irrtum. Wir können unser Leben nicht selbst sichern. Das Leben in die eigenen Hände und eigene Regie nehmen ist wie ein Griff nach dem Strohhalm. Denn, gemessen an den handfesten Problemen des Lebens, sind wir nur ein winziger, zerbrechlicher Strohhalm. Aber Gott selbst greift in seiner Liebe nach uns. Jesus Christus ist der Griff Gottes nach dem Menschen.

Das Leben sichern ist dann nicht mehr unser Zugriff, der letztlich ins Leere packt, nicht unser ängstliches und vergebliches Bemühen um Sicherung und Überleben, sondern Gottes liebender Griff nach unserem kleinen, zerbrechlichen Leben.

»Das geknickte Rohr wird er nicht zerbrechen, und den glimmenden Docht wird er nicht auslöschen!« (Jesaja 42,3)

21. Juni

Frei und doch geborgen

Wenn Menschenhände nach uns greifen, erleben wir oft zwei Extreme. Entweder die Hände schließen sich zu fest und zerdrücken uns. Oder sie öffnen sich viel zu weit, und wir fallen heraus. Wie viele Menschen sind gewaltsam unterdrückt und innerlich abhängig, oder andere sich selbst überlassen und in den Dreck des Lebens gefallen.

Die Hände Jesu schließen sich so sorgsam um unser Leben, dass es festgehalten, aber nicht zerdrückt wird, dass es sich entfalten, aber nicht herausfallen kann. Jesus hält mit seinen liebenden Händen die Spannung von Weite und Wärme, Freiheit und Geborgenheit, Entfaltung und Bewahrung aus. Unter den Händen Jesu darf sich unser Leben zu jener letzten Berufung entfalten, die Gott in uns hineingelegt hat, ein Ort des Lebens zu werden. In seinen Händen bleibt uns ein Lebensraum der Freiheit und Geborgenheit, der Weite und Wärme. Dort sind wir festgehalten und losgemacht, geborgen und gebraucht, bewahrt und bewährt.

Jesus spricht: »Meine Schafe hören meine Stimme, und ich kenne sie, und sie folgen mir; und ich gebe ihnen das ewige Leben, und sie werden nimmermehr umkommen, und niemand wird sie aus meiner Hand reißen!« (Johannes 10,27f)

22. Juni

Macht des Lebens

Matthias Claudius erzählt eine Parabel von den Menschen, die sich vor langer Zeit mühsam ernähren mussten von dem, was Bäume und Büsche an Nahrung gaben. Sie kannten noch keinen Anbau des Ackers. Dann kam ein Mann zu ihnen und zeigte ihnen, wie man die Erde pflügen und düngen, wie man Saaten säen und pflegen muss. Und dann sagte er ihnen: »Das alles müsst ihr machen, und das übrige tun die Einflüsse des Himmels.« Die Menschen waren erstaunt, als aus ein paar Körnern, die sie in die Erde legten, schließlich Halme und Ähren wuchsen, und sie ernteten reichlich. – Eines Tages sagten die Leute: »Das ist uns zu unbequem, unter freiem Himmel und Wind und Regen ausgesetzt zu arbeiten. Wir ziehen Wände hoch, machen uns ein schönes Dach darüber, dann haben wir es trocken und geschützt.« Andere wandten ein: »Denkt daran, was der Bote sagte: ›Das übrige tun die Einflüsse des Himmels!‹« »Ach«, sagten die anderen, »die Einflüsse des Himmels werden so wichtig nicht sein. Man sieht sie doch gar nicht. Und wenn einigen so viel daran liegt, können wir ja an die Decke der Halle einen Himmel malen.« Schließlich bauten sie eine wunderschöne Halle über das Feld, ackerten und pflügten, säten und düngten, aber es wuchs nichts mehr. Trotz des gemalten Himmels an der Decke wuchs nichts, weil die Einflüsse des Himmels fehlten. – Eine Parabel über das menschliche Leben. Die Macht Gottes, die Kraft des auferstandenen Christus, die Einflüsse des Heiligen Geistes werden schon so wichtig nicht sein, man sieht sie doch gar nicht. Und manche malen an die Decke ihres Lebenshauses: Jesus lebt! Eine religiöse Dekoration eines ichbezogenen Lebens aber reicht nicht. Wir brauchen die Macht Gottes, wir brauchen die Lebenskraft Jesu Christi, wir sind auf die Weisungen und Einflussnahmen des Geistes Gottes angewiesen. Wir brauchen den offenen Himmel für ein erfülltes Leben auf Erden. Menschen sind in allem auf Gott angewiesen.

23. Juni

Feuer der Liebe

Es gibt viele Feuer. Wir kennen die Glut der Leidenschaft, lodernden Zorn, glühenden Hass, brennenden Eifer, feuriges Temperament. Alle Feuer haben eines gemeinsam: Sie lassen schmutzige, graue Asche zurück. Menschen brennen vor Begeisterung, werden vom Feuer der Leidenschaft entfacht, erglühen im Zorn und Eifer, lodern auf im Idealismus oder vor Wut und Hass. Aber alle diese Feuer verbrannten schließlich die Menschen und ließen Asche zurück. Es gibt ein Feuer, das Menschen in Brand steckt, ohne sie zu verbrennen. Das Feuer der Liebe Gottes entfacht, aber verzehrt den Menschen nicht. Gottes Liebe lässt den Menschen zu einer hellen Flamme des Lebens aufleuchten, aber es bleibt keine Asche zurück.

Das hat Mose schon damals in der Wüste erlebt. Vierzig Jahre hütete er die Schafe seines Schwiegervaters. Wie oft hatte er einen Dornbusch von der Sonnenglut entzündet brennend zu Asche werden sehen. Aber eines Tages war es anders. Der Busch brannte und verbrannte nicht. Das war die Wirklichkeit Gottes, die anders ist als alle Feuer dieser Welt. Mose bog von seinem Weg ab und begegnete Gott und der Berufung seines Lebens. Wenn uns Gott mit seiner Liebe anzündet, mit dem Feuer seines Geistes brennend macht, dann verbrennen wir nicht, sondern werden zu einer lodernden Fackel der Hoffnung und Freude.

»Ich bin gekommen, dass ich ein Feuer anzünde auf Erden; was wollte ich lieber, als dass es brennete schon!« (Lukas 12,49)

24. Juni

Das bessere Feuer

Ein Student geht auf den Vorplatz der Universität, stellt seine Tasche ab, nimmt einen Kanister und übergießt sich mit Benzin. Ein Streichholz flammt auf, und bevor jemand begreifen oder eingreifen kann, verbrennt der junge Mann bis zur Unkenntlichkeit. Die Polizei nimmt die Aktentasche an sich und findet darin einen Zettel mit dem Vermächtnis des Studenten: »Ein Leben ohne Hoffnung in einer Welt ohne Liebe endet mit einer sinnlosen Geste!« In dieser ehrlichen und erschütternden Bilanz eines Menschenlebens sind drei Fragen enthalten, die alle Menschen umtreiben und an letzte Grenzen führen: 1. Wer gibt uns eine lebendige Hoffnung über alles Sterben und Vergehen hinaus? 2. Wer birgt uns mit einer tragfähigen, am Ende noch gültigen Liebe? 3. Wer sagt uns für das Leben mit all seinen Tiefen und Geheimnissen einen Sinn zu?

Die Fragen nach Hoffnung, Liebe und Sinn haben wir im Herzen, aber die Antwort steht nicht in unserer Hand. So kommen wir an Grenzen und müssen bescheiden unsere Überforderung eingestehen. Wenn wir dann aus höherer Hand die lebendige Hoffnung empfangen, die persönliche Beziehung zu Jesus, dem Kommenden, haben wir eine Kraft, die über uns hinausgeht. Die Liebe Jesu trägt und birgt unser Leben so vollkommen, dass wir dann auch den Sinn unseres Lebens darin finden, diese Liebe weiterzugeben und sie zu anderen Menschen bringen.

Zu einer verzweifelten und sinnlosen Selbstverbrennung gäbe es eine wirkliche Alternative: Lassen wir uns mit der Liebe Jesu übergießen, dann mit dem Feuer des Geistes Gottes anzünden und eine lebendige Fackel der Hoffnung werden, damit andere Menschen sich daran wärmen und aufrichten können. Sich mit Benzin zu übergießen und zu Asche zu verbrennen, ist wirklich sinnlos und verzweifelt. Aber für Jesus zu brennen, von seiner Liebe angezündet, eine wärmende Flamme der Hoffnung für die Welt zu sein, das macht Sinn. Das Feuer Gottes verbrennt uns nicht zu Asche, sondern das Feuer der Liebe Jesu entflammt zum Leben, zu einem sinnvollen Leben hier und zu einem ewigen Leben dort. Die Liebe Jesu ist das bessere Feuer.

> Zünde an dein Feuer, Herr, im Herzen mir,
> hell mög es brennen, lieber Heiland dir.
> Was ich bin und habe, soll dein Eigen sein.
> In deine Hände schließe fest mich ein!«

(Berta Schmidt-Eller)

25. Juni

Die Bettlerschale wird niemals voll

Ein Bettler sagte einst zu einem König, der ihm ein Almosen geben wollte: »Gebt mir, was ihr wollt, doch ich möchte eine Bedingung stellen.« Der König horchte auf. Noch nie war ihm ein solcher Bettler begegnet: »Und wie lautet deine Bedingung?« – »Ihr müsst meine Schale ganz füllen!« – »Nichts leichter als das«, meinte der König lachend, »auch mit Diamanten kann ich deine Schale füllen!« So ließ er Diamanten in die Schale des Bettlers schütten. Doch sobald sie hineinfielen, waren sie verschwunden. Der König rief zornig: »Vor diesem Bettler will ich nicht zuschanden werden, und gälte es mein Königreich!«

Aber alle Edelsteine, die er in die Schale füllen ließ, verschwanden. Endlich überwand der König seinen Stolz und bat den Bettler, ihm doch das Geheimnis der Schale zu verraten. »Die Schale«, erklärte der Bettler, »ist die Schale der menschlichen Habgier. Sie begehrt alles, bleibt jedoch immer leer und ist niemals gefüllt.«

Alle Reichtümer auf Erden erwecken nur Verlangen nach mehr, ohne es je stillen zu können. Selbst die Edelsteine von Ruhm und Ansehen und auch die Diamanten der geistigen Erkenntnisse und technischen Fortschritte werden von der Bettlerschale des Lebens verschlungen, denn sie wird niemals voll!

»Habsucht ist eine Wurzel allen Übels; wie etliche gelüstet hat und sind vom Glauben abgeirrt und machen sich selbst viel Schmerzen!«
(1. Timotheus 6,10)

---

26. Juni

Immer besser

An der Küste Spaniens scheiterte einst ein deutsches Handelsschiff. Niemand wurde gerettet. Aber die Wellen spülten eine Menge Matrosenkleider mit den Schiffstrümmern an Land. Diese von Salzwasser durchtränkten Matrosenkleider kaufte eine spanische Papierfabrik und ließ sie auftrennen, um sie zu verarbeiten. Da fand man zwischen Oberzeug und Futter einer Matrosenjacke ein deutsches Neues Testament, das mit anderen gefundenen Papieren an die deutsche Botschaft nach Madrid gesandt wurde. Auf dem ersten Blatt dieses Testaments stand geschrieben: »Markus Rottmann 1864. Das erste Mal gelesen um der Bitte meiner Schwester Lotte willen. Das zweite Mal gelesen aus Angst um meiner Seele willen. Das dritte und alle die anderen Male aus Liebe zu meinem Heliand Jesus Christus gelesen!«

So kann es gehen. Einmal liest man die Bibel jemandem zuliebe oder aus Anstand, dann liest man, um seines Heils gewiss zu werden. Und schließlich wird es immer besser: Man liest die Bibel aus Liebe zu Jesus und empfängt die Freude des Glaubens.

»Dein Wort ist meines Fußes Leuchte und ein Licht auf meinem Wege!«
(Psalm 119,105)

27. Juni

Wer macht die Musik?

Es war einmal eine große Mäusefamilie. Die lebte in einem herrlichen Klavier. Ihre kleine Welt war oft erfüllt von wunderbarer Musik. Die Mäuse genossen die Musik und machten sich ihre Gedanken darüber, von wem die schönen Klänge wohl stammten. Sie dachten an einen Klavierspieler, den sie zwar nicht sehen konnten, der ihnen jedoch hörbar nahe war.

Eines Tages wagte sich eine Maus weiter nach oben in das Klavier. Und da entdeckte sie das Geheimnis der Musik. Metalldrähte von unterschiedlicher Länge zitterten, und durch ihre Schwingungen entstanden die Töne. So mussten die Mäuse ihren alten Glauben an den Klavierspieler aufgeben. Metalldrähte erzeugten die schöne Musik, die wunderbaren Klänge.

Später brachte eine andere Maus noch neuere Erkenntnisse mit. Kleine Filzhämmerchen sprangen und tanzten auf den Drähten und erzeugten die Schwingungen und damit die Musik. Nun war der alte Glaube überholt, und die Mäuse wohnten in einer aufgeklärten, wissenschaftlich durchschaubaren Welt.

Aber der Klavierspieler machte auch weiterhin seine wunderbare Musik.

»Die Toren sprechen in ihrem Herzen: ›Es ist kein Gott.‹ Der Herr schaut vom Himmel auf die Menschenkinder, dass er sehe, ob jemand klug sei und nach Gott frage!« (Psalm 14, 1f)

28. Juni

Hoch hinaus

Ein Schüler kommt zu seinem Rabbi, einem jüdischen Weisheitslehrer, und fragt ihn: »Rabbi, in unseren alten Schriften lesen wir, dass Gott den Menschen begegnet ist und die Menschen mit Gott gesprochen haben, sie haben Gott gehört und verstanden. Warum begegnen wir Gott heute nicht mehr?« Der Rabbi denkt einen Moment nach und antwortet dann: »Weil sich niemand mehr so tief bücken will!« An die Größe und Majestät Gottes, an seine Höhe und Macht reichen wir nicht heran. Wer ihn erkennen will, muss ihn da suchen, wo er sich erniedrigt und gebeugt hat, Mensch geworden ist, am Kreuz gelitten hat und in die Tiefe hinabgestiegen ist.

Gott hat seine Herrlichkeit gezeigt, sie aber unter der Niedrigkeit Jesu verborgen. Viele Menschen erkennen Gott nicht, weil sie sich nicht so tief bücken wollen, wie Gott sich erniedrigt hat. Er hat sich erniedrigt in die Geschichte seines Volkes. Er hat sich erniedrigt in das Leben Jesu. Er hat sich erniedrigt in das Wort der Bibel. Er hat sich erniedrigt in seine Gemeinde auf Erden. Gott tut sich kund. Es ist alles offen – und doch geheimnisvoll verborgen.

Wir Menschen wollen alle hoch hinaus. Aber um zum Höchsten zu gelangen, muss man sich tief beugen!

»*Aus der Tiefe rufe ich, Herr, zu dir!*« (Psalm 130,1)

29. Juni

Ein offenes Geheimnis

Blaise Pascal, der französische Mathematiker und Philosoph, starb im Alter von nur 39 Jahren. Nach seinem Tod fand man in seiner Jacke einen Zettel eingenäht, das berühmte Memorial: »Feuer! Gott Abrahams, Gott Isaaks, Gott Jakobs, nicht der Gott der Philosophen und Gelehrten. Gewissheit, Gewissheit, Ergriffenheit, Freude, Friede, Gott Jesu Christi. Er ist nur auf den Wegen zu finden, die im Evangelium gelehrt sind.« – Das ist das Vermächtnis eines begnadeten, früh vollendeten Mannes. Gott wird nur auf den Wegen gefunden, die im Evangelium gelehrt sind. Gott ist ein offenes Geheimnis! Es ist alles offen. Gott hat offen geredet. Gott hat offen gehandelt. Man kann Gott in der Schöpfung und in der Geschichte, in seinem erwählten Volk und in seinem geliebten Sohn, in seinem Wort und seiner Gemeinde, im Gebet und im Vertrauen erkennen. Es ist alles offen. Jeder, der Gott finden will, kann ihm begegnen. Jeder, der seine Liebe begreifen und erfahren möchte, kann es tun. Und doch bleibt Gott geheimnisvoll verborgen. Mit sehenden Augen sehen sie nicht, mit hörenden Ohren hören sie nicht. Und wer es hören will, sich öffnet, kann es vernehmen. Das ist die Spannung von Offenbarung und

Verhüllung. Es ist offen und verborgen. Gott hat sich gezeigt und verhüllt. Die ganze Bibel ist ein offenes Geheimnis. Und gerade das Buch der Bibel mit den tiefsten Geheimnissen nennen wir Offenbarung.

»Groß ist das gottselige Geheimnis: Er ist offenbart im Fleisch, gerechtfertigt im Geist, erschienen den Engeln, gepredigt den Heiden, geglaubt in der Welt, aufgenommen in die Herrlichkeit!« (1. Timotheus 3,16)

30. Juni

Über mich hinaus

Unter der Rubrik »Bekanntschaften« steht in der Zeitung eine Anzeige: »Erfolgreicher Geschäftsmann sucht eine attraktive, flexible, sportive, dynamische Frau. Bitte kein Alltagstyp!« Was steckt hinter der Bitte: Kein Alltagstyp? Ist das die Sehnsucht des Menschen, über das Durchschnittliche und Alltägliche hinauszugelangen? Wir sind zunächst alle Alltagsmenschen. Jeder hat seinen Alltag. Und jeder Tag hat seine Mühe und Sorge, seine Last und Arbeit, seine kleinen Freuden und Erfolge. Alle Tage, Alltage sind unser Leben. Und doch lebt auch in uns der Wunsch: Bitte kein Alltagsleben! Ich möchte über mich hinausgelangen.

Philippus war auch so ein Alltagsmensch mit einem Allerweltsnamen, Pferdefreund. Aber in seinem Herzen war die Sehnsucht nach mehr und Besonderem. Und dann kam die große Chance, über sich hinauszuwachsen. Jesus findet Philippus, den Pferdefreund und Alltagsmenschen, und fordert ihn mit Liebe zu einer großen Berufung heraus: »Folge mir nach!« Philippus folgte Jesus und wuchs auf eine einfache und wunderbare Weise über sich hinaus. Die persönliche Beziehung zu Jesus, die Nachfolge im Glauben und in der Liebe sind die einfachsten und schönsten Möglichkeiten über sich hinauszuwachsen.

Wir brauchen weder Alkohol noch Drogen, weder Reisen noch Abenteuer, weder Yoga noch Meditation, um über uns hinauszugelangen. Wir brauchen nur Jesus nachzufolgen. Dort finden wir das Heil, uns selbst und wachsen zugleich über uns hinaus!

»Jesus findet Philippus und spricht zu ihm: Folge mir nach!«
(Johannes 1,43)

1. Juli

Leben gewinnen

Menschen möchten leben, aber sie tun alles, um ihr Leben zu mindern. Sie wollen alles und verlieren dabei das Wichtigste. Sie halten Dinge fest, die sie ohnehin loslassen müssen, und lassen Werte los, die sie in Ewigkeit behalten könnten.

»Mein Nektar gehört mir«, sagte die Sonnenblume, »ich lasse keine Biene naschen!« Sie blühte noch eine kleine Zeit, verwelkte dann und hatte keine Frucht.

»Ich bin ich!« sagte das Weizenkorn. Es war prall und goldgelb, reif und voller Lebenskraft. »Ich lasse mich nicht in die Erde legen und aussäen.« So blieb es heil und ganz für sich allein. Es wurde todeinsam und hatte keine Frucht.

»Ich lasse mich doch nicht zerschneiden und auspressen«, sagte die Zitrone. Sie war reif und saftig. »Ich will mich selbst verwirklichen und entfalten!« Sie lag noch eine Weile in der Obstschale, verfaulte dann aber, stank und kam in den Mülleimer.

Jesus sagt: »Wer sein Leben erhalten will, wird es verlieren. Wer es aber hingibt, wird es empfangen!« Nur in der Beziehung der Liebe zu Gott und dem Nächsten erfüllt sich unser Leben. Wer sein Leben gegen den Anspruch Gottes hüten und schützen, es vor dem Teilen mit anderen bewahren will, wird es verlieren. Wer es aber in Liebe verschenkt, wird sich und über sich hinaus das ganze Leben finden.

»Wenn das Weizenkorn nicht in die Erde fällt und erstirbt, bleibt es allein; wenn es aber erstirbt, bringt es viel Frucht!« (Johannes 12,24)

2. Juli

Genug zu tun

Besucher fragen einen Einsiedler in der Wüste, ob es ihm nicht langweilig sei. Der aber versichert, er habe genug zu tun den ganzen Tag: »Ich habe zwei Falken zu zähmen, zwei Sperber abzurichten, zwei Hasen aufzuhalten, eine Schlange zu behüten, einen Esel zu beladen und einen Löwen zu bändigen!« – »Aber wo sind denn deine Tiere?« fragen die Besucher neugierig. Da erzählt der Weise von seinen Tieren:

»Die zwei Falken sind die Augen, die sich auf alles stürzen, was sich bewegt. Sie sind schwierig zu zähmen. Die Sperber, die Greifvögel sind unsere Hände, die alles fassen und nichts wieder loslassen wollen. Die zwei Hasen, die ich aufzuhalten habe, sind die Füße, die mit uns auf und davon rennen, Haken schlagen und uns unstet sein lassen. Am schwersten ist es, die Schlange, also die Zunge zu zähmen. Selbst das Gehege von 32 Zähnen ist machtlos gegen eine Zunge. Und dann ist der Esel zu beladen, unser Körper. Wie oft gleicht er einem Lasttier. Überlädt man ihn, wird er störrisch und schlägt aus, macht nicht mehr mit. Und schließlich gilt es, einen Löwen, den König der Tiere, das Herzstück des Menschen zu bändigen. Das Herz ist ein trotzig und verzagt Ding. In ihm schlummern Riesenkräfte, die zum Guten gebändigt sein wollen. – So habe ich den ganzen Tag genug zu tun.«

»*Gott hat uns nicht gegeben den Geist der Furcht, sondern der Kraft und der Liebe und der Besonnenheit!*« (2. Timotheus 1,7)

> Herr, lass mich fröhlich sein wie ein Vogel,
> der dir sein Lob in den Tag singt.
> Herr, lass mich geduldig sein wie ein Esel,
> der vieles tragen und ertragen kann.
>
> Herr, lass mich abhängig sein von dir wie ein Schaf,
> das ohne seinen Hirten nicht leben kann.
> Herr, lass mich fleißig sein wie eine Ameise,
> damit ich im Leben vorankomme.

Herr, lass mich flink sein wie ein Reh,
das über Gräben springt und Gefahren entflieht.
Herr, lass mich sorglos sein wie ein Sperling,
der weiß, dass er von dir versorgt wird.

Herr, lass mich treu sein wie ein Hund,
der seinem Herrn aufs Wort gehorcht.
Herr, lass mich der Zukunft entgegengehen wie ein Adler
der seine Kreise zieht, die Erde weit unter sich.

Herr, lass mich von Tieren lernen. Amen.

(Kurt Rommel)

3. Juli

Buntes Leben

Die Vielgestaltigkeit des Wassers ist ein wunderbares Bild für die verschiedenen Formen des Lebens.

Wasser ist sprudelnde Quelle und murmelnder Bach, drängender Strom und brausendes Meer. Wasser ist immer in Bewegung und sucht nach neuen Wegen und Formen. Regentropfen perlen auf die Sommerblumen, Tau glitzert in der Morgensonne, Nebelschwaden legen sich auf das Land. Hagel prasselt hernieder, Schneeflocken tanzen durch die Winternacht, Eis knistert unter unseren Füßen.

Ein klarer Bergsee ist wie ein Spiegel und der Wasserfall wie ein Toben und Donnern. Ein Gebirgsbach ist klar und rein, ein Moortümpel trübe und braun. Kinder spielen in einer kleinen Wasserlache, und das tobende Meer wirft riesige Schiffe wie Spielzeug umher.

Wasser ist Schönheit und Grauen, Segnung und Gericht, Belebung und Zerstörung, lebensnotwendig und lebensbedrohend. Wasser ist wie das Leben, immer wieder neu, anders, überraschend, vielgestaltig, unberechenbar. Wasser ist Lebens- und Chaosmacht zugleich.

Wasser ist Quelle und Mündung, aufsteigend und herniederfallend, salzig und süß, wie ein weiches Bad und wie eine harte Brandung. Wasser ist der Tropfen auf dem heißen Stein und die Weltenmeere. Wasser ist der Schluck aus dem Becher und die Sturmflut, die ganze Länder verwüstet. Wasser ist warmer Sommerregen und Schneesturm im Winter.

Wasser ist der Brunnen in der Wüste und die Lawine, die als Unglück zu Tale donnert. Wasser ist ein Abbild für die Dynamik und Fantasie göttlicher Möglichkeiten, ein Symbol für die Schönheit und Majestät der Schöpfung. Wasser kann unter Gottes Hand Heil und Gericht, Wonne und Bedrohung sein.

»Deine Fluten rauschen daher, und eine Tiefe ruft die andere; alle deine Wasserwogen und Wellen gehen über mich!« (Psalm 42,8)

»Sie werden satt von den reichen Gütern deines Hauses, und du tränkst sie mit Wonne, wie mit einem Strom!« (Psalm 36,9)

4. Juli

»Schade um den schönen Durst«

In einem kleinen Dorf wohnte ein Mann, der wegen seines Weinkellers bekannt war. Dort lagerten die besten, erlesensten Weinsorten. Und wenn Besuch kam, so wurde als Zeichen der Gastfreundschaft ein guter Tropfen angeboten. Nun wurde der Kenner bester Weine nierenkrank und kam ins Krankenhaus. Dort brachte ihm die Krankenschwester eine große Kanne Nierentee. Er nahm den ersten Schluck und seufzte dann der Schwester zu: »Schade um den schönen Durst!« Aber auch Gott, der das ungestillte Verlangen des Menschen schmerzlich kennt, der den Mangel des Menschen leidend mit ansieht, der mit der Krankheit des Lebens mitfühlt, könnte denken: »Schade um den schönen Durst!«

Und doch dient unser »Krankenhausaufenthalt« unserer Gesundheit. Die schmerzlichen Erfahrungen von Leid und Not, Angst und Einsamkeit können uns helfen, Gott zu finden. Gott wählte gerade den Wein und den Kelch zum Zeichen des bitteren Leidens und gab uns Menschen das teure, kostbare Blut seiner Passion in einem Kelch und als Wein zu trinken. Damit wir im Leiden Christi Vergebung, im Sterben Gottes das Leben, im ausgegossenen Opfer seiner Liebe die Heilung und Freude finden können. – So haben unzählige Leidende sich tröstend Bonhoeffers Worte geliehen: »Und reichst du uns den schweren Kelch, den bittern, des Leids, gefüllt bis an den höchsten Rand, so nehmen wir ihn dankbar ohne Zittern aus Deiner guten und geliebten Hand.« Und haben dabei an Christi Passion und seinen Auferstehungssieg gedacht.

»Zur selben Zeit werden die Berge von süßem Wein triefen und die Hügel von Milch fließen, und alle Bäche in Juda werden voll Wasser sein. Und es wird eine Quelle ausgehen vom Hause des Herrn!« (Joel 4,18)

5. Juli

Sein Werk und unsere Werke

Junge Leute mieten sich ein Ruderboot. Aber sie kommen mit den beiden schweren Rudern nicht zurecht. Sie drehen sich im Kreis, einmal so herum, dann wieder anders herum. Erst als sie lernen, beide Ruder gleichmäßig miteinander zu bewegen, fahren sie geradeaus den Fluss entlang und haben Freude an ihrer Fahrt. So ist es auch mit dem Schiff unseres Glaubenslebens und mit dem Schiff, das sich Gemeinde nennt. Es hat zwei Ruder, Glaube und Werke, die Gewissheit im Herzen und das Tun im Leben. Die einen mühen sich mit dem Ruder des Glaubens: »Glauben wir, glauben wir richtig, glauben wir genug und fest?« Sie drehen sich immer im Kreis um sich selbst und ihren Glauben. Die anderen sagen: »Glaube ist doch nicht so wichtig. Taten sind gefragt, soziales Engagement, Gesellschaftsdiakonie, Brot für die Welt, Entwicklungshilfe, Umweltschutz!« Sie sind am Rotieren und drehen sich im Kreis ihrer Taten und Absichten. Erst, wenn wir die beiden Ruder zusammennehmen, gewinnt unser Leben Fahrt, und die Gemeinden kommen in Bewegung. Wir dürfen die Spannung von Glaube und Werken nicht auflösen, sondern aus dieser Spannung immer neue Kräfte beziehen. Ein Glaube ohne Werke ist tot. Handeln ohne die lebendige Quelle der göttlichen Liebe ist wirkungslos.

Unser Glaube und Handeln, das Vertrauen im Herzen und das Wirken mit den Händen sind beides Gottes Werke an uns.

»Denn wir sind sein Werk, geschaffen in Jesus Christus zu guten Werken, welche Gott zuvor bereitet hat, dass wir darin wandeln sollen!«
(Epheser 2,10)

6. Juli

Der Weg zum Himmel

Zu den Wunderdingen, die man einem Rabbi nachsagte, gehörte auch, dass er jeden Morgen vor dem Gebet zum Himmel aufsteige. Ein Spötter wollte das nicht glauben und legte sich auf die Lauer, um den Rabbi am Morgen zu beobachten. Er sah, wie der Rabbi in der Kleidung eines Holzknechts in den Wald ging, dort Holz fällte und in Stücke hackte, es sich auf den Rücken lud und es in das Haus einer alten, kränklichen Frau schleppte. Der Spötter sah durch das Fenster, wie der Rabbi auf dem Boden kniete und Feuer machte. – Später fragten ihn die Leute, ob das wahr sei mit der Auffahrt zum Himmel. Er sagte: »Zum Himmel? Er steigt höher als bis zum Himmel!«

An die Höhe Gottes reichen wir nie heran. Aber wir können uns beugen zu seinen Menschenkindern in Not. Dort werden wir Gott begegnen.

So spricht der Herr: »Ich habe Lust an der Liebe und nicht am Opfer!«
(Hosea 6,6)

7. Juli

Hilfe!

Vier Jungen spielten an einem See. Mitten in ihrem übermütigen Spiel fällt einer von ihnen ins Wasser. Er droht zu ertrinken. Aber der größte Junge von den Vieren kann seinen Freund schließlich aus dem Wasser ziehen und retten. Als sie später alle gefragt werden, was sie getan haben, sagt der erste: »Ich bin unglücklich ins Wasser gefallen!« Der zweite antwortet: »Ich habe ihn wieder herausgezogen!« Der dritte Junge sagt: »Ich habe den großen Jungen festgehalten, damit er bei der Rettung nicht auch noch ins Wasser rutschte!« Und der Kleinste schließlich sagt: »Ich habe laut geschrien!«

Alle vier Personen kommen in einer Gemeinde vor. Einer fällt in eine Not, Schwierigkeit oder Schuld. Es ist müßig, sich darüber zu unterhalten, wie das geschehen konnte. Er muss herausgezogen werden. Da ist der Starke, der seine Kräfte einsetzt, zupackt und hilft. Da ist der andere, der im Hintergrund steht und durch seine Gebete und Ermutigung dem

Tätigen beisteht. Und schließlich ist noch einer da, der einfach schreit, wenn irgendwo Not oder Elend geschieht, damit andere darauf aufmerksam werden. In der Gemeinde sind sie alle zusammen.

Darum sagt Petrus: »Dienet einander, ein jeglicher mit der Gabe, die er empfangen hat!« (1. Petrus 4,10).

8. Juli

Verbindlich leben

Wenn wir Menschen uns mit lauter Fäden vergleichen, dann ist unsere Gesellschaft ein wildes Knäuel von Meinungen und Ideen, Gruppen und Interessen, Zielen und Motiven. Alles geht durcheinander, liegt unverbunden nebeneinander oder widersprüchlich gegeneinander.

In der Kirche sieht es schon anders aus. Da sind die einzelnen Fäden schön in eine Richtung geordnet. Sie liegen nebeneinander, unverbunden, aber von einem besonderen Faden in Kirchenfarbe zusammengehalten. Der besondere Faden hält alle anderen sorgsam beieinander. Er hält Gottesdienst, Bibelstunde, hält Konfirmandenunterricht und Frauenkreis. Einer hält alles und alle zusammen bei der Sache. Jeder einzelne Faden kann sich leicht herausziehen, wenn es ihm nicht mehr gefällt oder zu eng wird. Für einen neuen Faden ist es schwierig, manchmal ganz unmöglich, dort hineinzukommen.

Eigentlich sollte die Gemeinde Jesu jedoch ganz anders aussehen. Aus den vielen einzelnen Fäden sollte ein Netz gewoben sein. Jeder Faden hat darin einen wichtigen Platz. Jeder Faden kann bei einem anderen anknüpfen. Immer neue Fäden können hinzukommen. Das Herauslösen ist allerdings nur unter Verletzung des ganzen Netzes möglich. Alle sind miteinander fest verbunden. Zusammen bildet das Netz aus vielen Fäden ein haltbares, großes Ganzes. Und vor allem ist solch ein Netz brauchbar. Gott kann es durch das Meer der Zeit und Welt ziehen und damit Menschen einsammeln, die sonst verloren- und untergehen.

Jeder Faden ist wichtig, wertvoll und wird gebraucht. Darum sucht Jesus Leute, die verbindlich als seine Gemeinde leben wollen. Kein loser Haufen, kein wirres Knäuel, sondern ein Verbundnetz der Liebe und Hingabe.

»Das Himmelreich ist gleich einem Netze!« (Matthäus 13,47)

9. Juli

Im Vertrauen geborgen

In China gibt es einen gefährlichen Strom. An einer bestimmten Stelle kamen die Schiffe immer wieder zum Kentern und verloren ihre wertvolle Ladung. Fachleute haben die Strömung erforscht und an einer genau berechneten Stelle im Strom einen Felsen aufgestellt. Darauf haben sie die Worte: »Auf mich zu!« geschrieben. Zunächst sieht es so aus, als ob der Fels nur im Wege steht. Aber jeder Bootsfahrer, der sein Schiff auf den Felsen zulenkt, kommt heil durch die Strömung und Untiefen hindurch.

So steht Jesus im Gewoge unserer Welt, zwischen sozialen Nöten und gesellschaftlichen Problemen, Umweltsorgen und Lebensfragen. Jesus steht als der Fels Gottes mitten in Strömungen und Untiefen des Lebens, mitten in den Strudeln des Bösen und in der Gefahr des Scheiterns. Jesus steht mitten drin, und viele meinen, er passe da nicht hin mit seiner Liebe und seiner Barmherzigkeit. Aber wer sein Lebensschiff auf Jesus zusteuert, der kommt heil hindurch. Wenn uns die Strömungen der Zeit und die Gefälle des Bösen abtreiben wollen, halten wir unser Leben einfach auf Jesus zu. Er bringt uns durch und gut ans Ziel.

Gott lässt uns sagen: »Wenn du durch Wasser gehst, will ich bei dir sein, dass dich die Ströme nicht ersäufen sollen!« (Jesaja 43,2)

10. Juli

Eine wichtige Lektion

»Es war einmal ein alter Mann, dem waren die Augen trüb geworden, die Ohren taub, und die Knie zitterten ihm. Wenn er nun bei Tisch saß und den Löffel kaum halten konnte, schüttete er Suppe auf das Tischtuch, und es floss ihm auch etwas wieder aus dem Mund. Sein Sohn und dessen Frau ekelten sich davor. Und deshalb musste sich der alte Großvater hinter den Ofen in die Ecke setzen. Und sie gaben ihm sein Essen in ein irdenes Schüsselchen, und dazu noch nicht einmal satt. Da sah er betrübt nach dem Tisch, und die Augen wurden ihm nass.

Einmal konnten seine zittrigen Hände das Schüsselchen nicht festhalten, es fiel zur Erde und zerbrach. Die junge Frau schalt ihn und kaufte ihm ein hölzernes Schüsselchen für ein paar Groschen. Daraus musste er nun essen.

Wie sie nun dasaßen, so trug der kleine Enkel von vier Jahren kleine Bretter zusammen. ›Was machst du da?‹ fragte der Vater. ›Ich mache einen Trog‹, antwortete das Kind, ›daraus sollen Vater und Mutter essen, wenn ich groß bin!‹ Da sahen sich Mann und Frau eine Weile an, fingen endlich an zu weinen, holten sofort den alten Großvater an den Tisch und ließen ihn von nun an immer mitessen, sagten auch nichts, wenn er ein wenig verschüttete.« (Brüder Grimm)

Gott sagt: »Ich will euch tragen, bis ihr grau werdet!« (Jesaja 46,4)

Wir beten: »Auch im Alter, Gott, verlass mich nicht!« (Psalm 71,18)

11. Juli

Die drei Söhne

Drei Frauen standen am Brunnen, um Wasser zu holen. Nicht weit davon entfernt saß ein Greis und hörte, wie sie ihre Söhne lobten.

»Mein Sohn«, sagte die erste, »ist ein geschickter und wendiger Junge. Er übertrifft an Behendigkeit alle Knaben im Dorf.« »Mein Sohn«, meinte die zweite, »hat die Stimme einer Nachtigall. Wenn er singt, schweigen alle Leute und bewundern ihn. Er wird einmal ein großer Sänger werden.« Die dritte Frau schwieg. »Warum sagst du denn gar nichts?« fragten die beiden anderen. »Ich wüsste nicht, womit ich ihn loben könnte«, entgegnete diese. »Mein Sohn ist ein gewöhnlicher Junge und hat nichts Besonderes an sich. Aber ich hoffe, er wird einmal im Leben seinen Mann stehen.«

Die Frauen füllten ihre Eimer und machten sich auf den Heimweg. Der Greis ging langsam hinter ihnen her. Er sah, wie hart es sie ankam, die schweren Gefäße zu tragen, und er wunderte sich nicht darüber, dass sie nach einer Weile ihre Last absetzten, um ein wenig zu verschnaufen. Da kamen ihnen drei Knaben entgegen. Der erste stellte sich auf die Hände und schlug Rad um Rad. »Welch ein geschickter Junge!« riefen die Frauen. Der zweite stimmte ein Lied an, und die Frauen lauschten ihm mit Tränen in den Augen. Der dritte Junge lief zu seiner Mutter, ergriff wortlos die beiden Eimer und trug sie heim.

Die Frauen wandten sich an den Greis und fragten: »Was sagst du zu unseren Söhnen?« »Eure Söhne?« entgegnete der Greis verwundert, »ich habe nur einen einzigen Sohn gesehen!« (Leo Tolstoi)

»Daran wird jedermann erkennen, dass ihr meine Jünger seid, so ihr Liebe untereinander habt!« (Johannes 13,35)

---

12. Juli

Wann beginnt der Tag?

Ein alter Rabbi fragte einst seine Schüler, wie man die Stunde bestimmt, in der die Nacht endet und der Tag beginnt.

»Ist es, wenn man von weitem einen Hund von einem Schaf unterscheiden kann?« fragte einer der Schüler. »Nein«, sagte der Rabbi. »Ist es, wenn man von weitem einen Dattel- von einem Feigenbaum unterscheiden kann?« fragte ein anderer. »Nein«, sagte der Rabbi. »Aber was ist es dann?« fragten die Schüler.

»Es ist dann, wenn du in das Gesicht irgendeines Menschen blicken kannst und deine Schwester oder deinen Bruder siehst. Bis dahin ist die Nacht noch bei uns.«

---

13. Juli

Der zerstörte Bambus

Es war einmal ein wunderschöner Garten, der lag mitten in einem großen Königreich. Dort pflegte der Herr des Gartens in der Hitze des Tages spazieren zu gehen. Ein edler Bambusbaum war ihm der schönste und liebste von allen Bäumen, Pflanzen und Gewächsen im Garten. Jahr für Jahr wuchs der Bambus und wurde immer anmutiger. Er wusste wohl, dass der Herr ihn liebte und seine Freude an ihm hatte.

Eines Tages näherte sich der Herr nachdenklich seinem geliebten Baum, und in einem Gefühl großer Verehrung neigte der Bambus seinen mächtigen Kopf zur Erde. Der Herr sprach zu ihm: »Lieber Bambus, ich brauche dich.« Es schien, als sei der Tag aller Tage gekommen, der Tag, für den der Baum geschaffen worden war. Der Bambus antwortete leise: »Herr, ich bin bereit, gebrauche mich, wie du willst!« »Bambus«, die Stimme des Herrn wurde ernst, »um dich zu gebrauchen, muss ich dich beschneiden.« »Mich beschneiden? Mich, den du zum schönsten in deinem Garten gemacht hast! Nein, das nicht, bitte nicht. Verwende mich doch zu deiner Freude, Herr, aber bitte beschneide mich nicht!« »Mein geliebter Bambus«, die Stimme des Herrn wurde noch ernster, »wenn ich dich nicht beschneide, kann ich dich nicht gebrauchen!« Im Garten wurde es ganz still. Langsam beugte der Bambus seinen herrlichen Kopf. Dann flüsterte er: »Herr, wenn du mich nicht gebrauchen kannst, ohne mich zu beschneiden, dann tu mit mir, wie du willst, und beschneide mich!«

»Mein geliebter Bambus, ich muss dir aber auch deine Blätter und Äste abschneiden.« »Ach, Herr, davor bewahre mich! Zerstöre meine Schönheit, aber lass mir doch bitte Blätter und Äste!« »Wenn ich sie dir nicht abhaue, kann ich dich nicht gebrauchen.« Und der Bambus, zitternd vor dem, was auf ihn zukam, sagte ganz leise: »Herr, schlage sie ab.« »Mein Bambus, ich muss dir noch mehr antun. Ich muss dich mitten durchschneiden und dein Herz herausnehmen. Wenn ich das nicht tue, kann ich dich nicht gebrauchen.« Da neigte sich der Bambus bis zur Erde »Herr, schneide und teile!«

So beschnitt der Herr des Gartens den Bambus, hieb seine Äste ab, streifte seine Blätter ab, teilte ihn in zwei Teile und schnitt sein Herz heraus. Dann trug er ihn dahin, wo schon aus einer Quelle frisches, sprudelndes Wasser sprang, mitten in die trockenen Felder. Dort legte der Herr vorsichtig seinen geliebten Bambus auf den Boden. Das eine Ende des abgeschlagenen Stammes verband er mit der Quelle, das andere Ende führte er zur Wasserrinne im Feld. Die Quelle sang ein Willkommen, und das klare, glitzernde Wasser schoss freudig durch den zerschlagenen Körper des Bambus in den Kanal und floss auf die dürren Felder, die so darauf gewartet hatten. Dann wurde der Reis gepflanzt. Die Tage vergingen, und die Saat wuchs und die Erntezeit kam.

So wurde der einst so herrliche Bambus zum großen Segen. Als er noch groß und schön war, wuchs er nur für sich selbst und freute sich an der eigenen Schönheit. Aber als er sich hingegeben hatte, wurde er zum Kanal, den der Herr gebrauchte, um sein Land fruchtbar zu machen.

(G. Deli Britt, Chinamissionarin)

14. Juli

Das Leben ist herrlich

Ein Mann klagt einem erfahrenen Rabbi sein Leid: »Mein Leben ist nicht mehr erträglich. Wir wohnen mit sechs Personen in einem Raum. Ich halte die Enge und den Lärm nicht mehr aus. Was soll ich nur machen?« Der Rabbi überlegte und riet ihm dann: »Nimm deinen Ziegenbock noch mit in euer Zimmer!« Der Mann erhob verwundert seine Einwände gegen den Vorschlag. Doch der Rabbi beharrte auf seinem Rat: »Tu, was ich dir gesagt habe, und komm nach einer Woche wieder!«

Nach einer Woche kam der Mann zum Rabbi. Er war vollkommen entnervt und total am Ende. »Wir können es nicht mehr aushalten. Der Ziegenbock stinkt fürchterlich. Die Tage sind eine einzige Qual, die Nächte schlimm und schlaflos.« Der Rabbi sagte nur: »Geh nach Hause und stell den Ziegenbock wieder in den Stall. Dann komm nach einer Woche wieder!« Die Woche verging. Als der Mann zum Rabbi kam, lachte er übers ganze Gesicht: »Das Leben ist herrlich, Rabbi. Wir genießen jede Minute. Kein Ziegenbock, kein Gestank. Nur wir sechs im Zimmer. Das Leben ist herrlich!«

Manchmal wird das Leben in seinen engen Grenzen wieder weit und lebenswert, wenn man an die viel größere Not denkt, in der man sein und leiden könnte. Manchmal muss man sich die Not ins eigene Zimmer stellen, damit man erkennt, wie gut man ohne sie leben kann. Aber wirklich herrlich wird ein Leben nicht durch Vergleiche mit anderen Menschen oder Situationen. Wirklich herrlich bleibt das Leben nur im Wissen um einen Herrn des Lebens. Unser Leben ist dann herrlich, auch in mancher Bedrängnis, wenn wir einen Herrn haben, der in allen Lebenslagen unser Helfer und Beistand ist. Nur wer einen starken Herrn hat, dessen Leben wird letztlich auch »herrlich« sein!

> Ich freue mich
> Herr, ich werfe meine Freude
> wie Vögel an den Himmel.
> Die Nacht ist verflattert,
> und ich freue mich am Licht.
> Deine Sonne hat den Tau weggebrannt
> vom Gras und von unseren Herzen.

Was da aus uns kommt, was da in uns ist
an diesem Morgen, das ist Dank.

Herr, ich bin fröhlich heute am Morgen.
Die Vögel und Engel jubilieren,
und ich singe auch.
Das All und unsere Herzen
sind offen für deine Gnade.
Ich fühle meinen Körper und danke.
Die Sonne brennt meine Haut,
ich danke.
Das Meer rollt gegen den Strand,
ich danke.
Die Gischt klatscht gegen unser Haus,
ich danke.

Herr, ich freue mich an der Schöpfung
und dass du dahinter bist und daneben
und davor und darüber und in uns.

Ich freue mich, Herr,
ich freue mich und freue mich.
Die Psalmen singen von deiner Liebe,
die Propheten verkündigen sie.

Und wir erfahren sie:
Weihnachten, Ostern,
Pfingsten und Himmelfahrt
ist jeder Tag in deiner Gnade.

Herr, ich werfe meine Freude
wie Vögel an den Himmel.
Ein neuer Tag, der glitzert und knistert,
knallt und jubiliert von deiner Liebe.
Jeden Tag machst du. Halleluja, Herr!

(Gebet aus Westafrika)

15. Juli

Der Schlüssel zur Freiheit

»Es war einmal ein Edler, des Freunde und Angehörige durch ihren Leichtsinn um ihre Freiheit gekommen waren und in fremdem Lande in harte Gefangenschaft geraten waren. Er konnte sie in solcher Not nicht wissen und beschloss, sie zu befreien. Das Gefängnis war fest verwahrt und von inwendig verschlossen, und niemand hatte den Schlüssel. Als der Edle sich ihn nach vieler Zeit und Mühe zu verschaffen gewusst hatte, band er dem Kerkermeister die Hände und Füße und reichte den Gefangenen den Schlüssel durchs Gitter, dass sie aufschlössen und mit ihm heimkehrten. Die aber setzten sich hin, den Schlüssel zu besehen und darüber zu ratschlagen. Es wird ihnen gesagt, der Schlüssel sei zum Aufschließen, und die Zeit sei kurz. Sie aber blieben dabei, zu besehen und zu ratschlagen. Und einige fingen an, an dem Schlüssel zu meistern und daran ab- und zuzutun. Und als er nun nicht mehr passen wollte, waren sie verlegen und wussten nicht, wie sie mit ihm tun sollten. Die andern aber hatten ihren Spott und sagten, der Schlüssel sei gar kein Schlüssel, und man brauche auch keinen.« (Matthias Claudius)

Wir sitzen im Kerker des Todes. Jesus reicht uns in seiner Liebe die Schlüssel, mit denen wir herauskommen können, lässt uns seine wunderbare Befreiung nahebringen. Es eilt, aber wir untersuchen das Evangelium und verändern es so lange, bis es seine erlösende Macht verliert. Dann ziehen wir alles in Zweifel und klagen Gott an. Nein, so geht es nicht. Wir wollen einfach aufschließen und in der Freiheit der Kinder Gottes leben und mit Jesus »heimziehen«.

Jesus sagt: »Fürchte dich nicht! Ich bin der Erste und der Letzte und der Lebendige. Ich war tot, und siehe, ich bin lebendig von Ewigkeit zu Ewigkeit und habe die Schlüssel des Todes und der Hölle!«
(Offenbarung 1,17f)

16. Juli

Offene Fragen

Ein alter Pfarrer lag schwerkrank im Bett und litt große Schmerzen. Ein junger Vikar besuchte ihn und wollte ihn trösten. Wohlmeinend sagte er: »Wen Gott liebhat, den züchtigt er!« Worauf der alte Mann bedächtig und unter Schmerzen antwortete: »Ja, aber jetzt wünschte ich, dass Gott mal wieder einen anderen Menschen liebt!«

Nicht jedes Leid ist auch aus der Liebe Gottes geboren und als freundliche Zurechtweisung gemeint. Das Leid Hiobs kommt gar nicht von Gott, sondern vom Gegenspieler Gottes. Es ist nicht Ausdruck der Liebe Gottes, sondern der Hass des Bösen. Gott hatte an Hiob gar nichts zurechtzuweisen und keinen Grund, ihn mit Leid heimzusuchen, war er doch im Glück und Wohlergehen ganz bei Gott und untadelig.

Oft kommt das Leid auch vom Bösen, und an den Guten tobt es sich aus. Die Frage, warum Gott es zulässt, bleibt offen. Niemand wird die Frage, warum Gott es dem Satan gestattet, Hiob so zu schlagen, beantworten können. Aber auch mit den vielen offenen Fragen dürfen wir im Vertrauen zu Gott gehen. Wir müssen nicht alles wissen und können doch ganz vertrauen.

»Siehe, ich bin bei euch alle Tage bis an der Welt Ende!«
(Matthäus 28,20)

17. Juli

Bewahrung im Leiden

Eine Familie machte einen Sonntagsspaziergang. Drei muntere Kinder liefen ihren Eltern auf einem Schotterweg voraus. Das älteste der Kinder sprang vorneweg und schaute sich immer wieder um nach den beiden Geschwistern. Die Kinder liefen auf einen unbeschrankten Bahnübergang zu. In ihrer Freude am Spiel hatten sie alles um sich herum vergessen, hatten nur Augen und Ohren für ihr Fangen. So hörten sie nicht den herannahenden Zug. Direkt vor dem Bahnübergang stolperte das Mädchen und schlug der Länge nach hin. Im selben Augenblick brauste der

Zug vorüber. Das Mädchen weinte über das schmutzige Kleid und die blutigen Knie. Der ganze Sonntag, alle Freude und Lust am Spiel schien ihr verdorben, sie fühlte nur den brennenden Schmerz und wollte sich kaum trösten lassen. Die Eltern aber sahen hinter dem kleinen Unglück die große Bewahrung vor der viel größeren Gefahr.

Wie oft hat Leid das Leben eigentlich geschont und bewahrt. Wie viele Menschen sind angesichts des Todes zum Leben gekommen, in schwerer Krankheit eigentlich hell geworden, in Erschütterungen aufgewacht, durch Verluste zum tieferen Reichtum gelangt und haben an den Grenzen zur Mitte des Lebens gefunden.

»Wir wissen aber, dass denen, die Gott lieben, alle Dinge zum besten dienen!« (Römer 8,28)

18. Juli

Warum?

Eltern hatten zwei Kinder. Als ihre Tochter im blühenden Jugendalter starb, ließen sie auf den Grabstein meißeln: »Warum?« Klagend, anklagend hallte dieser Schrei wider und blieb ohne Antwort. Als sie Jahre später auch ihren Sohn begraben mussten, ließen die Eltern auf den Grabstein schreiben: »Gott weiß, warum!« Die Frage ist geblieben. Und es gibt keine einfache Antwort darauf. Aber die Eltern wandten sich jetzt mit ihrer Frage an Gott. Ihre Frage nach dem Warum war eingekleidet in das Vertrauen zu Gott und sein Wissen und Weisen. So wollen auch wir nicht mit halben Antworten zu den Leidenden kommen, sondern Leidende und ihre tiefen Fragen zu Gott bringen.

Unsere nackten Fragen brauchen ein Kleid. Die bloße Frage nach dem Warum, die uns immer wieder verletzt und durchbohrt, muss eingekleidet sein in das schützende Vertrauen zu Gott.

»Auf dich bin ich geworfen von Mutterleib an, du bist mein Gott von meiner Mutter Schoss an!« (Psalm 22,11)

19. Juli

Warum lässt Gott das zu?

Warum lässt Gott das zu,
dass die Sonne über alle Menschen ihr Licht verströmt, dass der Regen die Erde feuchtet, dass Pflanzen aufwachsen und Blumen blühen, dass Bäume leben und Früchte bringen, dass Vögel und Insekten durch die Luft schwirren, Fische das Wasser beleben und Menschen und Tiere die Erde bevölkern?

Warum lässt Gott das zu,
dass Mann und Frau sich in der Liebe erkennen, dass Kinder geboren und groß werden, dass Augen sehen, Ohren hören, Hände tasten und Menschen miteinander sprechen können?

Warum lässt Gott das zu,
dass Menschen denken und arbeiten, ruhen und spielen, lieben und lachen, laufen und leben können, dass sie Bilder malen und anschauen, Musik machen und anhören, Bücher schreiben und lesen, Häuser bauen und bewohnen können?

Warum lässt Gott das zu,
dass es Jahreszeiten und Festzeiten, Saat und Ernte, Himmel und Erde, Land und Meer, Berge und Täler, Flüsse und Meere, Wege und Ziele gibt?

Warum lässt Gott das zu,
dass wir atmen und essen, singen und tanzen, nehmen und geben, festhalten und loslassen, forschen und erkennen, planen und aufbauen können?

Warum lässt Gott das zu,
dass die Erde von der Sonne so weit entfernt ist, dass das Leben gewärmt, aber nicht verbrannt wird, dass sich die Erde um sich selber dreht, damit Tag und Nacht, Licht und Dunkel entstehen, dass die Erdachse um 23 Grad geneigt ist, damit es vier Jahreszeiten gibt?

Warum lässt Gott das zu,
dass Menschen zu ihm kommen, mit ihm reden, unter seiner Obhut Zuflucht finden und für ihre Sünde Vergebung erlangen können?

Warum lässt Gott das zu,
dass sein Sohn Jesus Christus für uns lebt, leidet, stirbt, aufersteht und wiederkommt, damit wir nach einem erfüllten Leben hier an einem ewigen Leben dort mit Gott teilhaben dürfen?
Warum lässt Gott das zu? Weil er es gut meint!

»Habe deine Lust am Herrn; der wird dir geben, was dein Herz wünscht!«
(Psalm 37,4)

20. Juli

Wer einen weiten Weg hat, läuft nicht

Das Modewort unserer Zeit heißt Zerstreuung. Die Sinne werden zerstreut. Die Gedanken werden auseinandergewirbelt. Die Kräfte werden verschwendet, Geld und Gut vertändelt und die Gesundheit aufs Spiel gesetzt.

Das Geheimnis eines richtigen Lebens heißt Sammlung. Sammlung der Sinne und Gedanken um eine Lebensmitte: Gottes Liebe! Sammlung der Kräfte und Gaben zu einem größeren Ziel: Gottes Willen! Sammlung der Menschen und Güter zu einer Bestimmung, die über den einzelnen hinausgeht: Gottes Gemeinde!

Wie anders wird ein Leben, wenn man seine Zeit als einen Weg versteht, der sorgsam ausgegangen, Abschnitt um Abschnitt, Stufe um Stufe bewusst gelebt wird nach den Weisungen, die uns Gott gegeben hat. Der Weg führt dann zu einem Ziel, das weit über uns kleine Menschen hinausreicht.

Lebenszeit ist ein Weg in die Ewigkeit. Und wer einen weiten Weg hat, der läuft nicht. Er rennt auch nicht besinnungslos herum in der Angst, etwas zu verpassen, Aber er bleibt auch nicht sorgenvoll stehen, weil er kein Ziel sieht. Wir werden beides leben: den Weg ganz ausgehen, das Ziel ganz im Auge behalten.

»Ich werde allen meinen Beschäftigungen mit Ruhe nachgehen, mit Gemessenheit, unsäglicher Einfachheit, als wenn ich gerade nur dafür auf die Welt gekommen wäre, als ob mir Jesus das selber aufgetragen hätte, vor mir stünde und mir dabei zuschaute!« (Papst Johannes XXIII.)

Ein Tag der sagt dem andern,
mein Leben sei ein Wandern
zur großen Ewigkeit.
O Ewigkeit, so schöne,
mein Herz an dich gewöhne,
mein Heim ist nicht in dieser Zeit.

(Gerhard Tersteegen)

21. Juli

Sind unsere Seelen mitgekommen?

Wissenschaftler unternahmen in Afrika eine Expedition. Sie warben mehrere schwarze Träger an und trieben sie eilig mit den schweren Gerätekisten voran. Nach drei Tagen Eilmarsch warfen die Schwarzen die Lasten ab, setzten sich auf die Kisten und waren weder durch gute Worte noch Geld zu bewegen weiterzulaufen. Nach dem Grund ihrer Weigerung gefragt, antworteten sie: »Es geht zu schnell, unsere Seelen kommen nicht mit, wir müssen warten, bis unser Inneres nachkommt, dann gehen wir weiter!« Sie hatten ein Gespür dafür, dass bei dieser Hetze der innere Mensch zurückbleibt.

Sind in der rasanten Entwicklung von Fortschritt und Technik unsere Seelen mitgekommen? Wirtschaftswachstum und Wissensexplosionen halten uns in Atem, aber ist der innere Mensch mitgewachsen? Haben wir bedacht, dass zum Leben mehr als Rennen und Laufen, Hasten und Jagen, Einkommen und Auskommen, Schaffen und Vermehren nötig sind? Haben wir an die Bedürfnisse unserer Seele gedacht? Haben wir Frieden mit uns selbst, miteinander, mit Gott? Haben wir einen Herrn, dem wir unsere Sorgen abgeben können? Haben wir ein Hoffnungslicht, um die Gespenster der Angst vertreiben zu können? Haben wir eine Liebe empfangen, die unsere aufgescheuchte Seele zur Ruhe bringt?

Vielleicht müssten wir uns auch mal auf die Kisten und Geräte setzen und warten, bis die Seelen nachkommen. Das täte uns Menschen, dem Leben und der Umwelt gut.

»*Machet euch keine Unruhe, trachtet vielmehr nach seinem Reich, so wird euch das alles zufallen!*« (Lukas 12,29.31)

22. Juli

Mehr Leben in die Jahre

Auf dem Sterbebett soll Königin Elisabeth I. gesagt haben: »All meinen Besitz für einen Augenblick Zeit!« Das ist die Sehnsucht des sterblichen Menschen: Mehr Jahre in das Leben! Ein Stück weit hat die moderne Medizin diesen Traum erfüllt. Und wir wollen dankbar sein, dass viele Krankheiten, die früher Kinder und Erwachsene in der Blüte des Lebens hinweggerafft haben, heute überwunden werden können. Mehr Jahre in das Leben, eine Lebensverlängerung ist oft ein Geschenk. Aber noch viel wichtiger wäre das andere: Mehr Leben in die Jahre!

Was nützen einige Jahre mehr, wenn sie nicht mit Leben erfüllt sind. Bloße Zeit wird zur Last, erfüllte Zeit erst wird zur Lust am Leben.

Wenn es von den Menschen in der Bibel heißt, sie starben »alt und lebenssatt« (1. Mose 25,8), dann ist damit gemeint, dass sie in all den Jahren mit Leben gesättigt wurden. Ihr Lebenshunger wurde gestillt, nicht nur mit vielen Jahren, sondern mit Lebenserfüllung.

Wie anders wird die Lebenszeit erfahren, wenn sie durch hohle Köpfe und durchlöcherte Seelen hindurchrinnt, die Jahre leer bleiben und die Menschen sagen, sie hätten das Leben satt.

Mehr Leben in die Jahre ist unsere tiefste Sehnsucht und zugleich der tiefste Wille Gottes mit den Menschen. So kann die Begegnung mit dem lebendigen Gott unser Leben trotz aller Not und Sorge, Last und Gefahr eine erfüllte Zeit sein, die auf ein großes Ziel hin angelegt ist: die Ewigkeit.

23. Juli

Ich weiß!

Zwei Worte, die so sicher klingen, die aber tief verletzen können. Einmal werden die Worte »Ich weiß!« drohend und bloßstellend gebraucht. »Ich weiß Bescheid!« »Ich kenne dich!« »Ich weiß alles!« Wie Stiche dringen diese nackten Wahrheiten in die Seelen anderer ein und bleiben darin mit ihren spitzen Widerhaken sitzen. Die Freude am Wissen um die Schwächen eines anderen Menschen vergiftet nicht nur die Beziehung, sondern auch das eigene Gemüt. Wissen ohne Liebe macht krank. – Auch Jesus weiß um unsere Schwächen und Sünden, aber sein Wissen ist an die Liebe gebunden. Darum stellt er uns nicht bloß, sondern bietet uns seinen Schutz an. »Ich weiß deine Werke…« klingt bei Jesus nicht drohend, sondern einladend, wenn nötig, auch zur Umkehr (Offenbarung 2 und 3).

Zum anderen sagen wir zu Leidenden und Trauernden »Ich weiß!« Die Worte sind gut gemeint und geben Vertrautheit mit dem Leid des anderen vor. Aber gerade darin sind sie so verletzend. Einer offenbart seine innerste Not, und der Tröstende antwortet »Ich weiß!« Wenn er dann noch seine Leiderfahrungen schildert, bleibt der andere einsam und verletzt zurück. Gerade die angebliche Einfühlung in die Not des anderen offenbart das fehlende Einfühlungsvermögen. Niemand kann wirklich in den Schuhen eines anderen laufen, mit seinem Herzen fühlen und seinen Augen sehen. Jedes Herz erfährt seine eigene Bitterkeit. Keine zwei Leiden sind vergleichbar. Wer sie als Leidender vergleicht, verletzt sich selber. Wer sie als Tröstender vergleicht, verletzt den anderen. In der Vorgabe des Vertrautseins mit dem Schicksal des anderen wird das Vertrauen des Betroffenen zerstört. Das viel tiefere Verständnis liegt in dem Eingeständnis der Unfähigkeit, alles vom anderen begreifen zu können. »Ich weiß!« zu einem Leidenden klingt viel zu überheblich und anmaßend, als könnten wir den anderen ganz verstehen, seine Nöte als eigene nachempfinden. Darin überschätzen wir uns als Tröstende und setzen den Leidenden herab. Die Achtung vor dem Leid des anderen, also die scheinbare Distanz, wäre in diesem Fall die größere Nähe. Man kann mit dem anderen eher eins werden, wenn man ihn in seinem eigenen Schicksal respektiert. Wenn Jesus sagt: »ich weiß deine Trübsal und deine Armut!« (Offenbarung 2,9), ist es nicht zuviel gesagt. Er ist der einzige, der wirklich mit uns leidet und unsere Nöte als seine eigenen erfährt. Seine wirkliche Vertrautheit mit uns macht unser Vertrauen zu ihm nur fester und inniger.

»Ich bin bei euch alle Tage bis an der Welt Ende!« (Matthäus 28,20)

24. Juli

Auf der Flucht

Es lebte einst ein Kaiser in China. Eines Abends ging er über die blühenden Terrassen seiner kaiserlichen Gärten und erfreute sich an der Schönheit seiner Blumen und an dem Duft der Rosen. – Da stürzte sein oberster Gärtner, die Treppe heraufstürmend, dem Kaiser vor die Füße in den Staub. »O mächtiger Herr, höre mich an! Eben sah ich, als ich dort unten deine Rosenbüsche begoss, den leibhaftigen Tod. Dort hinter einem Baum spähte er hervor und drohte mir mit der Faust. Sicher will er mir an das Leben. Leihe mir, Herr, dein schnellstes Pferd Zephir, das rascher als der Westwind ist, und lass mich entfliehen nach Tschanga, deinem entferntesten Schloss, das du in den Bergen versteckt hast. Noch vor Aufgang des Mondes kann ich dort sein. Dort wird mich der Tod nicht finden.« – »Nimm das Pferd! Um sein Leben zu bewahren, muss man alles einsetzen.«

Der Gärtner stürmte davon nach den Ställen. Bald hörte man den silbernen Hufschlag eines entfliehenden Pferdes. – Sinnend ging der Kaiser weiter. Aber plötzlich sah auch er dicht vor sich mitten in den Rosen den Tod. Doch der Kaiser fürchtete sich nicht, sondern trat ihm rasch entgegen und fuhr ihn an: »Warum erschreckst du meinen Gärtner und bedrohst meine Leute vor meinen Augen?« Da verneigte sich der Tod und sprach: »Erhabener Herr, vergib mir, dass ich dich erzürnte. Aber ich habe deinen Gärtner nicht bedroht. Als ich ihn so unerwartet vor mir sah in deinen Rosen, konnte ich ein Zeichen der Verwunderung nicht unterdrücken. Denn heute früh gebot mir der hohe Herr des Himmels, diesen deinen Gärtner heute abend beim Aufgang des Mondes in deinem Schloss Tschanga abzuholen. Darum wunderte ich mich, dass ich ihn hier traf, so weit von jenem Schloss entfernt.«

Da neigte sich der Kaiser ehrfürchtig vor dem unsichtbaren Herrn über Leben und Tod. Und er blickte dann lange in den Kelch einer Rose. Und er dachte: ›Da rast nun der Mann auf dem schnellsten Pferd, das niemand einholen kann, vor dem Schicksal fliehend seinem Schicksal entgegen!‹

»*Wenn ihr umkehrtet und stille bliebet, so würde euch geholfen. Aber ihr wollt nicht und sprecht:* ›*Nein, sondern auf Rossen wollen wir dahinfliegen ... und auf Rennern wollen wir reiten*‹ – *darum werden euch eure Verfolger überrennen!*« (Jesaja 30,15f)

25. Juli

Was ist eigentlich das Leben?

An einem schönen Sommertag um die Mittagszeit war große Stille am Waldrand. Die Vögel hatten ihre Köpfe unter die Flügel gesteckt, und alles ruhte. Da streckte der Buchfink sein Köpfchen hervor und fragte: »Was ist eigentlich das Leben?« Alle waren betroffen über diese schwierige Frage.

Die Heckenrose entfaltete gerade eine Knospe und schob behutsam ein Blatt ums andere heraus. Sie sprach: »Das Leben ist eine Entwicklung.« Weniger tief veranlagt war der Schmetterling. Er flog von einer Blume zur anderen, naschte da und dort und sagte: »Das Leben ist lauter Freude und Sonnenschein.«

Drunten im Gras mühte sich eine Ameise mit einem Strohhalm, zehnmal länger als sie selbst, und sagte: »Das Leben ist nichts als Arbeit und Mühsal.«

Geschäftig kam eine Biene von einer honighaltigen Blume auf die Wiese zurück und meinte dazu: »Nein, das Leben ist ein Wechsel von Arbeit und Vergnügen.« Wo so weise Reden geführt wurden, streckte auch der Maulwurf seinen Kopf aus der Erde und brummte: »Das Leben? Es ist ein Kampf im Dunkeln.«

Nun hätte es fast einen Streit gegeben, wenn nicht ein feiner Regen eingesetzt hätte, der sagte: »Das Leben besteht aus Tränen, nichts als Tränen.« Dann zog er weiter zum Meer. Dort brandeten die Wogen, warfen sich mit aller Gewalt gegen die Felsen und stöhnten: »Das Leben ist wie ein vergebliches Ringen nach Freiheit.« Hoch über ihnen zog majestätisch der Adler seine Kreise. Er frohlockte: »Das Leben, das Leben ist ein Streben nach oben.« Nicht weit vom Ufer entfernt stand eine Weide. Sie hatte der Sturm schon zur Seite gebogen. Sie sagte: »Das Leben ist ein Sichneigen unter eine höhere Macht.«

Dann kam die Nacht. Mit lautlosen Flügeln glitt der Uhu über die Wiese dem Wald zu und krächzte: »Das Leben heißt: Die Gelegenheit nützen, wenn andere schlafen.« Und schließlich wurde es still in Wald und Wiese. Nach einer Weile kam ein junger Mann des Wegs. Er setzte sich müde ins Gras, streckte dann alle Viere von sich und meinte, erschöpft vom vielen Tanzen und Trinken: »Das Leben ist das ständige Suchen nach Glück und eine lange Kette von Enttäuschungen.« Auf einmal stand die Morgenröte in ihrer vollen Pracht auf und sprach: »Wie ich, die Morgenröte, der Beginn eines neuen Tages bin, so ist das Leben der Anbruch der Ewigkeit!« (Ein schwedisches Märchen)

Bei aller Freude und aller Mühsal, bei allem Kampf und allem Dunkel, bei aller Lust und allen Tränen ist unser Leben auf die Ewigkeit hin angelegt. Leben ist Anbruch und Aufbruch, Leben ist auf Kommendes aus, ein echtes Abenteuer.

26. Juli

»Allmächtiger!«

Drei Jungen auf einem Spielplatz unterhalten sich. Der eine will witziger und wichtiger sein als der andere. Einer beginnt: »Mein Onkel ist Pfarrer. Wenn der auf die Straße geht, grüßen die Leute und sagen ›Hochwürden!‹« Der zweite Junge antwortet: »Ich habe einen Onkel, der ist Kardinal. Wenn der durch die Stadt geht, ziehen die Leute den Hut und sagen ›Eminenz!‹« Der dritte Junge wirft ein: »Das ist doch gar nichts. Ich habe einen Onkel, der ist so dick, wenn der auf die Straße geht, drehen sich die Leute um und rufen ›Allmächtiger!‹«

Tausendmal gedankenlos und missbräuchlich als Ausruf des Staunens hingeworfen: »Allmächtiger!« Einmal wäre es als Staunen und Wundern, als Überraschung und Anbetung zugleich am Platz, wenn wir es betend zu Gott sagen: »Allmächtiger!« Gott ist der einzige, der diesen Anruf rechtfertigt. Gott hält alle Macht in seinen Händen. Er ist der Herr der Schöpfung, der Machthaber der Welt, der Gebieter der Geschichte, der König des Lebens, der Sieger über den Tod, der Herr über Zeit und Ewigkeit. Gott ist der Erste und der Letzte, der Einzige und Wahre, der Lebendige und Ewige. Seine Macht hat keine Grenzen, seine Herrschaft kein Ende, seine Größe kein Beispiel. Wir sehen Gottes Macht in der Schöpfung der Welt, in der Geschichte seines Volkes, in der Erlösung der

Menschen, in der Überwindung des Todes in der Auferstehung Jesu. Mit Augen des Glaubens sehen wir Gottes Allmacht überall.

Aber das eigentlich Überraschende und Staunenswerte an der Größe Gottes ist, dass er seine Allmacht an die vollkommene Liebe gebunden hat. Der Machthaber der Welt ist zugleich der Liebhaber des Lebens. Niemand wird unser Leben so liebhaben, versorgen und bedenken können wie der lebendige Gott. Weil Gott in Jesus Christus der Machthaber der Welt und der Liebhaber des Lebens ist, dürfen wir getrost zu ihm Zuflucht nehmen.

»Wer unter dem Schirm des Höchsten sitzt und unter dem Schatten des Allmächtigen bleibt, der spricht zu dem Herrn: Meine Zuversicht und meine Burg, mein Gott, auf den ich hoffe!« (Psalm 91,1f)

27. Juli

Auf der Durchreise

Im 19. Jahrhundert lebte in Polen ein bekannter jüdischer Rabbi mit Namen Hofetz Chaim. Zu ihm kam eines Tages ein Besucher, um einen Rat von ihm zu erbitten. Als der Mann sah, dass die Wohnung des Rabbi aus einem winzigen Zimmer bestand, in dem sich nur eine Bank, ein Tisch mit Stuhl und viele Bücher befanden, fragte er den Rabbi verwundert: »Meister, wo haben Sie ihre Möbel und den Hausrat?« »Wo haben Sie ihre?« erwiderte der Rabbi. »Meine?« fragte der verblüffte Fremde, »ich bin doch nur zu Besuch hier. Ich bin doch nur auf der Durchreise!« »Ich auch!« sagte Hofetz Chaim.

Unser Leben ist eine wunderbare Reise. Beschweren wir uns nicht mit zuviel unnützem Ballast. Wir haben ein großes Ziel und ein wunderbares Zuhause bei Gott. Bis dahin sind wir auf der Durchreise.

»Denn wir haben hier keine bleibende Stadt, sondern die zukünftige suchen wir!« (Hebräer 13,14)

28. Juli

Wo das Glück zu finden ist

Es waren zwei Mönche, die lasen einmal miteinander in einem alten Buch, in welchem die Weisheit und Wahrheit geschrieben stehen: Am Ende der Welt gäbe es einen Ort, an dem der Himmel und die Erde sich berühren, an dem also das große Glück zu finden ist. Sie beschlossen, diesen Ort zu suchen und nicht umzukehren, ehe sie ihn gefunden hätten.

So durchwanderten die beiden die Welt, bestanden unzählige Gefahren, erlitten alle Entbehrungen, die eine Wanderung durch die ganze Welt erfordert: Und alle Versuchungen, die einen Menschen von seinem Ziel abbringen können, wehrten sie ab.

Eine Tür sei dort, so hatten sie gelesen. Man brauche nur anzuklopfen und befinde sich bei Gott.

Schließlich fanden sie, was sie suchten. Sie klopften an die Tür. Bebenden Herzens sahen sie, wie sich die Tür öffnete. Und als sie eintraten und die Augen erhoben, fand sich jeder in seiner Klosterzelle.

Da begriffen sie: Der Ort, wo das große Glück zu finden ist, ja wo Gott begegnet, befindet sich nicht am Ende der Welt, sondern hier auf dieser Erde, an der Stelle, die uns Gott zugewiesen hat.

29. Juli

Durch den Horizont sehen

Mit Tränen in den Augen zimmert der Missionar den kleinen Sarg für seinen gestorbenen Jungen. Drei kleine Kinder ließen die Missionarsleute in ihrer Heimat. Zu ihrer Freude wurde ihnen vor einem Jahr das vierte Kind hier im Papuadorf in Neuguinea geboren. Wie hatten die Eingeborenen das kleine, weiße Menschenkind bestaunt. Wie hatten sie gelacht, wenn der kleine Junge seine Händchen nach ihnen ausstreckte. Nun lag der kleine Sonnenschein kalt und tot da, und der Vater zimmerte den Sarg. Von ferne standen die Dorfbewohner. Einige wagten sich in die Nähe des Missionars. Einer sagte: »Dein Sohn ist tot, werdet ihr nun fortgehen?« »Nein«, erwiderte der Missionar, »wir bleiben hier.« Nachdenklich schaute der Mann dem Missionar zu. Dann begann er wieder: »Aber ihr werdet auch einmal sterben, was machen dann eure Kinder?« »Da haben wir keine Sorge, die sind in Gottes Hand.« »Missionar«, sagte der Eingeborene, »was seid ihr Jesusleute doch für Menschen. Ihr fürchtet den Tod nicht, und ihr könnt durch den Horizont sehen!« »Ja«, sagte der Missionar, »wir können durch den Horizont sehen!« Und wie er so spricht, fällt ihm ein, dass es in der Papuasprache kein Wort für Hoffnung gibt. Das war ein gutes Wort für Hoffnung. Hoffnung haben heißt durch den Horizont sehen. Dorthin sehen, wo Jesus ist – die Hoffnung für die ganze Welt.

»Hoffnung aber lässt nicht zuschanden werden, denn Gottes Liebe ist ausgegossen in unser Herz!« (Römer 5,5)

30. Juli

Mit Augen des Glaubens

Ein Mann wird von seinen Arbeitskollegen wegen seiner hässlichen Frau verspottet. Er bleibt ruhig und antwortet ihnen: »Wenn ihr meine Augen hättet, fändet ihr sie auch schön!«

So ist es mit dem Glauben und der Liebe. Mit Augen der Liebe gesehen, sind die Menschen schön. Oft genug ist unser Leben grausam entstellt durch Lüge und Neid, Streit und Eifersucht. Aber mit den Augen der Liebe gesehen, sieht alles ganz anders aus. Auch die oft so kümmerliche Gestalt der christlichen Gemeinde sehen wir mit Augen des Glaubens in einem ganz anderen Licht. Da ist die Gemeinde der Leib und das Eigentum Christi, das wächst und ausreift zur Vollendung. Oder die Gemeinde erscheint als die Braut Christi, die zur Hochzeit zubereitet wird.

Mit Augen der Liebe gesehen, bekommt alles einen anderen Glanz und eine Schönheit, die von innen nach außen strahlt. Ohne die Augen der Liebe wären wir alle hässlich und unansehnlich. Aber Gott sieht uns mit den Augen seiner unendlichen Liebe. Das ist unsere Chance. Gott sieht über unsere Fehler und Schwächen, Sünden und Entstellungen nicht hinweg, aber er sieht darüber die Möglichkeit, durch seine Liebe verwandelt zu werden in sein Bild. Gott sieht in seiner Liebe über uns das Bild seines Sohnes, Jesus Christus.

»*Hat nicht Gott erwählt die Armen auf dieser Welt, dass sie am Glauben reich seien und Erben des Reichs, welches er verheißen hat denen, die ihn lieb haben?*«
(Jakobus 2,5)

31. Juli

Himmel und Hölle gewinnen

Ein Rabbi bat Gott einmal darum, den Himmel und die Hölle sehen zu dürfen. Gott erlaubte es ihm und gab ihm den Propheten Ella als Führer mit. Ella führte den Rabbi zuerst in einen großen Raum, in dessen Mitte auf einem Feuer ein Topf mit einem köstlichen Gericht stand. Rundum saßen Leute mit langen Löffeln und schöpften alle aus dem Topf. Aber die Leute sahen blass, mager und elend aus. Denn die Stiele ihrer Löffel waren viel zu lang, sodass sie das herrliche Essen nicht in den Mund bringen konnten.

Als die Besucher wieder draußen waren, fragte der Rabbi den Propheten, welch ein seltsamer Ort das gewesen sei. Es war die Hölle.

Daraufhin führte Ella den Rabbi in einen zweiten Raum, der genau aussah wie der erste. In der Mitte des Raumes brannte ein Feuer, und dort kochte ein köstliches Essen. Leute saßen ringsum mit langen Löffeln in der Hand. Aber sie waren alle gut genährt, gesund und glücklich. Sie versuchten nicht, sich selbst zu füttern, sondern benutzten die langen Löffel, um sich gegenseitig zu essen zu geben. Dieser Raum war der Himmel!

»*Siehe, wie fein und lieblich ist's, wenn Brüder einträchtig beieinander wohnen! Dort verheißt der Herr den Segen und Leben bis in Ewigkeit!*«
(Psalm 133,1.3)

1. August

Der wirkliche Reichtum

Es war einmal ein kleines Mädchen, dem waren Vater und Mutter gestorben, und es war so arm, dass es kein Zimmer mehr hatte, darin zu wohnen, und kein Bett mehr, darin zu schlafen, und endlich gar nichts mehr als die Kleider auf dem Leib und ein Stück Brot in der Hand, das ihm ein mitleidiger Mensch geschenkt hatte. Es war aber gut und fromm. Und weil es von aller Welt verlassen war, ging es im Vertrauen auf Gott hinaus. Da begegnete ihm ein armer Mann, der sprach: »Ach, gib mir etwas zu essen, ich bin so hungrig.« Das Mädchen reichte ihm das ganze Stück Brot und sagte: »Gott segne dir's«, und ging weiter.

Da kam ein Kind, das jammerte und sprach: »Es friert mich so an meinem Kopfe, schenk mir etwas, womit ich ihn bedecken kann.« Da nahm das Mädchen seine Mütze ab und gab sie ihm. Und als das Mädchen noch eine Weile gegangen war, kam wieder ein Kind und hatte keinen Pullover an und fror: da gab es ihm seinen; und noch weiter, da bat ein Kind um einen Rock, den gab es auch von sich hin.

Endlich gelangte das Mädchen in einen Wald, und es war schon dunkel geworden. Da kam noch ein Kind und bat um ein Hemd, und das Mädchen dachte: ›Es ist dunkle Nacht, da sieht dich niemand, du kannst wohl dein Hemd weggeben‹, und zog das Hemd ab und gab es auch noch hin. Und wie das Mädchen so stand und gar nichts mehr hatte, fielen auf einmal die Sterne vom Himmel und waren lauter silberne Taler. Und ob das Mädchen gleich sein Hemd weggegeben hatte, so hatte es ein neues an, und das war vom allerfeinsten Linnen. Da sammelte es die Taler hinein und war reich für sein Lebtag. (Brüder Grimm)

»Selig sind die Barmherzigen; denn sie werden Barmherzigkeit erlangen!« (Matthäus 5,7)

2. August

Der Traum vom Glück

»Es war einmal ein Prinz, weit drüben im Märchenlande. Weil der nur ein Träumer war, liebte er es sehr, auf einer Wiese nahe dem Schlosse zu liegen und träumend in den blauen Himmel zu starren. Denn auf dieser Wiese blühten die Blumen größer und schöner als sonstwo. Und der Prinz träumte von weißen Schlössern mit hohen Spiegelfenstern und leuchtenden Söllern.

Es geschah aber, dass der alte König starb. Nun wurde der Prinz sein Nachfolger. Und der neue König stand nun oft auf den Söllern seines weißen Schlosses mit den hohen Spiegelfenstern. Und er träumte von einer kleinen Wiese, wo die Blumen größer und schöner blühten als sonstwo.«

Dies Märchen von Bertolt Brecht erinnert uns daran, dass wir das Glück immer dort vermuten, wo wir nicht sind. Immer das, was andere haben oder woanders ist, wäre das Glück. So sind wir mehr vom Fehlenden bestimmt als von dem Vorhandenen erfüllt. Die Macht des Fehlenden gewinnt über uns eine traurige Gewalt. Wir übersehen das Glück, das wir haben, indem wir von dem Glück träumen, das woanders wohnt. So betrügen wir uns selbst um ein fröhliches und dankbares Leben. Lassen wir uns von der Macht des Fehlenden erlösen und zu einem Blick für das Vorhandene befreien.

»*Seid allezeit fröhlich, betet ohne Unterlass, seid dankbar in allen Dingen!*« (1. Thessalonicher 5,16–18)

3. August

Ton in Ton

Mit wie viel Liebe richten wir unsere Wohnungen ein. Wir verwenden große Sorgfalt auf die Ausgestaltung unserer Lebensräume. Mit Fantasie und Geschmack wählen wir die Dinge aus, die ein Heim schön und gemütlich machen. Vorhänge und Teppiche harmonieren, Möbel und Tapeten passen gut zueinander, Lampen und Bilder sind fein aufeinander abgestimmt. Wunderbare Farben, herrliche Formen, alles Ton in Ton, stilvoll, wertvoll, schön und angenehm.

Viele Familien lassen es sich etwas kosten, um in harmonischen Räumen zu leben. Aber wir denken zu wenig an die Harmonie untereinander. Leben Mann und Frau, Eltern und Kinder, Brüder und Schwestern auch Ton in Ton miteinander? Wie viel wichtiger ist die Übereinstimmung der Herzen und Seelen. Erst die Liebe und das Vertrauen zueinander machen eine Wohnung zu einem Heim. Nicht Teppiche und Möbel, wohl aber Verständnis und Geduld, Achtung und Wertschätzung der Menschen untereinander machen die Wärme und Geborgenheit eines Hauses aus. Wie viele Lebenskräfte wenden Menschen auf, um sich ein Haus zu bauen, einzurichten und zu erhalten! Und wie viele Lebenskräfte investieren wir in die größere Aufgabe der Harmonie untereinander?

Mit wie viel Hingabe polieren wir unsere Autos. Jeder Fleck wird mit Sorgfalt beseitigt. Ein Kratzer am »heiligen Blech« oder gar eine Beule bedeuten ein großes Unglück. Aber die Kratzer in den Seelen und die Verletzungen in den Herzen unserer Nächsten lassen wir unbehandelt. Die wirklich wichtigen Werte des Lebens, die Herzen und die Beziehungen, Liebe und Familie, Freundschaft und Nachbarschaft, lassen wir ungepflegt und verkommen und rasen mit blinkenden Autos ins Abseits des Lebens.

Bei Gott gehen Menschen vor Sachen und Herzen vor Material. Lieber ein zerkratztes Auto und eine heile Familie. Lieber einen Teppich weniger und eine gemeinsame Freude mehr. Ton in Ton unter den Menschen ist wichtiger als unter den Möbeln.

»Nun aber bleiben Glaube, Hoffnung, Liebe, diese drei; aber die Liebe ist die größte unter ihnen!« (1. Korinther 13,13)

---

4. August

Wo Gott wohnt

Zwei Brüder wohnten einst auf dem Berg Morija. Der jüngere war verheiratet und hatte Kinder. Der ältere war unverheiratet und allein. Die beiden Brüder arbeiteten zusammen. Sie pflügten ihre Felder zusammen und streuten gemeinsam das Saatgut auf das Land. Zur Zeit der Ernte brachten sie das Getreide ein und teilten die Garben in zwei gleich große Stöße, für jeden einen Stoß Garben.

Als es Nacht geworden war, legte sich jeder der beiden Brüder bei seinen Garben zum Schlafen nieder. Der Ältere aber konnte keine Ruhe finden und dachte bei sich: »Mein Bruder hat Familie, ich dagegen bin allein und ohne Kinder, und doch habe ich gleich viele Garben genommen wie er. Das ist nicht recht!«

Er stand auf und nahm von seinen Garben und schichtete sie heimlich und leise zu den Garben seines Bruders. Dann legte er sich wieder hin und schlief ein.

In der gleichen Nacht, geraume Zeit später, erwachte der Jüngere. Auch er musste an seinen Bruder denken und sprach in seinem Herzen: »Mein Bruder ist allein und hat keine Kinder. Wer wird in seinen alten Tagen für ihn sorgen?«

Und er stand auf, nahm von seinen Garben und trug sie heimlich und leise hinüber zu dem Stoß des Älteren. Als es Tag wurde, erhoben sich die beiden Brüder. Und jeder war erstaunt, dass die Garbenstöße die gleichen waren wie am Abend zuvor. Aber keiner sagte darüber zum anderen ein Wort. In der zweiten Nacht wartete jeder ein Weilchen, bis er den anderen schlafen wähnte. Dann erhoben sich beide und jeder nahm von seinen Garben, um sie zum Stoß des anderen zu tragen. Auf halbem Weg trafen sie aufeinander, und jeder erkannte, wie gut es der andere mit ihm meinte. Da ließen sie ihre Garben fallen und umarmten einander in herzlicher und brüderlicher Liebe.

Gott im Himmel aber schaute auf sie herab und sprach: »Heilig ist mir dieser Ort. Hier will ich unter den Menschen wohnen!«

(Nach Nicolai Erdelyi)

»Das ist mein Gebot, dass ihr euch untereinander liebet, gleichwie ich euch liebe!« (Johannes 15,12)

5. August

Das Leben feiern

Für die Juden ist der Sabbat mehr als nur ein Ruhetag. Sie nennen den Feiertag eine Braut oder eine Königin. Es ist etwas Hochzeitliches, Festliches um den Sabbat. Er ist die Krönung der Alltage mit ihrer Arbeit und Mühe, Sorge und Last. Der Sabbat ist die Krönung des Daseins. Gott lädt sein Volk ein zu den Vollendungsfeierlichkeiten seiner Schöpfung. Menschen sollen teilhaben an der Schöpfungsfreude Gottes. Sie sollen mit ihm das Geschaffene schauen und es mit den Augen Gottes sehr gut, sehr gelungen finden.

Das Werk eines Künstlers ist nicht zu Ende, wenn es fertig ist. Jetzt erst beginnt seine Wirkungsgeschichte. Die Schöpfung geht weiter.

Gott vollendete und ruhte am siebenten Tag. Sein Ziel ist die Vollendung und schöpferische Ruhe. Dann segnete und heiligte Gott den siebenten Tag. Das erinnert uns daran, dass unser Leben letztlich nicht durch die Arbeit und Leistung, sondern durch Gottes Segen und Heiligung vollendet wird. Die Krönung des Lebens empfangen wir aus seiner segnenden und heiligenden Hand.

Der Feiertag ist darum vollendetes Sein mit Gott. An diesem Tag geschieht die Verwandlung von Arbeitsmenschen in Feiertagsmenschen, von Gebeugten zu Königen. Am Feiertag erneuert und vollendet sich unser Leben. Wir werden mit Gott eins. Ist das zu hoch, zu viel, zu schön, um wahr zu sein? Auch das wissen die Juden. Glauben sie doch, dass der Messias kommt, wenn sie einen einzigen Sabbat vollendet feiern können. Wie unendlich schwer muss es also für uns Menschen sein, einen einzigen Feiertag wirklich vollkommen zu halten.

Doch Gott hat seinen Messias gesandt und sein Heil geschenkt. Denn auch dann ist er nicht an unsere Leistung, sondern an seine Liebe gebunden. Das Heil hängt an Jesus und nicht am Halten von Feiertagen. Aber um wie viel Lebensfreude und schöpferische Ruhe bringen sich Menschen, wenn sie Gottes Hochzeitstage zu Tagen voller Stress und Hektik, Lärm und Unruhe, Reisen und Rasen machen? Wer sich Zeit nimmt für Gott, verliert nichts. Er gewinnt Ruhe und Frieden, Leben und Heil, Zeit und Ewigkeit!

Gott gab der Seele einen Feiertag. Und wir müssen dem Feiertag eine Seele geben: die Zeit für Gott!

6. August

Das Leben geht rund

Ein Kugelschreiber besteht aus vielen unterschiedlichen Teilen. Alle zusammen bilden ein nützliches Ganzes. Winzig, aber wichtig ist die kleine Kugel in der Mine, nach der der Schreiber benannt ist. Die Kugel ist klein, aber ohne sie läuft nichts.

Auch der Mensch lebt in einem großen Zusammenhang. Im Blick auf den Kosmos ist der Mensch winzig, aber für die Gestaltung des Lebens wichtig. Wie die kleine Kugel lebt der Mensch sorgsam eingefasst und ist in die größeren Zusammenhänge des Lebens sinnvoll eingebunden.

Eines Tages möchte die kleine Kugel vielleicht ihre Freiheit. Sie will nicht immer in der Mine rollen, von höherer Hand geführt, einen Sinn erfüllen. Sie will raus und frei sein. Bricht man die Mine auf, wird das Ganze zerstört. Die Kugel erhält ihre Freiheit. Sie rollt auf die Erde, verschwindet in einer Fußbodenritze, wird zertreten oder landet irgendwo tief im Dreck. Sie ist zwar frei, aber sinnlos. Sie wird nicht mehr geführt, aber sie ist verschwunden. Sie hat die Fassung verloren, den Halt, den Sinn, den Zusammenhang. Sie ist frei, aber allein und wertlos.

In der Mine eingefasst, in das Ganze eingebunden, von sorgsamer Hand geführt, ist die Kugel wirklich frei. Sie kann sich nach allen Richtungen drehen und wenden. Ihr kleines Kugelleben ist wunderbar geborgen und sinnvoll. Indem sie rollt, bringt sie die Farbe der Mine auf das Papier.

Gott möchte mit unserem Leben seine Geschichte schreiben. Wir sollen, indem unser Leben von seiner Hand geführt wird, seine Liebe zu den Menschen bringen. Gott will seine Liebesbriefe, Trostbriefe, Mahnbriefe an Menschen schreiben und möchte unser Leben dazu benutzen. Unser Leben geht rund für Gott und seine Absichten. In der Hand Gottes werden wir nicht eingeengt, sondern bewahrt und festgehalten, dazu noch gebraucht und sinnvoll eingesetzt.

Wollen wir als winzige Menschen in irgendeiner Ritze der Weltgeschichte verschwinden, sinnlos von irgendeiner Macht zertreten werden? Oder soll unser Leben in die Liebe Jesu eingefasst, von Gottes Hand geführt rund gehen und abrollen, geborgen und bewahrt, gebraucht und sinnvoll sein? Mein Leben geht rund für Jesus. Das ist meine Freiheit und Geborgenheit zugleich.

»Das ist meine Freude, dass ich mich zu Gott halte und meine Zuversicht setze auf Gott den Herrn, dass ich verkündige all dein Tun!«
(Psalm 73,28)

7. August

Zwischen Zufall und Zerfall

»Wir Menschen sind aus Zufall geboren, leben weiter aus Schwäche und sind zu feige, uns umzubringen«, soll Jean-Paul Sartre gesagt haben. Am Anfang des Lebens soll der Zufall stehen, am Ende das Nichts, der Zerfall. Dazwischen liegt ein kurzes, von Angst verkrampftes, von Gier verzehrtes Leben. Zwischen Zufall und Zerfall bleibt nur die letzte Sinnlosigkeit und Leere. Das Leben bleibt von Überheblichkeit und Vermessenheit einerseits und Feigheit und Schwäche andererseits gekennzeichnet. Aus dem Nichts und in das Nichts kann das Leben selbst auch nur ein Nichts sein.

Dem ehrlichen Bekenntnis zum Nihilismus steht das überzeugende Bekenntnis von Menschen gegenüber, die für ihr Leben eine wunderbare Entdeckung gemacht haben. Menschen sind aus der Liebesabsicht Gottes geboren, reifen unter der Fürsorge Gottes zu dem großen Ziel, einmal ewig mit Gott verbunden zu sein.

»Herr, du erforschest mich und kennest mich.
Ich danke dir dafür, dass ich wunderbar gemacht bin.
Deine Augen sahen mich, als ich noch nicht bereitet war,
und alle Tage waren in dein Buch geschrieben,
die noch werden sollten und von denen keiner da war.
Am Ende bin ich noch immer bei dir!«
(aus Psalm 139)

8. August

Wohin soll denn die Reise gehen?

Wonach richtet der Kapitän den Kurs seines Schiffes, um sicher zum Ziel seiner Reise zu kommen? Nach den Wellen und Wogen? Nein, die kommen und gehen, von hier und von dort. Nach dem Wind? Nein, der dreht und wendet sich nach geheimnisvollen Gesetzen. Nach dem Wohlbefinden der Reisenden? Nein, das wechselt zu sehr. Einmal tanzen sie fröhlich im Salon. Dann liegen sie elend und seekrank herum. Nach eigenem Gutdünken? Nein, der Kapitän kann sich auf dem offenen Meer unmöglich orientieren und die Richtung finden und halten.

Der Kapitän eines Schiffes bestimmt den Kurs nach der Seekarte und dem Kompass. Um beide richtig ablesen zu können, braucht er eine Ausbildung und Unterweisung.

Wonach richten wir den Kurs unseres Lebens? Nach den Wellen der Begeisterung, den Winden des Zeitgeistes, den Strömungen der Mode, nach dem Wohlbefinden der Menschen, nach Lust und Laune, nach Denken und Erfahren?

Ein kluger Mensch richtet sein Leben nach dem Worte Gottes. Das ist unsere Seekarte. Darin sind die Lebenswege, aber auch die Gefahren und Klippen eingezeichnet. Der Kompass, der uns die Richtung finden und einhalten lässt, ist die Liebe Christi. Die Kraft, die Christus treibt und immer in die Richtung des Lebens weist, hilft uns, aus dem Wort Gottes richtig zu leben. Und zu allem brauchen wir die Unterweisung und das gute Licht des Heiligen Geistes, der uns hilft, die Karte und den Kompass richtig zu lesen und so zu gebrauchen, dass unser Lebensschiff ans Ziel seiner Reise kommt.

»*In keinem andern ist das Heil, ist auch kein andrer Name den Menschen gegeben, darin wir sollen selig werden!*« (Apostelgeschichte 4,12)

9. August

Ratschläge für Eilige

Eines Tages fuhr ich mit meinem Wagen in die Ferien. In einer kleinen badischen Stadt machte ich halt und ging in ein Gasthaus, um zu Mittag zu essen. Das Lokal war ziemlich besetzt. Ich war ungeduldig, dass ich so lange warten musste, bis die Kellnerin meine Bestellung aufnahm. Dann wartete ich. Aber das Essen kam und kam nicht. Ich wurde zappelig vor Unruhe, griff nach einer Zeitung, las und stieß auf einen interessanten Artikel über die Hast und Eile des modernen Menschen. Der Artikel schloss mit den Sätzen: »Wenn Sie sich um 13.30 Uhr beim Essen beeilen, können Sie um 14.15 Uhr bereits mit ihrem Auto vor einer Mauer landen. Sie können schon im 14.30 Uhr im Krankenhaus sein. Kurz, wenn Sie sich immer beeilen, kommen Sie zu ihrer eigenen Beerdigung zurecht!«

Zuerst musste ich lachen. Doch dann spürte ich plötzlich den tödlichen Ernst. Zu unserer eigenen Beerdigung kommen wir ganz bestimmt zurecht. Da brauchen wir nicht zu hetzen. Unsere Beerdigung findet nicht ohne uns statt. Der Tod holt uns schon ein. Auch zum Gericht Gottes nach dem Tod kommen wir ganz bestimmt zurecht. Zeitlich kommen wir zurecht. Aber das ist die viel wichtigere Frage, ob wir mit dem Sterben und dem Gericht Gottes zurechtkommen.

Alle Eile war von mir abgefallen. Es war mir plötzlich deutlich: Es gibt gar keine wichtigere Sorge für den Menschen als die: Wie komme ich im Sterben und im Gericht Gottes zurecht? Wie kann ich selig sterben und im Gericht Gottes bestehen? Alle eiligen Menschen sollten sich um diese Fragen mühen und Zeit nehmen. Ich bin froh, dass ich die Antwort kenne. Die Antwort ist ein einziger Name: Jesus! Jesus, der am Kreuz für uns – ach so eilige, verlorene, gehetzte Menschen starb, kann uns im Tode und im Gericht Gottes retten und bewahren. Lassen Sie uns einhalten mit unserer Eile. Wir wollen uns Zeit nehmen, Jesus zu suchen und das Leben zu finden.

(Wilhelm Busch)

10. August

Leichtfertig und schwermütig

Im Wald treffen sich der Hase Leichtfertig und der Bär Schwermütig. Der Hase hüpft fröhlich daher, hat seine Löffel lustig aufgestellt, kratzt heiter seine Kurven in den Waldboden, trällert übermütig ein Lied in den warmen Tag hinein. Der Bär trottet müde und traurig daher, seine Ohren hängen schlaff herunter, seine Stimme ist verzweifelt, seine Augen sind matt und der kräftige Körper von Schwermut gelähmt. »Ach, es hat alles keinen Sinn, die Welt geht kaputt, die Bäume sind krank, die Luft verpestet, die Wasser vergiftet, der Honig ist auch nicht mehr in Ordnung nach Tschernobyl. Es ist alles so traurig und aussichtslos! Am besten verkrieche ich mich in einer Höhle und schlafe für immer ein.«

Der Hase antwortet dem Bär: »Nimm das Leben nicht so schwer, du guter, alter brauner Bär! Nimm es leicht und locker, genieße die Tage und das Leben. Mach dir nicht so viele Sorgen, du änderst nichts. Lass die Fragen und Probleme. Freu dich an der Sonne, leb sorglos in den Tag hinein. Irgendwie geht es immer weiter, und am Ende müssen doch alle sterben.«

Leicht mit allem fertig sind die einen, schwer nehmen es die anderen. Überheblich tönen die einen, verzweifelt jammern die anderen. »Noch nie ging es uns so gut!« lauten die rosaroten Parolen. »Noch nie war alles so schlimm!« stehen die tiefschwarzen Prognosen dagegen.

Zwischen leichtfertig und schwermütig, zwischen überheblich und resigniert, zwischen rosarot und pechschwarz, zwischen Schönfärberei und Schwarzmalerei gibt es einen wunderbaren dritten Weg, der ehrlich die Nöte und Chancen sieht und liebevoll sein Leben einsetzt für Gott und seine Gemeinde, für Gott und seine Schöpfung, für Gott und seine Geschichte. Christen sind nicht lässig, aber gelassen, denn Christus ist der Herr! Christen sind nicht träge, sondern tragfähig, denn Jesus gebraucht unser Leben. Christen sind nicht übermütig, aber mutig, denn sie haben eine Zukunft mit Gott!

»Ihr aber, seid getrost und lasst eure Hände nicht sinken; denn euer Werk hat seinen Lohn!« (2. Chronik 15,7)

11. August

Kinderspiel

Das Leben ist kein Kinderspiel. Wirklich nicht. Aber die Kinderspiele sind ein Ausdruck der Lebenswirklichkeit. Alle klassischen Kinderspiele spiegeln das Alltagsleben wider. Schon Adam und Eva fingen damit an, sich zu verstecken, als sie schuldig geworden waren. Verbergen und Verstecken sind reizvolle und notvolle Lebensweisen geworden. Auch das »Schwarze-Peter-Spiel« begann schon unter den ersten Menschen. Adam schiebt den Schwarzen Peter der Eva und Eva der Schlange zu. So wird in der langen Geschichte der Menschen bis heute gespielt, indem einer dem anderen die Verantwortung zuschiebt. Mit welcher Lust spielen Kinder »Mensch-ärgere-dich-nicht'«. Andere rausschmeißen, selber vorankommen. Mancher bleibt auf der Strecke, jeder möchte seine Steine nach Hause und in Sicherheit bringen. Das ist doch kein Spiel, sondern die harte Alltagswirklichkeit unseres Lebens. Auch das königliche Spiel ist ein Abbild des Menschen. Schach bietet tausend Möglichkelten, aber immer ist das Ziel dasselbe, den Gegner matt zu setzen. König und Dame sind die wichtigen, die dummen Bauern die unwichtigen Figuren auf dem Feld des Lebens. Die Bauern werden geopfert, die Läufer müssen rennen, die Springer springen, der Turm muss in der Schlacht bestehen. Alles dreht sich um den König, aber die Dame ist im Grunde viel wirkungsvoller, und ohne die Dame sieht es schlecht aus. So ist das Leben.

Auch das beliebte Kinderspiel, das auf den Bürgersteigen gespielt wird, Himmel und Hölle, erinnert an den Ernst des Lebens. Jeder hat den Traum vom Himmel, und schnell ist man wieder unten in der Hölle gelandet. Und dann noch die kindliche Lust am Verkleiden und Maskieren. Wie amüsant sind Kindermaskeraden. Aber sind das nicht die Weisen, mit denen wir Erwachsenen voreinander bestehen? Verkleidet und maskiert, und das wahre Gesicht verbirgt sich hinter kostbaren und kunstvollen Masken. Und schließlich sind auch alle Kampfspiele, die man Kindern ohne Erfolg verbietet, ein Ausdruck tiefer Menschenart. Andere besiegen, unterkriegen und oben bleiben sind letzte und starke Wünsche des menschlichen Herzens. – Nein, unser Leben ist kein Kinderspiel. Die Welt, in der wir leben, ist kein Spielplatz, kein Schauplatz, sondern immer und für jeden der Ernstfall. Unser Leben ist einmalig und kostbar, wertvoll und hoch angesetzt. Darum wollen wir es nicht verspielen und vertändeln, zum Theater oder Schauspiel degradieren, sondern richtig leben, erfüllen und auch einmal vollenden bei dem, der das Leben ist, aus dem es quillt, zu dem es hinzielt, dem lebendigen Gott.

»Bel dir ist die Quelle des Lebens!« (Psalm 36,10)

12. August

Was Liebe vermag

In einem Dorf lebte ein Christ, mit dem man allerhand Schabernack trieb. Man wollte den »Frommen« ärgern und ihn auf die Probe stellen. Eines Tages trieben es die Dorfjungen besonders arg. Jemand kam auf die Idee: »Decken wir dem Sepp das Dach ab. Mal sehen, wie fröhlich er bleibt, wenn er morgens aufwacht und sein Dach ist fort!« – Gesagt, getan. In aller Vorsicht deckten sie über Nacht das Dach ab, blieben aber doch nicht unbemerkt. Der Sepp überlegte: »Schimpfen, die Polizei rufen, alle verhaften lassen?« Nein, der Christ entschied anders. Als das Unternehmen beendet war und die jungen Leute sich verziehen wollten, stand plötzlich der Sepp in der Tür und sagte zu ihnen: »Ihr habt die ganze Nacht so schwer gearbeitet, jetzt braucht ihr erst mal ein ordentliches Frühstück. Kommt herein, ich habe alles gerichtet!«

Selbstverständlich haben die Burschen nach dem ausgiebigen Frühstück die Dachziegel wieder eingedeckt. So war das Dach wieder heil. Die Beziehung war nicht durch Hass oder Rache vergiftet. Und mancher der jungen Leute kam durch das Verhalten des Sepp zum Glauben an Jesus Christus. Was doch die Liebe vermag!

Jesus sagt: »Liebet eure Feinde; segnet, die euch fluchen; tut wohl denen, die euch hassen; bittet für die, so euch beleidigen und verfolgen, auf dass ihr Kinder seid eures Vaters im Himmel!«

(Matthäus 5,44f)

13. August

Das Böse überwinden

Der bekannte Evangelist Dapozzo erzählt: »Jahrelang habe ich um meines Glaubens willen in einem deutschen Konzentrationslager gelitten. Ich wog nur noch 45 Kilogramm, und mein ganzer Körper war mit Wunden bedeckt. Mein rechter Arm war gebrochen und ohne ärztliche Behandlung gelassen. Am Weihnachtsabend 1943 ließ mich der Lagerkommandant rufen. Ich stand mit bloßem Oberkörper und barfuß vor ihm. Er saß an einer reichgedeckten, festlichen Tafel. Stehend musste ich zusehen, wie er sich die Leckerbissen schmecken ließ. Da wurde ich vom Bösen versucht: ›Dapozzo, glaubst du immer noch an den 23. Psalm: Du bereitest vor mir einen Tisch im Angesicht meiner Feinde, du salbest mein Haupt mit Öl und schenkest mir voll ein. Gutes und Barmherzigkeit werden mir folgen mein Leben lang!‹ Im stillen betete ich zu Gott und konnte dann antworten: ›Ja, ich glaube daran!‹ Die Ordonanz brachte Kaffee und ein Päckchen Kekse. Der Lagerkommandant aß sie mit Genuss und sagte zu mir: ›Ihre Frau ist eine gute Köchin, Dapozzo!‹ Ich verstand nicht, was er meinte. Er erklärte es mir: ›Seit Jahren schickt ihre Frau Pakete mit kleinen Kuchen, die ich immer mit Behagen gegessen habe.‹ Wieder kämpfte ich gegen die Versuchung an. Meine Frau und meine vier Kinder hatten von ihren ohnehin kargen Rationen Mehl, Fett und Zucker gespart, um mir etwas zukommen zu lassen. Und dieser Mann hatte die Nahrung meiner Kinder gegessen. Der Teufel flüsterte mir zu: ›Hasse ihn, Dapozzo, hasse ihn!‹ Wieder betete ich gegen den Hass an um Liebe. Ich bat den Kommandanten, wenigstens an einem der Kuchen riechen zu dürfen, um dabei an meine Frau und meine Kinder zu denken. Aber der Peiniger gewährte mir meine Bitte nicht. Er verfluchte mich.

Als der Krieg vorüber war, suchte ich nach dem Lagerkommandanten. Er war entkommen und untergetaucht. Nach zehn Jahren fand ich ihn schließlich und besuchte ihn zusammen mit einem Pfarrer. Natürlich erkannte er mich nicht. Dann sagte ich zu ihm: ›Ich bin Nummer 17531. Erinnern Sie sich an Weihnachten 1943?‹ Da bekam er plötzlich Angst. ›Sie sind gekommen, um sich an mir zu rächen?‹ ›Ja‹, bestätigte ich und öffnete ein großes Paket. Ein herrlicher Kuchen kam zum Vorschein. Ich bat seine Frau, Kaffee zu kochen. Dann aßen wir schweigend den Kuchen und tranken Kaffee. Der Kommandant begann zu weinen und mich um Verzeihung zu bitten. Ich erzählte ihm, dass ich ihm um Christi willen vergeben hätte. Ein Jahr später bekehrte sich dieser Mann und seine Frau zu Christus.«

»Lass dich nicht vom Bösen überwinden, sondern überwinde das Böse mit Gutem!« (Römer 12,21)

14. August

Im Schutz des großen Baumes

Großer Baum (Igabiro) heißt ein Behindertenheim in Afrika, das von der evangelischen Kirche Tansanias westlich des Viktoriasees geführt wird. Sechzig behinderte Menschen finden hier Aufnahme und Geborgenheit. Im Schutz des »Großen Baumes« werden Menschen, die sonst hilflos und ratlos wären, betreut und versorgt. Fürsorge und Lebenshilfe wird mit einem großen Baum verglichen, der Schatten spendet, Schutz gewährt, wie ein Dach zudeckt, einen festen Stamm zum Anlehnen bietet und Früchte zum Überleben bringt.

Unser Leben kann wie ein guter, großer Baum sein. Es wurzelt ganz tief in der Liebe Gottes. Es wächst hoch auf unter der Sonne seiner Barmherzigkeit. Es breitet sich einladend weit aus zum Schutz und Schatten für andere Menschen. Es hat einen festen, starken Stamm, der in Stürmen Halt und Bewahrung schenkt. Unser Leben wächst dem Himmel entgegen und bringt dabei kostbare Früchte hervor.

Ein Baum ist schön und wie ein Zeichen.
Wir Menschen können Bäumen gleichen.
Die Wurzeln greifen tief nach innen,
um Halt im Erdreich zu gewinnen.
Sie trotzen jedem Wind und Wetter
und tragen Stamm, Geäst und Blätter.
Wenn wir mit Gott verbunden leben,
wird er uns Halt und Stärke geben.
Ein Baum am Wasser kann gedeihen,
hat frisches, grünes Laub zum Freuen.

Es blüht und öffnet sich zum Lichte
und bringt zu seiner Zeit viel Früchte.
Wenn wir mit Gott verbunden leben,
wird er uns Frucht und Freude geben.
Ein Baum ist schön und wie ein Zeichen.
Wir Menschen sollen Bäumen gleichen.

(G. Otto)

15. August

Ein Abbild unseres Lebens

»Mit den Bäumen seid vorsichtig. Die Vögel hängen ihre Nester und die Kinder ihre Träume darin auf. Der müde Wanderer, der Sonnenglut überdrüssig, sucht ihren Schatten. Und wir alle sehen in ihnen im Ablauf des Jahres ein Bild unseres Lebens. Darum seid vorsichtig mit den Bäumen!«
(Marie Hüsing)

Bäume sind wie das Leben, stark und zart zugleich. Sie stehen voller Kraft und sind doch stark bedroht, wie die Menschen. Bäume sind ein Abbild unseres Lebens. Jede Baumwurzel sagt uns, dass unser Leben einen guten Nährboden zum Wachsen braucht. Ein Stamm erinnert an Jahre und Generationen von Menschen, an Werden und Reifen, Geschichte und Fortgang. Zweige und Äste eines Baumes weisen auf die Mannigfaltigkeit und die geheimnisvollen Verästelungen eines Lebens hin. Jedes Blatt erinnert uns an die Spannung von Nichtigkeit und Wichtigkeit des Menschen in der Welt. Jeder Baum ist in seiner Einmaligkeit und Beziehung zum Haushalt der Schöpfung ein Bild für den Menschen. Darum seid vorsichtig mit den Bäumen.

Wie schnell und gedankenlos wird ein kleines Bäumchen geknickt und zerbrochen. Ein großer Baum, der in Hunderten von Jahren zu einer mächtigen Säule und Krone geworden ist, wird in einer Stunde gefällt und zersägt. Unter der Schneelast des Winters brechen Bäume zusammen. Heftige Stürme zersplittern mächtige Stämme. Umweltgifte bringen den Bäumen einen langsamen Tod. Darum seid vorsichtig mit den Bäumen.

Wie schnell wird ein Menschenkind geknickt und zerbrochen. Wie rasch wird ein Lebenswerk von vielen Jahren zerstört. Wie grausam fällt der Tod den Menschen, die Krone der Schöpfung. Unter der Last schwerer Wege zerbrechen sie. Und die Stürme des Lebens zersplittern auch starke Menschen. Schlechte Gedanken und böse Ideen, falsche Bilder und trügerische Hoffnungen vergiften die Seelen und kränken die Herzen. Darum seid vorsichtig mit den Menschen! Mit den Menschen seid vorsichtig. Die Kinder hängen ihre Hoffnung und Gott seine Liebe daran auf. Der müde Wanderer, der Lüge überdrüssig, sucht ihr wahres Gesicht. Und wir alle sehen in uns im Ablauf des Lebens ein Bild unseres Gottes. Darum seid vorsichtig mit den Menschen!

16. August

Bäume sind unser Schicksal

Von Anfang an ist der Baum mit dem Menschen schicksalhaft verbunden. Das Greifen nach der verbotenen Frucht vom Baum der Erkenntnis des Guten und des Bösen brachte dem Menschen die Trennung von Gott und die Vertreibung aus dem Paradies. Gott versperrte den Menschen den Zugang zum Baum des Lebens. Seitdem leben wir jenseits von Eden mit der unstillbaren Sehnsucht nach diesem Lebensbaum. Ein Menschenleben und die ganze Menschheitsgeschichte sucht die Frucht dieses Baumes: erfülltes, bleibendes Leben.

Unter einem Baum begann das Unglück der Menschen. Unter einem Baum wird einmal die Sehnsucht der Menschen zur Erfüllung gelangen.

»Und er zeigte mir einen Baum des Lebens, der trägt zwölfmal Früchte und bringt seine Früchte alle Monate, und die Blätter des Baumes dienen zur Heilung der Völker!« (Offenbarung 22,11)

Aber auch jenseits von Eden ist der Baum unser Schicksal. Der aus dem Paradies vertriebene Mensch findet sich in einer Welt voller Gefahren. Da wird der Baum sein erster Zufluchtsort. Die Äste bieten Schutz vor wilden Tieren. Die Blätter bedecken vor heißer Sonne und kaltem Regen, schützen gegen Wind und Wetter. Die Früchte ernähren den Hungrigen. Blätter und Wurzeln spenden Heilkräfte den Kranken. Das Holzfeuer wärmt die Frierenden. Bäume produzieren den Sauerstoff zum Atmen und Überleben. Bäume sind in aller Bedrohung die Freunde des Menschen und Garanten seines Lebensraumes.

Aller Segen und Nutzen des Baumes, alle Heilkraft und Frucht, die er bringt, aller Schutz, den er gewährt, weisen hin auf das eine Heil, das Jesus am Baumstamm des Kreuzes für uns erwarb. Das stellvertretende Leiden und Sterben Jesu am Fluchholz öffnet uns die Tür zum Lebensbaum, mit dessen Früchten wir den ganzen Lebenshunger stillen und von dessen Blättern alle Lebenswunden heilen können.

Unter einem Baum begann das Unglück der Menschen. Unter einem Baum kann das Glück unseres Lebens beginnen. Wer unter dem Stamm des Kreuzes Gott begegnet, dem öffnet sich das Tor zum Lebensbaum, dem öffnet sich die Tür zum ewigen Leben. Bäume sind unser Schicksal. An Jesus, dem Heiland, der für uns am Fluchholz hängt, entscheidet sich alles.

»*Der Herr hat gesagt:* ›*Ich will dich nicht verlassen und nicht von dir weichen!*‹« (Hebräer 13,5)

17. August

Trotz Leiden andere beglücken

Eine alte Chronik erzählt von einem Mönch des Barfüßer-Ordens, der um 1374 am Main lebte. Er war vom Aussatz befallen und darum von der Gesellschaft ausgestoßen. Er, der sein Leben Gott geweiht hatte, wurde aus der Gemeinschaft der Lebenden und Gesunden ausgeschlossen. Welch eine Trauer und Tragik. Aber der vom Aussatz entstellte Mönch, der aller Schönheit und Gemeinschaft beraubte Kranke dichtet und singt. In der alten Chronik heißt es: »Der war von den Leuten ausgewiesen und war nicht rein. Aber er machte die besten Lieder und Reigen in der Welt!« Der Dahinsiechende dichtet und singt für andere die schönsten Lieder. Während sein eigenes Leben bereits in »Verwesung« übergeht, »verwesentlicht« er das Leben anderer Menschen. Er führt deren Leben zur Freude, Liebe und zum Glauben. Der Barfüßer-Mönch ist ein Bild für den Menschen, der als ausgestoßener, leidender, sterbender Mönch noch gibt und schenkt, beglückt und erfreut.

»Als die Unbekannten, und doch bekannt; als die Sterbenden und siehe, wir leben; als die Gezüchtigten, und doch nicht getötet; als die Traurigen, aber allezeit fröhlich; als die Armen, aber die doch viele reich machen; als die nichts haben, und doch alles haben!« (2. Korinther 6,9f)

18. August

Durch viel Leid zur Freude

Dr. Lee aus Südkorea berichtet: »Ich war achtzehn Jahre alt, als die Nordkoreaner Südkorea überfielen. Ich habe gesehen, wie siebentausend koreanische Christen ermordet wurden, darunter mein Vater und meine Schwester. Drei Tage lang hing meine Schwester mit dem Kopf nach unten an einem Strick. Am dritten Tag war sie fast bewusstlos. Jeden Tag nahmen uns die Kommunisten mit hinaus, damit wir sehen konnten, wie die gefangenen Christen behandelt wurden. Wir wurden alle gefangengenommen und gefragt: ›Sind Sie ein Christ?‹ Meine Schwester war damals 22 Jahre alt. An diesem Tag, als ich gezwungen wurde, vor ihr zu stehen, erkannte sie mich. Ihr Blut floss bereits aus dem Kopf. Ich stand hilflos vor ihr, denn ich war gefesselt. Aber sie sang mit Flüsterstimme: ›Welch ein Freund ist unser Jesus …‹ und: ›Näher, mein Gott, zu dir …‹ Auf diese Weise starb sie, aber ihr siegreicher Tod hinterließ einen tiefen Eindruck auf mein Leben. – Eine Woche später wurde mein 72 Jahre alter Vater hingerichtet. Er wurde lebendig verbrannt, nachdem er einen Monat gehungert hatte. Er wurde in eine Grube geworfen, mit Petroleum übergossen und angezündet. Bevor er zusammenbrach, schrie er mit letzter Kraft: ›Du musst fortsetzen, was ich nicht zu Ende bringen konnte!‹ Dann hob er die Hände und betete: ›Vater, vergib ihnen, denn sie wissen nicht, was sie tun!‹

Diese beiden Erlebnisse haben einen unauslöschlichen Eindruck für mein weiteres Leben hinterlassen. Ich kann nicht beschreiben, was ich erleben musste. Einen Monat lang haben meine Peiniger mich geschlagen und gebrannt, meine Knochen gebrochen. Als sie schließlich dachten, ich wäre tot, haben sie mich in einen Sumpf geworfen. Ich lag acht Tage bewusstlos inmitten von Leichen. Die Ratten liefen über uns hinweg, und es war eine Höllenqual. Aber in dieser Stunde habe ich mein Leben dem Herrn Jesus ausgeliefert. Ich erkannte, was eine persönliche

Verbindung zu Jesus für ein Menschenleben bedeutet: ›Im tiefsten Leid kann die Freude des Glaubens geboren werden!‹«

»Stricke des Todes hatten mich umfangen, des Totenreiches Schrecken hatten mich getroffen; ich kam in Jammer und Not. Aber ich rief an den Namen des Herrn: Ach, Herr, errette mich!« (Psalm 116,31)

19. August

Kostbare Perlen

Äußerlich ist die Perlmuschel unansehnlich. Ihre Schale ist rau. Öffnet man sie aber, so wird ein perlmuttfarbiger Grund sichtbar. Und dann kommt es vor, dass die Muschel eine Perle bildet. Schimmernd liegt sie als Kostbarkeit im Innern der Muschel. Und doch ist jede Perle im Grunde eine Abwehrreaktion der Muschel auf eine Störung. Irgendein Fremdkörper gelangt in die Muschel, etwa ein störendes Sandkorn. Wenn sich die Muschel des schmerzenden Eindringlings nicht entledigen kann, legt sie um ihn Schicht um Schicht, schließt den Fremdkörper mit Schmelz ein und macht ihn unschädlich. So entsteht die Perle, ein Wunderwerk an Farberscheinungen, an Glanz und Form, keine der anderen gleichend und als kostbarer Schmuck hochbegehrt. Zum Schutze ihres Lebens hat die Muschel das Böse mit kostbarem eigenem Schmelz umkleidet und so nebenbei eine Kostbarkeit geschaffen. – Die Perlmuschel wird für uns ein Bild der Überwindung des Bösen. Sind wir auch fähig, das Leid, das uns zerstören will, einzukleiden in unsere Lebenshingabe, und schließlich wird aus all der Not noch eine Perle der Tröstung und Hoffnung?

Die Erfahrung, dass Schmerz und Leid den Menschen stärkt und läutert, der Aufblick auf Jesus, den Schmerzensmann, der alles für uns getragen und überwunden hat, die Glaubensgewissheit, die gerade in schweren Zeiten gewachsen ist, sind die Perlen, die sich dann bilden.

Suche in den Leiden die Bedeutung, die sie für dein geistliches Leben haben, und die Bitterkeit deiner Leiden wird sich in eine Perle verwandeln!

»Denn ich bin überzeugt, dass dieser Zeit Leiden nicht ins Gewicht fallen gegenüber der Herrlichkeit, die an uns offenbart werden soll!«
(Römer 8,18)

20. August

Testamentseröffnung

Der bekannte Naturforscher Isaac Newton hat einmal gesagt: »Wir müssen das Evangelium nicht lesen, wie ein Notar ein Testament liest, sondern so, wie es der rechtmäßige Erbe liest!«

Der Notar liest ein Testament, das eröffnet wird, verständlicherweise mit juristischem Sachverstand, mit prüfenden Augen, aber ohne Herz. Der Notar nimmt jeden Satz, jeden Ausdruck unter die Lupe und untersucht, ob die Verfügung juristisch einwandfrei oder anfechtbar ist. Er muss das Testament kritisch lesen und fragen, wie es gemeint ist und zu vollstrecken geht.

Viele Menschen lesen so ihre Bibel, kalt und kritisch, suchen nach Widersprüchen und Ungereimtheiten. Da bleibt man unbeteiligt und ohne Freude und Gewinn. Wie anders liest der Erbe das Testament. Er sagt sich bei jedem Satz voller Freude und Jubel: »Das ist für mich, das ist alles für mich! Welch ein Geschenk!« Gott hat uns seinen letzten Willen in der Bibel mitgeteilt. Seine beiden Testamente, das Alte und das Neue Testament, gelten uns. Jesus hat seinen letzten Willen ebenfalls in Worte gekleidet und uns hinterlassen: »Vater, ich will, dass, wo ich bin, auch die bei mir seien, die du mir gegeben hast, auf dass sie meine Herrlichkeit sehen, die du mir gegeben hast, denn du hast mich geliebt, ehe denn die Welt gegründet ward« (Johannes 17,24).

Der letzte Wille Jesu meint uns, wir sind die lachenden Erben seiner Liebe und seines Lebenswerkes in Kreuz und Auferstehung. Da kommt Freude auf, und Dankbarkeit breitet sich aus: »Das ist alles für uns, welch ein Geschenk!« Als Gotteskinder lesen wir das Testament unseres Vaters ganz anders. Denn »sind wir Kinder, so sind wir auch Erben, nämlich Gottes Erben und Miterben Christi!« (Römer 8,17).

21. August

Auch wenn es weh tut

Zwei Rheumakranke teilen sich in einer Spezialklinik das Zimmer und die starken Schmerzen. Zusammen kommen sie in die Behandlungsräume und werden dort fachgerecht versorgt. Jeder liegt in seiner Kabine auf dem Tisch. Durch Vorhänge nur sind sie voneinander getrennt. Der Therapeut beginnt bei dem ersten Patienten. Der schreit auf und windet sich vor Schmerzen, stöhnt und schwitzt. Er kann es kaum ertragen und ist froh, als die Behandlung vorbei ist. Nun geht der Therapeut zu dem anderen Mann. Der liegt ganz ruhig, bleibt reglos und wie unbeteiligt. Als die Behandlung fertig ist, fragt der erste seinen Bettnachbarn: »Sag mal, tut das bei dir nicht weh? Ich könnte die Wände hochgehen vor Schmerzen!« »Nein«, sagt der andere lächelnd, »ich halte dem doch nicht mein krankes Bein hin!«

Das ist auf den ersten Blick schlau. Aber am Ende doch ganz dumm und gefährlich. Aber wie oft halten wir Gott die gesunden und starken Seiten unseres Lebens hin, und die wunden Stellen verbergen wir. Wir haben Angst, es könnte weh tun. Bringen wir Gott die Verwundungen unseres Lebens, auch wenn es weh tut. Er will uns heilen und zurechtbringen, verbinden und gesundmachen. Wir dürfen mit unseren Sünden und Sorgen, dem zerbrochenen und Verwundeten kommen.

»Aber dich will ich wieder gesund machen und deine Wunden heilen, spricht der Herr!« (Jeremia 30,17)

22. August

Gerettet!

Ein Mann droht in einem reißenden Fluss zu ertrinken. Mit letzter Kraft ringt er mit den hohen Wellen. Er kämpft gegen die starke Strömung. Er wehrt sich strampelnd gegen den Sog der Tiefe und schreit um Hilfe. – Vom Ufer aus beobachtet jemand den Unfall, rennt und holt ein Seil mit einem Rettungsring. Mit kräftigem Schwung wirft er den rettenden Ring in die Nähe des Ertrinkenden mitten im Fluss. Der sieht den Ring neben sich und hält sich mit aller Macht daran fest. Langsam wird er durch die tosende Flut ans rettende Ufer gezogen. Erst als er auf dem Trockenen ist, wieder zu Atem gekommen, sieht er seinen Retter und nimmt die näheren Umstände und Zusammenhänge wahr.

Menschen drohen im Meer der Zeit zu versinken. Sie kämpfen gegen die Mächte des Verderbens, wehren sich verzweifelt gegen Sünde und Sorge, Ängste und Gewalten. Gott wirft seinen Rettungsring in das Meer der Zeit, mitten hinein in das Gewoge der Menschen. Wir sehen nur den Ring, das ist Jesus Christus, seine Liebe und Macht. Halten wir uns einfach daran fest. Wenn wir dann gerettet sind, erkennen wir Gott näher und die Zusammenhänge, Hintergründe und Wirklichkeiten. Nie würde ein Ertrinkender den rettenden Ring fahren lassen, weil er den Retter am Ufer, die näheren Umstände nicht genau durchschaut. Nein, er ergreift das Nächste und begreift später das Weitere. Warum wollen wir erst alles verstehen, Gott und die Welt, Tiefen und Weiten des Lebens, bevor wir Christus unser Leben anvertrauen? Lassen wir uns erst retten und später alles verstehen. Jesus, das Rettungsseil Gottes, ist uns ganz nahe!

23. August

Lastträger

Napoleon I. soll einst mit einer Dame spazierend einem Lastträger mit den Worten ausgewichen sein: »Respekt vor der Last!« Das sagen die feinen Herrschaften bis heute und weichen aus. Wir kennen einen Herrn, der ist den Lastträgern nicht mit hübschen Worten ausgewichen, sondern hat sich angeboten, die Lasten zu tragen. Wie viele Lastträger gehen durch unsere Welt. Die einen seufzen unter der Last der drückenden Sorgen, die anderen plagen sich mit Schwermut und Verzweiflung herum, manche brechen unter der Last von Mühe und Arbeit zusammen, wieder andere werden die schweren Lasten ihrer Schuld und Versäumnisse nicht los, viele tragen schwer am Verlust von Menschen und Werten, andere drückt die Weltnot und Lebensbedrohung nieder. Jesus weicht all diesen Lasten nicht aus, sondern er nimmt sie für uns auf sich und trägt sie, um uns zu erleichtern. Das ist kein frommer Wunsch, sondern eine Realität. Jesus hat auch meine Last mit an das Kreuz genommen und dort ausgehalten und überwunden. Ob wir uns mit unseren Lasten Jesus anvertrauen und die Erfahrung machen, er trägt und hält und bringt uns durch?!

»Ich habe es getan; ich will heben und tragen und erretten!«
(Jesaja 46,4)

24. August

Eine Last, die stark macht

Eine Legende aus der Sahara erzählt, dass ein missgünstiger Mann in einer Oase eine besonders schöne junge Palme heranwachsen sah. Da er von Neid auf alles Junge, Hoffnungsvolle erfüllt war, wollte er die schöne Palme verderben. Er nahm einen schweren Stein und legte ihn mitten auf die junge Krone. Der junge Baum schüttelte sich, aber es gelang ihm nicht, den Stein abzuwerfen. Da entschloss er sich, mit der Last zu leben. Er grub seine Wurzeln tiefer in die Erde, sodass die Äste kräftig genug wurden, den schweren Stein zu tragen.

Nach Jahren kam der Mann zurück, um sich an dem verkrüppelten Baum zu erfreuen. Aber er suchte ihn vergebens. Die Palme, inzwischen zur größten und stärksten der ganzen Oase herangewachsen, sagte zu dem Mann: »Ich muss dir danken, deine Last hat mich stark gemacht!«

»Selig ist der Mann, der die Anfechtung erduldet; denn nachdem er bewährt ist, wird er die Krone des Lebens empfangen, welche Gott verheißen hat denen, die ihn lieb haben!«
(Jakobus 1,12)

25. August

Meine Last ist zu schwer

Ein Mann war mit seinem Los unzufrieden und fand seine Lebenslast zu schwer. Er ging zu Gott und beklagte sich darüber, dass sein Kreuz nicht zu bewältigen sei. Gott schenkte ihm einen Traum. Der Mann kam in einen großen Raum, wo die verschiedenen Kreuze herumlagen. Eine Stimme befahl ihm, er möchte sich das Kreuz aussuchen, das seiner Meinung nach für ihn passend und erträglich wäre. Der Mann ging suchend und prüfend umher. Er versuchte ein Kreuz nach dem anderen. Einige waren zu schwer, andere zu kantig und unbequem, ein goldenes leuchtete zwar, war aber untragbar. Er hob dieses und probierte jenes Kreuz. Keines wollte ihm passen. Schließlich untersuchte er noch einmal alle Kreuze und fand eines, das ihm passend und von allen das erträglichste schien. Er nahm es und ging damit zu Gott. Da erkannte er, dass es genau sein Lebenskreuz war, das er bisher so unzufrieden abgelehnt hatte. – Als er wieder erwacht war, nahm er dankbar seine Lebenslast auf sich und klagte nie mehr darüber, dass sein Kreuz zu schwer für ihn sei.

»*Gott legt uns eine Last auf, aber er hilft uns auch!*« (Psalm 68,20)

26. August

Eine schwarze Katze

»Mir ist eine schwarze Katze von links nach rechts über den Weg gelaufen. Muss ich nun ein Unglück erwarten?« »Das kommt darauf an, ob Sie ein Mensch sind oder eine Maus!«

im November 1951 tagt in Paris die UNO. Gerade hat der englische Außenminister das Wort ergriffen, da geschieht etwas, was den Diplomaten das Herz stocken lässt, was die Zeitungsreporter als prickelnde Nachricht durch die Presse schicken, was die Fotografen aufgeregt knipsen: Eine schwarze Katze marschiert von links nach rechts durch den Saal! In großen Zeitungen konnte man ein Bild von diesem aufregenden Ereignis sehen. Dabei stand die Frage: »Ist das nun ein gutes oder ein schlechtes Zeichen?«

Ich meine, das ist ein schlechtes Zeichen für den Geisteszustand unserer aufgeklärten Welt. Man bildet sich ein, Gott überholt zu haben. Jesus hat man zu einem guten, aber schwachen Menschen degradiert. Der Himmel ist entzaubert, die Erde voller Probleme. Menschen betreten den Mond und greifen nach den Sternen. Aber sie glauben an eine schwarze Katze!

Viele Menschen sagen: »Wir glauben auch an Gott!«, aber tief im Herzen glauben sie nicht. Die gleichen Menschen sagen: »Wir glauben nicht an Horoskope, Unglückstage oder Zahlen, Maskottchen oder schwarze Katzen!« aber tief im Herzen sind sie doch daran gebunden. Man fürchtet sich vor dem 13. oder vor der Zimmernummer 13. Nur beim 13. Monatsgehalt ist niemand abergläubisch, denn die Geldliebe ist meistens stärker. – Vertrauen wir unser Leben Jesus an und sagen wir uns von allen diesen Dingen des Aberglaubens los. Denn das sind keine Spielereien, sondern dunkle Machenschaften von Gottes Gegenspieler, dem Bösen.

»Der Gott dieser Welt hat den Sinn der Ungläubigen verblendet, dass sie nicht sehen das helle Licht des Evangeliums von der Herrlichkeit Christi.« »So bitten wir nun an Christi Statt: Lasset euch versöhnen mit Gott!« (2. Korinther 4,4; 5,20)

27. August

Die Hauptperson

Ich besuche eine Frau, die alleine lebt und um ein seelsorgerliches Gespräch gebeten hat. Sie empfängt mich freundlich und führt mich in die gute Stube. Ich schaue mich um und sehe an einer Wand über einer hübschen, alten Kommode eine Menge alter Fotografien. Als ich interessiert auf die Bilder blicke, sagt die Frau: »Hier können Sie meine ganze Familie sehen. Jesus, die Hauptperson (dabei zeigt sie auf ein Christusbild in der Mitte), und hier Mutter und Vater, meine Geschwister, mein verstorbener Mann, meine Neffen und Nichten!«

Als ich wieder gegangen bin, muss ich noch immer an den Satz denken: »Jesus, die Hauptperson!«

Ist in unserer Familie, in unserem Leben auch Jesus die Hauptperson? Oder dreht sich alles um unser dickes Ich, einen anderen Menschen, den wir zum heimlichen Gott unseres Lebens machen? Hängen wir an Jesus oder an uns selbst und anderen Menschen? – Vom König Hiskia heißt es in 2. Könige 18,6f:

»Er hing dem Herrn an und wich nicht von ihm ab. Und der Herr war mit ihm, und alles, was er sich vornahm, gelang ihm!«

28. August

Brauchbare Gefäße

Jemand hat Durst. Er will sich etwas Gutes tun und ein Glas Multivitamintrank zu sich nehmen. Dort steht ein Glas. Aber darin sind noch Reste von Milch und Kakao. Das Glas ist verschmiert und verklebt. Niemals würde man in ein solches Glas den wertvollen Trank gießen. Das Glas wird erst geleert, dann gereinigt, schließlich gefüllt und dann gebraucht.

Gott sucht brauchbare Gefäße. Er möchte seine wertvollen Lebenskräfte den Menschen zuführen. Aber er gießt seine Liebe und Freude, seine Kräfte und Möglichkeiten nicht in ungereinigte und halbvolle Gefäße. Gott möchte uns leeren von allem anderen, reinigen mit seiner Vergebung, füllen mit seinem Geist und gebrauchen in seinem Sinn. Gott sucht Menschen, die er so verwenden kann. Ob wir für diese wunderbare Bereitung für Gott greifbar sind?

> Was Gott nimmt, leert er.
> Was er leert, reinigt er.
> Was Gott reinigt, füllt er.
> Was er füllt, gebraucht er!

»Dass Christus wohne durch den Glauben in euren Herzen, damit ihr erfüllt werdet mit aller Gottesfülle!« (Epheser 3,17.19)

29. August

Wem gilt die Ehre?

Als der bekannte Evangelist Sundar Singh seine letzte Evangelisationsreise durch Südindien machte, hatte er sehr viel Zulauf und Anerkennung. Die Leute waren von seinen Predigten begeistert, und viele Menschen kamen zum Glauben an Jesus. – Ein Freund fragte ihn besorgt, ob ihm so viel Ehrung und Anerkennung nicht zu Kopf steige. Darauf antwortete Sundar Singh: »Als Jesus in Jerusalem einzog, breiteten die Leute ihre Kleider auf dem Wege aus, um Jesus zu ehren. Jesus ritt auf einem

Esel. So berührten Jesu Füße die zu seiner Ehre geschmückte Straße gar nicht. Der Esel hingegen schritt über die Kleider hinweg. Aber wäre es nicht töricht gewesen, wenn sich der Esel darauf etwas eingebildet hätte? Man hatte die Straße doch nicht für den Esel, sondern für den Herrn geschmückt. Ebenso töricht wäre es, wenn sich der Evangelist etwas auf die Ehre einbildete, die man doch Jesus erweist. Ich bin doch nur der Esel, der Jesus in die Stadt hineinträgt!«

»Herr, lass mich dein Esel sein, auf dem du zu den Menschen kommst. Gib mir die Genügsamkeit und Eselsgeduld, die Kraft zum Tragen und auch die Sturheit, die ich brauche, um Träger deiner Liebe in einer Welt des Hasses zu sein. Lass mich dein Esel sein, Christus, dass ich dich zu anderen weitertrage!«

30. August

Kernwaffen

Lange bevor die Spaltung eines Atomkerns gelang, vollzog sich in der Geschichte der Menschheit eine Kernspaltung, die verheerende Folgen hatte. Es entstand die Spaltung des Urkerns der Welt, in dem Gott und Mensch, Mensch und Mensch, Mensch und Natur im Einklang miteinander waren. Gott und Mensch waren eins, eben atomos = ungeteilt. Aber dann kam die Kernspaltung durch die Sünde. Mensch und Gott, Mensch und Mensch, Mensch und Schöpfung gerieten in die Entfremdung. In dieser Kernspaltung liegt die eigentliche Bedrohung unserer Menschheit. Aus dieser Aufspaltung entstanden ungeheure Energien, die das Leben bedrohen, die Kernwaffen im tieferen Sinn. Die Kernwaffen, die das Leben bedrohen, sind nicht nur aus Atom, Plutonium und Wasserstoff, bestehen nicht nur in Raketen und Bomben, sondern heißen Angst und Gier, Hass und Neid, Eifersucht und Missgunst, Lüge und Gewalt, Ungerechtigkeit und Unterdrückung. All das nimmt seinen Ausgang in den zerrissenen Herzen und aufgespaltenen Beziehungen.

Weltnot ist Herzensnot. Wir Menschen haben den Einklang verloren mit Gott, mit uns selbst, miteinander und mit der Schöpfung. Wir haben etwas Wesentliches verloren, den Zusammenhang, den Einklang.

Darum muss die Abrüstung nicht nur im Großen beginnen, sondern auch in unserem Herzen. Jesus bietet uns seine Liebe und Vergebung, seine Heilung und Verbindung an, damit wir unseren Groll und Ärger, unsere Angst und Sucht, unsere Sünde und Sorge bei ihm abrüsten können.

31. August

Krieg ist unmöglich

Als der Krieg zwischen den beiden benachbarten Völkern unvermeidlich war, schickten die feindlichen Feldherren Späher aus, um zu erkunden, wo man am leichtesten in das Nachbarland einfallen könnte. Und die Kundschafter kehrten zurück und berichteten ungefähr mit den gleichen Worten ihren Vorgesetzten, es gäbe nur eine Stelle an der Grenze, um in das andere Land einzubrechen. »Dort aber«, so sagten sie, »wohnt ein braver Bauer in einem kleinen Haus mit seiner anmutigen Frau. Sie haben einander lieb, und es heißt, sie seien die glücklichsten Menschen auf der Welt. Sie haben ein Kind. Wenn wir nun über das kleine Grundstück in Feindesland einmarschieren, dann würden wir das Glück zerstören. Also kann es keinen Krieg geben!«

Das sahen die Feldherren denn auch wohl oder übel ein, und der Krieg unterblieb, wie jeder Mensch begreifen wird.   (Chinesisches Märchen)

»Selig sind die Friedfertigen; denn sie werden Gottes Kinder heißen!«
(Matthäus 5,9)

1. September

Wie ein Baum am Wasser

Menschliches Leben ist nicht einfach. Es hat nie nur eine Seite, sondern lebt von einem größeren Zusammenhang. Leben ist nur als Netz und Beziehung möglich. Fein aufeinander abgestimmte Abläufe und einander zugeordnete Funktionen ergeben unser Leben. Dafür ist der Baum ein wunderbares Bild.

»Gesegnet ist der Mensch, der sich auf den Herrn verlässt und dessen Zuversicht der Herr ist. Der ist wie ein Baum, am Wasser gepflanzt, der seine Wurzeln zum Bach hin streckt. Denn obgleich die Hitze kommt, fürchtet er sich doch nicht, sondern seine Blätter bleiben grün; und er sorgt sich nicht, wenn ein dürres Jahr kommt, sondern bringt ohne Aufhören Früchte!« (Jeremia 17,7f).

Wurzeln und Nährboden bilden einen Lebenszusammenhang. Ein Baum am Wasser kann gedeihen. Wo sind unsere Lebenswurzeln zu Hause? Sind wir im Wort Gottes, in seiner Liebe tief eingewurzelt, oder leben wir in der Wüste menschlicher Irrtümer? Dass viele Lebensbäume so schnell vertrocknen, liegt nicht nur an der Hitze – die brennt auf alle Bäume hernieder –, sondern am fehlenden Wasser für die Lebenswurzeln. Auch für uns kommen dürre Jahre der Krankheit und Einsamkeit, Belastung und Not. Ein Baum am Wasser sorgt sich dann nicht. Ein Mensch an der Quelle des Lebens, eingewurzelt in Jesus Christus, seinem Wort und seiner Gemeinde, verliert dann nicht sein grünes Kleid der Hoffnung und Zuversicht.

Aus einem ganz kleinen Samenkorn kann ein riesiger Baum mit einer herrlichen Krone und wunderbaren Früchten werden, wenn er am richtigen Ort eingepflanzt ist, wenn es aus Gottes Kraft und Liebe heraus aufwächst. Es kommt alles auf den Nährboden unseres Lebens an. Einen Baum ohne guten Boden zu denken, ist absurd. Einen Menschen ohne die Liebe Jesu und seine Lebensmacht zu denken, ist unmöglich. Wer sich auf Jesus verlässt und seine ganze Lebenskraft aus der Beziehung zu Christus empfängt, wird wie ein guter Baum auch gute Früchte bringen.

2. September

Aus den Wurzeln leben

Bäume, die wir in den Himmel wachsen sehen, zeigen nur einen Teil ihrer Wirklichkeit. Es gehört zu ihnen ein ebenso wichtiger, aber unsichtbarer Teil. Dunkel und geheimnisvoll liegen die Baumwurzeln in der Erde verborgen. Aus unsichtbaren Wurzeln steigt der Baum in seiner sichtbaren Form dem Licht entgegen. Jeder lebendige Baum wächst in zwei Richtungen, hinab in die Tiefe und hinauf in die Höhe. In dieser Spannung von sichtbarer und unsichtbarer Wirklichkeit, von Tiefe und Größe, von Dunkel und Licht ereignet sich sein Leben. Die unsichtbaren

Wurzeln ermöglichen den sichtbaren Stamm. Die Krone aus Ästen und Zweigen, Blättern und Früchten entspringt und entspricht dem verborgenen Geäst der Wurzeln tief in der Erde.

Jeder Mensch, der wachsen und groß werden, sich entfalten und bestehen, wirken und Frucht bringen will, braucht die verborgenen Wurzeln, das tiefe Wohnen in Gott, dem Ursprung des Lebens. Groß zu werden, ohne tief zu werden, ist lebensgefährlich. Darum ist der verborgene Umgang eines Menschen mit Gott im Gebet, das Zurückgezogensein in die Wirklichkeit des unsichtbaren Geistes Gottes, das tiefe Hineinwachsen in die Liebe Jesu notwendig zum Leben.

Darum zog sich Jesus immer wieder zum einsamen Gebet zurück. Sein Wirken nach außen wuchs aus dem Empfangen ganz tief drinnen. Sein sichtbares Leben entsprang und entsprach dem unsichtbaren Einswerden mit der Kraft und Liebe seines Vaters. Wir können nur arbeiten, wenn wir auch beten. Wir können vor Menschen nur bestehen, wenn wir vor Gott gelegen haben. Wir vermögen nur große Dinge, wenn wir in einem großen Herrn ruhen. Wir schaffen nur Neues, wenn wir uns auf den kommenden Herrn besinnen. Wir werden den Stürmen des Lebens nur trotzen, wenn wir uns mit Jesus einsmachen.

Wurzeln bedeuten für den Baum Lebensquelle und Lebenshalt zugleich. Der Glaube an Jesus, der verborgene Umgang mit Gott im Gebet, das Wohnen und Hineinwachsen in seine Worte und Gemeinde sind Lebensquelle und Haltgeber für uns. Aus diesen Wurzeln können wir leben, selbst noch im Tode.

> Mach in mir deinem Geiste Raum,
> dass ich dir werd ein guter Baum,
> und lass mich Wurzel treiben.
> Verleihe, dass zu deinem Ruhm
> ich Deines Gartens schöne Blum
> und Pflanze möge bleiben.
>
> (Paul Gerhardt)

3. September

Die gleiche Sonne

»Die gleiche Sonne, die das Wachs weich macht, macht den Lehm steinhart!« heißt ein Sprichwort aus Asien. Die gleiche Sonne des Glücks – Gesundheit und Reichtum, Kraft und Vermögen, Wohlbefinden und Freude – macht die einen dankbar und zufrieden, offen und barmherzig, andere dagegen hart und geizig, egoistisch und gierig, verschlossen und düster. Die Sonne des Glücks lässt die einen aufblühen und reifen, die anderen verkümmern und scheitern. Es ist gar nicht so einfach, auf der Sonnenseite des Lebens menschlich und warm, dankbar und weich zu bleiben. Viel öfter werden die Menschen hart und lieblos.

Aber auch die Hitze des Leids – Unglück und Krankheit, Trauer und Enttäuschung, Sorgen und Einsamkeiten – kann beides bewirken. Einmal werden leidgeprüfte Menschen weich und offen, empfänglich und dankbar, dann wieder bitter und trotzig, hart und verschlossen. Die gleiche Glut der Leiden lässt die einen in letzte Weiten ausreifen und andere in Klage und Anklage, bitteren Vorwürfen und quälenden Fragen zerbrechen.

Auf beiden Seiten des Lebens, im Glück und im Leid, können Menschen reifen und scheitern, wachsen und verkümmern, weich oder hart werden. Es liegt wohl nicht an der Seite, sondern am Menschen, in welche Richtung er durch die Sonne geformt und verändert wird.

Die beiden Schächer am Kreuz auf dem Hügel Golgatha sind dafür ein eindrückliches Beispiel. Sie sind in genau derselben Situation: ein verpfuschtes Leben hinter sich, den Tod am Kreuz vor sich, die glühende Sonne über sich, den spottenden Pöbel unter sich, die rasenden Schmerzen in sich und den Heiland der Welt neben sich. Der eine flucht und spottet, schimpft und lästert und fährt zur Hölle. Der andere erkennt seine Schuld und bittet Jesus um Vergebung. Er bekommt von Jesus die wunderbare Zusage: »Heute noch wirst du mit mir im Paradiese sein!« Unter dem Druck der Not verschließt sich der eine, der andere reift noch im letzten Augenblick seines Lebens aus zum ewigen Leben.

4. September

Verwandlung

In Frankreich herrschte einst eine große Hungersnot. Viele Menschen starben an Hunger und Schwäche. Besonders ältere Menschen und kleine Kinder litten unter der mangelhaften Ernährung. Da begegnete eines Tages der Patron der Armenfürsorge, Vincent von Paul, auf dem Gang des Schlosses der Königin von Frankreich, Anna von Österreich. Die Königin trug eine auffällige, besonders kostbare Perlenkette. Vincent von Paul sah die leuchtenden Schätze am Hals der Königin und dachte dabei aber an seine Armen und leidenden. »Majestät«, sagte er halb im Ernst und halb im Scherz, »können Sie nicht bewirken, dass sich diese herrlichen Juwelen ihrer Halskette in Brot für die Armen verwandeln?« Die Königin sah den Patron nachdenklich an und verstand seine Worte richtig. »Ich weniger«, sagte sie, »aber Sie schaffen das schon!« Dabei löste sie das kostbare Geschmeide vom Hals und gab es Vincent von Paul in die Hand. Und der schaffte die »Verwandlung« in der nächsten Stunde.

Unsere vergänglichen Reichtümer können in der Liebe verwandelt werden in unvergängliche Schätze.

»Gehe hin, verkaufe alles, was du hast, und gib's den Armen, so wirst du einen Schatz im Himmel haben, und komm, folge mir nach!«
(Markus 10,21)

5. September

Nur eine Konfession

John Wesley ist der Begründer der Methodistenkirche. Eines Nachts träumte er, er wäre gestorben und auf dem Weg in die Ewigkeit. Da kam er zu einem mächtigen Portal und fragte: »Ist hier der Himmel?« – »Nein, die Hölle!« bekam er zur Antwort. Er erschrak, fragte aber weiter: »Gibt es darin Leute aus der englischen Hochkirche?« – »Ja, sehr viele!« – »Auch Baptisten?« – »Sehr viele!« Da dachte Wesley an seine eigene Kirche und fragte: »Gibt es hier auch Methodisten?« Wieder ertönte die Antwort: »Ja, sehr viele!« Entsetzt eilte er zur Himmelspforte. Hastig stieß er hervor: »Gibt es im Himmel Methodisten?« – »Nein, keinen einzigen!« – »Aber doch Lutheraner?« – »Nein, keinen!« – »Aber vielleicht Reformierte oder Baptisten?« – »Nein, keinen einzigen!« – Voller Schrecken rief er aus: »Ja, was für Leute sind denn im Himmel?« – Da hörte er die Antwort: »Hier gibt es nur arme Sünder, die durch das Blut Jesu gerecht geworden sind!«

Im Himmel gibt es nur eine Konfession, das Bekenntnis zu dem einen Herrn und Heiland, der uns verlorene Menschen erlöst und gerettet hat.

»Ein Leib und ein Geist, wie ihr auch berufen seid zu einerlei Hoffnung eurer Berufung; ein Herr, ein Glaube, eine Taufe; ein Gott und Vater aller, der da ist über allen und durch alle und in allen!« (Epheser 4,4–6)

6. September

Entscheiden

Es lebte einst ein armer Schuster, der war so glücklich, dass er den ganzen Tag von morgens bis abends bei seiner Arbeit sang. Die Kinder standen, wann immer sie konnten, vor seinem offenen Fenster und sahen und hörten ihm zu. Neben dem Schuster wohnte ein sehr reicher Mann. Der war so unglücklich. Tagsüber konnte er nicht schlafen, weil er den Schuster singen hörte. Nachts konnte er nicht schlafen, weil er sein Geld zählen und wieder verbergen musste.

Eines Tages lud er den Schuster zu sich ein und schenkte ihm einen Beutel voll Goldstücke. Nie in seinem Leben hatte der Schuster so viel Geld gesehen. Es war so viel, dass er Angst hatte, es aus den Augen zu lassen. Darum nahm er es mit ins Bett. Auch dort musste er immer an das Geld denken und konnte nicht einschlafen. So trug er den Beutel auf den Dachboden. Früh am Morgen holte er ihn wieder herunter, denn er hatte beschlossen, ihn im Kamin zu verstecken. »Ich bringe das Geld lieber ins Hühnerhaus«, dachte er etwas später. Aber damit war er auch noch nicht zufrieden. Nach einer Weile grub er ein Loch im Garten und legte den Geldbeutel hinein. Zum Arbeiten kam er nicht mehr. Und singen konnte er auch nicht mehr. Und was am schlimmsten war, die Kinder kamen ihn nicht mehr besuchen. Zuletzt war er so unglücklich und einsam, dass er den Beutel wieder ausgrub und damit zu seinem Nachbarn lief. »Bitte, nimm dein Geld zurück«, sagte er .»Die Sorge darum macht mich ganz krank.«

So wurde der Schuster bald wieder vergnügt und sang den ganzen Tag bei seiner Arbeit.

»*Es ist ein böses Übel, das sah ich unter der Sonne: Reichtum, wohl verwahrt, wird zum Schaden dem, der ihn hat!*« (Prediger 5,12)

7. September

Ausreifen

Ein Insektenkenner erzählt, wie er lange Zeit die Puppe eines besonders schönen Falters beobachtete: »Als der Zeitpunkt des Ausschlüpfens gekommen war, konnte ich die ersten Anstrengungen sehen, die der Falter machte, um aus seinem Gefängnis herauszukommen. Während eines ganzen Vormittags kämpfte er, um die Hülle zu durchbrechen. Er schien bei einem gewissen Punkt nicht durchkommen zu können. Schließlich verlor ich die Geduld und wollte ihm helfen. Mit einer feinen Scherenspitze beseitigte ich vorsichtig die Fäden des Gewebes, um den Ausgang zu erweitern. Sofort kam der Schmetterling mit großer Leichtigkeit heraus. Aber wie eigentümlich war er gestaltet! An einem unförmig aufgedunsenen Körper waren an jeder Seite kleine, zusammengeschrumpfte Flügel. Meine unkluge Zärtlichkeit hatte das Verderben des Tieres verursacht. Gerade der Druck, den der Körper beim Herausschlüpfen hätte erleiden müssen, sollte die Lebenssäfte zwingen, in die Flügelgefäße einzudringen. Das war nun nicht geschehen. Der Falter blieb eine elende Missgestalt.«

Wie oft wollten wir dem Druck von Leiden und Prüfungen ausweichen oder ihn anderen ersparen und haben die Ausreifung und Entfaltung eines kostbaren Lebens verhindert! Gottes Liebe hat die letzte Ausformung unseres Lebens im Sinn. Darum erspart uns Gott nicht mitleidig schwach die Drucksituation, in der wir ausreifen sollen. Gottes Liebe ist zu echt und groß, um schwach zu werden. Halten wir aus im Druck der Leiden und Anfechtungen. Unsere »Flügel« sollen sich herrlich entfalten, unser Glaube zur letzten Frucht ausreifen. Seien wir auch nicht schwach in der Liebe zu Menschen, die uns anvertraut sind. Weichliche Liebe kann manches Ausreifen und Entfalten verhindern. Vertrauen wir uns und die, die uns lieb sind, der starken Hand unseres Vaters an. Er weiß allein, was uns letztlich zum Besten dient.

8. September

Der Zusammenhang

Ein Bahnarbeiter ist auf einem Bahnhof damit beschäftigt, eine Eisenbahnschiene aus der Verankerung zu lösen. Der starke Mann schlägt mit einem schweren Hammer auf die Schiene los. Mehrmals trifft er präzise die gleiche Stelle. Aber die Schiene gibt nicht nach. Wieder und wieder schlägt der Arbeiter an die Eisenschiene. Nun nimmt er den Hammer noch fester und schlägt weiter. Dann eine kleine Pause, und wieder hört man die Schläge an das Metall donnern. Noch immer ist kein Erfolg zu sehen. Da, beim 39. Schlag, springt die Schiene aus der Klammer. Zufrieden packt der Arbeiter an, um sie mit einem Arbeitskollegen wegzutragen. – Wie viele Schläge hat der Arbeiter umsonst getan? 38? Keinen einzigen! Alle 39 Schläge waren nötig, um die Schiene zu lösen.

Jeder der einzelnen Schläge hat seinen Teil dazu beigetragen, dass das Eisen sich schließlich löste.

Jeder einzelne Schlag war wichtig für die Lösung des Ganzen.

Viele kleine Dinge ergeben ein großes Werk. Und jedes kleine Teil ist wichtig für den großen Zusammenhang.

Viele verschiedene Tage bilden ein ganzes Leben. Und jeder einzelne Tag ist wichtig für das Ganze.

Viele unterschiedliche Menschen sind zusammen Gottes großes Reich. Und jeder einzelne Mensch ist für Gott wichtig.

Es kommt nicht auf die Größe an, sondern auf die Treue zu einem Großen. Nicht große Dinge wollen wir tun, sondern viele kleine Dinge ganz großartig. Gott wird daraus die Lösung des Ganzen machen.

Gott ist im Großen treu, und wir wollen es im Kleinen sein.

9. September

Der Rabe und der Fuchs

Ein Rabe hatte einmal aus einem offenen Fenster eines Wohnhauses ein Stück Käse gestohlen. Er setzte sich auf einen hohen Baum und wollte den Käse genüßlich verzehren. Und wie es eben Rabenart ist: Man hörte seine Fressgeräusche weit. Man hörte, dass es ihm schmeckte. Das vernahm ein Fuchs. Der dachte bei sich: »Wie komme ich zu dem Käse? Jetzt weiß ich's!« Er schlich sich ganz nahe an den Baum, auf dem der Rabe saß, und sagte: »O, lieber Rabe! Ein ganzes Leben lang habe ich noch keinen so schönen Vogel gesehen wie dich. Und wenn deine Stimme auch so schön klingt, wie du schön bist, dann sollte man dich zum König über alle Vögel krönen.« Das tat dem Raben gut. Das hatte noch niemand zu ihm gesagt. Dass der Fuchs so gut zu ihm sein konnte? Der Rabe wurde ganz stolz, plusterte sich auf und machte sich bereit zum Singen. Dabei vergaß er seinen Käse. Wie er nun seinen Schnabel aufmachte und den ersten Ton herauskrächzte, fiel der Käse auf den Boden, genau vor das Maul des Fuchses. Der Fuchs machte sich sofort ans Fressen und lachte über den dummen Raben. (Nach einer Fabel von Martin Luther)

»Wer zugrunde gehen soll, der wird zuvor stolz; und Hochmut kommt vor dem Fall!« (Sprüche 16,18)

10. September

Bewegung und Ruhe

Ein Schiff hat eine wunderbare Bestimmung. Es soll ausfahren, Menschen und Frachten befördern, Meere überqueren und Häfen anlaufen. Ein Schiff ist nicht gebaut, um stillzuliegen, sondern auf große Fahrt zu gehen.

Aber von Zeit zu Zeit wird ein Schiff aus seiner Bestimmung einfach herausgenommen und in ein Trockendock gebracht. Dort wird es untersucht, neu gestrichen und überholt, kleine Schäden werden ausgebessert. Das Schiff wird wieder voll fahrtüchtig gemacht.

So ist es auch mit unserem Leben voller Bewegung und Dynamik, Erfahren und Befördern. Dann und wann wird man von Gott einfach herausgenommen aus allem Betrieb. Gott nimmt sich und gibt uns Zeit zum Erneuern und Reparieren, zum Ausbessern und Ausruhen. Und dann kommt das Lebensschiff wieder ins Wasser. Die Fahrt wird fortgesetzt. Denn Steuern und Gebrauchen kann man ein Schiff nur, wenn es losfährt und ankommt. Aber die Zeiten im Dock sind nötig, damit Leben nicht kaputtgeht und tüchtig bleibt. Gott will immer wieder bei uns die kleinen Schäden ausbessern, die Sorgen abnehmen, die Ängste überwinden, die Einsamkeiten lindern, die Sünden vergeben, die Gifte, die das Leben bedrohen, abwaschen. Dieser Dienst hindert uns nicht. Lassen wir ihn uns gern gefallen.

> In den dunklen Stunden
> tröstet uns dein Wort,
> du heilst alle Wunden,
> segnest fort und fort.
> Auf den weiten Wegen
> führt uns deine Hand,
> schenkt uns deinen Segen,
> der die Ängste bannt.
> In den Einsamkeiten
> stehst du uns zur Seit,
> führst uns durch die Zeiten
> hin zur Ewigkeit.

(Heinz Meyer, 1918)

11. September

Feste Mauern und offene Türen

Johannes bekommt die Gemeinde Gottes in der Gestalt des himmlischen Jerusalems zu sehen (Offenbarung 21,10–27). Die Stadt Gottes ist umgeben von einer hohen Mauer, die die Bewohner sorgsam umgibt, sicher birgt und verlässlich schützt. Eine feste Mauer der Einfriedigung lässt die Menschen ruhig wohnen und glücklich leben. In der Mauer der Stadt aber sind zwölf Tore, die weit offenstehen. Die Tore werden nie mehr geschlossen und wirken wie eine freundliche Einladung. Die Gemeinde ist offen, und Gott lädt alle Menschen zu sich ein.

Das ist eine einmalig schöne Vision über die Gemeinde: eine fest umgebene Stadt mit offenen Toren, aus denen der Lichtglanz Gottes herausleuchtet und in die die Pracht und Vielfalt der Völker hineinkommen. Alle Gegensätze sind versöhnt. Feste Mauern, die bewahrend umschließen, und offene Tore, die einladend offenstehen, gehören zusammen.

Das Bild von der Gemeinde in der Vollendung deutet für die Christen in dieser Welt eine wichtige Spannung an. Gott umgibt seine Gemeinde mit einer festen Mauer, die uns schützt, aber auch abgrenzt, die uns bewahrt, aber auch scheidet, die uns ganz einfriedet, aber auch fremd sein lässt, die uns liebevoll einschließt, aber auch schmerzlich ausschließt. Gott möchte seine Gemeinde eindeutig umgeben und doch offen sein lassen. Aus der Gemeinde sollen Menschen und Impulse, Lichtblicke und Erkenntnisse, Hilfen und Taten herauskommen. Und die bunte Vielfalt der Menschen mit ihren Fragen und Zweifeln, Sorgen und Schicksalen soll hereinkommen und offene Türen finden.

Nur wenn die Mauern fest sind, das Christsein eindeutig, gewiss und geschützt ist, können die Türen weit offen und die Christen empfänglich sein. Nur wenn die Christen noch offene Türen, Verständnis und Kraft haben, hinauszugehen in die Welt der Meinungen und Religionen, dürfen die Mauern hoch und fest, deutlich und klar sein. In dieser Spannung lebt die Gemeinde und reift sie zur Frucht: fest eingeschlossen in Gottes Machtbereich und ganz offen für alle Menschen und die Welt Gottes.

12. September

Aufhören!

In einem Supermarkt hat sich vor der Kasse eine Schlange gebildet. Eine ältere Dame bezahlt gerade ihre Waren. Hinter ihr warten eine junge Mutter mit ihrem kleinen Jungen und einem vollen Wagen. Der Junge schiebt voller Ungeduld und Übermut seinen Wagen der älteren Dame in die Beine. Einmal übersieht es die Frau höflich. Der Junge macht weiter. Da sagt die Dame freundlich zu dem Jungen: »Kannst du das bitte lassen, das tut mir weh!« Der Junge hört nicht auf und schiebt den Wagen wieder und wieder gegen die Beine der Frau. Da wendet sich die Dame an die Mutter: »Könnten Sie ihrem Jungen bitte sagen, dass er damit aufhört?« Die Mutter antwortet frech: »Mein Kind ist antiautoritär erzogen, es weiß alleine, wann es aufhören muss!« Die alte Dame ist sprachlos. Der Junge schiebt weiter den Wagen gegen die Frau. Die junge Mutter lächelt überlegen. Hinter der Mutter steht ein Mann, der mit seinem Honigglas auch auf das Bezahlen wartet. In aller Ruhe schraubt der Mann das Glas auf und gießt der Mutter den flüssigen Honig über den Kopf und sagt unter dem Beifall der Umstehenden: »Ich bin auch antiautoritär erzogen!«

Das Verhalten des Jungen und der Mutter spiegelt einen Irrtum wider, der auch im Großen besteht: Wir meinen, wir wissen, wann wir aufhören sollen.

Der Bauch gehört uns, der Leib gehört uns, das Leben gehört uns, die Zeit gehört uns, das Geld gehört uns. Wir wissen, wann wir mit der Sünde aufhören müssen. Wann müssen wir aufhören mit Rüsten und Abtreiben, mit Humangenetik und künstlichen Menschen, mit Wirtschaftswachstum und Umweltbelastung? Wir sind ohne eine Autorität erzogen. Wir wissen allein, wann wir aufhören müssen. Selbst mit dem Leben hören viele auf, wenn sie meinen, dass es keine Freude mehr machen kann. Aber das ist ein Irrtum. Wir brauchen für unser Leben Maße und Autoritäten, die über unseren kleinen Lusthorizont hinausreichen.

Gott möchte uns in seiner Liebe und Weisheit sagen, wann wir aufhören müssen, damit andere, wir selbst und die ganze Schöpfung nicht zu Schaden kommen. Ob wir noch auf-hören, auf Gott und seine Liebe hören können? Vielleicht gießt uns mal jemand ein Glas Honig über den Kopf, damit wir merken, dass es so nicht weitergeht.

»*Neigt eure Ohren her und kommt zu mir! Höret, so werdet ihr leben!*«
(Jesaja 55,3)

---

13. September

Furchtbare und fruchtbare Einsamkeit

Ein Weizenkorn versteckte sich in der Scheune. Es wollte nicht ausgesät werden. Es wollte sich nicht opfern und sterben. Es wollte sein Leben retten. Es wollte prall und goldgelb bleiben. Es wollte sich selbst finden und verwirklichen. – Es wurde nie zu Brot. Es kam nie auf den Tisch. Es wurde nie gebrochen und gesegnet, ausgeteilt und empfangen. Es schenkte nie Leben und Kraft. Es gab nie Freude und Sättigung. – Eines Tages kam der Bauer. Mit dem Staub der Scheune fegte er das Weizenkorn hinweg. Im Staub und Wind war das Weizenkorn verloren, todeinsam und sinnlos bis zum Verfall.

Es gibt eine fruchtbare Einsamkeit, wenn man sich mit seinem Leben einsetzt und aussäen lässt. Dann wachsen unter schmerzlichen Veränderungen die herrlichsten Lebensfrüchte.

Es gibt eine furchtbare Einsamkeit, wenn man sein Leben für sich behalten und vor anderen verstecken will. Man wird sich dort nicht finden und entfalten, sondern nur zerstören und am Ende todeinsam und verloren sein.

»Wenn das Weizenkorn nicht in die Erde fällt und erstirbt, so bleibt es allein; wenn es aber erstirbt, bringt es viel Frucht!«

(Johannes 12,24)

14. September

Haltet an am Gebet

Das Gebet ist das elementarste Zeichen des Glaubens. Das Gebet, die Zwiesprache mit Jesus, ist die Quelle allen Handelns und Tuns. Aber unser Gebet muss wachsen. Das Reden mit Gott hat Stufen. Die erste Stufe heißt: »Herr, gib mir!« Gott lässt sich bitten und gibt uns seine Gaben. Er will gebeten sein, und wir dürfen Gott um alles bitten, ihn mit allen Anliegen bestürmen. Aber unser Gebet darf dann hinwachsen zur zweiten Stufe: »Herr, vergib mir!« Immer deutlicher erkennt man vor Gott seine Unwürdigkeit und Unfähigkeit. Im Licht seiner Wahrheit und Liebe werden unsere Sünden immer deutlicher. Immer demütiger werden wir deshalb um Vergebung bitten. Stufe drei könnte dann lauten: »Herr, vergib ihnen!« Wer Vergebung empfangen hat, wird sie dann auch gerne für andere erbitten und im Geist der Versöhnung an andere Menschen denken. Dann kommt eine weitere Stufe des Gebetes, auf der das Bitten zur Hingabe und Anbetung verwandelt ist: »Herr, nimm mich hin!« im Gebet legen wir uns ganz in Gottes Hand und lassen alle Sehnsucht, in der wir begehren, zur Anbetung werden, die wir verschenken. Und irgendwann reift auch die letzte Stufe des Gebetes in uns aus: »Vater, in deine

Hände befehle ich mein Leben, dein Wille geschehe!« Auch Jesus ist im Garten Gethsemane den Weg zum Bittgebet bis zur Ganzhingabe seines Lebens gegangen. Wir bleiben auch darin Jesu Nachfolger, dass wir diesen Weg nachgehen.

»Seid fröhlich in Hoffnung, geduldig in Trübsal, haltet an am Gebet!«
(Römer 12,12)

15. September

Vergiss das Gute nicht

Ein Mann besaß ein schönes Grundstück mit einem hübschen, wohnlichen Haus darauf. Aber er träumte von einem noch besseren Haus. Schließlich wurde er so unzufrieden, dass er beschloss, sein Anwesen zu verkaufen und sich nach seinem Traumhaus umzusehen. Mit dem Verkauf beauftragte er einen Makler. Nun machte er sich auf die Suche nach einem geeigneten neuen Haus. Eines Tages entdeckte er in der Zeitung ein wunderbares Angebot. Alle Angaben entsprachen seinen Vorstellungen. Als er die näheren Unterlagen anforderte, musste er mit Verwunderung feststellen, dass es sich um sein eigenes Grundstück handelte.

Wir wissen oft gar nicht mehr, was wir an unserem Alltag, an unserer Arbeit und Familie, Haus und Garten haben. Über die wenigen Kleinigkeiten, die fehlen, haben wir die großen Gaben und das viele Gute ganz vergessen. Das verstellt uns den Blick für das Leben, die Freude zieht aus, Unzufriedenheit macht sich breit.

Gegen die Macht des Fehlenden, die uns beherrschen und negativ polen will, gibt es eine gute Hilfe: »Lobe den Herrn, meine Seele, und vergiss nicht, was er dir Gutes getan hat!« (Psalm 103,2).

16. September

Blind glauben

In dein Erbarmen hülle mein schwaches Herz
und mach es gänzlich stille in Freud und Schmerz.
Lass ruhn zu deinen Füßen dein armes Kind,
es will die Augen schließen und glauben blind!

Dieses Lied von Julie Hausmann wird oft belächelt und der Vereinfachung verdächtigt. Man wirft den Christen vor, dass sie die Augen vor der Härte des Lebens verschließen und blind glauben, statt sehend zu werden.

Als junge Braut war Julie Hausmann unterwegs, um ihrem Verlobten, der als Missionar tätig war, nachzureisen. Sie konnte die Ankunft des Schiffes und den Tag der Hochzeit kaum noch erwarten. Endlich legte das Schiff an. Ein Freund des Bräutigams holte sie ab und führte sie, ganz behutsam erklärend, zu dem kleinen Friedhof der Missionsstation. Dort hatte man vor wenigen Tagen ihren Verlobten begraben. Eine Welt brach für die junge Frau zusammen. In ihrem Schmerz schloss sie sich in der Missionsstation ein und weinte Tag und Nacht und schrie zu Gott. Nach drei Tagen und Nächten schloss sie wieder auf und brachte das bekannte Lied mit: »So nimm denn meine Hände und führe mich ...« Sie hatte die Not in ihrer ganzen Härte, das Leben in seiner Unbegreiflichkeit, Gott in seiner Maßlosigkeit gesehen. Und wer Gott gesehen hat als einen Herrn, dem kein Leid und keine Not Grenzen setzt, der kann blind glauben.

Wer Gott gesehen hat in seiner Unbegreiflichkeit und Maßlosigkeit, der kann blind glauben, dass alles gut wird, so schlecht es auch sein mag. »Wenn ich auch gleich nichts fühle von deiner Macht, du führst mich doch zum Ziele, auch durch die Nacht!« Christen freuen sich daran, wenn sie die Liebe Gottes fühlen. Aber sie glauben auch noch daran, wenn sie sie nicht mehr fühlen.

Gott wird dich tragen,
drum sei nicht verzagt,
treu ist der Hüter, der über dich wacht,
stark ist der Arm,
der dein Leben lenkt,

> Gott ist ein Gott,
> der der Seinen gedenkt.
> Gott wird dich tragen mit Händen so lind,
> er hat dich lieb wie ein Vater sein Kind.
> Das steht im Glauben wie Felsen so fest:
> Gott ist ein Gott,
> der uns nimmer verlässt.

(F. J. Crosby, 1820–1915)

17. September

Glück und Unglück

Eine Parabel aus China erzählt von einem armen Bauern, der einen kleinen Acker mit einem alten, müden Pferd bestellte und mehr schlecht als recht mit seinem einzigen Sohn davon lebte. Eines Tages lief ihm sein Pferd davon. Alle Nachbarn kamen und bedauerten ihn wegen seines Unglücks. Der Bauer blieb ruhig und sagte: »Woher wisst ihr, dass es Unglück ist?« in der nächsten Woche kam das Pferd zurück und brachte zehn Wildpferde mit. Die Nachbarn kamen und gratulierten ihm zu seinem großen Glück. Der Bauer antwortete bedächtig: »Woher wisst ihr, dass es Glück ist?« Der Sohn fing die Pferde ein, nahm sich das wildeste und ritt darauf los. Aber das wilde Pferd warf ihn ab, und der Sohn brach sich ein Bein. Alle Nachbarn kamen und jammerten über das Unglück. Der Bauer blieb wieder ruhig und sagte: »Woher wisst ihr, dass es ein Unglück ist?« Bald darauf brach ein Krieg aus, und alle jungen Männer mussten zur Armee. Nur der Sohn mit seinem gebrochenen Bein durfte zu Hause bleiben.

Wir sehen Glück und Unglück oft nur vordergründig, ungenau und falsch. Wir denken – wie die Nachbarn – nur an das Sichtbare und Heutige. Aber die Dinge liegen oft ganz anders und tiefer und in größeren Zusammenhängen. Gott sieht die Ereignisse ganz anders. Er sieht die Hintergründe, die Zusammenhänge und die Auswirkungen. Wichtiger als das Verstehen ist dann das Vertrauen!

»Denn meine Gedanken sind nicht eure Gedanken, und eure Wege sind nicht meine Wege, spricht der Herr, sondern so viel der Himmel höher ist als die Erde, so sind auch meine Wege höher als eure Wege und meine Gedanken als eure Gedanken!« (Jesaja 55,8f)

18. September

Durchkreuzte Pläne

Der englische Maler Thornbill hatte den Auftrag erhalten, das innere der Kuppel in der St. Paul's Cathedral in London auszumalen. Nach vielen arbeitsreichen Monaten hatte er einen Abschnitt dieses ehrenvollen Auftrages beendet. Nun schritt er auf dem Gerüst rückwärts, um zu sehen, wie die Bilder aus der Entfernung wirkten. Seine Augen fest auf die Malerei gerichtet, ging er so weit zurück, dass er bis an den Rand des Gerüstes gekommen war, ohne es zu merken. Noch einen halben Schritt weiter, und er wäre unweigerlich abgestürzt. Einer der Gehilfen des Malers bemerkte die schreckliche Gefahr, ergriff einen Pinsel und zog über das nahezu vollendete Gemälde einen breiten Strich. Der Maler, außer sich vor Zorn, sprang vorwärts, um den vermeintlichen Frevler zurückzureißen. Sein Zorn verwandelte sich aber in Dank, als der Gehilfe sagte: »Herr, dadurch, dass ich die Malerei verdarb, habe ich ihr Leben gerettet. Hätte ich gerufen, so hätten Sie sich vermutlich umgewandt und wären abgestürzt.«

So macht Gott manchmal einen Strich durch unsere schönen Lebensbilder und Vorstellungen, um uns vor dem Sturz in den Abgrund zu bewahren.

»Meine Gedanken sind nicht eure Gedanken, und eure Wege sind nicht meine Wege, spricht der Herr!« (Jesaja 55,8)

19. September

So geht es nicht

Es war eine wunderbare Hochzeitsfeier. Ein strahlendes Brautpaar, fröhliche Gäste, erlesene Speisen und Getränke, wertvolle Geschenke, ausgelassenes Feiern machten ein herrliches Fest. Eine unvergessliche Hochzeitsreise schloss sich an. Auf der Rückfahrt wird die junge Frau plötzlich ernst und erklärt ihrem Mann: »Ich danke dir für alles, für deine Liebe, dafür, dass ich zu dir gehören und mit dir verbunden sein kann. Aber nun möchte ich doch lieber in meine alte Wohnung, in meinen alten Beruf, zu meinen alten Freunden. Ich möchte schon deine Frau sein, aber doch lieber für mich leben! Ich komme einmal in der Woche zu dir. Wenn ich dich brauche, rufe ich dich an. Aber sonst möchte ich allein klarkommen. Wenn ich krank bin oder Geld brauche, in Schwierigkeiten stecke oder nicht weiter weiß, melde ich mich sofort bei dir. Ich bin ja so froh, dass ich einen guten Mann habe. Aber ich möchte meinen Lebensalltag doch gern allein bestimmen. Wenn ich später einmal sterbe, möchte ich natürlich ganz in dein Haus kommen. Aber ich hoffe, dass das noch sehr lange dauert!«

Mit dem jungen Ehemann empfindet wohl jeder: So geht es nicht. Das ist doch keine Ehe! – Und doch leben viele Christen ihre Glaubensbeziehung zu Jesus genauso. Sie haben einen wunderbaren Herrn. Aber ihr Alltagsleben bestimmen sie allein. In Not und Schwierigkeiten rufen sie zu Jesus. Aber sonst gehen sie in ihren alten Gewohnheiten auf. Die Ewigkeit wollen sie selbstverständlich bei Jesus verbringen. Aber im Leben wollen sie doch lieber allein zurechtkommen. Sie tragen den Namen ihres Herrn. Aber sie leben letztlich im eigenen Namen. Darum lässt Jesus ihnen sagen: »Du hast den Namen, dass du lebst, und bist tot. So denke nun daran, wie du empfangen und gehört hast, und halte es fest und tue Buße.« (Offenbarung 3,1.3).

20. September

Dennoch

Von einem Juden wird erzählt, dass er mit Frau und Kind der spanischen Inquisition entflohen war und über das stürmische Meer in einem kleinen Boot zu einer steinigen Insel trieb. Es kam ein Blitz und erschlug die Frau. Es kam ein Sturm und schleuderte das Kind ins Meer. Allein, elend, nackt und geschlagen geht der Jude seinen Weg weiter und spricht zu Gott: »Gott Israels, ich bin hierher geflohen, um dir ungestört dienen zu können, um deine Gebote zu erfüllen und deinen Namen zu heiligen; du aber hast alles getan, damit ich nicht an dich glaube. Solltest du meinen, es wird dir gelingen, mich von meinem Weg abzubringen, so sage ich dir, mein Gott und Gott meiner Väter: Es wird dir nicht gelingen. Du kannst mich schlagen, mir das Beste und Teuerste nehmen, das ich auf der Welt habe. Du kannst mich zu Tode peinigen – ich werde immer an dich glauben. Ich werde dich immer lieben – dir selber zum Trotz!« (Zvi Kolitz)

»Ich glaube, dass Gott aus allem, auch aus dem Bösesten, Gutes entstehen lassen kann und will. Dafür braucht er Menschen, die sich alle Dinge zum Besten dienen lassen. In solchem Glauben müsste alle Angst vor der Zukunft überwunden sein. Ich glaube, dass auch unsere Fehler und Irrtümer nicht vergeblich sind und dass es Gott nicht schwerer ist, mit ihnen fertig zu werden, als mit unseren vermeintlichen Guttaten. Ich glaube, dass Gott kein zeitloses Schicksal ist, sondern dass er auf aufrichtige Gebete und verantwortliche Taten wartet und antwortet.«

(Dietrich Bonhoeffer)

»Wir wissen aber, dass denen, die Gott lieben, alle Dinge zum Besten dienen, denen, die nach seinem Ratschluss berufen sind!« (Römer 8,28)

21. September

Falsche Bilder

Gott schuf den Menschen nach seinem Bild. Aber der Mensch verkehrt diesen Zusammenhang und schafft sich einen Gott nach seinem Bild.

Die Israeliten konnten Gott hören, aber nicht sehen. Gott sprach zu ihnen, und sie sollten nach seinen Worten leben. Aber sie wollten lieber einen Gott, den man sehen kann, der aber nicht in das Leben hineinredet. So machten sie sich das goldene Kalb. Ein schöner Gott, glänzend und goldig, aber stumm und wortlos, eben anspruchslos.

Gott leugnen ist die eine, die theoretische Form des Atheismus.

Gott für sich benutzen ist eine andere, die praktische Form des Atheismus.

Wir machen uns unseren Gott, und er soll uns bei unserem ichsüchtigen Streben nach Glück helfen.

Der Feuerwehr-Gott, der schnell kommen soll, wenn es brennt. Aber besser ist, man braucht ihn gar nicht.

Der Kindermädchen-Gott, der sich im Hintergrund aufhält, aber für die Sicherheit der Kinder verantwortlich ist.

Der Planierraupen-Gott, der die Hindernisse auf dem Weg zum Glück beiseite schieben soll.

Der Waschlappen-Gott, der uns von Zeit zu Zeit vom Staub und Dreck des Lebens reinigt.

Der Drogen-Gott, der uns aus Trauer und Angst in Hochstimmungen führt.

Der Lückenbüßer-Gott, der einspringt, wo wir nicht mehr weiterwissen.

Der Urknall-Gott, der einmal am Anfang alles in Gang gesetzt und sich dann zurückgezogen bat.

Der Milchstraßen-Gott, der als höheres Wesen irgendwo dazugehören darf.

Der Dekorations-Gott, der unsere Familienfeste und Lebenshöhepunkte wie eine hübsche Girlande verschönern soll.

Der Automaten-Gott, der funktioniert, wenn man Glaube und Gebet einwirft.

Der Wunscherfüller-Gott, der darauf wartet, sich bei uns beliebt zu machen.

Der Vorzeige-Gott, der in unserem frommen Leben die erste Geige spielt, aber am Dirigentenpult stehen wir und bestimmen die Einsätze Gottes.

Es gibt zwei Wege einer Sünde: Gott abschaffen und leugnen und Gott einspannen und benutzen.

Wir sind Gottes Schöpfung. Wehe uns, wenn wir das umkehren und Gott zu unserer Schöpfung machen. Das ist eigentlich die Ursünde: das Verkehren und Verfehlen des Göttlichen zum Menschen.

22. September

Die andere Schönheit

»Lobe den Herrn, meine Seele! Herr, mein Gott; du bist sehr herrlich, du bist schön und prächtig geschmückt. Licht ist dein Kleid, das du anhast!«
(Psalm 104,1f)

Gott ist schön. Aber er hat seine Schönheit unter dem Kleid seiner Schöpfung verborgen. Wenn Gott sich in seiner letzten Schönheit zeigte, niemand würde noch irgendetwas anderes ansehen. Wer würde schon eine bunte Sommerblume, eine rosa Wolke, ein Abendrot oder einen Sonnenaufgang, einen Berggipfel oder einen Sternenhimmel, einen herrlichen Regenbogen oder einen Tautropfen, ein drolliges Tier oder einen liebreizenden Menschen anschauen, wenn man Gott sehen könnte. Gott hat seine letzte Schönheit verhüllt, damit wir seine Welt anschauen und unsere Blicke gespannt bleiben auf Kommendes, wenn wir einmal noch mehr von Gott sehen werden. Schauen wir also erst mal das schöne Kleid Gottes an: »Schön sind die Wälder, schön sind die Felder in der schönen Frühlingszeit. Schön leucht' die Sonne, schön leucht' der Monde und die Sterne allzumal. Schön sind die Blumen, schöner sind die Menschen in der frischen Jugendzeit!«

Noch viel schöner ist die Liebe Gottes in der Gestalt Jesu: »Jesus ist schöner, Jesus ist reiner, der unser traurig Herz erfreut. Alle die Schönheit Himmels und der Erden ist verfasst in dir allein. Nichts soll mir werden lieber auf Erden als du, der schönste Jesus mein.«

Noch einmal hat Gott seine Schönheit verborgen im Leben und Leiden, Sterben und Auferstehen seines Sohnes. Das ist die andere Schönheit Gottes:

»*Er hatte keine Gestalt und Hoheit. Wir sahen ihn, aber da war keine Gestalt, die uns gefallen hätte. Er war der Allerverachtetste und Unwerteste, voller Schmerzen und Krankheit. Er war so verachtet, dass man das Angesicht vor ihm verbarg.*« (Jesaja 53,2f)

Das war so schrecklich und schmerzlich, als Jesus für uns in den Tod und die Gottverlassenheit ging, dass Menschen nicht hinsehen mochten und auch die Sonne ihr Licht verweigerte. Aber für die Augen des Glaubens und das Gesicht der Liebe ist es das Schönste, was Menschen schauen können. Gott liebt uns bis zum Letzten. »Schönster Herr Jesu, Herrscher aller Herren, Gottes und Marien Sohn, dich will ich lieben, dich will ich ehren, du meiner Seele Freud und Wonn.«

Die Schönheit Gottes wird darin erkennbar, dass er in die Wirklichkeit und Hässlichkeit unserer Welt hinabsteigt. Die Schönheit seines Erbarmens entspricht dem Schrecken unserer Erbärmlichkeit. Das ist die andere Schönheit Gottes. Gott ist nicht zu schön, um wahr zu sein. Gott ist so schön, dass er die ganze Wahrheit des Lebens mit der vollkommenen Liebe zum Leben verbindet. Das ist die Schönheit Gottes, die hilft und heilt, tröstet und trägt.

Gott ist in seiner Liebe schön. Und wir werden es im Loben. Gott ist in seiner Schöpfung schön. Und wir werden es im Staunen. Gott ist in Jesus schön. Und wir werden es in der Nachfolge Jesu. Gott ist in seiner Hingabe schön. Und wir werden es im Dienst für ihn. Gott ist in seinen Worten schön. Und wir werden es in der Antwort der Anbetung. »Lobe den Herrn, meine Seele! Herr, mein Gott …«

23. September

Gott kann

Er war nicht sehr groß und auch nicht sehr klein. Er war ein ganz normaler Stein irgendwo am Rande eines Feldes. Schon lange, schon immer lag er hier oberhalb des Dorfes auf einem sanft abfallenden Hang. Der Stein hatte ein beschauliches Alltagsleben zwischen Feld und Weg abseits des regen Dorflebens. Eines Tages vernahm er in sich eine Stimme: »Du müsstest eigentlich ganz woanders liegen, unten, wo der Weg das Dorf erreicht, an der alten Mühle, wo die Kinder im Bach spielen!« Der Stein wehrte sich energisch gegen diese Stimme: »Das ist unmöglich, ich bin ein Stein, ich kann mich nicht fortbewegen. Ich bin schließlich kein Vogel, der fliegen kann, kein Wagen, der rollt, keine Schnecke, die kriecht, kein Wind, der umherbrausen kann!« So sprach der Stein. Aber die Stimme ließ nicht locker, und der Stein beharrte auf seinem Einwand gegen jede Veränderung. Da brach hoch oben in den Bergen ein Gewitter los. Blitze zuckten, Stürme jagten die Regenwolken heran, Wassermassen stürzten vom Himmel. Die Flüsse wurden zu reißenden Strömen, kleine Bäche traten über die Ufer, und mancher Weg verwandelte sich in einen kräftigen Wasserlauf. Schmutzigbraunes Wasser gurgelte auch den kleinen Weg, an dem der Stein seinen festen Platz hatte, herunter, rauschte und schäumte talwärts und riss den Stein mit sich fort. Er stieß sich hier und da, verlor an einigen Ecken und Kanten etwas von seiner Form und landete schließlich, als das Unwetter nachließ und der Regen aufgehört hatte, genau an der Stelle, von der die Stimme gesprochen hatte, an der alten Mühle, wo die Kinder im Bach spielten. Der Stein wusste gar nicht so genau, wie er dahin gekommen war. Aber nun lag er dort! Wie oft scheint eine Veränderung in unserem Leben unmöglich.

Wie oft scheint es uns aussichtslos, die Weisungen Gottes zu befolgen. »Sollte aber dem Herrn etwas unmöglich sein?« (1. Mose 18,14; vgl. Jeremia 32,17.27).

»Es ist dem Herrn nicht schwer, durch viel oder wenig zu helfen!«
(1. Samuel 14,6)

24. September

Die Krone des Lebens

Unter dem römischen Kaiser Marc Aurel breitete sich die Christenverfolgung bis nach Kleinasien aus. Im Jahr 167 wütete sie in Smyrna, wo Bischof Polykarp der christlichen Gemeinde vorstand. Er war ein Schüler des Apostels Johannes und damals 90 Jahre alt. Sein Aufenthalt in einem nahegelegenen Landhaus wurde verraten und Polykarp gefangengenommen. Nachdem er seine Häscher reichlich bewirtet und sich eine Stunde im Gebet gestärkt hatte, wurde Polykarp vor den Statthalter geführt. Unter wildem Geschrei des Volkes wurde er verhört. Der Statthalter redete auf den alten Mann ein: »Bedenke dein hohes Alter. Schwöre beim Namen des Kaisers und fluche deinem Christus, und ich lasse dich frei!« Aber Polykarp entgegnete ihm: »90 Jahre hat mich Jesus getragen und geliebt. Wie sollte ich meinem König absagen, der mich selig gemacht hat?«

Der Statthalter drohte mit dem Tode durch wilde Tiere, wenn er seinen Sinn nicht ändere. Als Polykarp völlig unbeeindruckt blieb, rief der Statthalter aus: »Wenn du die wilden Tiere verachtest, so werde ich dich lebendig verbrennen lassen!« Da antwortete Polykarp: »Du drohst mit einem Feuer, das nur eine Stunde lang brennt und bald verlischt; und du denkst nicht an das Feuer des ewigen Gerichts, das auf die Gottlosen wartet?« Da schrie die ganze Volksmenge in großer Wut: »Lass ihn lebendig verbrennen!« Sofort schleppten die Leute aus den Werkstätten und Badestuben Holz und Späne herbei. Polykarp aber legte in Ruhe seine Kleider und Schuhe ab. Als man ihn binden wollte, bat er: »Lasst mich ohne Fesseln. Der mir die Kraft gibt, das Feuer auszuhalten, wird mir auch helfen, unbeweglich im Feuer zu stehen!« Dann betete er laut und dankte Gott, dass er ihn gewürdigt hatte, sein Leben für ihn zu lassen und an den Leiden Christi teilzuhaben. Betend und dankend verbrannte Polykarp von Smyrna für seinen Herrn Jesus.

»Und dem Engel der Gemeinde zu Smyrna schreibe: Ich weiß deine Trübsal und deine Armut – du bist aber reich. Fürchte dich vor keinem, was du leiden wirst! Sei getreu bis an den Tod, so will ich dir die Krone des Lebens geben!« (Offenbarung 2,8–10)

25. September

Menschenware oder wahre Menschen

Dostojewski schildert in einem seiner Romane, wie ein russischer Student eine alte Frau umbringt, weil sie ihm im Wege steht. Seiner Freundin gegenüber rechtfertigt er seine Tat mit den Worten: »Ich habe eine Laus zertreten!« Das Mädchen antwortet kurz und klar: »Ein Mensch ist keine Laus!«

Weil die Ehrfurcht vor dem Menschen verloren gegangen ist, geschieht soviel Not und Elend, werden soviel Blut und Tränen vergossen.

Im Licht der göttlichen Wahrheit müssen wir immer wieder die Würde des Menschen erkennen. Jeder Mensch ist ein Ebenbild und Gegenüber Gottes. Seine Würde liegt nicht in Leistung und Arbeit, in Alter oder Gesundheit begründet, sondern allein in der Zuwendung Gottes und in der Angewiesenheit des Menschen. Unermesslich und unbeschreiblich ist die Würde des Menschen als Gegenüber Gottes, auch für die in den Augen der Menschen Unwürdigsten. Gottes Liebe schüttet einen Damm auf gegen alle Flut von Menschenverachtung. Wo Menschen wie Vieh behandelt, verfolgt und gequält, unterdrückt und zertreten werden, geschieht Sünde, die Verletzung Gottes in der Gestalt seiner Ebenbilder. Wo wir geborenes oder ungeborenes Menschenleben eigenmächtig antasten, laden wir eine schwere Schuld auf uns, die sich wie ein dunkler Schatten auf alle Menschen legt. Der Mensch ist in den Augen Gottes keine Eintagsfliege, keine Arbeitskraft, kein Sandkorn oder Rädchen im Getriebe, sondern gewollt und geliebt, gesucht und geschätzt. Das ist unser und aller Menschen Adel, dass wir von Gott wertgeschätzt und geliebt sind. Darum brauchen wir an uns nicht zu zweifeln, andere nicht verachten, niemanden beneiden, zu keinem falsch heraufsehen, auf niemanden falsch herabsehen. In der Würde, die uns Gott verleiht, sind wir zur Liebe untereinander bereit. So werden aus Herdentieren, Arbeitskräften, Sozialfällen, Fremden und Menschenmaterial wahre Menschen, die Gott gehören und einander achten.

»Gott will, dass allen Menschen geholfen werde und sie zur Erkenntnis der Wahrheit kommen!« (1. Timotheus 2,4)

26. September

Nur anvertraut

Am Sabbatnachmittag kommt der Rabbi aus dem Bethaus nach Hause und vermisst seine beiden Söhne. »Wo sind die beiden Jungen?« fragt er seine Frau. »Sie sind wohl in das Lehrhaus gegangen«, antwortet sie. Und als der Mann nach einiger Zeit wieder fragt, entgegnet die Frau: »Sie sind vielleicht zu Freunden. Schon einige Male kamen sie erst später nach Hause!« Doch der Rabbi fragt immer besorgter: »Wo sind meine beiden

Söhne?« Die Frau spricht: »Erlaube, dass ich dich etwas frage.« »Was ist es?« Die Frau erwidert: »Vor einiger Zeit kam ein Fremder zu mir und gab mir ein Pfand, damit ich es gut aufbewahre. Es waren zwei kostbare Perlen von großer Schönheit. Und ich hatte meine helle Freude an ihnen, als wären sie mein Eigentum. Heute nun, als du im Bethaus warst, ist der Fremde wiedergekommen und hat sein Pfand zurückverlangt. Soll ich es ihm wiedergeben?« – »Wie fragst du nur?« antwortet der Rabbi streng. »Kannst du etwa zögern, ein Gut, das nur anvertraut ist, zurückzugeben?« – »Nein«, erwidert die Frau, »aber ich wollte nicht ohne dein Wissen handeln. Denn auch du hattest dir angewöhnt, das wertvolle Pfand als dein Eigentum zu betrachten!«

Der Rabbi schreit: »Wo sind meine Kinder?« Da nimmt die Frau ihren Mann an die Hand und führt ihn in die Schlafkammer. Sie hebt die Decke vom Bett. Da liegen die beiden Jungen still und schön. Beide sind tot. Der Rabbi weint und wirft sich über sie. Die Frau aber steht ernst und bleich hinter ihm und blickt herab auf seinen tiefen Schmerz. »Hast du mich nicht geheißen, das Pfand zurückzugeben? Der Herr hat's gegeben, der Herr hat's genommen. Der Name des Herrn sei gelobt!«

Leib und Leben, Raum und Zeit, Eltern und Kinder, Freunde und Gefährten, alles kostbare Perlen, aber nur anvertraut. Solange wir sie haben, wollen wir sie behutsam aufbewahren, um sie eines Tages in Gottes gute Hand zurückzugeben!

27. September

Hergeben und Behalten

Eine arabische Legende erzählt von einem Vater und seinen drei Söhnen. Der Vater stirbt und hinterlässt seinen Söhnen 17 Kamele und ein Testament, in dem er die Aufteilung der Kamele unter die Kinder genau festgelegt hat. Der älteste Sohn soll die Hälfte bekommen, der zweite Sohn ein Drittel und der jüngste ein Neuntel. 17 Kamele, die Hälfte geht nicht, ein Drittel geht nicht, ein Neuntel geht nicht. Die Zahl 17 lässt sich weder durch zwei noch durch drei noch durch neun teilen. Darum geraten die Söhne nach dem Tod des Vaters in einen heftigen Streit. Schließlich kommt ein Fremder geritten. Er hört den schwierigen Fall an und stellt nach einigem Überlegen sein eigenes Kamel dazu. Nun sind es 18 Kamele, und die Aufgabe lässt sich lösen. Der älteste bekommt die Hälfte, also neun Kamele, der zweite ein Drittel, also sechs Kamele, und der dritte Sohn erhält ein Neuntel, also zwei Kamele. Nachdem die Kamele so aufgeteilt sind, machen sie alle eine wunderbare Entdeckung: neun und sechs und zwei sind zusammen 17 Kamele. Das vom Fremden dazugestellte Kamel bleibt für ihn über. So hat sich der Fremde mit seinem Gut eingebracht, die Schwierigkeit damit gelöst und sein Kamel doch behalten.

Wie oft ist es nötig, dass man sich als Freund oder Seelsorger hergibt, um unlösbar scheinende Verwicklungen zu entwirren. Aber man bleibt doch am Ende erhalten. Man hat sich ganz hergegeben und wird sich doch ganz behalten. Und gerade in der Seelsorge und Beratung ist es wichtig, bei der Nähe der Bereitschaft auch die Distanz der Achtung zu wahren. Seelsorger geben sich ganz hinein, aber geben sich nicht im andern auf. Wir dürfen den Menschen raten und helfen, aber sie nicht an uns binden. Wir bleiben bei allem Einsatz der Liebe frei zum Weitergehen.

28. September

Genug zum Leben

Der Prinzregent Luitpold von Bayern hatte sich einst auf der Gemsjagd in den Bergen verstiegen. Ein Almbub fand den hilflosen Mann und half ihm aus der Bergwand heraus und leitete ihn sicher zurück. Wieder in Sicherheit, bedankte sich der Fürst mit einem Geldstück und fragte den Jungen nach Namen, Eltern und Wohnort. »Franzl heiß ich. Ich bin ein Findelkind und hüte da heroben für die Bauern das Jungvieh.« Der Fürst wollte wissen, was er dafür bekomme. »Das Essen und's Gewand«, antwortete der Franzl. »Das ist aber wenig«, meinte der Prinzregent. Worauf ihn der Franzl erstaunt fragte: »Hast du vielleicht mehr?«

»Es ist aber ein großer Gewinn, wer gottselig ist und lässet sich genügen. Denn wir haben nichts in die Welt gebracht; darum werden wir auch nichts hinausbringen. Wenn wir aber Nahrung und Kleidung haben, so lasset uns genügen. Denn Habsucht ist eine Wurzel alles Übels!«
(1. Timotheus 6,6–8.10)

Täglich zu singen

Ich danke Gott und freue mich
Wie's Kind zur Weihnachtgabe,
Dass ich bin, bin! Und dass ich dich,
Schön menschlich Antlitz! habe;

Dass ich die Sonne, Berg und Meer,
Und Laub und Gras kann sehen
Und abends unterm Sternenheer
Und lieben Monde gehen;

Und dass mir denn zu Mute ist,
Als wenn wir Kinder kamen
Und sahen, was der heil'ge Christ
Bescheret hatte, Amen!

Ich danke Gott mit Saitenspiel.
Dass ich kein König worden;
Ich wär geschmeichelt worden viel
Und wär vielleicht verdorben.

Auch bet ich ihn von Herzen an,
Dass ich auf dieser Erde
Nicht bin ein großer reicher Mann
Und auch wohl keiner werde.

Denn Ehr und Reichtum treibt und bläht,
Hat mancherlei Gefahren,
Und vielen hat's das Herz verdreht,
Die weiland wacker waren.

Und all das Geld und all das Gut
Gewährt zwar viele Sachen;
Gesundheit, Schlaf und guten Mut
Kann's aber doch nicht machen.

Und die sind doch, bei Ja und Nein!
Ein rechter Lohn und Segen!
Drum will ich mich nicht groß kastei'n
Des vielen Geldes wegen.

Gott gebe mir nur jeden Tag.
So viel ich darf zum Leben.
Er gibt's dem Sperling auf dem Dach;
Wie sollt er's mir nicht geben!

(Matthias Claudius)

29. September

Das ist Erquickung!

Auf Kreta wird von einem berühmten Eremiten, dem heiligen Vater Makarios, der im 4. Jahrhundert in Ägypten lebte, folgende Geschichte erzählt:

Vater Makarios wandert einmal durch die Wüste des Nillandes und stößt auf einen Schädel im Wüstensand. Er spricht ihn an: »Wer bist du?« – »Ich war Priester der Heiden«, war die Antwort des Schädels, »wenn du für die Menschen betest, die in der Hölle sind, erfahren sie große Erquickung.« Darauf Vater Makarios: »Wie ist denn die Hölle, und wie ist die Erquickung?« Der Schädel: »Wir stehen da mitten in den Flammen. Unsere eigentliche Qual aber ist, dass man uns dort Rücken an Rücken gefesselt hat, sodass der eine das Gesicht des anderen nicht sehen kann. Das ist die eigentliche Hölle. Wenn du aber für uns betest, werden die Fesseln lockerer, und wir können uns sehen. Das ist die Erquickung!«

Man lebt ganz nah beieinander und ist doch gegeneinander gekehrt. In Ehen und Familien, unter Nachbarn und Freunden, Arbeitskollegen und Mitarbeitern gibt es diese Not des »Rücken an Rücken«. Manche Fesseln von Bitterkeit und Neid, Eifersucht und Missgunst, Egoismus und Rücksichtslosigkeit verhindern, dass wir uns ins Gesicht sehen und begegnen können. Wirklich, das ist die Hölle auf Erden, wo miteinander verbundene Menschen sich nicht mehr zu Gesicht bekommen, sondern gefesselt und gelähmt einander den Rücken zeigen. –

Die alte Wüstengeschichte aber weiß um eine Lösung, um die Lösung von der lähmenden Fessel: »Wenn du für uns betest, werden die Fesseln lockerer, und wir können uns sehen. Das ist die Erquickung.«

»*Und ich bete darum, dass eure Liebe je mehr und mehr reich werde an Erkenntnis und Erfahrung!*« (Paulus an die Philipper – 1,9)

30. September

Fantasie der Liebe

Es war einmal ein hoher Beamter bei seinem König in Ungnade gefallen. Der Herrscher ließ den Beamten zur Strafe im obersten Stock eines hohen Turmes einkerkern. In einer mondhellen Nacht schaute der Gefangene sehnsüchtig aus seinem Gefängnis hinab in den Hof. Dort unten in der schwindelnden Tiefe entdeckte er seine Frau. Sie machte ihm ein Zeichen und berührte die Mauer des Turmes. Voller Erwartung blickte der Mann herunter, gespannt, was seine Frau vorhabe. Ihre leisen Rufe konnte er nicht verstehen. – Aber sie hatte einen Plan. An einem Käfer, dessen Fühler sie mit Honig bestrichen hatte, befestigte sie einen winzigen Seidenfaden. Dann setzte sie das Tier – mit den Fühlern nach oben – an die Turmmauer, gerade unterhalb der Stelle des Turmes, wo sie hoch oben ihren Mann hinter den Gittern sah. Der Käfer krabbelte langsam – immer dem Honig folgend – höher hinauf, bis er schließlich bei dem Gefangenen ankam. Der sah den dünnen Seidenfaden, löste ihn vorsichtig vom Insekt und zog ihn langsam nach oben. Am seidenen Faden hing schließlich ein Zwirnsfaden, am Zwirnsfaden dann eine dicke Schnur, an der Schnur letztendlich ein kräftiges Seil. Er befestigte das Seil an einer der Turmzinnen, zwängte sich durch das Fenstergitter hinaus und ließ sich am Seil hinab. Er war frei. Glücklich schloss er seine Frau in die Arme, und leise verschwanden sie in der Nacht. (Nach einem indischen Märchen)

Manchmal hängt das Leben an einem seidenen Faden. Aber die Fantasie der Liebe kann daraus ein dickes Seil der Erlösung und Befreiung machen.

»*Wandelt in der Liebe, gleich wie Christus euch hat geliebt!*«
(Epheser 5,2)

1. Oktober

Ende oder Ziel

Ein Marathonläufer hat für die Olympischen Spiele trainiert. Endlich ist es so weit. Der Startschuss fällt. Der Lauf beginnt. Es wird ein harter Kampf gegen die eigene Schwäche und die starke Konkurrenz. Als erster erreicht der Schnellste das Stadion. Nach über 42 Kilometern hat er noch eine Runde zu laufen. Tosender Beifall brandet auf, als er die Ziellinie überläuft. Glücklich reißt er die Arme hoch. Die Goldmedaille und Siegerehrung sind ihm ein wirklicher Lohn für alle Mühe und Anstrengung.

Ist es traurig, dass ein solcher Kampf zu Ende geht? Hat der Sportler Angst vor dem Ende des Laufs? Nein, das Wort am Schluss eines solchen Kampfes heißt nicht Ende, sondern Ziel und Gewinn und Siegerehrung. Ende ist ein furchtbares Wort. Es bedeutet aus und vorbei, vergeblich und vergänglich. Ziel ist ein wunderbares Wort. Es bedeutet Höhepunkt, Krönung und Vollendung.

Unsere Lebenszeit ist nicht auf ein Ende, sondern auf ein Ziel hin angelegt. Dass wir sterben müssen, ist eigentlich nicht furchtbar, wenn es bedeutet, dass ein Leben zum Ziel kommt und von Gott mit dem Kranz der Gerechtigkeit gekrönt wird.

»Ich habe den guten Kampf gekämpft, ich habe den Lauf vollendet, ich habe Glauben gehalten; hinfort ist mir bereit die Krone der Gerechtigkeit, welche mir der Herr, der gerechte Richter, an jenem Tage geben wird, nicht mir allein, sondern auch allen, die seine Erscheinung lieb haben!« (2. Timotheus 4,7f)

2. Oktober

Hoch-Zeit des Lebens

Zwei junge Menschen haben sich liebgewonnen. Sie feiern Verlobung, und es beginnt eine wunderbare Zeit, in der die Liebe reifen und sich bewähren soll. Schon am Tage der Verlobung wissen die beiden, dass diese schöne Zeit einmal zu Ende geht. Aber weinen sie darum? Wächst daraus Sorge und Angst? Nein, sie erwarten und freuen sich auf eine noch größere Zeit, die Hoch-Zeit des Lebens. Nur eines wäre furchtbar, wenn die Beziehung zerreißt, die Treue bricht, die Liebe erkaltet und die Hochzeit gar nicht erlebt wird.

Unsere Lebenszeit wird in der Bibel mit der Verlobungszeit verglichen, in der das Verhältnis zu Gott beginnen, in Liebe reifen, in Treue sich bewähren und alles auf eine Vollendung hin wachsen soll. Dass diese schöne Zeit als Vorbereitungszeit auf eine noch größere einmal zu Ende geht, ist in den Augen der Bibel nicht furchtbar, sondern wie eine große Hoffnung und Erwartung. Nach unserer Lebenszeit mit all den schönen und schweren Dingen, mit Lust und Last, Erwartungen und Sehnsüchten, die sich letztlich noch nicht erfüllen ließen, hat Gott noch eine größere Zeit für uns bereit, die Zeit der Vollendung und Fülle des Lebens, die Ewigkeit.

Christen gehen nicht auf ein Ende zu, wohl aber auf eine Vollendung. Nicht Ende heißt ihr letztes Wort, sondern Ziel, Krönung und Erfüllung. Dazu gab uns Gott diese Lebenszeit, dass wir in ihr reif würden für die Hoch-Zeit bei ihm. In einer Zeit, in der das Gespenst der Angst vor dem Weniger umgeht, wollen wir auf die Hoch-Zeit und das Mehr des Lebens, auf die Ewigkeit hin leben.

»*Ich vergesse was dahinten ist, und strecke mich nach dem Kleinod der himmlischen Berufung Gottes in Christus Jesus!*« (Philipper 3,13f)

---

3. Oktober

Nicht Ende, sondern Ernte

Ein Bauer bestellt im Frühjahr seine Felder und bringt das kostbare Saatgut in die Erde. Alles Säen geschieht auf eine Ernte hin. Und wenn nach einem Sommer des Reifens und Wartens das Korn geschnitten, das Obst gepflückt und die Bodenfrüchte geerntet werden, sind das keine traurigen Tage. Denn Wachsen und Reifen sind nicht das Ende, sondern die Ernte. Niemand weint, weil reife Früchte abgenommen werden, Getreide geschnitten und gemahlen wird. Früchte einbringen ist immer Anlass für ein frohes Erntefest.

Unser Leben ist ein Wachsen und Reifen. Dass es nach einem bunten Lebenssommer einmal Herbst wird und wir auf eine Ernte zugehen, ist eigentlich nicht traurig, wenn das Leben wie eine reife Frucht von Gott eingesammelt werden kann. Nur eines wäre furchtbar, wenn es Herbst wird, und es ist nichts gewachsen. Ein Herbst ohne Ernte und Früchte ist traurig. Ein Leben, das ausgereift von Gott zurückgenommen wird, das zur Frucht gewachsen und vollendet ist, ist erfüllte Zeit. Erntezeit, Freudenzeit, Dankeszeit, Lebenszeit.

»Denn was der Mensch sät, das wird er ernten. Wer auf sein Fleisch sät, der wird von dem Fleisch das Verderben ernten; wer aber auf den Geist sät, der wird von dem Geist das ewige Leben ernten!« (Galater 6,7f)

4. Oktober

Wir lieben einander so sehr

Mutter Teresa erzählt, dass eines Tages zwei junge Inder in das Haus der Schwestern in Kalkutta gekommen sind, um einen größeren Geldbetrag zu übergeben. Mit dem Geld sollte den Armen geholfen werden. Mutter Teresa war überrascht, von Hindus so viel Geld zu bekommen. Aber die beiden jungen Leute erklärten: »Wir haben vor zwei Tagen geheiratet, hatten aber schon lange beschlossen, uns keine Hochzeitskleidung zu kaufen und keine große Feier zu veranstalten. Dafür wollten wir ihnen das gesparte Geld für die Armenspeisung übergeben.« Das junge indische Ehepaar gehörte einer hohen Kaste an, und als bekannt wurde, dass sie einer katholischen Nonne geholfen hatten, gab es in Kalkutta einen Riesenskandal. Später fragte Mutter Teresa die beiden, als sie wieder einmal bei den Schwestern hereinschauten, warum sie das getan hatten. Ihre Antwort war: »Wir lieben uns so sehr, dass wir unser gemeinsames Leben damit beginnen wollten, anderen Menschen in Not zu helfen!«

Die Liebe ist das einzige Gute, das mehr wird, wenn man es verschenkt.

Die Liebe ist die einzige Blume, die zu allen Jahreszeiten blüht und zugleich wunderbare Früchte hat.

»Lasset uns nicht lieben mit Worten noch mit der Zunge, sondern mit der Tat und mit der Wahrheit!« (1. Johannes 3,18)

5. Oktober

Der beinlose Fuchs und der Tiger

Vor langer Zeit, da sah ein Mann im Wald einen Fuchs, der alle vier Beine verloren hatte. Und er wunderte sich, dass das Tier, das keine Beute mehr jagen konnte, noch lebte. Doch dann erblickte er einen Tiger, der Wild gerissen hatte. Nachdem er sich sattgefressen hatte, überließ er den Rest seiner Beute dem beinlosen Fuchs. Andertags ernährte Gott den Fuchs abermals mit Hilfe des Tigers. Der Mann war erstaunt über die Güte und Sorge Gottes gegenüber dem beinlosen Fuchs. Bei sich sagte er: »Auch ich werde mich in einer gemütlichen Ecke ausruhen und den Herrn für mich sorgen lassen. Wenn ich nur Vertrauen habe, wird er mir schon das Nötige geben.« Viele Tage vergingen, aber es geschah nichts, und der Mann saß immer noch in seiner Ecke. Er war dem Hungertod nahe. Da vernahm er eine Stimme: »Du bist auf dem falschen Weg. Folge dem Beispiel des Tigers und nimm dir nicht den behinderten Fuchs zum Vorbild!«

Später traf der Mann auf der Straße ein kleines frierendes Mädchen. Sie zitterte in ihrem dünnen Kleid und hatte schon lange nichts mehr zu essen bekommen. Da wurde er zornig und beklagte sich bei Gott: »Wie kannst du das zulassen? Den Fuchs erhältst du am Leben, aber dieses kleine Mädchen lässt du hungern und frieren. Warum tust du nichts dagegen?« Eine Weile sagte Gott nichts. Doch in der Nacht antwortete Gott dem Mann: »Ich habe etwas dagegen unternommen, ich habe dich geschaffen!« (Nach einer arabischen Legende)

»Lasset uns aber Gutes tun und nicht müde werden!« (Galater 6,9)

6. Oktober

Vielleicht ist dann alles wieder gut!

In einer Grundschule beginnt ein Kind plötzlich zu weinen und weint in einem fort. Kein Zureden hilft. Das Mädchen zuckt hilflos mit den Schultern, als der Lehrer nach dem Grund seines Weinens fragt. Ob es Schmerzen hat, ob eine Krankheit kommt? Schließlich geht der Lehrer mit dem

Kind ins Sekretariat, um die Mutter des Kindes anzurufen. Als sie in die Klasse kommt, weint das Mädchen immer noch. Da gibt ein Mitschüler dem Lehrer den Rat: »Vielleicht muss sie nur mal richtig liebgehalten werden; vielleicht ist dann alles wieder gut!«

Es gibt tausend Traurigkeiten und abertausend Einsamkeiten, es gibt unzählige Tränen in ungezählten Gesichtern, es gibt verborgene Ängste und offenbare Nöte, es gibt unbeschreibliche Leiden und vielbesprochene Sorgen. Nicht ein Schicksal gleicht einem anderen, aber für alle gäbe es eine wunderbare Lösung: Sie alle müssen mal richtig liebgehalten werden!

»Denn das ist die Botschaft, die ihr gehört habt von Anfang, dass wir uns untereinander lieben sollen!« (1. Johannes 3,11)

7. Oktober

Eines einzigen Menschen Liebe

»Sag mir, was wiegt eine Schneeflocke?« fragte die Tannenmeise die Wildtaube an einem schönen Wintertag. »Nicht mehr als nichts!« gab die Taube zur Antwort. »Dann muss ich dir eine wunderbare Geschichte erzählen«, sagte die Meise. »Ich saß auf dem Ast einer Fichte, dicht am Stamm, als es zu schneien anfing. Nicht etwa heftig mit Sturmgebraus, nein, lautlos und ohne Schwere, wie im Traum. Da ich nichts Besseres zu tun hatte, zählte ich die Schneeflocken, die auf die Zweige und Nadeln meines Astes fielen und darauf hängenblieben. Genau dreimillionensiebenhunderteinundvierzigtausendneunhundertzweiundfünfzig (3.741.952) waren es. Als die dreimillionensiebenhunderteinundvierzigtausendneunhundertdreiundfünfzigste (3.741.953.) Flocke niederfiel – nicht mehr als nichts, wie du sagst –, brach der Ast!« Damit flog sie davon. – Die Taube, seit Noahs Zeiten eine Spezialistin in dieser Frage, sagte zu sich nach kurzem Nachdenken: »Vielleicht fehlt nur eines einzigen Menschen Liebe zum Frieden in der Welt!«

»Selig sind die Sanftmütigen; denn sie werden das Erdreich besitzen!«
(Matthäus 5,5)

8. Oktober

Was hast du gemacht mit deinem Leben?

In dem Roman von Carl Zuckmayer »Der Hauptmann von Köpenick« gibt es eine eindrückliche Szene, in der der aus der Haft entlassene Vogt bei seinem Schwager Unterschlupf findet. Die beiden Männer unterhalten sich nun über ihr Leben: »Und denn, denn stehste vor Gott, dem Vater. Und der fragt dir ins Jesichte: ›Wat haste jemacht mit dein Leben?‹ Und da muss ick sagen: ›Fußmatten, die hab ick jeflochten im Gefängnis!‹ Aber Gott sagt dir: ›Jeh wech!‹ sagt er. ›Ausweisung‹, sagt er. ›Dafür hab ick dir det Leben nicht jeschenkt. Det biste mir schuldig. Wo ist et? Wat hast mit jemacht?‹«

Was haben wir mit unserem Leben gemacht? Gott wird uns fragen, was wir mit unserer Zeit, Kraft, Begabung gemacht haben. Was erwartet Gott von uns, und was sind wir ihm schuldig? Gott fragt letztlich nicht nach Leistung und Erfolg. Er fragt nach Liebe und Vertrauen. Wir sind Gott nur eines schuldig, dass wir seine Liebe, seine Gabe, sein uns anvertrautes Leben mit ihm gelebt und erfüllt haben. Gott möchte uns Leben schenken, und er erwartet, dass wir es empfangen und ausdrücken.

Das Leben Gottes besteht in drei Stufen. Einmal das irdische Leben, das wir aus einer Mutter empfangen. Das natürliche Leben ist eine wunderbare Gabe Gottes. Aber es ist gezeichnet und versehrt durch menschliche Sünde. Darum bedarf es der Erneuerung durch eine zweite Stufe. In einer neuen Geburt werden wir geistliches Leben empfangen. In der zweiten Stufe geht es um die Verwandlung vom Menschenkind mit einem natürlichen Leben zu einem Gotteskind mit einem geistlichen Leben. Haben wir diese Beziehung im Glauben empfangen, festgehalten und ausgelebt, werden wir auch die dritte Stufe erfahren, das ewige Leben in einer neuen Welt, mit einem neuen Leib in ganz neuen Dimensionen. Das ist Gottes Plan. Er hat alles getan, dass dieser Plan sich in unserem Leben erfüllt. Nun liegt es an uns, ob wir die Beziehung wagen und uns Jesus anvertrauen. Gott wird uns also eines Tages fragen, was wir mit seiner Liebe und seinem Wort, seiner Einladung und seiner Versöhnung gemacht haben. Und nicht die werden ausgewiesen, die im Gefängnis gesessen und Fußmatten geflochten haben, sondern die, die seine Liebe ausgeschlagen und seine Vergebung nicht empfangen haben.

»*Wir müssen alle offenbar werden vor dem Richterstuhl Christi, auf dass ein jeglicher empfange, wie er gehandelt hat bei Leibesleben, es sei gut oder böse!*« (2. Korinther 5,10)

9. Oktober

Die ganz kleine Quelle

Ein afrikanisches Märchen erzählt, dass eines Tages eine große Trockenheit über das Land fiel. Zuerst verdorrte das Gras. Es wurde braun und grau. Dann welkten die Büsche und verloren traurig ihre Blätter. Kleinere Bäume starben ab und ragten wie knöcherne Besen in den wolkenlosen Himmel. Der Regen blieb immer noch aus, und das Land wurde zu einer staubigen Einöde. Selbst der Morgen erwachte ohne die Erfrischung des Taus. Tiere verdursteten. Nur wenige hatten die Kraft, aus der tödlichen Wüste zu fliehen. Die Dürre dauerte an. Nun waren auch die alten und starken Bäume, deren Wurzeln tief genug in die Erde hinabreichten, bedroht. Langsam verloren sie ihre Blätter und das schattenspendende Kleid. Brunnen und Flüsse, Quellen und Bäche trockneten aus. Eine einzige Blume war am Leben geblieben, weil eine ganz kleine Quelle immer noch ein paar Tropfen Wasser für sie bereithielt. Doch die kleine Quelle mitten in der Einöde war ganz verzweifelt: »Alles vertrocknet und verdurstet, verdirbt und stirbt. Was hat es noch für einen Sinn, dass ich ein paar Tropfen Wasser aus der Erde hole, um eine einzige Blume zu erhalten?« Ein alter, ehemals kräftiger Baum stand in der Nähe. Er hörte die Klage und sagte zur Quelle: »Niemand erwartet von dir, dass du die ganze Wüste zum Blühen bringst. Deine Aufgabe ist es, einer Blume das Leben zu erhalten. Mehr nicht!«

»*Wer einen dieser Geringen nur mit einem Becher kalten Wassers tränkt darum, dass er mein Jünger ist, wahrlich, ich sage euch: es wird ihm nicht unbelohnt bleiben!*« (Matthäus 10,42)

10. Oktober

Der enttäuschte Rabbi

Ein Rabbi verkündigte jahrelang seiner Gemeinde Gottes Wort. Er wollte die Sünder mit Gottes Heiligkeit ermahnen und die Zaghaften mit Gottes Güte stärken. Eines Tages wurde er seiner Berufung überdrüssig und verließ enttäuscht die Synagoge. Verkleidet machte er sich auf die Wanderschaft und wollte nicht mehr Prediger sein. Er gelangte auf seiner Wanderung zu einer alten Frau, die sterbend in ihrer ärmlichen Hütte lag. »Warum bin ich geboren worden«, fragte die alte Frau, »wenn nichts als Unglück mein Los war, solange ich mich erinnern kann?« »Damit du es ertragen und daran reifen solltest!« war die Antwort des verkleideten Rabbis. Das gab der alten Frau Trost und Ruhe zum Sterben. Als er das Bettuch über ihr Gesicht zog, beschloss er, von nun an stumm zu sein. – Am dritten Tag seiner Wanderung begegnete er einem jungen, bettelnden Mädchen, das sein rotes Kind auf dem Rücken trug. Der Rabbi half, das Grab zu graben. Sie hüllten den mageren Körper in ein Tuch, legten ihn in die Grube, deckten sie zu, brachen das Brot, und auf jedes Wort des Bettelmädchens antwortete der Rabbi mit Gesten. »Das arme Kind hat nichts, weder Freude noch Schmerz gehabt. Glaubst du, es war wert, geboren zu werden?« Der Rabbi nickte, und das Mädchen war getröstet.

Daraufhin beschloss der Rabbi, fortan taub und stumm zu sein. Er versteckte sich vor der Welt in einer Höhle. Dort begegnete er niemandem außer einem Frettchen. Dessen Fuß war verletzt. Daher verband der Rabbi es und heilte es mit Blättern. Der Rabbi betete, und das Frettchen saß dabei. Die beiden gewöhnten sich aneinander und freundeten sich an. Eines Nachmittags stürzte sich ein Raubvogel vom Himmel und trug das Frettchen, das sich vor der Höhle in der Sonne räkelte, vor den Augen des Rabbi davon. Da dachte der Rabbi, es wäre besser, wenn er auch noch die Augen verschlösse. Aber so – blind, stumm und taub – konnte er nichts anderes tun, als auf den Tod zu warten. Und der, das fühlte der Rabbi, würde es nicht eilig haben, ihn zu holen. So machte er sich auf und kehrte zu seiner Gemeinde zurück und predigte wieder die Worte Gottes den Menschen. Er tat, was er immer getan hatte. Aber er war nun stark in seiner Beschämung über seine Flucht. – Vielleicht möchten wir manchmal auch aus unserer Berufung fliehen und den Tauben, Blinden und Stummen spielen. Aber das bringt uns nur noch mehr Unglück. Darum bleiben wir treu in unserer Arbeit und werden nur stärker in der Demut und Liebe.

»Ein jeglicher bleibe in dem, darin er berufen ist!« (1. Korinther 7,20)

11. Oktober

Brot der Hoffnung

Ein Professor der Medizin stirbt, und seine drei Söhne lösen seinen Haushalt auf. Die Mutter war schon lange vorher gestorben, und der Vater hatte mit einer langjährigen Haushälterin allein gelebt. Im Arbeitszimmer des Vaters fanden die Söhne neben vielen wertvollen Dingen in einem Schrank ein steinhartes, vertrocknetes, halbes Brot. Die Haushälterin wusste, was es damit auf sich hatte.

In den ersten Jahren nach dem Krieg war der Professor todkrank. Da schickte ihm ein guter Freund ein halbes Brot, damit der Professor etwas zu essen hatte. Der aber dachte an die viel jüngere Tochter eines Nachbarn und ließ dem Mädchen das Brot schicken. Die Nachbarsfamilie aber mochte das wertvolle Brot nicht für sich behalten und gab es weiter an eine arme alte Witwe, die oben im Haus in einer kleinen Dachkammer hauste. Die alte Frau aber brachte das Brot ihrer Tochter, die mit zwei kleinen Kindern ein paar Häuser weiter wohnte und nichts zu essen hatte für die Kinder. Die Mutter dachte, als sie das Brot bekam, an den Medizinprofessor, der todkrank lag. Sie sagte sich, dass er ihrem Jungen das Leben gerettet und kein Geld dafür genommen hatte. Nun hatte sie eine gute Gelegenheit, es ihm zu danken, und ließ das Brot zum Professor bringen.

»Wir haben das Brot sofort wiedererkannt«, sagte die Haushälterin, »unter dem Brot klebte immer noch das kleine Papierstückchen.« Als der Professor sein Brot wieder in der Hand hielt, sagte er: »Solange noch Menschen unter uns leben, die so handeln, braucht uns um unsere Zukunft nicht bange zu sein. Dies Brot hat viele satt gemacht, obwohl keiner davon gegessen hat. Dies Brot ist heilig. Es gehört Gott!« So legte er es in den Schrank. Er wollte es immer wieder ansehen, wenn er mal nicht weiterwusste und die Hoffnung verlor. Es war das Brot der Hoffnung.

»Der Gott, der Brot zur Speise gibt, der wird auch wachsen lassen die Früchte eurer Gerechtigkeit. So werdet ihr reich sein in allen Dingen, zu geben in Lauterkeit, welche durch uns wirkt Danksagung an Gott!«
(2. Korinther 9,10f)

12. Oktober

Das größere Unglück

Ein kleiner Junge aus einem Dorf verirrte sich abends im Wald und wurde von seinen Eltern vermisst. Das ganze Dorf nahm teil an der Sorge der Eltern und machte sich auf die Suche. Landwirte rannten aus ihren Ställen, Kaufleute verließen ihre Geschäfte, Handwerker machten ihre Werkstätten dicht, Hausfrauen ließen das Abendessen kalt werden, eine Kirchenversammlung wurde abgebrochen, und alle kamen zusammen, um den Jungen zu suchen. Fieberhaft und planmäßig zugleich wurde die ganze Gegend abgesucht, um der hereinbrechenden Nacht zuvorzukommen. Nach stundenlanger Suche und unter Einsatz aller Kräfte und Mittel wurde das vollkommen verängstigte Kind schließlich gefunden. Wie freuten sich alle mit den Eltern über den glücklichen Ausgang.

Zwanzig Jahre später ist der Junge erwachsen. Er ist erneut in die irre gegangen und hat sich im Gestrüpp des Lebens verfangen. Aber niemand sucht nach ihm. Vater und Mutter sind eifrig dabei, Geld zu verdienen. Die Kirchenversammlung berät den neuen Haushaltsplan. Nachbarn und Freunde haben mit ihren eigenen Sorgen und Problemen zu tun. Es wird kein Notruf ausgesandt. Keine Suche beginnt. Alle lassen den Jungen im viel größeren Unglück allein. Wenn ein Mensch in seiner Sünde verlorengeht, ist das viel schlimmer. Aber niemand macht sich auf, um ihn zu suchen. Kümmert uns die Verlorenheit der Menschenkinder noch, dass wir uns aufmachen? Oder sind wir mit den wenigen zufrieden, die von selbst nach Hause gefunden haben?

»Welcher Mensch ist unter euch, der hundert Schafe hat und, so er deren eines verliert, der nicht lasse die neunundneunzig in der Wüste und hingehe nach dem verlorenen, bis dass er's finde?« (Lukas 15,4)

13. Oktober

Wer ist der Herr?

Luther und Melanchthon befanden sich auf der Reise nach Wittenberg. Sie kamen an die Elbe, die Hochwasser führte. Der kleine Kahn, in dem sie übersetzen wollten, schwankte bedenklich auf den wilden, vom Sturm gepeitschten Wogen. Ein schweres Gewitter stand drohend am Himmel. Luther wollte beherzt in den Kahn springen. Aber der zaghafte Melanchthon packte ihn am Arm, riss ihn zurück und rief: »Martin, Martin, steig nicht ein! Die Sternenläufe sind gegen uns!«

Darauf rief Luther zurück: »Wir sind des Herrn, und darum sind wir die Herren auch über die Sterne!« Riss sich los und sprang in den Kahn.

Oft genug haben wir den Eindruck, dass die Mächte gegen uns sind. Nöte und Leiden erheben sich, Stürme des Lebens peitschen die Wogen auf, drohende Gewitter zeigen sich am Horizont, zerbrechlich klein wirkt das Lebensschiff gegen die Gewalt der Mächte. Aber wer ist denn nun der Herr der Welt? Jesus hat uns in seinem Abschiedswort doch ein wunderbares Vermächtnis zurückgelassen: »Mir ist gegeben alle Gewalt im Himmel und auf Erden!« Darum springen wir in den Kahn mitten in Unwetter und Bedrohung. Wir lassen uns übersetzen ans Ufer. Jesus bringt uns durch, dass wir gut nach Hause kommen. Wir sind des Herrn. Darum sind wir auch Herren über dunkle und widrige Mächte. Paulus hat es einmal so gesagt: »Ich vermag alles durch den, der mich mächtig macht, Christus!«

»Herr, die Wasserströme erheben sich, die Wasserströme erheben ihr Brausen, die Wasserströme heben empor die Wellen. Die Wasserwogen im Meer sind groß und brausen mächtig; der Herr aber ist noch größer in der Höhe!« (Psalm 93,3f)

14. Oktober

Keine Minute zu lange!

»Gott wird sitzen und schmelzen und das Silber reinigen«, heißt es in Maleachi 3, Vers 3. Beim Silberschmied können wir uns erklären lassen, was es damit auf sich hat: »Wenn ich Silbererz in den Tiegel getan habe, muss ich genau achtgeben, dass es nicht zu lange über dem Feuer bleibt. Darum sitze ich dabei und beobachte genau, wann das Silber von der Schlacke frei ist. Keine Minute zu lange darf ich es im Tiegel lassen, sonst verdirbt das edle Metall. Und ich weiß ganz genau, wann der Zeitpunkt gekommen ist, wenn sich mein eigenes Bild im geschmolzenen Silber spiegelt. Dann ist es so weit, dann muss das Silber schnell heraus.«

So sitzt Gott, der große Silberschmelzer, an seinem Tiegel, in dem er uns Menschen in seiner Liebe läutern und reinigen will, damit sich die wertlose Schlacke des Lebens vom wertvollen bleibenden Leben trennen lässt. Gott sieht genau zu. Sobald sich sein Bild in unserem Leben zeigt, wird es Zeit. Keinen Moment länger lässt Gott uns im Tiegel, als es unbedingt zur Reinigung und Ausreifung des Lebens nötig ist. Welch ein Trost. Gott sitzt und wacht, sieht und wartet, behält die Übersicht und führt zum guten Ende. Keine Minute zu lange. Gott weiß die Zeit.

> Er weiß dein Leid und heimlich Grämen,
> weiß auch die Zeit, dir's abzunehmen!
>
> Endlich bricht der heiße Tiegel,
> und der Glaub empfängt sein Siegel
> als im Feur bewährtes Gold,
> da der Herr durch tiefe Leiden
> uns hier zu den hohen Freuden
> jener Welt bereiten wollt!

(Karl Friedrich Harttmann)

15. Oktober

Liebe öffnet die Tür zum Leben

Ein Mädchen verirrt sich im Wald. Es wird dunkel und unheimlich. Furcht steigt in dem Mädchen auf. Verzweifelt sucht es den Weg nach Hause. Da kommt es an eine kleine Hütte. Aus einem Fenster leuchtet ein warmes Licht. Sie läuft auf das Häuschen zu und klopft leise an die Tür. Eine Stimme antwortet von drinnen: »Wer ist da?« Das Mädchen antwortet: »Ich!« Da wird ein großes Schweigen. Auch die Blätter des

Waldes halten inne mit ihrem Rauschen. Nur von innen ist ein leises Weinen zu hören. Das Mädchen kauert sich vor die Tür. Sie sinnt nach über das Wort, das sie sagte und das zum Schweigen und Weinen führte: Ich. Ganz langsam wächst in ihr die Erkenntnis, dass sich der Mensch verwandeln kann, wenn er in das Haus der Geborgenheit und Liebe, Wärme und Freude Einlass finden will. Am Morgen geht sie noch mal an die Tür und klopft. Wieder fragt von innen eine Stimme: »Wer ist da?« Nun antwortet sie: »Du!« Da öffnet sich die Tür, und das Mädchen darf eintreten in die warme, helle Stube voller Licht und Leben.

(Nach einer arabischen Legende)

Solange wir Menschen immer nur »Ich« sagen, bleiben die Türen verschlossen, wir stehen in der Nacht und Kälte, und unsere Sehnsucht nach Wärme und Liebe, Geborgenheit und Freude bleibt unerfüllt. Wenn wir dann das »Du« sagen, öffnen sich die Türen in ganz neue, wunderbare Räume. Es wird warm und hell, lebendig und fröhlich, geschützt und bewahrt. Die Liebe Jesu möchte uns verwandeln von einem Ich-Menschen in einen Du-Menschen, von einem Egoisten in einen Liebenden. Und dann werden sich die Türen öffnen und die Wege ebnen und die Räume erschließen.

»Über alles aber ziehet an die Liebe, die da ist das Band der Vollkommenheit!« (Kolosser 3,14)

16. Oktober

Ein kleines Buch ganz groß

Der erste schottische Missionar, der nach Indien gesandt wurde, war Alexander Duff. Er wollte in Indien, dem Riesenland mit einer uralten Kultur und Tradition, Seminare und Schulen gründen und auf diesem Wege das Volk der Inder zu Christus führen. So stellte er eine große Bibliothek mit vielen wertvollen Büchern zusammen. Voller Freude ließ er die vielen sorgsam gepackten Bücherkisten auf das Schiff bringen. Doch am Kap der Guten Hoffnung, an der Südspitze Afrikas, geriet das Schiff in einen furchtbaren Sturm und sank. Duff rettete mit der Besatzung nur sein nacktes Leben. All die kostbaren Bücherkisten wurden ein Raub der

Wogen. Traurig stand Duff am Strand und sah wehmütig hinaus. Irgendwo auf dem Meeresgrund lagen nun seine mühsam gesammelten Bücher. Da trägt eine Brandung ein paar Trümmer ans Ufer. Darin schwimmt ein kleines Büchlein – seine Taschenbibel. Duff nimmt sie auf. Das einzige Buch, was aus dem Schiffbruch gerettet wurde, die Bibel, wird nun sein Begleiter nach Indien. Mit der Bibel als einzigem Schatz und letzter Weisheit beginnt Duff in Indien seine Missionstätigkeit. Und Gott hat durch ihn und seine Bibel dort große Dinge bewirkt, sodass man später von ihm und seinem Wirken in Indien gesagt hat: »Sein Erscheinen war wie ein Präriebrand, der heiß über das Land fegt. Die Begeisterung, die er entfachte, war tief und glühend!«

Mancher Schiffbruch wird auch unser Lebensschiff bedrohen. Wenn wir nur immer das Beste hindurchretten können, Gottes Wort, seine Weisung und Tröstung, seine Liebe und Treue.

> Herr, dein Wort, die edle Gabe,
> diesen Schatz erhalte mir;
> denn ich zieh es aller Habe
> und dem größten Reichtum für.

(N. L. von Zinzendorf)

17. Oktober

Es gilt!

Ein Mitarbeiter im Besuchsdienst besucht in einer Großstadt die Leute in seinem Bezirk. Er kommt zu einer jungen Frau. Nach längerem Gespräch fragt der Mann, ob sie auch eine Bibel hätte. Die Frau antwortet: »Ja, wir haben eine Bibel, aber sie ist uralt, ich weiß nicht, ob die heute noch gilt!«

Die Bibel gilt immer. Sie veraltet nicht, ändert sich nicht. Gottes Wort ist endgültig, auch am Ende noch gültig. Die Zeiten wechseln, die Verhältnisse ändern sich, Menschen werden alt, aber die Bibel bleibt gültig, wahr, lebendig. Die Bibel überdauert alle Menschen, Zeiten, Verbote und Grenzen. Niemand konnte ihre Lebenskraft hindern, weder Nero noch Hitler oder Stalin. Gottes Wort wird noch gelten, wenn alle anderen

Stimmen und Worte längst verklungen sind. Die Frage ist nicht, ob Gottes Wort noch gilt. Die Frage ist, ob sie in meinem Leben zur Geltung und Auswirkung kommt. Die Bibel gilt immer, aber sie kann mir nur helfen und raten, mich nur trösten und heilen, wenn ich sie lese und lebe.

»Himmel und Erde werden vergehen; aber meine Worte werden nicht vergehen!« (Matthäus 24,35)

---

18. Oktober

Wohin soll das Leben gehen?

Leo Tolstoi fasste einmal seine Lebensgeschichte in einem Gleichnis zusammen. »Ich kam mir vor«, so erzählte er, »wie ein Mensch, den man in einen Kahn setzte und in dessen unerfahrene Hände man die Ruder gelegt hatte. Vom Ufer fortgestoßen, ruderte ich auf dem reißenden Strom des Lebens dahin. Je mehr ich in die Mitte der Strömung kam, um so mehr Menschen begegnete ich. Lachende, singende, lärmende Menschen, die alle in einer Richtung dahinfuhren, und niemand fragte danach, ob denn die Richtung stimmte, in der die Fahrt ging. Plötzlich hörte ich durch das Gewirr das Tosen und Brausen der Stromschnellen, und ich sah, wie vor mir ein Lebensschiff nach dem anderen kenterte und unterging. Da kam ich zu mir und hielt inne mit der tollen Fahrt. Mit aller Gewalt ruderte ich zurück, stromaufwärts dem Ufer zu. Und endlich kam ich heraus aus der gefährlichen Strömung. Das Ufer, von dem ich losgetrieben war, war der lebendige Gott. Nun war ich zu ihm zurückgekehrt und geborgen!«

Jesus Christus spricht: »Tut Buße und glaubt an das Evangelium!«
(Markus 1,15)

19. Oktober

Das wiedergefundene Lied

Friedrich von Sallet erzählt in seinem Gedicht »Der Geiger« von einem Mann, der mit seinem Instrument durch die Lande zieht. Überall begeistert er die Leute mit seinem Geigenspiel. Ihn aber rührt der Beifall nicht. Er bleibt traurig, und bisweilen bricht er mitten in einem Stück ab. Der Geiger weiß, es ist nicht das Lied, das er spielen müsste und möchte. Einst hat er ein besonderes Lied von seinem sterbenden Vater gelernt. Aber er hat es verloren. Darum zieht er durch die ganze Welt und sucht überall nach dem verlorenen Lied. Als er es in der Fremde nicht gefunden hat, kehrt er als alter Mann noch einmal in die Heimat zurück, um es dort zu suchen. Dann betet er verzweifelt zu Gott, er möge in seiner Barmherzigkeit ihm das Lied noch einmal schenken. Auf sein inniges Gebet hin erscheint ihm der Vater im Traum und spielt ihm noch einmal das wunderbare Lied. Voll Freude nimmt er am Morgen die Geige und spielt es wieder, das verlorene und wiedergefundene Lied, zum Staunen seines Jungen. Und mitten im Lied fällt dem Sterbenden der Bogen aus der Hand.

Wir haben auch das besondere Lied verloren, das Lied vom Vater, das Hohelied der Liebe, der Anbetung. Wir müssen es wiederfinden, und wenn wir die ganze Welt durchziehen. Wir müssen das Lied der Liebe und des Lebens wiederfinden um Gottes willen, um des anderen willen und um unseretwillen. Manche finden es vielleicht erst im Sterben wieder und spielen es dann noch für einen Menschen, der es empfangen und weiterspielen und singen kann.

»*Er hat mir ein neues Lied in meinen Mund gegeben, zu loben unsern Gott!*« (Psalm 40,4)

20. Oktober

Ein gutes Urteil

Der ehemalige New Yorker Bürgermeister La Guardia vertrat manchmal den Polizeirichter. Eines kalten Wintertages führte man ihm einen abgerissenen, alten Mann vor. Er hatte aus einer Bäckerei ein Brot gestohlen.

In der Vernehmung gab der Mann den Diebstahl zu und gab an, er habe das Brot nur genommen, weil seine Familie am Verhungern sei. Der Bürgermeister sprach das Urteil, denn das Gesetz erlaubte keine Ausnahme. So verurteilte er den armen Mann zur Zahlung von zehn Dollar Strafe. Dann griff er in die Tasche, gab dem Mann eine Zehndollarnote, damit er seine Strafe auch bezahlen konnte und freikam. Aber dann wandte er sich an die Zuhörer im Gerichtssaal, und zu ihrer Überraschung sagte La Guardia: »Und nun verurteile ich jeden Anwesenden im Gerichtssaal zu einer Geldbuße von fünfzig Cent, und zwar dafür, dass er in einer Stadt lebt, in der ein Mann ein Brot stehlen muss, um seine Familie vor dem Hungertod zu bewahren. Herr Gerichtsdiener, kassieren Sie die Geldstrafen sogleich und übergeben Sie sie dem Angeklagten!« – Der Hut machte nun die Runde, und der alte Mann konnte mit fast 50 Dollar in der Tasche den Gerichtssaal verlassen. Ein gutes Urteil, das uns an unsere Verantwortung füreinander erinnert. Bevor wir einander richten und verurteilen, anklagen oder bestrafen, wollen wir füreinander einstehen und miteinander teilen.

»*Geben ist seliger als nehmen!*« (Apostelgeschichte 20,35)

21. Oktober

Der König und seine Krone

Ein Herr König geht zum Zahnarzt. Am Empfang wird er nach seinem Namen und Beschwerden gefragt. Er antwortet: »Heinz König. Ich habe meine Krone verloren!« Die Frau schreibt, und plötzlich lacht sie laut auf: »Der Herr König hat seine Krone verloren! Na, dann wollen wir mal sehen, ob wir sie wiederfinden!«

Diese kleine Anekdote erinnert uns an unser Lebensschicksal. Von Gott als Königskinder gedacht und als Krone der Schöpfung bestimmt, haben wir unsere Krone verloren. Jeder darf da seinen Namen einsetzen und dahinterschreiben: »… hat seine Krone verloren!« Aber Gott lässt es nicht dabei. Er möchte, dass wir die Krone der Königskindschaft, die Krone des Lebens und der Gerechtigkeit wiederfinden. Darum gibt er seinen Sohn dahin. Jesus trägt für uns die Krone aus Dornen als Sinnbild der tiefen Verletzung, die wir Menschen Gott, anderen, uns selbst und der

Schöpfung angetan haben. Jesus trägt die Dornenkrone, damit er uns die Lebenskrone wieder schenken und anvertrauen kann. Wer die Liebe und Vergebung Gottes persönlich empfängt, wird wieder gekrönt »mit Gnade und Barmherzigkeit!« (Psalm 103,4). Die Krone des Lebens können wir uns nicht verdienen oder erwerben. Aber sie wird denen, die Gott gehören und gehorchen, geschenkt.

»Sei getreu bis an den Tod, so will ich dir die Krone des Lebens geben!«
(Offenbarung 2,10)

22. Oktober

Der gefallene König

An einem herrlichen Frühlingsmorgen reinigt ein Fischer am Strand seine Netze. Dabei beobachtet er einen jungen Adler, der sich auf einem Steinhaufen sonnt. Es ist ein starkes, stolzes Tier, ein König der Lüfte. Plötzlich schüttelt der Adler sein Gefieder, und ruckartig schießt er hoch in die Luft. Immer höher steigt das stolze Tier. Bald ist es für die Augen des Fischers nur noch ein kleiner Punkt. Doch da sinkt er wie ein Stein herab, schneller und schneller. Kurz darauf stürzt der Adler direkt am Ufer ins Wasser. Der Fischer hebt den großen stolzen Vogel aus dem Wasser. Er ist tot. Eine kleine Kreuzotter hatte sich in seiner Brust festgebissen. Sie war unter das warme Gefieder des Adlers gekrochen, während er auf dem Steinhaufen ausruhte. Ihr giftiger Biss machte dem stolzen Höhenflug des Königs der Lüfte ein Ende. (Aus Finnland)

Menschen, die Gott gehören, sind Königskinder. Sie sollen »auffahren mit Flügeln wie Adler« (Jesaja 40,31). Aber wie oft lassen sie sich in den Niederungen des Lebens nieder, ruhen sich aus und werden bisweilen das Opfer der kleinen giftigen Schlangen. Ihr Biss ist auch für einen stolzen Königsadler tödlich.

Auch dem König David ging es einst so. Er blieb, als seine treuen Leute in den Kampf zogen, im Palast in Jerusalem. Bequem lag er auf seinem Lager und erging sich auf dem Dach des Königshauses. Da biss sich in seinem Leben eine kleine giftige Schlange fest und ließ den großen König als Ehebrecher und Mörder tief abstürzen. Wir haben als Christen eine hohe Berufung, zu Gott und in seiner Kraft aufzufahren in die Höhe des Lichtes und in die Weite des Lebens. Hüten wir uns davor, in den Niederungen eines ichsüchtigen, sündigen Lebens auszuruhen. Dort lauert der Tod. Und es ist oft nur ein ganz kleiner Biss der Sünde, der uns abstürzen und scheitern lässt. Gott möchte uns in seiner Liebe davor bewahren. Er möchte unser Leben vom Verderben erlösen, uns krönen mit Gnade und Barmherzigkeit, er möchte unseren Mund fröhlich machen, dass wir wieder jung werden wie ein Adler (vgl. Psalm 103,4f).

23. Oktober

Glückliches Ende

Ein Junge soll einen Hund bekommen. Zusammen mit seinem Vater soll er sich beim Züchter den Hund aussuchen. Vater und Junge betrachten den Wurf Hunde, und der Vater fragt seinen Sohn, welchen von den Hunden er möchte. Der Junge schaut lange die durcheinander purzelnden Kleinen an und deutet schließlich auf einen Hund mit besonders heftig wedelndem Schwanz und sagt: »Diesen da mit dem glücklichen Ende!«

Jeder Mensch hat Sehnsucht nach einem glücklichen Leben und wartet auf ein glückliches Ende seiner Träume und Erwartungen. Aber wie viele Träume sind geplatzt und wie viele Hoffnungen an Enttäuschung gestorben. Gegen die Sehnsucht vom glücklichen Ende steht die Erfahrung vom dicken Ende: »Das dicke Ende kommt zuletzt!« Da schleicht sich die Angst in das Leben ein, und die Befürchtung macht sich breit, das Leben könnte scheitern und am Ende zerbrechen.

Die Bibel gibt uns einen guten Rat für diesen Zwiespalt von Glückserwartung und Schmerzerfahrung:

»*Dennoch bleibe ich stets an dir; denn du hältst mich bei meiner rechten Hand, du leitest mich nach deinem Rat und nimmst mich am Ende mit Ehren an.*« (Psalm 73,23f)

24. Oktober

Das Lied der Harfe

Als David an den Königshof Sauls kam, soll er gebeten haben, auf einer wunderschönen Harfe spielen zu dürfen, die unbenutzt im Thronraum stand. Der König antwortete, die besten Harfenspieler hätten sich daran versucht, doch die Harfe habe nur furchtbare Missklänge von sich gegeben. Aber David ließ nicht locker. Da der König Saul ihn sehr schätzte, gab er ihm schließlich doch die Erlaubnis, auf der Harfe zu spielen. Als David sein Spiel beendet hatte, weinten alle Leute des Hofes vor Rührung und Bewegung, weil die Musik so wunderbar und hinreißend klang. Der König fragte David nach seinem Geheimnis. Und David erklärte ihm: »Alle anderen Spieler versuchten, der Harfe ihre eigenen Lieder aufzuzwingen. Doch da weigerte sie sich. Ich spielte auf der Harfe ihr eigenes Lied. Habt ihr gehört, wie sie lachte, als ich sie an die Zeit als junger Baum erinnerte, ihr von den hellen Sonnenstrahlen erzählte, die durch ihre Zweige glitzerten, von den singenden Vögeln in ihren Ästen und den Liebespaaren in ihrem Schatten? Hörtet ihr sie weinen, als ich sie an jenen Tag erinnerte, als sie gefällt wurde und ihr Leben als Baum endete? Aber habt ihr auch gehört, wie sie jubelte, als ich mit ihr sang von der Auferstehung zu einer wunderbaren Harfe, von der hohen Berufung, zu Gottes Ehren und der Menschen Freude zu erklingen?«

Unser Leben gleicht einer solchen Harfe. Wie oft versuchen uns die Spieler ihre Lieder aufzuzwingen. Andere wollen uns benutzen für ihre Lieder von Geld und Macht, Ruhm und Eitelkeit, Leistung und Fortschritt, aber auch von Sinnlosigkeit und Resignation, von Tod und Vergänglichkeit. Dann geben wir nur Misstöne von uns, und unser Leben klingt so schaurig und verstimmt.

Gott möchte mit uns unser Lied spielen, das Lied von einer großen Sehnsucht nach Liebe und einer tiefen Erfüllung in Jesus.

»Gott hat seinen eigenen Sohn nicht verschont, sondern hat ihn für uns alle dahingegeben. Wie sollte er uns mit ihm nicht alles schenken?«
(Römer 8,32)

25. Oktober

Die echte Liebe

Ein Bauer kämpft sich durch meterhohen Schnee zu seinem hoch am Berg liegenden Hof nach Hause. Die müden Füße wollen ihn kaum mehr tragen. Immer tiefer sinkt der erschöpfte Mann in den Schnee ein. Und der Hof ist noch weit. Auf einmal ist eine alte Frau neben ihm. Ihr Gesicht ist von Sorge und Leid zerfurcht. Aber ihre Augen leuchten. Als der Bauer kaum mehr gehen kann, reicht ihm die alte Frau ihre von harter Arbeit gezeichnete Hand. Und sonderbar, die alte, zarte Frau zieht ihn besser als der stärkste Mann vorwärts. Der Bauer hält die Hand fest. Ganz warm strömt es aus der Frau zu ihm herüber. »Wer bist du?« fragt der Bauer verwundert, »und wo kommst du her?« »Ich wohne überall«, sagt die Alte. »So bist du also kein Mensch?« entsetzt sich der Bauer. »Nein«, sagt die Alte, »Ich lebe nur unter den Menschen.« »Dann bist du die Sorge, der Kummer, die Not, die jeden Menschen begleitet?« »Nein«, lächelt die Frau, »ich bin die Liebe, die echte Liebe!« Da bleibt der Bauer verwundert stehen und schaut auf das zerfurchte Gesicht, die rauen Hände, das weiße Haar und den gebeugten Rücken der Alten. »Die Liebe stell ich mir anders vor. Die prangt in Schönheit, hat blühende Farben, einen roten Mund zum Küssen und einen prallen Leib zum Umarmen!«

»Ach, du meinst die Lust, die sich manchmal für die Liebe ausgibt. Nein, die Liebe ist ganz anders. Denk mal nach, wann du der Liebe in Wahrheit begegnet bist. Wie bist du auf die Welt gekommen, wer hat dich zärtlich aufgezogen, nachts gewacht und tags gesorgt, wer hat Ungerechtigkeit erduldet und mit Güte beantwortet, wer hat die Mühen und Leiden des Alltags getragen, wer hat die harten, egoistischen Herzen verwandelt? Das war immer die Liebe, die echte Liebe!«

»Du hast recht«, sagt der Bauer. »Die echte Liebe hat – und darum bin ich so zerfurcht und gebeugt – das Schwerste zu tun. Sie muss überall da sein, wo Menschen in Lust und Leidenschaft Leben zerstören und Gutes versäumen. Wenn Menschen richtig leben wollen, muss ich ihnen helfen, das Leid zu tragen, ohne das es keine echte Liebe gibt. Ich muss sie stark machen zum Opfer. Die glänzenden Bilder, die verführen und bezaubern, sind nur Trug und Schein. Die echte Liebe geht von Arbeit gebeugt, von Leid gezeichnet und doch voll Kraft und Ausdauer ihren Weg!« – »Warum verlässt du mich dann schon?«, fragt der Bauer, als die alte Frau sich zum Gehen wendet. »Ich bin jetzt in dir, Bauer«, sagt die Frau. Und sie hatte recht. Der Bauer fühlte es zwar selber nicht, aber alle anderen Menschen in seiner Umgebung fühlten es fortan.

(Nach einem japanischen Märchen)

»Durch die Liebe diene einer dem andern!« (Galater 5,13)

26. Oktober

Der verhinderte Banküberfall

In Florenz plante Furbelone, der Leiter der Roten Brigade, einen Banküberfall. Zwei als Polizisten verkleidete Verbrecher standen am Eingang der Bank, zwei andere sollten in die Bank eindringen und den Kassierer mit Waffen zur Herausgabe des Geldes zwingen. Ein Fluchtauto mit gefälschtem Nummernschild wartete abfahrbereit. Furbelone selber saß als Bettler verkleidet auf den Stufen der gegenüberliegenden Kirche, um von dort das Einsatzzeichen für die gesamte Aktion zu geben. Gerade, als der Überfall beginnen sollte, kam eine Mutter mit ihrem kleinen Mädchen an der Hand die Treppe zur Kirche herauf, um mit dem Kind in der Kirche zu beten. Das Mädchen sah den Bettler und gab ihm ihr Pausenbrot mit einem liebevollen Blick. Verärgert wollte Furbelone das Mädchen übersehen, aber ihr kindlicher Blick und die barmherzige Geste überwanden den harten Verbrecher. Ganz tief empfand er, dass hier ein Mensch ist, der ihn mit den Augen der Liebe sieht. Anstatt das Signal zum Raubüberfall zu geben, nahm der Terrorist das Brot von dem kleinen lächelnden Kind und ging mit ihr in die Kirche. Sein Verbrecherleben war zu Ende.

»Lebt als Kinder des Lichts; die Frucht des Lichts ist lauter Güte und Gerechtigkeit und Wahrheit!« (Epheser 5,8f)

27. Oktober

Nie wieder ...

Ein Pfarrer hat einen Mann zu beerdigen, der über 60 Jahre keine Kirche mehr betreten hatte. Von den Angehörigen erfährt er eine traurige Geschichte. Der Mann war eins von vielen Kindern einer armen Familie. Nur mit Mühe und Not konnten die Eltern die zahlreichen Kinder durchbringen. Als Zehnjähriger wurde der Junge zum Kindergottesdienst eingeladen. Zum ersten Mal in seinem Leben hörte er biblische Geschichten und fröhliche Glaubenslieder. Er sang begeistert mit und hörte gebannt auf die Erzählungen von Jesus. Nach dem Gottesdienst nahm ihn die Leiterin beiseite: »Junge, komm bitte mit diesen zerrissenen Alltagskleidern nicht wieder. Wir sind doch hier im Hause Gottes!« Der Junge blickte verschämt an seinen geflickten Sachen herunter auf seine nackten, dreckigen Füße und antwortete leise: »Nie wieder will ich es tun, nie wieder ...!« Und das hat der Mann durchgehalten, bis er nun aufgebahrt in der Kirche lag.

Letztlich ist dieses Erlebnis keine Entschuldigung für seine Abwendung vom Glauben. Aber wie anders wäre wohl sein Leben verlaufen, wenn die Kindergottesdienstleiterin den Jungen damals in die Arme genommen und zu ihm gesagt hätte: »Junge, ich freue mich, dass du gekommen bist. Jesus hat dich ganz lieb. Komm doch bitte wieder, du bist hier immer willkommen!«

Ob uns bewusst ist, welche Verantwortung wir mit unserem Verhalten und Reden für andere Menschen und ihren Lebens- und Glaubensweg haben? Wir können nur hoffen und ringen, dass wir keinem Menschen im Wege stehen, zum Glauben an Jesus zu finden.

»Haltet den Glauben an Jesus Christus frei von aller Ansehung der Person. Denn so in eure Versammlung käme ein Armer in einem unsauberen Kleide, ist's recht, dass ihr solchen Unterschied bei euch selbst macht und richtet nach argen Gedanken? Hat nicht Gott erwählt die Armen auf dieser Welt, dass sie am Glauben reich seien? Ihr aber habt dem Armen Unehre getan! Wenn ihr aber die Person ansehet, tut ihr Sünde!«

(aus Jakobus 2,1–9)

28. Oktober

Der große Unbekannte

Sigmund Freud hat von drei Demütigungen gesprochen, die den Menschen erniedrigt hätten. Die erste Demütigung war die Entdeckung des Kopernikus. Nicht die Erde und der Mensch sind Mittelpunkt der Welt, sondern die Erde und ihr Leben drehen sich um die Sonne, die wiederum nur eine von vielen Himmelskörpern ist. Der Mensch geriet vom Mittelpunkt an den Rand, wurde vom Thron der Wichtigkeit in die Niederung der Winzigkeit hinabgestoßen.

Die zweite Demütigung war die Erkenntnis Darwins. Der Mensch ist nicht die herausgehobene Krone der Schöpfung, sondern das hochentwickelte Säugetier, der nackte Affe mit aufrechtem Gang. Der Mensch verlor seine geheimnisvolle Würde und wurde zur Verlängerung eines Tieres herabgewürdigt.

Die dritte Demütigung habe Freud selber dem Menschen zugefügt, indem er ihm den freien Willen absprach und ihn in allem Denken und Tun zum Sklaven seiner Sexualtriebe erklärte. – Wer sind wir Menschen? Winzige Zufallslaunen der Natur, eingefangen von Trieben und Ängsten? Zum Glück sieht die Bibel den Menschen ganz anders. Er ist Gottes Ebenbild, ein besonderes Geschöpf Gottes, eingebunden in einen wunderbaren Plan, der von der Schöpfung bis zur Vollendung des Lebens reicht. – Die einzige Demütigung fügte sich der Mensch selber zu, indem er sich von Gott abwandte und das Bild Gottes eigenwillig verzerrte. Aber Gott antwortete auch auf diese Demütigung mit einem wunderbaren Plan der Wiederherstellung. Jesus litt die Folgen dieser Demütigung bis in den Tod, die Hölle und das Gericht. Er ist das vollkommene Ebenbild Gottes und stellt in seiner erlösenden Liebe das Bild wieder her, das wir durch unsere Schuld verdorben und zerbrochen haben. Tief gedemütigte Menschenkinder können wieder geadelte Gotteskinder, arme Schlucker wieder freie Menschen werden. Wir Menschen bleiben bei Gott nicht die großen Unbekannten oder die kleinen Nichtigkeiten. Durch Gottes Liebe sind wir zu Königskindern berufen. Der Demütigung der Sünde darf die Demütigung der Umkehr entsprechen. So wird uns Gott wieder einsetzen in den Adelsstand seines Reiches.

»Demütigt euch vor dem Herrn, so wird er euch erhöhen!« (Jakobus 4,10)

29. Oktober

Landstreicher und Held zugleich

Ein Landstreicher in England hörte unterwegs die Schreie von Jungen. Er lief herzu und traf auf Jungen, die auf einem Bahngeleise gelaufen waren. Eines der Kinder hatte sich mit dem Fuß so unglücklich zwischen einer Schwelle und einer Stahlstange eines Signals verfangen, dass er den Fuß nicht mehr befreien konnte. Die Kameraden hatten alles versucht, ihn zu befreien, aber ohne Erfolg. Nun versuchte es der Landstreicher, drehte und zog den Fuß, band die Schuhriemen auf. Weder mit Kraft noch Geschick konnte er den Jungen befreien. Sein Schuh mit dem Fuß darin hatte sich so fest eingeklemmt, dass alle Bemühungen scheiterten.

Die Unglücksstelle befand sich direkt vor dem Tunnel von Hattersley nahe der Ortschaft Mottram. Die anderen Jungen liefen in den Ort, um Hilfe zu holen. Da hörte man den Zug mit einem lauten Pfiff in den Tunnel einfahren. Jeden Moment konnte er aus dem Tunnel hervorrasen und den Jungen überfahren. Schnell drehte der Landstreicher den Fuß des Jungen unter der Stange etwas um und befahl dem Jungen, sich ganz flach auf den Gleiskörper zu legen. Um dem Kind Mut zu machen, legte sich der Mann direkt neben ihn und hielt ihn fest. Der Zug donnerte über sie hinweg, und beide konnten sich unverletzt wieder erheben. Nun kam auch die Hilfe aus dem Dorf, und der Fuß wurde mit viel Mühe aus seiner Gefangenschaft befreit. Der Landstreicher wurde als Held gefeiert. Aber mitten im Getümmel einer improvisierten Feier entkam er unerkannt.

Wie oft sind wir gefangen in Ängsten und Sorgen, Leiden und Zwängen. Schuld und Schicksalsmächte klemmen uns ein. Gott möchte uns daraus befreien. Und in Jesus legt sich Gott gleichsam neben uns. Jesus ist nicht in der Angst gefangen, ist nicht von der Sünde gebunden, aber er legt sich, als wäre er auch Sünder, neben uns, damit er uns losmachen kann. Jesus ist von der Macht des Todes nicht festgehalten, aber er legt sich neben uns, damit wir durch seine Liebe den Tod überwinden können. Gott ist nicht begrenzt durch Raum und Zeit. Aber er kommt in Jesus in unsere Begrenzung hinein, lebt mit uns, leidet mit uns, stirbt für uns und macht uns schließlich los von allen Gebundenheiten. Er ist der eigentliche Held des Lebens.

»Gott schaut von seiner heiligen Höhe, dass er das Seufzen der Gefangenen höre und losmache die Kinder des Todes!« (Psalm 102,20f)

30. Oktober

Die zehn Gebote lackiert

In einer kleinen schwedischen Landkirche entdeckte man in einem alten Kirchenbuch kunstvoll verzierte Eintragungen aus dem Jahr 1795. Die säuberlich notierten Aufzeichnungen zeugen von dem gesunden Humor des Künstlers und des Küsters, der sie mit dem gewichtigen Amtssiegel versah und ordnungsgemäß wie folgt registrierte:

1. Das zweite Gebot verändert sowie die zehn Gebote lackiert, 3 Kronen.
2. Pontius Pilatus verputzt, neues Pelzwerk auf seinen Kragen aufgesetzt sowie ihn von allen Seiten poliert, 3 Kronen.
3. Den Himmel erweitert und verschiedene Sterne eingesetzt, das ewige Höllenfeuer verbessert und dem Teufel ein vernünftiges Gesicht aufgesetzt, 15 Kronen.
4. Die heilige Magdalena, die völlig verdorben war, erneuert, 12 Kronen.
5. Die klugen Jungfrauen gereinigt sowie sie da und dort angestrichen, 10 Kronen.
6. Den Weg zum Himmel deutlicher markiert, 1 Krone.
7. Die Frau des Potiphar lackiert sowie ihr den Hals vom Schmutz gereinigt, 5 Kronen.
8. Das Rote Meer vom Fliegenschmutz gesäubert, 2 Kronen.
9. Das Ende der Welt weiter zurückgestellt, da es viel zu nahe war, 20 Kronen.

Wenn man herzhaft gelacht hat über die originelle Art des Malers, beginnt man noch einmal ernsthaft über die Eintragungen nachzudenken. Dabei fallen die billigste und die teuerste Arbeit ins Auge. »Den Weg zum Himmel deutlicher markiert«, wäre das nicht für Christen das wichtigste? Für andere Menschen den Weg zu Gott, zum ewigen Leben deutlicher aufzeigen, vorleben und liebmachen, das wäre die erste und schönste Aufgabe eines christlichen »Lebenskünstlers«. Das andere würde uns wirklich teuer zu stehen kommen, wenn wir eigenmächtig »das Ende der Welt zurückstellen, da es viel zu nahe war«! Gott hat sich den Zeitpunkt der Vollendung seiner Geschichte vorbehalten. Und wenn uns oft das Lebensende oder Weltende viel zu nahe erscheint, so sind das unsere eigenen törichten Gedanken über das Leben und die Welt. Wie gut, dass

Gott sich hier nicht von Menschenkünstlern ins Bild pfuschen lässt. Er bleibt der Herr der Zeit und Welt. Und uns bleibt das Wachen und Beten, das Handeln und Leben, das Warten und Eilen.

»Darum wachet; denn ihr wisst nicht, welchen Tag euer Herr kommen wird! Seid bereit! Denn des Menschen Sohn kommt zu einer Stunde, da ihr's nicht meinet!« (Matthäus 24,42.44)

31. Oktober

Affe, Katze und Glucke

In Indien gehen zwei Hindus und ein Christ spazieren. Im Baum sehen sie eine Affenfamilie. Ein kleines Affenbaby umklammert seine Mutter, und mit ihrem Kind springt die Mutter von Ast zu Ast. Der Hindu aus der Vandakalai-Sekte erklärt daran seine Religion: »Gott ist wie die Affenmutter, der Mensch wie das Affenkind. Es klammert sich an der Mutter fest, und so wird es von Ast zu Ast getragen. Die Seele des Menschen kann nicht von selbst in den Himmel gelangen; sie muss sich an Gott festklammern. Und wenn sie den Himmel nicht erreicht, trägt sie selber die Schuld.«

Neben einer Hütte sehen die drei Männer dann eine weiße Katze, die ihr Junges im Maul davon trägt. Der Hindu aus der Tenkalai-Sekte erklärt daran seine Religion: »Gott ist wie die Katzenmutter, der Mensch wie das junge Kätzchen. Die Seele des Menschen kann nicht von selbst in den Himmel kommen. Gott muss sie in den Himmel tragen. Und Gott trägt die, die er will.«

Auf ihrem weiteren Weg sehen die Männer auf einem Bauernhof eine Henne mit ihren kleinen Küken. Plötzlich ruft die Henne ihre Küken dringlich zusammen. Sie folgen dem Ruf der Mutter und verstecken sich unter ihren Flügeln. Denn über dem Hof kreist bedrohlich der Habicht. Der Christ erklärt daran seinen Glauben: »Jesus ist wie die Henne, und die Menschen sind wie die kleinen Küken. Wir Menschen können uns nicht mit unserer Kraft an Gott festklammern wie das Affenjunge. Und Jesus gebraucht auch keine Gewalt und nimmt uns einfach in den Griff wie die Katze. Jesus ruft und lockt die Menschen wie die Henne ihre Küken. Wer seinen Ruf nicht hört und seine bergende Liebe nicht will, wird von anderen Mächten angetastet und verlorengehen. Wer aber auf den Ruf Jesu hört und ihm folgt, findet Schutz bei ihm wie die Küken unter den Flügeln der Henne.«

Jesus sagt: »Wie oft habe ich deine Kinder versammeln wollen, wie eine Henne ihre Küken versammelt unter ihre Flügel: und ihr habt nicht gewollt!« (Matthäus 23,37)

1. November

Das Neue und das Alte

Der Kopf will das Neue. Unsere Augen brauchen immer neue Reize und Bilder. Der Verstand will immer Neues erkennen und weiter forschen. Menschen wollen immer Neues erfahren, anderes erleben, immer das Fremde erforschen und Ungewohntes erproben. Es ist in uns eine tiefe Sehnsucht nach Aufbruch und Abenteuer. Das Fremde und Ferne, das Neue und Unbekannte lockt. Fernweh lässt die Menschen reisen und rasen, aufbrechen und unterwegs sein. Der Kopf will das Neue.

Das Herz will das Alte. Ganz tief in uns wohnt neben der Neugier auch die Sehnsucht nach dem Gewohnten, Vertrauten und Bekannten. Kinder wollen immer dieselben Geschichten, Riten, Bräuche und Abläufe. Menschen haben Lust am Geprägten und Verlässlichen. Wiederkehr schafft Frieden. Neben dem unwiderstehlichen Drang, die Welt zu erobern, liegt das Verlangen, immer dasselbe aus uralten Formen zu bewahren. Neben dem Fernweh wohnt das Heimweh. Wir wollen raus in die Ferne und zugleich rein in das Gewohnte, Liebgewordene und Vertraute. Wir brauchen für unser Herz den Ruheort und das Gehäuse aus festen Formen und immer gleichen Abläufen. Wir sehnen uns nach gewohnten Gaben, nach vertrauten Zeichen, nach bekannten Liedern, nach verlässlichen Grenzen, nach geprägten Worten, nach festen Zeiten. Der Kopf will das Neue. Das Herz will das Alte.

So wird unser Leben eine wunderbare Spannung aus Aufbruch und Heimkehr, aus Fernweh und Heimweh, aus Bewegung und Ruhe sein. Und auch unser Glaube wird eine gesunde Mischung aus Wagnis und Verlässlichem, aus Loslassen und Festhalten, aus Losgehen und Bleiben, aus Veränderung und Bewahrung sein.

»Du aber bleibe in dem, was du gelernt hast und dir vertraut ist!«
(2. Timotheus 3,14)

»Lasset uns wachsen in allen Stücken. Erneuert euch aber im Geist eures Gemüts und zieht den neuen Menschen an, der nach Gott geschaffen ist!« (Epheser 4,15.23f)

2. November

Glaubensstand unverändert!

In Algues Mortes am Rande der Camargue steht die Tour de Constance, ein mächtiger Rundbau mit sechs Meter dicken Mauern. Hier sperrten die französischen Könige ihre politischen Gefangenen ein. Unter ihnen waren auch die seit 1685 hart verfolgten Hugenotten. Um ihres christlichen Glaubens willen mussten sie viele Leiden ertragen. Die Männer kamen zumeist als Sträflinge auf die Galeeren, die Frauen in die Tour de Constance, den Turm der Standhaftigkeit.

Hier wurde Marie Durand im Juli 1730 fünfzehnjährig eingeliefert. Hier sollte sie 38 Jahre ihres Lebens verbringen. 28 Frauen und zwei im Gefängnis geborene Säuglinge lebten im Turm, als Marie Durand dazukam. Die Leiden und Martern dieser Gefangenen kann man sich nicht vorstellen. Ab und an erkaufte sich eine die Freiheit mit dem Gelöbnis, an keiner christlichen Versammlung mehr teilzunehmen. Andere, wie Maries Freundin Isabeau Menet, verloren den Verstand.

Hinter dem Namen Marie Durand stand Jahr für Jahr auf der Gefangenenliste des Turmkommandanten der Vermerk: »Sa croyance toujours la meme« – »Glaubensstand unverändert!« Marie Durand ist 1768, als endlich die Verfolgung nachließ, als eine der letzten entlassen worden. Sie lebte noch acht Jahre mit einer Turmgefährtin zusammen, bis im Juli 1776 der »größte Befreier« wie sie den Tod in ihren Gefängnisbriefen genannt hatte, zu ihr kam.

»So viel mehr Leiden mich bedrängt, so viel mehr Gott an mich denkt!« (Etienne Durand am 19.9.1730 an seine Tochter Marie Durand)

Gebet aus der Tiefe

»Angeschlagen an das Kreuz meines Glaubens, liege ich vor Dir, Herr. Meiner Bitten erste: Gib mir die Kraft, auszuharren in jeder Versuchung, wenn sie wiederkommen und mich abschwören heißen.

Bedrückt von der Schwäche und Unvollkommenheit, in der ich die achtzehn Jahre meines jungen Lebens hinbrachte, danke ich Dir für dieses Gefängnis, in dem ich nun noch Deiner Gnade anheimgegeben bin. Tröste Matthieu, dem ich in diesem Leben angehöre, steh meinem gefangenen Vater bei; zertritt die Schlange meiner unruhigen Lebenshoffnungen. Es will mir scheinen, dass das Licht der Sonne noch lange nicht für mich leuchten wird.

Begnadetes Verlies, in dem ich kniee, um Dir mein Leben darzubringen – Herr, schone meiner nicht, der ich nichts mehr als Dich will ...«

(Marie Durand)

3. November

Der Schatten

Ein Mann wollte seinen Schatten loswerden. Aber vergebens. Was er auch anstellte, es gelang ihm nicht. Er lief vor dem Schatten davon, aber er konnte ihn nicht abschütteln. Er wälzte sich auf dem Boden, der Schatten blieb. Er versuchte, über seinen Schatten zu springen. Alles vergeblich. Da meinte ein weiser Mann, der von ihm hörte: »Das wäre doch ganz einfach gewesen, den Schatten loszuwerden!« – »Wieso einfach?« fragten die Umstehenden neugierig. »Was hätte er denn machen sollen, um seinen Schatten loszuwerden?« Der weise Mann gab zur Antwort: »Er hätte sich nur in den Schatten eines starken Baumes stellen müssen. Da wäre sein Schatten aufgehoben!«

Den Schatten des Lebens, den wir werfen, wenn Gottes Licht uns anleuchtet, werden wir nicht los. Wir können laufen, wohin wir wollen. Immer ist der dunkle Schatten unserer Lebensschuld vor uns. Wir können nicht über die tiefen Schatten unseres Schicksals springen. Unsere Geschichte und Geschicke holen uns immer wieder ein. Wir werden den Schatten nicht los. Und doch gibt es auch für uns eine einfache Lösung. Im Schatten des Kreuzes ist unser Schatten weg und aufgesogen. Im Leiden Jesu ist unsere Schuld weggetragen. Im Sterben Jesu ist auch unser Schicksal mit gelöst und überwunden. Wir brauchen einen starken Herrn, der sich vor uns stellt, damit wir in seinem Schatten geborgen und befreit leben können.

»Wer unter dem Schirm des Höchsten sitzt und unter dem Schatten des Allmächtigen bleibt, der spricht zu dem Herrn: Meine Zuversicht und meine Burg, mein Gott, auf den ich hoffe!« (Psalm 91,1f)

4. November

Der weinende Engel

Es war einmal eine Frau, die war böse, sehr böse und starb. Sie hinterließ nicht eine einzige Spur einer guten Tat. Sie wurde von den Teufeln ergriffen und in den Feuersee geworfen. Aber ihr Schutzengel stand da und dachte darüber nach: Könnte ich mich nur dessen erinnern, dass sie irgendetwas Gutes getan hat, sodass ich es Gott sagen könnte. Es fiel ihm etwas ein, und er sprach zu Gott: »Sie hat in ihrem Gemüsegarten eine kleine Zwiebelpflanze ausgerissen und sie einer Bettlerin geschenkt.« Und Gott antwortete ihm: »Nimm diese kleine Zwiebelpflanze und reiche sie ihr zum See hinab, die mag sie anpacken und sich daran herausziehen. Und wenn du sie aus dem See herauszuziehen vermagst, so mag sie ins Paradies eingehen. Wenn aber das Zwiebelkraut abreißt, so soll die Frau bleiben, wo sie sich jetzt befindet.« – Der Engel lief zu der Frau, reichte ihr die kleine Zwiebelpflanze hin und sagte: »Da, Frau, fass an und zieh dich daran heraus.« Und er fing an, sie vorsichtig an sich heranzuziehen. Und beinahe hätte er sie herausgezogen. Aber als die übrigen Sünder in dem See sahen, dass man Jene herauszog, da hängten sich alle an sie, damit sie zugleich mit ihr herausgezogen würden. Die Frau aber wurde böse und begann mit den Füßen nach ihnen zu treten. »Ich soll herausgezogen werden und nicht ihr, es ist mein Zwiebelchen und nicht eures.« Sowie sie das ausgesprochen hatte, riss das Zwiebelkraut ab. Die Frau fiel in den See zurück, und da brennt sie bis auf den heutigen Tag. Der Engel aber fing an zu weinen und ging fort.

(Fjodor Dostojewski)

Solange Menschen am Bösen festhalten, wird Trauer sein bei Gott und seinen Engeln. Aber Jesus sagt: »Es wird Freude sein vor den Engeln Gottes über einen Sünder, der Buße tut«. (Lukas 15,10)

5. November

Die Suche nach dem Senfkorn

Eine chinesische Legende erzählt von einer Frau, die über den Tod ihres Sohnes so bekümmert war, dass sie sich keinen Rat mehr wusste. So ging sie zu einem heiligen Mann und fragte ihn: »Welche Gebete kennst du, um meinen Sohn wieder zum Leben zu erwecken?« Er sagte zu ihr: »Bringe mir ein Senfkorn aus einem Hause, das niemals Leid kennengelernt hat. Damit werden wir den Kummer aus deinem Leben vertreiben.« Die Frau machte sich auf die Suche nach dem besonderen Senfkorn. Sie kam an ein prächtiges Haus, klopfte und brachte ihre Bitte vor: »Ich suche ein Haus, das niemals Leid erfahren hat, ist hier nicht der richtige Ort? Es ist sehr wichtig für mich!« Aber die Bewohner des schönsten Hauses erzählten all das Unglück, das sich gerade bei ihnen ereignet hatte. Die Frau dachte bei sich: »Wer kann diesen unglücklichen Menschen besser helfen als ich, der ich auch so tief in Not geraten bin!« Sie blieb und tröstete. Dann suchte sie weiter ein Haus ohne Leid. Aber wohin sie sich auch wandte, kleine Hütten, riesige Paläste, überall begegnete ihr Leid. Schließlich beschäftigte sie sich nur noch mit dem Leid anderer Leute, sodass sie ganz die Suche nach dem Senfkorn vergaß, ohne dass ihr bewusst wurde, dass sie auf diese Weise tatsächlich den Schmerz aus ihrem Leben verbannt hatte.

»Ihre Wege habe ich gesehen, aber ich will sie heilen und sie leiten und ihnen wieder Trost geben; und denen, die da Leid tragen, will ich Frucht der Lippen schaffen!« spricht Gott, der Herr! (Jesaja 57,18f)

6. November

»Gut, Vater!«

Hoch oben in den Schweizer Bergen tummeln sich Tausende von Skifahrern. Sie genießen den Schnee und die Sonne, die Bewegung und das Treiben. Plötzlich schauen alle auf einen Abfahrer: ein Vater auf seinen Skiern, hinter ihm sein kleiner Junge. Die Arme um die Beine des Vaters geschlungen, sausen sie zu zweit den Hang hinab. Der Junge hält sich fest und jubelt laut voller Vergnügen: »Gut, Vater, gut, Vater, gut, Vater!«

Der Junge kann die Fahrt weder steuern noch bremsen, aber er hat blindes, kindliches Vertrauen in das Geschick und Können seines Vaters. So kann er die rasante Fahrt genießen und dabei voller Freude jauchzen.

Wenn wir auf der Fahrt unseres Lebens ein solches Vertrauen zu Gott, unserem Vater, haben könnten. Er bringt uns ganz sicher ans Ziel. Warum haben wir so viel Angst und machen uns so viele Sorgen, grämen und bekümmern uns. So werden die Tage quälend und kümmerlich, die Seelen von Sorgen und Ängsten zermürbt. Gott hat alle Dinge fest in der Hand, auch die Geschichte und Geschicke unseres Lebens. Je mehr wir mit Gott vertraut werden, desto mehr werden wir ihm vertrauen.

»Wirf dein Herz voraus. Gott fängt es behutsam auf und wartet auf deine Füße!« (Kyrilla Spiecker)

7. November

Wo liegt die Sünde?

Luther hat einmal gesagt: »Die Sünde hat nur zwei Orte, wo sie ist. Entweder ist sie bei dir, dass sie dir auf dem Halse liegt. Oder sie liegt auf Christus, dem Lamm Gottes. Wenn sie nun dir auf dem Rücken liegt, so bist du verloren. Wenn sie aber auf Christus ruht, so bist du frei und wirst selig.«

Wo liegt die Sünde? Liegt sie wie ein schweres Joch auf unseren Schultern, wird sie uns wund reiben und drücken, verletzen und weh tun. Darum lädt Jesus uns ein, das Joch der Sünde mit seinem sanften

Joch der Liebe zu tauschen. Gegen die Last der Sünde ist die Last Jesu leicht und heilsam. Mit Jesus in einem Joch gehen bedeutet aufleben und frei werden. Mit der Sünde in einem Joch können wir nur scheitern, zerbrechen und verloren gehen.

Wo liegt die Sünde? Bindet sie uns fest und schnürt sie uns ein, werden wir immer mehr zu Sklaven unserer eigenen Gedanken und Begierden. Die Bande der Sünde sehen auf den ersten Blick wie ein Geländer in das Land des Abenteuers aus. Aber dann legen sie sich mit unerbittlichen Zwängen und Bindungen um unsere Existenz und schnüren uns den Lebensatem ab. Darum lädt uns Jesus ein, die Bande der Sünde mit den Banden seiner Liebe zu tauschen. Die Liebe Jesu ist ein starkes Band, das keine Gewalt oder Macht, kein Schicksal oder Tod zerreißen kann. Viele Menschen scheuen die Bande der Liebe, die Bindung des Glaubens, die Verbindlichkeit des Gehorsams, sie wollen frei und unabhängig sein. Aber die Freiheit von Jesus bedeutet immer die Sklaverei der Sünde. Nur in der Bindung an Jesus, nur in den Banden der Liebe ist wirkliche Freiheit.

Wo liegt die Sünde? Liegt sie wie ein immer dichter werdendes Netz auf uns, sodass wir uns tief in sie hineinverstricken? Das Netz der Sünde fängt Menschen ein. Verzweifelt wehren sie sich gegen die Einengung. Aber je mehr sie strampeln, desto mehr werden sie sich verstricken und festbinden. Das Netz der Sünde ist ein Netz des Todes. Keiner kommt da aus eigenen Kräften heraus. Wir sind gefangen. Darum lädt uns Jesus ein, das Netz der Sünde mit dem Netz seiner Liebe zu tauschen. Die Liebe Jesu ist wie ein Netz, das uns nicht gefangen nimmt und einschnürt, sondern, das uns auffängt und vor dem Absturz bewahrt. Lassen wir uns fallen in die Liebe Jesu. Er fängt uns auf. Er bindet uns an sein Heil, er teilt mit uns das Joch, damit wir geschont und bewahrt und am Ende selig werden.

»Der Herr ward meine Zuversicht. Er führte mich hinaus ins Weite!«
(Psalm 18,19f)

8. November

Unsere Zuflucht

Im November 1938 brannte in der sogenannten Kristallnacht auch in Essen die Synagoge. Rassenhass und Rassenwahn hatte sie in Brand gesteckt. Sie brannte völlig aus, und die schwarz verkohlten Mauerreste blieben als stumme Zeugen von Hass und Gemeinheit zurück.

Sieben Jahre später, im Frühjahr 1945, brannte die ganze Stadt. Die Bomben der feindlichen Flieger hatten die Stadt in ein einziges Flammeninferno verwandelt. Menschen rannten, schrien um ihr Leben. Tausende verbrannten in den Häusern und auf den Straßen. Einige Menschen besannen sich auf die ausgebrannte Synagoge und flüchteten in die verkohlten Mauerreste. Sie blieben bewahrt. Denn dort gab es nichts mehr zu brennen. Schon einmal hatte hier das Feuer gelodert und sich ausgetobt. Nun wurde der Ort zur Rettung für die Menschen, die sich dorthin geflüchtet hatten. Der Ort ihrer Schuld wurde zum Ort der Bewahrung. –

Nehmen wir Zuflucht zu Gott, so verwandelt sich der lodernde Zorn Gottes in das Feuer der Liebe. Wir bleiben trotz unserer Schuld bewahrt, weil sich der Zorn Gottes an einem anderen ausgebrannt hat. Das Kreuz Jesu ist der Ort, wo unsere Schuld offenbar, aber auch die Rettung möglich ist: Nehmen wir Zuflucht zum Kreuz Jesu, so bleiben wir in seiner Liebe geborgen und gerettet. Dort, wo Jesus für unsere Schuld verbrennt, bleiben wir dann bewahrt. Welch eine Liebe Gottes!

(Nach Wilhelm Busch)

»Herr, du bist unsre Zuflucht für und für!« (Psalm 90,1)

9. November

Die Weisheit von oben

Der Priester Klemens Maria Hofbauer wurde der Apostel Wiens genannt. Besonders bekannt wurde er durch seine große Liebe zu den Armen. Für sie tat er alles. Selbstlos bettelte er sich das Geld zusammen, das er für die

Notleidenden brauchte. Eines Abends ging er wieder in eine Gaststätte. Tisch für Tisch sprach er die Gäste freundlich an und bat um eine kleine Gabe für die Armen. Dabei geriet er an einen groben Menschen, der alles hasste, was mit der Kirche zu tun hatte. Der schrie ihn an: »Wie kommen Sie dazu, mich um Geld zu bitten?« Und er spuckte dem Priester verächtlich ins Gesicht. Der zog ruhig sein Taschentuch heraus, wischte sich das Gesicht sauber und wandte sich dann ganz freundlich noch einmal an den Mann: »Das war für mich. Aber nun geben Sie mir doch bitte noch etwas für die Armen!« Dabei hielt er ihm erneut den Hut hin. Der Gast soll von dem Priester so beeindruckt gewesen sein, dass er ihm den ganzen Inhalt seiner Geldbörse in den Hut schüttete.

»Die Weisheit aber von oben her ist aufs erste lauter, danach friedsam, und gelinde, lässt sich etwas sagen, voller Barmherzigkeit!«

(Jakobus 3,17)

10. November

Aber

Das traurige Aber ist wie ein dunkler Schatten über dem Leben. Wir haben viel gewollt, aber wenig gehofft. Wir haben fröhlich geschafft, aber sind bitter enttäuscht. Wir haben selig geträumt, aber sind erschrocken aufgewacht. Wir haben das Glück gesucht, aber das Leid gefunden. Wir haben riesige Pläne gemacht, aber manche Pleiten erlebt. Wir sind weit gefahren, aber in die Enge geraten. Wir haben hoch gebaut, aber sind tief gefallen. Wir nahmen wichtige Ziele ins Auge, aber blieben mit nichtigen Dingen zurück. Wir haben den Wohlstand geschafft, aber das Unwohlsein hat uns geschafft. Wir haben die Köpfe voll, aber die Herzen sind leer. Wir nahmen viele Sachen in die Hand, aber der Hunger nach Leben blieb ungestillt. Wir wollten den Frieden, aber der Streit hörte nicht auf. Wir schrien unsere Sehnsucht nach Liebe heraus, aber die Einsamkeit holte uns wieder ein. Wir hatten den Lebenswillen, aber machten die Sterbenserfahrung. – Das wehmütige, traurige Aber ist wie ein dunkler Schatten über uns.

Das trotzige Aber ist der vergebliche Versuch, dem Schatten zu entkommen. Eigentlich müsste ich anders leben, aber ich will es nicht. Im

Grunde müsste ich mich umdrehen, aber ich renne einfach weiter. Letztlich bräuchte ich einen Bezugspunkt über mich hinaus, aber ich bleibe bei mir stehen. Eigentlich müsste ich meinen Konkurs eingestehen, aber ich wirtschafte immer weiter. Tief innen weiß ich, dass ich Gott brauche, aber ich suche die Lebenserfüllung bei Menschen. Das trotzige Aber ist die verzweifelte und vergebliche Flucht vor dem eigenen Schatten.

Das tröstliche Aber ist die sichere Flucht nach vorn, ganz nach vorn. Ich habe viel verloren, aber ich bin von Gottes Liebe gefunden. Angst und Enge bedrücken mich, aber Jesu Liebe führt mich in die Weite der Hoffnung. Krankheit macht mir das Leben schwer, aber sein Heil macht mir Mut. Einsamkeit überall, aber sie treibt mich nur mehr zu Jesus. Trübe Aussichten für die Zukunft, aber ich sehe das helle Licht der Verheißungen Gottes. Tausendmal Schwäche in mir, abertausendmal Kraft in Jesus. Tief verstrickt in Sorgen und Sünden, aber wunderbar befreit von Gottes Hand. Schmerzlich gefangen in Netzen von Schuld und Schicksal, herrlich aufgefangen im Netz seiner Barmherzigkeit. Sterbend schon im Leben, aber auferstehend im Glauben. Durch die Enge des Todes ganz sicher, aber zu einem neuen Leben ganz gewiss. Das tröstliche Aber ist die mutige Flucht nach vorn, nach ganz vorn zu Gott, zum Leben, zur Vollendung.

»Ich aber, Herr, hoffe auf dich und spreche: Du bist mein Gott! Meine Zeit steht in deinen Händen!« (Psalm 31,15f)

---

11. November

Überzeugende Fragen

Eine alte englische Legende erzählt, dass die ersten christlichen Missionare, die in England das Evangelium verkündigen wollten, beim König um Erlaubnis zum Predigen nachsuchen mussten. Der König versammelte seine Ratgeber in der Königshalle. Beim offenen Feuer unterhielten sich die Weisen bis tief in die Nacht. Da kam aus der Dunkelheit ein Vogel in die Halle geflogen, flatterte eine Weile unter der Decke des Thronsaales umher und flog auf der anderen Seite wieder hinaus in die Nacht. Einer der Ratgeber fragte den König: »War das nicht ein Zeichen des Himmels? So geht es doch mit uns Menschen. Aus der Dunkelheit kommen wir in die Halle des Lebens, fliegen eine Zeit lang darin herum und fliegen wieder hinaus in die Nacht. Woher, kommen wir? Wozu leben wir? Wohin gehen wir? Das sind die drei großen Fragen des Lebens. Wenn uns die fremden Männer darauf gute Antworten geben können, sollten wir sie hören!«

Das Leben beginnt nicht mit einfachen Antworten, sondern mit überzeugenden Fragen. Solange Menschen leben, werden sie diese drei Fragen nicht los, die Frage nach der Herkunft, dem Sinn und der Zukunft des Menschen. Das sind überzeugende Fragen. Und genau darauf gibt uns die Bibel wunderbare Antworten.

Ich komme von Gott, bin sein Gegenüber und Partner auf Erden, bin von ihm gewollt und geliebt und zu ihm hin geschaffen. Darum ist der Sinn meines Lebens, diese Gemeinschaft mit Gott zu finden und auszuleben. Ich bin dafür ins Leben gekommen, um zu Gott hin zu wachsen und zu reifen. Die Beziehung zu Gott, die hier im Glauben und Beten beginnt, soll einmal vollendet werden. Darum gehe ich als Christ nicht in die Nacht, sondern durch die enge Tür des Todes in das ewige Leben zu Gott. Von Gott, für Gott, zu Gott sind die großen Antworten auf die überzeugenden Fragen des Menschen.

»In seiner Liebe hat Gott uns dazu verordnet, dass wir seine Kinder seien durch Jesus Christus!« (Epheser 1,5)

12. November

Bild des Lebens

Es war einmal ein kleiner Junge, der wollte das Leben malen. Er nahm das Braun der Erde und das Blau des Himmels, brachte das Grün der Bäume und die Buntheit des Sommers dazu, malte das Gold eines Herbstes und die weiße Ruhe des Winters, vermischte sie mit dem betörenden Duft des Frühlings, schüttete die Pracht der Sonne darüber aus und ließ es von den Geheimnissen der Winde durchwehen. So malte er ein Bild des Lebens, das er liebte.

Das Bild atmete Freude aus. Es tönte wie ein herzhaftes Lachen, schmeckte nach Glück und fasste sich an wie Wahrheit. Der Junge fand sein Bild so schön und lebendig, dass er es Gott schenken wollte. Gott lächelte, als er das Bild sah. »Mein Junge, dein Bild ist wunderbar. Ich will dir helfen, dass es vollkommen wird.« Und Gott schenkte ihm den Glauben.

Da verwandelte sich das Bild des Jungen. Er malte die Glut der Hingabe, das Feuer der Jesusliebe, die Begeisterung von Gott in das Bild. Es behielt die Freude, wurde aber tiefer und reifer, bekam einen überirdischen Glanz und reichte in die letzten Geheimnisse des Lebens hinein. Der Junge wurde zum Mann, und wieder legte er Gott sein Lebensbild hin.

Gott nickte zustimmend, aber er gab ihm das Bild zurück und schenkte ihm das Leid. Da tupfte der Mann auf das Meer der Freude die Tränen von Menschen, malte an den wunderbar bunten Regenbogen einen kleinen schwarzen Rand, zeichnete in die grünen Hoffnungsbäume den Trauerflor, mischte mitten in den bunten Sommer die Kränkungen und Verwundungen seines Herzens, fügte zur Sonne der Liebe die Nacht des Leides, ergänzte Wonne mit Qual und Lachen mit Weinen. Das Bild wurde durch die Töne der Schwermut und Trauer noch echter und schöner. Still ging der Mann zu Gott. »Herr, nimm mein Bild, ich habe es mit Herzblut und Schmerzen gemalt.« Gott sah ihn gütig an. »Ich habe noch ein letztes Geschenk für dich, das schwerste.« Und er schenkte ihm die Einsamkeit.

Noch einmal wandelte sich das Bild. Es wurde stiller. Alles Aufgeregte, Schreiende wurde gemildert. Sanfte, einfache, demütige Farben begannen zu leuchten. Menschenstimmen, Zeitgeister, Tagesformen wurden umgestaltet in ruhige Worte des Lebens, Weisheit des Himmels und Sehnsucht nach Ewigkeit. Nun erst konnte man den ganzen Zauber des Lebens erkennen. Da nahm Gott das Bild zu sich und sprach: »Nun ist es ausgereift. Wir werden es in meinem Reich zum ewigen Leben erwecken.«

»Wachset aber in der Gnade und Erkenntnis unsres Herrn und Heilands Jesus Christus!« (2. Petrus 3,18)

13. November

Schmerzen für Gott

Robert Maoussi ist ein fröhlicher Junge aus Kamerun. Mit seinen 15 Jahren hat er große Pläne. Als Christ möchte er mit seinem Leben viel für Jesus tun. Da wird er von der Lepra befallen. Er leidet unsägliche Schmerzen. Doch sein fester Glaube an Jesus gibt ihm die Kraft, die Schmerzen auszuhalten. So wie er vorher sein Leben, seine Kraft und Gesundheit Gott geweiht hat, weiht er nun Jesus seine Schmerzen und seine Leiden. »Ich will leiden für Jesus. Ich will leiden für die Jungen und Mädchen, die so alt sind wie ich, damit sie durch mein Leiden vielleicht den Weg zu Jesus und die Tür zu Gott finden.«

Eines Abends sind die Schmerzen unerträglich. Er bittet die Krankenschwester, ihm die Schmerztablette etwas früher als sonst zu geben. Als die Schwester eine Stunde später wieder vorbeikommt, liegt die Tablette noch auf dem Nachttisch. Verwundert fragt sie den Jungen, und er gibt ihr zur Antwort: »Ich habe es mir anders überlegt. Gott braucht meine Schmerzen vielleicht mehr als ich die Tablette zu ihrer Linderung. Ich habe meine Schmerzen der Liebe Gottes geweiht!«

Wir können Gott nicht nur unsere Stärke und Kraft weihen. Wir können Gott nicht nur mit Freude dienen. Wir können Jesus nicht nur mit Worten und Taten bezeugen. Wir können Gott auch unsere Schmerzen weihen. Wir können ihm auch mit dem Leid dienen. Wir können Jesus auch mit unseren Schwächen und Tränen bezeugen.

»Sie haben den Verkläger überwunden durch des Lammes Blut und das Wort ihres Zeugnisses und haben ihr Leben nicht geliebt bis an den Tod!« (Offenbarung 12,11)

14. November

Eingespannt

Eine Gitarrensaite liegt neben der Gitarre und freut sich über ihre Freiheit. »Ich lasse mich nicht einspannen, ich will frei sein und entspannt. Ich werde mich nicht auf diese alte Gitarre spannen lassen, womöglich noch neben die brummige Baßsaite rechts und die eintönige d-Saite links. Nein, ich will mein Leben genießen und mich entfalten. Ich kann mich lustig zusammenrollen und in der Sonne ausruhen.« Aber mit der Zeit wurde es der Saite langweilig und öde. Immer so sinnlos daliegen. Die Saite wurde in ihrer Freiheit immer einsamer und nutzloser. Unbeachtet und wenig sinnvoll kam sich die Saite vor. Doch der Gitarrenspieler, der sein Instrument sehr liebte, schaute auf die Saite und erkannte die heimliche Sehnsucht. Er spürte, wie die Saite unter ihrer Bedeutungslosigkeit litt. Da sprach er ihr gut zu: »Wenn du wüsstest, was für herrliche Musik in dir steckt!« Ganz behutsam spannte er sie ein, immer ein wenig mehr, bis sie ihre Tonlage gefunden hatte. Dann begann er zu spielen, und wunderbar klang die Musik in schöner Harmonie mit all den anderen Saiten. Der Spieler hatte seine Freude. Die Saite hatte ihre Bestimmung wiedergefunden. Und viele Menschen konnten mit der Musik angerührt und getröstet werden. Gott möchte unser Leben zum Klingen bringen. Er möchte uns in sein Handeln einspannen. Nicht, um uns die Freiheit zu nehmen. Nein, Gott möchte uns die tiefste Bestimmung schenken: von seiner Liebe angerührt, mit anderen und für andere zu klingen.

»*Darum tut desto mehr Fleiß, eure Berufung und Erwählung festzumachen!*« (2. Petrus 1,10)

15. November

Das Leben ist wie ein Bogen

Der Apostel Johannes spielte im Alter gern mit einem zahmen Rebhuhn. Eines Tages besuchte ihn ein Jäger und wunderte sich, dass ein so wichtiger Mann wie ein Kind mit einem Vogel spielte. Der Jäger fragte den Apostel: »Du könntest große und wichtige Dinge tun und spielst mit einem Rebhuhn. Warum vertust du die kostbare Zeit mit einem nutzlosen Spiel?« Johannes schaute den Jäger nachdenklich an und fragte zurück: »Weshalb ist der Bogen auf deinem Rücken nicht gespannt?« »Der Bogen würde seine Spannkraft verlieren, wenn er immer gespannt wäre. Wenn ich ihn beim Jagen brauchte und einen Pfeil abschießen wollte, hätte er keine Kraft mehr!« – Johannes antwortete: »Das Leben ist wie ein Bogen. Es kann nicht immer angespannt sein. Sonst würde es seine

Kraft verlieren. Jeder Mensch braucht, um seine Spannkraft zu erhalten, die Phasen der Entspannung. Und wenn er dann wieder gefordert ist, hat er die nötige Kraft zum Handeln und Wirken. Gott will keine abgehetzten und überforderten Leute. Gott gönnt uns die Ruhepausen. Und die Zeit, die wir uns zur Stille und Ruhe, zum Spielen und Feiern nehmen, ist keine verlorene Zeit. Schöpferische Kräfte wachsen aus der Ruhe. Erschöpfungszustände kommen aus Rastlosigkeit und Hetze. Gott möchte, dass wir schöpferische Menschen und nicht erschöpfte Leute sind.«

Jesus sagt zu seinen Jüngern: »Geht ihr allein an eine einsame Stätte und ruhet ein wenig!« (Markus 6,31)

16. November

Wahrheit und Liebe

Die Wahrheit zog traurig durch die Lande. »Die Menschen haben Sehnsucht nach mir, sie suchen die Wahrheit. Aber wenn ich dann komme, haben sie Angst und fürchten die Wahrheit. Ich bin so nackt, und die Leute flüchten sich in ihre Häuser, wenn ich durch die Straßen gehe.« Eines Tages traf die Wahrheit die Liebe. Sie war wie ein buntes warmes Kleid, und die Leute liefen ihr nach und luden sie zu sich in ihre Häuser ein. Die Liebe sah die Wahrheit so traurig und verbittert stehen und sprach sie an: »Sage mir, gute Freundin Wahrheit, warum bist du so bedrückt und betrübt?« Die Wahrheit antwortete der Liebe: »Ach, es geht mir nicht gut. Ich bin alt, und die Leute wollen mich nicht in ihr Leben lassen.« »Nicht weil du alt bist, mögen dich die Leute nicht leiden. Ich bin auch sehr alt, und die Menschen lieben mich immer noch. Ich verrate dir ein Geheimnis. Du bist den Menschen unheimlich, weil du so nackt bist. Kleide dich mit meiner Wärme und Farbenpracht. Lege um deinen Schatz der Wahrheit den Mantel der Liebe, und die Menschen werden dich willkommen heißen. Die nackte Wahrheit ist für die Menschen ebenso furchtbar wie eine unehrliche Liebe. Wir beide brauchen einander. Denn eine aufrichtige Liebe und eine liebevolle Wahrheit sind die Quellen des Lebens und der Freude.« – Die Wahrheit befolgte den Rat der Liebe und legte sich die warmen Kleider der Liebe um. Seitdem sind sie beide bei den Menschen willkommen.

Das ist die Not unter den Menschen: Es gibt soviel Wahrheit ohne Liebe und soviel Liebe ohne Wahrheit. Und das ist das Glück: In Jesus ist die ganze Wahrheit über uns, die Welt und Gott mit der ganzen Liebe zu uns, der Welt und dem Leben verbunden.

»Die Liebe freut sich nicht über die Ungerechtigkeit, sie freut sich aber an der Wahrheit!« (1. Korinther 13,6)

17. November

Das Wichtigste

Ein junger, wissbegieriger König bat die Weisen seines Landes, alles Wichtige über das Leben aufzuschreiben. Sie machten sich fleißig an die Arbeit und legten nach vierzig Jahren ihre Studien in tausend Bänden vor. Der König war inzwischen sechzig Jahre alt. Er bat die Gelehrten, weil er die tausend Bücher nicht mehr alle lesen könne, das Wichtigste herauszuschreiben. Nach zehn Jahren hatten die Weisen ihre Einsichten in das Leben in hundert Bänden zusammengefasst. Der König sagte: »Das ist noch zuviel. Mit siebzig Jahren kann ich nicht mehr hundert Bände studieren. Schreibt nur das Allerwichtigste!« Die Gelehrten gingen wieder an die Arbeit und brachten das Allerwichtigste in einem einzigen Buch zusammen. Damit gingen sie zum König. Aber der lag schon im Sterben und wollte nun von den Gelehrten noch das Wichtigste aus ihrer Arbeit erfahren. Sie fassten das Wichtigste in einem Satz zusammen: »Die Menschen leben, leiden und sterben. Und was wichtig ist und überlebt, ist die Liebe, die empfangen und geschenkt wird.«

»Es ist dir gesagt, Mensch, was gut ist, nämlich Gottes Wort halten und Liebe üben und demütig sein vor deinem Gott!« (Micha 6,8)

18. November

Was ist unsere Natur?

Ein indischer Mönch sitzt am Ufer eines Flusses und meditiert. Da sieht er einen Skorpion, der ins Wasser gerutscht ist und verzweifelt um sein Leben kämpft. Voll Erbarmen mit der Kreatur holt der Mönch den Skorpion aus dem Wasser und legt ihn behutsam ans Ufer. Der Skorpion aber sticht den Mönch in die Hand. Nach einer Weile sieht der Mönch den Skorpion wieder im Wasser zappeln, und wieder rettet er das arme Tier. Der Skorpion aber sticht ihn wieder in die Hand, dass der Mönch vor Schmerzen aufschreit. Als sich die Rettung und der Stich ein drittes Mal wiederholen, ruft ein Bauer, der alles mit angesehen hat, zum Mönch herüber: »Warum hilfst du der elenden Kreatur immer wieder, wenn du statt Dank nur Stiche und Schmerzen erntest?« – »Wir beide«, antwortet der Mönch, »folgen nur unserer Natur. In der Natur des Skorpions liegt es zu stechen. Er kann nicht anders. Und meine Natur ist es, Barmherzigkeit zu üben. Ich kann auch nicht anders.«

Was ist unsere Natur? Egoismus und Härte, oder sind wir verwandelt in neue Menschen mit einer neuen Natur?

»Selig sind die Barmherzigen; denn sie werden Barmherzigkeit erlangen!« (Matthäus 5,7)

19. November

Ein lebendiger Stein

Ein Mann war mit seiner Gemeinde unzufrieden. Er sah die Mängel und Fehler, spürte den Sand im Getriebe und zog sich daraufhin immer mehr zurück. Er klagte und grollte. Da schenkte ihm Gott einen Traum. Ein Engel trug ihn hinauf in Gottes ewige Welt. Dort sah er das Haus Gottes als einen wunderbaren Tempel. Er staunte über das herrliche, majestätische Bauwerk. Doch da entdeckte er im Mauerwerk eine Lücke. Offenbar fehlte dort ein Stein. So entstand in dem schönen Bauwerk ein hässliches Loch. »Was bedeutet diese Lücke im Haus Gottes?« fragte er den Engel. »Diese Lücke hast du gemacht, als du dich aus der Gemeinde zurückzogst!« sagte der Engel. »Gott wollte dich an dieser Stelle gebrauchen, aber du sahst nur die Fehler der anderen. Vor lauter Klagen und Grollen über die anderen bist du gar nicht dazu gekommen, deinen Platz auszufüllen. Nun gibt es im Tempel Gottes diese hässliche Lücke!«

Da erwachte der Mann. Und mit neuer Freude arbeitete er nun in der Gemeinde mit. Trotz aller Unzulänglichkeiten wollte er ein lebendiger Stein im Hause Gottes sein. Das Ganze mittragen und selber getragen werden. Er wollte die Lücke im Hause Gottes ausfüllen.

»Zu Jesus kommet als zu dem lebendigen Stein. Und bauet auch ihr euch als lebendige Steine zum geistlichen Hause!« (1. Petrus 2,4f)

20. November

Die Liebe Gottes ist stärker

Der Pastor einer reformierten Gemeinde in Rumänien wird wegen seines Glaubens, den er immer wieder bezeugt hatte, gefangen genommen. Er wird unter Androhung von Strafen gewarnt, seine Glaubensüberzeugung weiter zu verbreiten. Sie drohen ihm mit der Deportation. Er antwortet: »Ihr könnt mich überallhin verbannen. Ich werde immer in meines Vaters Welt sein, wohin ihr mich auch bringt!« Sie drohen ihm mit der Beschlagnahmung des gesamten Eigentums. Der Pastor erwidert: »Mir ist es recht, aber ihr werdet eine sehr hohe Leiter brauchen, denn meine Schätze habe ich bei Gott im Himmel gesammelt!« Sie drohen, ihn umzubringen. Er antwortet: »Wir Christen fürchten den Tod nicht, denn der Tod bedeutet für uns nur, dass wir zu Gott in sein ewiges Leben gehen!« Sie ändern ihre Taktik und drohen statt Tod mit Gefängnis und Isolation in der Haft. Die Antwort des Pastors: »Wir haben einen Freund und Helfer, der auch durch verschlossene Türen kommen und eiserne Riegel durchdringen kann. Wir sind niemals allein. Nichts und niemand kann uns trennen von Christus und seiner Liebe!«

»Denn ich bin gewiss, dass weder Tod noch Leben, weder Engel noch Fürstentümer noch Gewalten, weder Gegenwärtiges noch Zukünftiges, weder Hohes noch Tiefes noch keine andere Kreatur kann uns scheiden von der Liebe Gottes, die in Christus Jesus ist, unserem Herrn!« (Römer 8,38f)

21. November

Wie ist das Sterben?

Ein schwerkranker Junge merkt, dass er nicht wieder gesund wird. Eines Tages fragt er seine Mutter: »Wie ist das Sterben?« Die Mutter erklärt es ihm so: »Weißt du noch, als du klein warst, da bist du oft so herumgetobt, dass du abends viel zu müde warst, um dich auszuziehen. Du bist einfach umgesunken und eingeschlafen. Am nächsten Morgen aber warst du in deinem Zimmer und deinem Bett. Jemand, der dich sehr lieb hat, hatte sich um dich gekümmert. Dein Vater war gekommen und hatte dich auf seinen starken Armen hinübergetragen. So ist das Sterben. Eines Morgens wachen wir zu einem neuen Tag auf. Denn Jesus hat uns mit seinen starken Armen hinübergetragen, weil er uns sehr lieb hat.« Der Junge wusste nun, dass sein Vater im Himmel ihn mit Liebe erwartet zu einem neuen Leben. Und so ist er einige Wochen später zu ihm gegangen.

Wer sich an Jesus hält und sein ganzes Leben in seine Hand legt, darf wissen, dass auch sein Sterben und seine Zukunft in seinen starken Armen ruhen.

»Der Vater, der mir sie gegeben hat, ist größer als alles, und niemand kann sie aus meines Vaters Hand reißen!« (Johannes 10,29)

22. November

Der Weg zum Hafen

Ein Segelschiff war auf seiner Fahrt von Bremen nach Valparaiso unterwegs. Die Hälfte der Route war gerade zurückgelegt, als der Kapitän schwerkrank wurde. Als der Kapitän, Peter Jensen, spürte, dass er nicht wieder gesund werden würde, ließ er den ersten Steuermann rufen und empfing ihn mit den Worten: »Mit mir geht es zu Ende. Ich werde den Hafen nicht mehr erreichen. Aber wie komme ich in den Hafen bei Gott? Sagen Sie mir doch, was ich machen soll!« Der Steuermann antwortete ratlos: »Kapitän, das weiß ich auch nicht. Ich habe immer meine Pflicht getan, aber um Gott und solche Dinge habe ich mich nicht gekümmert!«

Auch der zweite Steuermann und die anderen Besatzungsmitglieder konnten dem Kapitän nicht raten und helfen. Als letzter wurde der Schiffsjunge gerufen. »Karl Müller, hast du eine Mutter zu Hause?« fragte der Kapitän. »Jawohl, Herr Kapitän.« – »Hat sie dich beten gelehrt?« – »Jawohl, Herr Kapitän. Und als ich abreiste, hat sie mir eine Bibel geschenkt!« – »Hast du die Bibel hier, Junge?« – »Jawohl, Herr Kapitän. Und ich habe meiner Mutter versprochen, täglich darin zu lesen.« – »Hol die Bibel, Junge, und lies mir etwas daraus vor, das zum Sterben hilft!« Der Schiffsjunge holte seine Bibel und las Jesaja 53 vor. Beim fünften Vers stockte er und fragte: »Herr Kapitän, darf ich den Vers so lesen, wie ihn meine Mutter mich lesen lehrte?« – »Ja, lies!« Da las der Junge: »Aber er ist um Karl Müllers Missetat willen verwundet und um Karl Müllers Sünde willen zerschlagen. Karl Müllers Strafe liegt auf ihm, auf dass Karl Müller Frieden hätte, und durch seine Wunden ist Karl Müller geheilt!« – »Halt!« rief der Kapitän und richtete sich mühsam auf. »Das ist es, was ich brauche. Lies den Vers noch einmal und setze meinen Namen ein!« Der Schiffsjunge las: »Aber er ist um Peter Jensens Missetat willen verwundet und um Peter Jensens Sünde willen zerschlagen. Strafe liegt auf ihm, auf dass Peter Jensen Frieden hätte, und durch seine Wunden ist Peter Jensen geheilt!« Der Kranke ergriff das Heil und bat Gott um seinen Beistand. So fand der Kapitän doch noch den Weg in den Hafen, den Hafen des Friedens.

---

23. November

Was ist Sterben?

»Was ist Sterben?« fragte eine krebskranke Frau ihre Ärztin. Sie antwortete mit einem Bild: »Denken wir an ein Hühnerei, in dem ein kleines Küken fröhlich heranwächst. Es ist darin geborgen und sicher. Das Küken fühlt sich wohl und hat alles, was es zum Leben braucht. Wenn es dann ausgewachsen ist, bekommt es plötzlich Angst. Der Raum wird eng, der Blutdruck steigt, Atemnot setzt ein. Die Raumverdrängung reicht nicht aus, die Eihülle zu sprengen. Das Küken mag angstvoll denken: ›Was wird aus mir? Ich muss sterben!‹ Das Küken hat Augen und kann nicht sehen. Es hat einen Schnabel und kann nicht fressen. Es hat Flügel und kann nicht fliegen. So denkt es verzweifelt, sein Leben sei nun vorüber und alles aus, sinnlos und vorbei. Da wächst ihm auf dem Schnäbelchen eine kleine Säge, die nur dafür bestimmt ist, die Eischale aufzubrechen. Das Küken benutzt die Säge. Die Eihülle zerbricht, das Küken wird frei und beginnt nun eine neue Stufe des Lebens.«

So ist es auch mit unserem Leben. Wir brauchen uns nicht zu fürchten, wenn die Schale der Geborgenheit und Enge zerbricht. Mit Jesus gehen wir in eine neue Stufe des Lebens. Wir wissen jetzt noch nicht, wie es sein wird. Wir spüren die Enge des Todes und fürchten, dass alles aus und vorbei sein könnte. Da kann uns eine kleine Säge zuwachsen, das ist der Glaube an Jesus, der dem Tode die Macht genommen und das ewige Leben für uns aufgeschlossen hat. Mit diesem Glauben werden wir die Grenze durchbrechen und in ein neues Leben gehen können. Auf uns wartet im Glauben nicht die Enge des Todes, sondern die Freiheit des Lebens.

»Endlich frei, endlich frei, ich danke Gott, ich bin endlich frei – endlich frei!«
(Diese Worte bestimmte Dr. Martin Luther King für seinen Grabstein.)

24. November

Die Tage sind gezählt

Unsere Tage sind gezählt, sagen wir, wenn wir an die Grenze des Lebens denken. Wir sagen es wehmütig und erschrocken. Die Tage sind gezählt. Unser Leben ist gerichtet, auf ein Ende hin ausgerichtet. Jeder gelebte Tag ist ein Tag weniger. Dabei ist jeder Tag für sich wie ein kleines Leben. Man erwacht, kommt zu sich, steht auf, stärkt sich und geht an die Arbeit. Man erlebt Freude und Schmerz, Schönes und Schweres, sieht Sonne und Schatten, fährt los und kommt zurück. Man begegnet Menschen und Gott, rennt und ruht. Schließlich legt man sich wieder hin, um einzuschlafen. Viele einzelne Tage bilden das Leben. –

Und jeder Tag ist gezählt. Sie kommen nicht aus dem Nichts und vergehen nicht in der Nacht. Unsere Tage leben wir nicht von irgendwo nach irgendwo. Nein, unsere Lebenstage sind gezählt. Gott wacht über sie. Er schenkt uns die Tage, zählt sie, besorgt und erfüllt sie, lenkt sie und behütet sie. Unsere Tage sind bei Gott festgehalten. Alle Tage sind bei Gott festgehalten – die, die waren, und die, die kommen. »Alle Tage waren in dein Buch geschrieben, die noch werden sollten und von denen keiner da war!« (Psalm 139,16).

Wie wunderbar, dass Gott unsere Tage zählt, festhält und mit Liebe bedenkt. Jeder Tag ist bei Gott gezählt. Jede Träne wird von Gott gezählt (Psalm 56,9). Selbst die Haare auf unserem Kopf sind gezählt (Matthäus 10,30).

Gott hat unser Leben fest in seiner Hand. Ein Glück, dass unsere Tage gezählt sind. Wir leben nicht endlos weiter, ohne Sinn und Ziel. Nein, alle Tage unseres Lebens sind seine Tage und zielen auf den Tag des Herrn. Irdische Tage zielen auf ein ewiges Leben. Und ewiges Leben beginnt, wo wir unsere Tage mit Jesus leben. Er ist bei uns alle Tage bis zu seinem Tag, wo wir bei ihm sein dürfen. – Ein Glück, dass unsere Tage wirklich gezählt sind!

25. November

Wer erbt das alles?

Ludwig Feuerbach hat einmal behauptet: »Der Tod ist der große Erbe aller Dinge!« Damit wird aller Weltentwicklung und Lebensentfaltung der Sinn und das Ziel abgesprochen. Was hätte ein Leben und Lieben, ein Wachsen und Reifen, ein Schaffen und Aufbauen, ein Planen und Gestalten, ein Kämpfen und Leiden für einen Sinn, wenn der Tod das Ende wäre? Wenn der Tod das alles erbt, was Menschen werden und gestalten, was die Schöpfung hervorbringt und zeigt, wäre jede Motivation zum Leben und Handeln, zum Vorankommen und Wachsen zunichte.

Zum Glück sieht es die Bibel ganz anders. Sie sagt: »Gott hat Jesus zum Erben über alles eingesetzt!« (Hebräer 1,2). Die Schöpfung, die Menschen, das Leben, die Geschichte, alles ist auf ein großes Ziel hin angelegt, auf die Vollendung in Jesus. Die Sonne, die das Leben wärmt, der Regen, der das Land fruchtbar macht, die Kinder, die im Sand spielen, das Leben in seinen Stufen und Phasen, alles zielt auf eine wunderbare Vollendung. Nein, nicht der Tod, sondern Jesus erbt das alles. Das ist eine ganz andere Aussicht für das Leben und Altern, das Ausreifen und Abschiednehmen, das Sterben und Auferstehen. Jesus wird einmal alles gehören. Dann ist es die einzige vernünftige Konsequenz, dass wir auch bewusst und willentlich alles in seine Hand legen. Unser ganzes Leben soll ihm jetzt schon gehören. Wir wollen sein Eigentum sein, mit ihm leben und lieben, leiden und kämpfen, sterben und auferstehen. Jesus erbt doch alles. Wie töricht wäre es da, ihm nicht zu gehören, um dann einmal im Gericht doch in seiner Hand zu sein. Jesus erbt doch alles. Die einen werden beglückt an seinem Herzen ruhen, die anderen beschämt zu seinen Füßen knien. Was ist uns lieber?

Wir wollen Jesus schon hier freiwillig gehören, ihn lieben und ihm folgen, bis wir einmal bei ihm sein werden in einer neuen Welt mit einem neuen Leib in einem neuen Leben. Denn »in dem Namen Jesu sollen sich beugen alle Knie, und alle Zungen sollen bekennen, dass Jesus Christus der Herr ist, zur Ehre Gottes, des Vaters!« (Philipper 2,10f).

»Gott hat ihn eingesetzt zum Erben über alles!« (Hebräer 1,2)

26. November

Einer wartet auf uns!

Ein Dorfschullehrer feiert Jubiläum. Vierzig Jahre ist er im Dienst. Der Schulrat und der Rektor, der Bürgermeister und der Pfarrer, die Kollegen und Freunde werden eingeladen. Es gibt ein wunderbares kaltes Buffet. Lange Lobreden schließen sich an. Zum Schluss ergreift der Lehrer selbst das Wort, bedankt sich herzlich und erzählt ein wenig aus den vierzig Jahren. Launiges aus dem Schulalltag. Humoriges von manchen Kollegen und dann Nachdenkliches, das niemand wieder vergessen wird. In den vierzig Jahren sind zehn lange Jahre Kriegsgefangenschaft in Sibirien enthalten. Schwere Arbeit unter Tage, kaum Nahrung, keine Verbindung mit der Frau zu Hause, Hoffen und Bangen und dann tiefe Verzweiflung und innere Zermürbung. Selbstmordgedanken kommen auf. Die letzten Kräfte sind aufgebraucht. Keine Hoffnung mehr, kein Lebenswille übrig. Da kommt eines Tages ein junger Mann aus dem Heimatdorf des Lehrers in das Lager. Als Siebzehnjähriger war er in den letzten Kriegstagen noch in die Schlacht geschickt worden und in russische Gefangenschaft geraten. Nun trifft er den Lehrer. Die beiden Männer umarmen sich und mischen ihre Tränen. Der Jüngere erzählt von zu Hause. »Niemand denkt, dass du noch lebst. Aber eine wartet auf dich, eine glaubt an dich und deine Wiederkehr, deine Frau wartet mit der ganzen Sehnsucht einer starken Liebe auf dich!«

Mit einem Blick zu seiner Frau hinüber sagt der Lehrer dann: »Diese Gewissheit, dass eine auf mich wartet, an mich glaubt, meine Rückkehr fest erwartet, in Liebe an mich denkt, das gab mir dann die Kraft, durchzuhalten und immer wieder gegen alle Verzweiflung zu hoffen, bis sich die Hoffnung erfüllte und wir uns nach zehn Jahren endlich wiedersahen.«

Auch wir werden Situationen erleben, wo wir nichts mehr zu erwarten haben. Dann müssen wir daran denken, dass wir in Liebe erwartet werden. Jesus am Thron Gottes wartet auf uns, er glaubt an uns, rechnet mit uns, freut sich auf uns. Er wartet mit der Sehnsucht einer vollkommenen Liebe auf uns. Das ist unsere Hoffnung gegen alle Resignation und Schwäche.

»Wenn ich hingehe, euch die Stätte zu bereiten, will ich wiederkommen und euch zu mir nehmen, damit ihr seid, wo ich bin!«

(Johannes 14,3)

27. November

Immer noch schenkend

Bäume

Gleichzeitig in die Höhe und in die Tiefe gewachsen. Ruhig geblieben. Fest im Erdreich gegründet. Stets noch nach allen Seiten die Arme ausgebreitet. Trotz der eigenen Verwundbarkeit den Stürmen getrotzt und den Frösten des Winters. Immer noch schenkend! (Marie Hüsing)

Der Baum ist immer in Bewegung. Er ist voller Leben und Dynamik. Dabei ist er doch ruhig und fest gegründet. Er hat seinen verlässlichen Platz inne und wohnt still an seinem Ort, aber er verändert sich fortwährend. Er wächst tief und hoch, er breitet sich in Jahresringen aus. Und im Wandel der Jahreszeiten wechselt sein Gesicht zu immer neuer Schönheit.

Alle Bewegung und Kraft, Veränderung und Lebendigkeit ist schenkendes, sich verströmendes Sein. Der Baum hat nichts aus sich selber und nichts für sich selber. Von den Elementen Erde und Wasser, Sonne und Luft bezieht er seine Lebenskräfte, um sie wieder nach allen Seiten zu verschenken. So hat Gott den Menschen gemacht: verwundbar und doch widerstehend, empfangend und immer noch schenkend. Der Mensch hat nichts aus sich selbst und nichts für sich selbst. Er empfängt Leben und Zeit, Kraft und Möglichkeit, Lebensraum und Lebensgefährten, um alles mit anderen zu teilen und weiterzugeben. Darin wird sich der Sinn des Lebens erfüllen: immer noch schenkend!

Bäume beantworten die Angriffe der Stürme und Kälte, der Belastungen und Gifte nur in einer Weise: immer noch schenkend. Was hat man den Lebensbäumen alles angetan! Wie hat man sie verletzt, verwundet, vergiftet, zerstört, erstickt und geschlagen! Und ihre einzige Reaktion, solange sie leben: immer noch schenkend! Als Jesus am Kreuz hing und man ihn folterte und quälte, verspottete und höhnte, abtat und schändete, war seine Antwort: »Vater, vergib ihnen, sie wissen ja nicht, was sie tun!« Und dem Verbrecher neben sich, dem alle die Hölle wünschten, versprach er den Himmel: »Heute noch wirst du mit mir im Paradies sein!« Selbst im Tode war Jesus immer noch schenkend.

Auch wir sind verwundbar. Stürme des Lebens rütteln an uns. Kälte und Lieblosigkeit bedrohen uns. Giftige Ideen und schwere Belastungen lassen uns ums Überleben kämpfen. In der Kraft des Glaubens an Jesus wollen wir dem allen trotzen und nur eine Sinnerfüllung unseres Lebens suchen: immer noch schenkend! Ruhig bei Gott bleibend, fest in seinem Wort gegründet, wollen wir unsere Liebe nach allen Seiten ausbreiten. Und in allen Verwundungen, die wir erleiden, wollen wir immer noch schenken, wie die Bäume es tun, wie Jesus es tat.

---

28. November

Nichtig oder wichtig

Ein Blatt, vom Baum herabgeweht, deutet die Nichtigkeit und Vergänglichkeit des Menschen an. Was ist ein Blatt im Kosmos? Unsagbar klein. Was ist ein Mensch im Laufe der Geschichte? Undenkbar wenig. Und doch haben gerade die zarten Blätter eines Baumes eine große Bedeutung für das Leben. Ein einzelnes Blatt ist für sich nichts, aber am Baum angewachsen trägt ein Blatt zur Erhaltung des Lebens bei. Ein einzelner großer Baum produziert in einer Stunde zwei Gramm Sauerstoff und entzieht der Luft das giftige Kohlendioxid. Diese natürliche Fabrik erzeugt eine Luft, die etwa 100 Menschen am Leben erhält.

Könnten wir Menschen eine solche Aufgabe wahrnehmen: der geistigen Atmosphäre die Gifte und schädlichen Kräfte entziehen und ein Klima des Lebens schaffen? Können andere Menschen in unserer Nähe aufatmen? Setzen wir positive Kräfte und Lebensstoffe frei und binden negative Gedanken? Atmen wir den Geist des Lebens aus oder tödliche Gifte?

Ein einzelner Mensch ist nichts und Ausdruck der Ohnmacht und Nichtigkeit. Aber mit Gott und seiner Gemeinde zusammengewachsen hilft auch ein einzelnes Menschenleben mit, Gottes Schöpfung und Geschichte zu erhalten.

Im Frühling wird die kahle, nackte Erde mit einem wunderbaren Kleid aus Blättern geschmückt. Solcher Schmuck der Erde ist ein kleiner Ausdruck für die Schönheit und Herrlichkeit Gottes. Könnte unser Leben für einen kleinen Ausschnitt nackter Erdenwirklichkeit der Schmuck Gottes sein? Wäre unsere Liebe für etwas Staub und Dreck unter den Menschen der Mantel, der sorgsam bedeckt? Könnten wir für einen bloßgestellten Menschen, für ein hässliches Wort, für eine kahle Stelle des Lebens das schöne Kleid der Umhüllung sein?

Sauerstoff und Säuberung der Luft, Schmuck und Schönheit für die Erde sind die wichtigen Aufgaben der Blätter an den Bäumen. Mehr als Blätter am Baum Gottes, am Lebensbaum seiner Gemeinde, am Stammbaum seiner Geschichte können wir Menschen nicht sein. Dort sind wir keinesfalls nichtig, sondern wichtig!

29. November

Gute Früchte

Blätter am Baum haben ihre Bedeutung und einen Sinn. Aber das letzte Ziel eines Baumes ist die Frucht. Jede Verästelung und Entfaltung eines Lebens hat ihre Bedeutung und einen Sinn, aber das höchste Ziel des Lebens ist die Ausreifung zur Frucht für Gott.

Dass es in unserem Leben einmal Herbst wird, die Schönheit verwelkt, der Schmuck abfällt, der Lebensraum kahler und enger wird, ist eigentlich nicht traurig. Bedrückend aber wäre ein Herbst ohne Früchte und Ernte. Wenn ein Leben zur Neige geht und keine Frucht für Gott und sein Reich gewachsen ist, das wäre traurig.

Unter der Sonne der Liebe Gottes, durch das Wasser des Lebens Jesu, durch den Wind des Heiligen Geistes können in unserer Lebenszeit Glaubensfrüchte wachsen. Mit Paul Gerhardt singen wir:

> Hilf mir und segne meinen Geist
> mit Segen, der vom Himmel fleußt,
> dass ich Dir stetig blühe;
> gib, dass der Sommer Deiner Gnad
> in meiner Seele früh und spat
> viel Glaubensfrücht erziehe.

Die Bibel nennt als Glaubensfrüchte: »Liebe, Freude, Geduld, Freundlichkeit, Güte, Sanftmut, Keuschheit!« (Galater 5,22).

Gott sucht an uns nicht große Lebenserfolge, herausragende Taten, imponierende Werke, sondern die Treue in kleinen Dingen. Nicht große Dinge müssen wir tun, aber viele kleine Aufgaben wollen wir ganz großartig erfüllen. Nicht durch Anstrengung und Willenskraft, wohl aber durch Hingabe und Vertrauen, Liebe und Geduld wachsen die Früchte des Heiligen Geistes aus einem Leben heraus. Und Gott hat Geduld mit seinen Bäumen, hegt und pflegt, liebt und beschneidet sie, damit sie ausreifen können zu einer letzten Frucht und Erfüllung.

30. November

Hoffnung

Wenn die bunten Sommerblumen verwelken, die reifen Herbstfrüchte gesammelt und die singenden Vögel abgeflogen sind, kommt der Winter mit seiner rauen Kälte und schweren Last. Die weiße Pracht von Schnee und Eis lässt vieles erstarren. Geduldig harren die Bäume unter den Schneemassen aus. Manchmal scheinen sie darunter zu zerbrechen. Hin und wieder bricht wohl auch ein morscher Ast unter der Belastung ab. Aber der Schnee kann den Baum nicht zu Boden zwingen. So schwer und so lange die Last auch drücken mag: Irgendwann wird die Frühlingssonne die Schneelast schmelzen. Und die Sonne wird mit ihrer Wärme die Last in Wohltat verwandeln. Das Schmelzwasser muss nun den Baum nähren und zum Wachsen bringen.

Gottes Liebe wird die Winterlasten unseres Lebens verwandeln in Frühlingshoffnung auf neues Leben und Reifen. Wenn Gottes Liebe aufleuchtet, muss selbst die Belastung eines Lebens noch zur Reifung führen.

»Gott, du hast uns geprüft und geläutert, du hast auf unsern Rücken eine Last gelegt. Aber du hast uns herausgeführt und uns erquickt!«
(Psalm 66,10–12)

1. Dezember

Der König kommt

Mit dem 1. Advent beginnt ein neues Kirchenjahr. Das Kalenderjahr beginnt in einer lauten Nacht, mit rauschenden Festen, leuchtenden Raketen, Lärm und Getöse, Krach und Alkohol. Das Kirchenjahr beginnt still und ruhig. Glocken laden ein zum Gottesdienst. Es brennt nur eine Kerze, und es kommt nur eine kleine Schar. Aber die Botschaft ist gewaltig: »Siehe, dein König kommt zu dir, ein Gerechter und ein Helfer!«

Am 1. Januar ein Heidenlärm, aber auch eine Heidenangst. Bang fragen die Menschen: »Was kommt?« Unheimliche Fragen, keine Antworten. Niemand weiß, was kommt. Am 1. Advent nur ein Licht, aber eine große Hoffnung. Fröhlich reden wir davon, wer kommt, unser Erlöser kommt.

Der 1. Januar stellt uns in den Strom der Zeit und erinnert uns schmerzlich an die Vergänglichkeit. Der 1. Advent stellt uns in den Strom der Liebe Gottes und erinnert hoffnungsvoll an die Ewigkeit. Gottes Liebe leuchtet auf. Ihr heller Schein möchte in unseren dunklen Alltag eindringen, ihn verwandeln vom bangen Fragen in fröhliches Hoffen, von düsteren Ahnungen in glänzende Aussichten: Unser Retter kommt!

Wenn am 1. Januar ein Riesenkrach die Angst vor dem Kommenden vertreiben soll, können wir am 1. Advent Jesus und seine Liebe herzlich empfangen und an andere weitergeben? Wir wünschen uns eine Adventszeit, in der die Lichter von Freude und Liebe, Hoffnung und Geborgenheit unseren Alltag hell machen.

»Siehe, dein König kommt zu dir, ein Gerechter und ein Helfer!«
(Sacharja 9,9)

2. Dezember

Königlich, gelassen

Man nennt den Löwen den König der Tiere. Einen solchen König der Tiere sah ich in einem Schaufenster auf einem Riesenplakat abgebildet, einen majestätisch daliegenden Löwen. Darüber stand in großen Buchstaben als Werbung für eine Bekleidungsfirma: »Königlich gelassen in Kleidung von ...«.

Es ist unbestreitbar, dass gutsitzende Kleidung etwas Selbstvertrauen gibt. Aber nur durch die richtige Kleidung kommt noch nicht die königliche Gelassenheit in unser Leben. Ein Mann, der vor einer schweren Prüfung steht, wird im guten Anzug nicht gelassener. Eine Frau, die im Wartezimmer des Arztes auf den Befund der Untersuchung wartet, macht auch das beste Kleid nicht gelassen.

Die Botschaft des Advent heißt: »Siehe, dein König kommt zu dir, ein Gerechter und ein Helfer!« (Sacharja 9,9). Jesus Christus kommt zu uns. Sein Königtum ist die Macht der Liebe. Seine Herrschaft ist nicht auf Waffen und Gewalt, sondern auf Hingabe und Opfer gegründet. Dieser König möchte uns einhüllen in den Mantel seiner Barmherzigkeit, möchte uns schmücken mit den Kleidern der Freude. Wenn wir über dem Kommen Jesu in unser Leben, über dem Zuspruch seiner Hilfe froh und geborgen werden, können wir königlich gelassen sein. Königlich gelassen in der Kleidung von Gott mitten im Trubel einer Adventszeit, mitten in den Wirren des Lebens und den Ängsten der Welt.

Adventszeit ist die Zeit, in der wir uns auf das Kommen Jesu besinnen, unser Leben aufschließen und den König Jesus mit seiner Hilfe hereinbitten. Und indem wir den König empfangen, werden wir auch königlich gelassen. Denn er hat unser Leben in der Hand, die Vergangenheit, die uns noch Not bereitet, den heutigen Tag, der uns herausfordert, und die

Zukunft, vor der wir uns sorgenvoll ängstigen. Königlich gelassen sind wir bei Jesus.

> O wohl dem Land, o wohl der Stadt,
> so diesen König bei sich hat.
> Wohl allen Herzen insgemein,
> da dieser König ziehet ein.
> Er ist die rechte Freudensonn,
> bringt mit sich lauter Freud und Wonn.
> Gelobet sei mein Gott,
> mein Tröster früh und spat.

(Georg Weißel)

3. Dezember

Eine Tür

Eine Tür setzt Anfang und Ende. Eine Tür ist ein Zeichen für die Spannung des Lebens. In die festen Wände sind offene Türen eingebaut. Unser Leben ereignet sich in Häusern und Räumen, die beides haben, starke Mauern und bewegliche Türen. Menschen brauchen beides, schützende Mauern und offene Türen. Mauern bergen und bewahren, Türen eröffnen und verheißen. Mauern ohne Türen würden das Leben ersticken. Türen ohne feste Wände ließen das Leben erfrieren oder verwehen. Wie wunderbar ist es, durch eine Tür in ein bergendes Haus hinein- oder aus dem Begrenzten in die Weite des Lebens hinaustreten zu können.

So ist auch die Tür für sich noch eine Spannung. Sie ist Eingang und Ausgang. Eine Tür teilt unser Leben ein in ein Innen und Außen. Wir brauchen ein Innen der Bewahrung, worin wir das Verletzliche, Schöne, Zarte und Geheimnisvolle des Lebens bergen. Wir suchen das Draußen der Bewährung, die Herausforderung und Weite, wo wir das Leben erfahren, Neues erproben, Sinn erkennen, andere finden und an Letztes stoßen.

Eine Tür ist Ende des einen und Anfang des anderen Raumes. Eine Tür lässt eintreten und hinausgelangen. In der Tür werden wir entlassen in die Weite, in der Tür werden wir empfangen, in die Wärme eingeladen.

Die Tür ist immer eine Schwelle und Grenze. Sie verbindet und trennt, eröffnet und verschließt, nimmt ein und lässt heraus. Eine Tür hat immer zwei Seiten, wie das Leben.

Jesus sagt: »Ich bin die Tür; wenn jemand durch mich eingeht, der wird gerettet werden und wird ein- und ausgehen und Weide finden!«
(Johannes 10,9)

Jesus ist die Tür zum Leben. Bei ihm ist beides, Weite und Wärme, Bewahrung und Bewährung. Innen erlöst und nach außen gesandt, eingeladen und herausgefordert. Durch Jesus können wir eintreten in die Liebe Gottes und hinausgelangen aus uns selbst in die Weite des Gottesreiches.

4. Dezember

Die Tür zum Leben

Vor einer Tür stehen ist wie ein Abenteuer. Hoffnungsvoll, aber auch bang stehen wir davor. Vielleicht ist die Tür verschlossen. Dann bleibe ich bei mir selbst, in der Enge drinnen oder in der Ungeborgenheit draußen. Ist die Tür aber offen, und ich durchgehe sie, dann ändert sich mein Leben. Ich werde aufgenommen und empfangen oder hinausgeführt und entlassen. Ich werde etwas verlassen und etwas gewinnen, ich werde befreit und eingebunden. – Durch die enge Tür der Geburt sind wir aus der Geborgenheit des Mutterschoßes hinausgelangt in die Ungeschütztheit und Weite unseres eigenen Lebens. Das geht nicht ohne Schmerzen ab und ist Verlust und Gewinn zugleich. Durch die enge Pforte der Bekehrung sind wir von Menschenkindern zu Gotteskindern wiedergeboren. Das bedeutet Verlassen und Finden zugleich, tut weh und beglückt in einem. Durch das enge Tor des Todes gehen wir in die Geborgenheit des ewigen Lebens. Wir verlassen unter Schmerzen das irdische Leben und gehen mit Freuden hinein in das ewige Leben. – Und während unseres ganzen Lebens auf Erden gehen wir immer wieder durch Türen, Pforten und Tore, die Geburt und Wiedergeburt und Auferstehung meinen. Immer wieder müssen wir heraustreten aus uns selbst in die Freiheit. Immer wieder müssen wir der Sünde absterben und in der Vergebung neu geboren werden. Immer wieder müssen wir durch die Tore der Todeswelt in die Liebe Gottes eingehen. Alle Türen in dieser Welt meinen Wandlung, Fortgang, Durchgang, Übergang. Wir wollen die Türen suchen, die uns zum Leben führen, mutig hindurchgehen und weiterkommen, bis sich eine letzte Tür hinter uns schließt und wir bei Gott für immer zu Hause sind.

Jesus will uns an seine Hand nehmen und uns durch alle Türen geleiten, die zum Leben führen, und uns an allen Türen vorbeihelfen, die ins Verderben bringen.

»Dennoch bleibe ich stets an dir; denn du hältst mich bei meiner rechten Hand, du leitest mich nach deinem Rat und nimmst mich am Ende mit Ehren an!« (Psalm 73,23f)

»Siehe, ich habe vor dir gegeben eine offene Tür, und niemand kann sie zuschließen!« (Offenbarung 3,8)

5. Dezember

Vor der Tür

Draußen vor der Tür ist nicht nur die Weite und Freiheit, sondern auch die Bedrohung und Einsamkeit. Klopfe ich an eine Tür, warte ich auf Einlass, suche ich Geborgenheit und Zuflucht, Nähe und Schutz. Ich hoffe, dass mir jemand öffnet, mich hereinbittet, mir Raum und Gelassenheit zum Leben gewährt.

Wer bin ich für den, der mir bereitwillig seine Tür öffnet, Freund oder Feind, Engel oder Verführer? Was kommt mit mir in den Raum eines anderen, Gutes und Richtiges oder Böses und Verkehrtes? Ich werde einmal Rechenschaft ablegen müssen über jedes Eingehen und Ausgehen, Empfangen- und Entlassenwerden.

Durch welche Türen bin ich gegangen? Welche Kräfte und Wahrheiten kamen mit mir herein?

Wenn es aber an der Tür meines Lebens pocht, dann muss ich mich gewissenhaft entscheiden, wen ich einlasse. Was bei mir klopft, kann die Sünde vor der Tür sein, die nach mir Verlangen hat (1. Mose 4,7). Werde ich sie einlassen und ein Geheimnis mit ihr haben? Werde ich ihrem Zauber erliegen und ihrer Zerstörung Raum geben?

Es kann aber auch in vielfältiger Gestalt der sein, der von sich sagt: »Siehe, ich stehe vor der Tür und klopfe an. So jemand meine Stimme hören wird und die Tür auftun, zu dem werde ich eingehen und das Abendmahl mit ihm halten und er mit mir!« (Offenbarung 3,20). Werde ich Jesus einlassen in mein Leben und alle seine Räume? Werde ich einen Bund mit ihm haben, ein Geheimnis der Liebe? Werde ich seiner Freundlichkeit folgen und seiner Güte Raum geben?

Jesus, der Herr des Lebens und der Welt, steht als Bittender vor der Tür. Er klopft und wartet, dringt nicht mit Gewalt oder List ein. Wenn ich mein Leben auch nur einen Spalt öffne, wird er mit seiner ganzen Wärme und Wahrheit, Liebe und Lebensmacht zu mir hereinkommen.

6. Dezember

Das beste Erbgut

Einst sagte Sokrates: »Wenn ich mich auf den höchsten Punkt Athens stellen könnte, würde ich meine Stimme erheben und schreien: Warum, Mitbürger, setzt ihr Himmel und Erde in Bewegung, um Reichtümer anzuhäufen, und kümmert euch dabei so wenig um eure Kinder, denen ihr doch eines Tages alles überlassen müsst?«

Heute, wo man darangeht, das Erbgut des Menschen zu beeinflussen, müsste man sagen: »Ein harmonisches Familienleben ist das beste Erbgut, das wir unseren Kindern mitgeben können. Liebe schenken, Zeit haben, zuhören können, Vertrauen wecken, Hoffnung säen, Mut machen und Gewissen schärfen sind die besten Reichtümer, die wir unseren Kindern vererben können.«

Gebt den kleinen Kindern tiefe Wurzeln des Vertrauens und den großen Kindern weite Flügel der Hoffnung!

Ein Kind ist wie Wachs in dem, was es aufnimmt, und wie Granit in dem, was es behält!

»Siehe, Kinder sind eine Gabe des Herrn, und Leibesfrucht ist ein Geschenk!« (Psalm 127,3)

7. Dezember

Das Hemd des Glücklichen

»Ein Zar lag schwerkrank darnieder und versprach: ›Die Hälfte meines Reiches will ich dem geben, der mich wieder gesund macht!‹ Da versammelten sich alle Weisen des Landes und beratschlagten, wie sie dem Zaren helfen könnten. Aber niemand wusste Rat. Nur ein Weiser erklärte: ›Wenn man einen glücklichen Menschen findet, ihm sein Hemd auszieht und es dem Zaren anlegt, dann wird der Zar genesen.‹ Daraufhin schickte der Zar Boten aus, die in seinem weiten Reich einen glücklichen Menschen suchen sollten. Aber es gab keinen einzigen Menschen, der mit allem wahrhaft zufrieden und deshalb glücklich gewesen wäre. Der eine war zwar gesund, aber in seiner Armut unglücklich. Und wenn einer gesund und reich war, dann war die Ehe unglücklich oder seine Kinder waren nicht geraten. Kurz – alle hatten einen Grund, sich über etwas zu beklagen.

Da ging einmal spät am Abend der Zarensohn an einer armseligen Hütte vorüber, und er hörte, wie drinnen jemand sagte: ›Nun ist Gott sei Dank meine Arbeit geschafft, ich habe gut verdient, ich bin satt und kann mich nun ruhig schlafen legen. Was wünschte ich noch? Ich wüsste es nicht!‹ Den Zarensohn erfasste eine große Freude. Nach seiner Rückkehr in den Palast befahl er, diesem Mann sein Hemd auszuziehen und ihm dafür so viel Geld zu geben, wie er nur wünschte, und dem Zaren das Hemd zu überbringen. Die Boten eilten zu dem glücklichen Menschen, um ihm gegen schweres Gold sein Hemd einzutauschen. Aber der Glückliche war so arm, dass er gar kein Hemd hatte …« (Leo Tolstoi)

Wenn es das gäbe: Das Hemd des Glücklichen, und alle unsere Krankheit würde geheilt! So sehr Menschen Heilung ersehnen, man kann sie nicht so einfach beschaffen und sich anziehen. Die Glückssehnsucht ist groß, aber wir können uns diese Sehnsucht nicht selbst stillen. Und auch die anderen sind darin so hilflos und überfordert. Und doch gibt es so etwas wie das Hemd des Glücklichen. Die Bibel vergleicht die Heilung mit einem Kleid und die Versöhnung mit einem Mantel. Beides hat uns Gott in seiner Liebe erworben und mit dem Leiden seines Sohnes teuer erkauft. Diese Kleidung bietet uns Gott an. Sollten wir uns da nicht einmal ganz neu einkleiden lassen?

»*Ich freue mich im Herrn, und meine Seele ist fröhlich in meinem Gott; denn er hat mir die Kleider des Heils angezogen und mich mit dem Mantel der Gerechtigkeit gekleidet!*« (Jesaja 61,10)

8. Dezember

Der vierzehnte Gast

Im Hause der Familie M. war der Tisch festlich gedeckt. Die einzige Tochter Eva feierte ihren 10. Geburtstag. Das Mädchen lief mit strahlenden Augen zwischen dem herrlich geschmückten Tisch und dem Fenster erwartungsvoll hin und her. Die beiden schon eingetroffenen Großelternpaare hatten wunderbare Geschenke mitgebracht. Aber Eva erwartete noch andere Gäste. Zwei Tanten und drei Paten waren noch zum Festessen geladen. Und auch der mit der Familie eng befreundete Hausarzt hatte versprochen zu kommen. Und es war anzunehmen, dass keiner von ihnen mit leeren Händen kam. Voller Freude empfing Eva ihre Gäste. Es war ein Lachen und Erzählen im Haus. Nun waren alle versammelt bis auf den Arzt. Die Mahlzeit war fertig zubereitet. Minute um Minute verstrich, da kam ein Anruf. Der Arzt musste über Land zu einem Schwerkranken und ließ sich entschuldigen. Die Hausfrau überflog noch einmal die Gästeschar. Plötzlich erbleichte sie. Voller Schrecken sagte sie: »Wir sind dreizehn!« Mit einem Scherz versuchte sie, ihre abergläubische Angst zu überspielen, aber alle spürten, wie ernst es ihr war. Es trat eine peinliche Stille ein, als die Mutter zögerte, die Gäste zu Tisch zu bitten. Sollte Evas Kindermädchen in der Küche essen? In diesem Augenblick kam ihr Eva als rettender Engel zu Hilfe. Mit kindlichem Eifer erklärte sie: »Aber Mutter, wir brauchen doch nur zu beten ›Komm, Herr Jesus, sei du unser Gast!‹, dann sind wir doch vierzehn Personen.« Alle riefen erleichtert: »Ja, das ist wahr!« und nahmen an der Tafel Platz. Alle Angst war gewichen, und jeder hatte das Gefühl, dass die Mahlzeit durch die Gegenwart des vierzehnten Gastes besonders schön wurde. – Als sich die Gäste später voller Dank verabschiedeten, drückten sie ganz besonders Evas Hand, dankbar dafür, dass sie mit dem kindlichen Glauben die finstere Macht des Aberglaubens, die sich in die Herzen der Erwachsenen eingeschlichen hatte, so wunderbar vertrieben hatte.

Bitten wir Jesus in unser Haus, an unseren Tisch, in unser Herz, so müssen alle anderen Mächte und Herren weichen!

Komm, o mein Heiland, Jesu Christ,
meins Herzens Tür dir offen ist.

9. Dezember

Im Winter

Du kahler Baum, ich seh dich stehn
im rauen Winterwetter,
und dennoch, mein ich, bist du schön,
auch ohne Blüt und Blätter.
Du trägst geduldig Leid und Last,
trotz wilder Stürme Toben,
dem Lichte zu mit jedem Ast,
strebst du getrost nach oben.
Bis dich des Schöpfers Hand berührt,
schenkt Blätter dir und Blüte,
und dich mit Früchten schön verziert,
als Wunder seiner Güte.
Voll Wunder ist die weite Welt,
geh aus, mein Herz, und schaue,
für dich hat Gott sie hingestellt,
verzage nicht, vertraue!

(Margarete Rode)

Jahreszeiten und Lebenszeiten wechseln. Zartes Frühlingsgrün, satte Sommerfarben, reife Herbstfrüchte, glitzernde Winterlandschaft, jede Zeit hat ihre Schönheit und Bedeutung. Auch das raue Winterwetter, entlaubte Bäume, die Stürme aushalten, dem Frost trotzen, unter der Schneelast sich beugen, gehören zum Leben. »Du trägst geduldig Leid und Last« ist die Überschrift über manche Strecken unseres Lebens.

Ein Baum im Winter, kahl und nackt, Kälte und Nacht ausgesetzt, steht ruhig da und wartet auf Veränderung. Er kann nichts tun und ist doch bereit, neues Leben zu empfangen. Sein ganzes Wesen ist ausgestrecktes Warten, gelassenes Hoffen, stilles Standhalten und festes Vertrauen auf neue Blüte.

Ein Baum im Winter ist ein schönes Zeichen der Hoffnung. Leben ist Warten und Sich-Ausstrecken, Hoffen und Vertrauen. Im Anschauen eines winterlichen Baumes wollen wir die Ungeduld unseres Herzens, die Verzagtheit unserer Seele und die Unruhe unseres Körpers überwinden. Für dich hat Gott sie – die Bäume im Winter – hingestellt, verzage nicht, vertraue!

> Zur Nacht hat ein Sturm alle Blätter entlaubt,
> sieh sie an, die knöchernen Besen.
> Ein Narr, wer bei diesem Anblick glaubt,
> es wäre je Sommer gewesen.
> Und ein größerer Narr, wer träumt und sinnt,
> es könnt' je wieder Sommer werden.
> Und grad' diese gläubige Narrheit, Kind,
> ist die sicherste Wahrheit auf Erden.

(Ernst Ginsberg)

10. Dezember

Kerze oder Licht?

Eine Kerze ist noch kein Licht. Sie kann ein Licht werden. Es fehlt nur noch das Feuer, mit dem die Kerze angezündet werden muss. So ist es auch unter uns Menschen. Es gibt viele »Kerzen« und wenige »Lichter«. Kerzenmenschen haben eine christliche Erziehung gehabt, sind religiös interessiert, lesen christliche Bücher, besuchen Veranstaltungen und singen christliche Lieder. Alles ist da, aber das Feuer fehlt. Das Feuer der Liebe, das Feuer des Geistes Gottes erst macht die Kerze zu einem Licht und lässt sie brennen im Glauben. Die schönste Kerze nützt nichts in der Dunkelheit. Aber das kleinste Licht verbreitet Helligkeit und Wärme. Christliche Erziehung und religiöse Beziehung in allen Ehren. Sie sind gut. Aber das wichtigste ist die persönliche Beziehung zu Jesus im Glauben und in der Liebe. Dann erst wird aus der Kerze ein brennendes, leuchtendes Licht. Eine brennende Kerze kann dann auch andere anzünden und das Licht weitergeben. Darum kommt alles darauf an, dass wir uns vom Feuer Jesu anzünden und zu einem hellen Licht machen lassen. Darum wollen wir mit dem Feuer Gottes – mit Jesus – in persönliche Berührung kommen.

»*Lasset eure Lichter brennen!*« (Lukas 12,35)

»*Seid brennend im Geist. Dienet dem Herrn!*« (Römer 12,11)

11. Dezember

Gott kommt zu uns

Ein Junge wird in der Weihnachtszeit von seinem Lehrer gefragt: »Nun, was möchtest du am liebsten zu Weihnachten haben?« Der Junge denkt an das eingerahmte Bild mit der Fotographie seines Vaters, an dem er so hing und der nun nicht mehr da ist. Dann sagt er leise: »Ich möchte, dass mein Vater aus dem Rahmen heraustritt und wieder bei uns ist!«

Der Junge verleiht der Sehnsucht aller Menschen Worte. Uns verlangt nach Geborgenheit und Frieden, nach einer starken und guten Hand, die uns in Schwachheit trägt, in Ängsten birgt, in Trauer tröstet, nach einem Vater. Wir wünschen, dass Gott aus dem Rahmen des Ungewissen und Fernen heraustritt und uns persönlich begegnet. Jesus ist der aus dem Rahmen des Unsichtbaren herausgetretene Gott. Gott ist nicht mehr ferne. Nicht das kalte Weltall, ein blindes Schicksal, der pure Zufall, das stumme Nichts umgeben uns, sondern Gott und seine Liebe zu uns persönlich. In Jesus streckt Gott seine Hände nach uns aus. Im Kind von Bethlehem und im Mann von Golgatha erklärt uns Gott seine Liebe und wirbt um unser Leben. Gott tritt aus dem Rahmen heraus und kommt zu uns!

»*Mache dich auf, werde Licht; denn dein Licht kommt, und die Herrlichkeit des Herrn geht auf über dir! Denn siehe, Finsternis bedeckt das Erdreich und Dunkel die Völker; aber über dir geht auf der Herr, und seine Herrlichkeit erscheint über dir. Und die Heiden werden zu deinem Lichte ziehen und die Könige zum Glanz, der über dir aufgeht!*«

(Jesaja 60,1–3)

12. Dezember

Die Wüste weint

Eine alte Geschichte aus Nordafrika erzählt von einem Beduinen, der sich immer wieder der Länge nach auf den Boden legt und sein Ohr in den Wüstensand drückt. Stundenlang horcht er in die Erde hinein. Verwundert fragt ihn ein Missionar: »Was machst du da eigentlich auf der Erde?« Der Beduine erhebt sich und antwortet: »Freund, ich horche, wie die Wüste weint, sie möchte so gerne ein Garten sein!«

Die Wüste der Welt weint, sie möchte so gerne ein Garten des Lebens sein. Die Wüste des Krieges weint, sie möchte so gerne ein Garten des Friedens sein. Die Wüste des Hungers weint, sie möchte so gerne ein Garten voller Nahrung sein. Die Wüste der Armut weint, sie möchte so gerne ein Garten sein, in dem alle Menschen ihr Auskommen haben. Die Wüste der Einsamkeit weint, sie möchte so gerne ein Garten der Begegnung sein. Die Wüste aus Beton weint, sie möchte so gerne ein Garten voller Blumen sein. Die Wüste aus Verzweiflung weint, sie möchte so gerne ein Garten der Hoffnung sein. Die Wüste der Schuld weint, sie möchte so gerne ein Garten der Vergebung sein. Die Wüste des Sterbens weint, sie möchte so gerne ein Garten des neuen Lebens sein.

Eine ganze Schöpfung weint und ängstet sich, sehnt sich und hofft auf Erlösung und Befreiung. Und das ist die Botschaft des Advent, dass Gott in seiner Herrlichkeit die Wüste dieser Welt in einen blühenden Garten verwandeln wird. Er kommt. Und mit seinem Kommen beginnt eine Verwandlung. Erst ganz klein und leise, verborgen und andeutungsweise. Aber dann einmal mit Macht und Herrlichkeit.

»Die Wüste und Einöde wird frohlocken, und die Steppe wird jubeln und wird blühen wie die Lilien. Sie wird blühen und jubeln in aller Lust und Freude. Denn es werden Wasser in der Wüste hervorbrechen und Ströme im dürren Lande. Die Erlösten des Herrn werden wiederkommen, ewige Freude wird über ihrem Haupte sein; Freude und Wonne werden sie ergreifen, und Schmerz und Seufzen wird entfliehen!« (aus Jesaja 35)

13. Dezember

Vom wertlosen Stroh zum lebendigen Licht

Auf den Philippinen erzählt man sich folgendes Märchen:

Ein König hatte zwei Söhne. Als er alt wurde, wollte er einen der beiden zu seinem Nachfolger einsetzen. Er gab jedem der beiden Söhne fünf Silberstücke und sagte: »Geht und füllt die Halle unseres Schlosses. Was ihr für das Geld besorgt, um damit die Schlosshalle zu füllen, das ist eure Sache!«

Da ging der älteste Sohn hin und brachte ausgedroschenes Zuckerrohr in die Halle und füllte sie damit bis oben hin. Bald darauf kam auch der Jüngere. Er ließ all das Stroh aus der Halle entfernen, stellte mitten in die große Halle eine Kerze und zündete sie an. Ihr Schein füllte den Raum bis in den letzten Winkel. Da sagte der König zu ihm: »Du sollst mein Nachfolger sein. Denn du hast die Halle nicht mit nutzlosem Stroh gefüllt, sondern mit dem, was die Menschen brauchen, dem lebendigen Licht!«

Jeden Tag dürfen wir uns vom Wertlosen zum Lebendigen umwenden. Immer wieder müssen wir uns vom Vergänglichen zum Bleibenden hinwenden. Das ganze Leben ist eine Verwandlung vom wertlosen Stroh zum lebendigen Licht.

Jesus sagt: »Ich bin das Licht der Welt. Wer mir nachfolgt, der wird nicht wandeln in der Finsternis, sondern wird das Licht des Lebens haben!«

(Johannes 8,12)

14. Dezember

Geborgen in der Mitte

Ein asiatisches Sprichwort sagt: »Im Herzen eines Taifuns kann ein Kind ruhig schlafen!« Wenn die gefürchteten Wirbelstürme über Asien hinwegtoben, müssen Schiffe oder Flugzeuge versuchen, in die Mitte des Taifuns zu gelangen. Dort ist Ruhe.

Wir leben in einer Zeit großer Stürme, die uns ängstigen. Das Dach der Welt scheint abgedeckt. Was sicher und verlässlich schien, Vertrautes und Gewohntes, wird hineingerissen in den Sturm, der auf unserer Erde lebt.

Menschen, die sich lieben und verstehen, geraten hinein in den Wirbelsturm von Entfremdung und Missverständnis. Mann und Frau, Eltern und Kinder verstehen sich nicht mehr, und es ist, als treibe sie eine dunkle Macht unwiderstehlich auseinander. Millionen haben ihre Heimat, ihren Beruf, liebe Menschen, Mut und Hoffnung und den Glauben verloren. Sie werden von einem großen Sturm verweht und finden nirgends Ruhe. Andere, die alles noch haben, Familie und Haus, Arbeit und Einkommen, Freude und Hoffnung, Mut und Glauben, schrecken auf in der Ahnung, dass es ihnen plötzlich genommen wird. Verlustangst treibt die Menschen um.

Im Herzen dieser Stürme könnten wir dennoch geborgen sein. Wir müssen bis zum Herzen, zur Mitte der Welt vordringen. Gott gab in Christus sein Herz auf die Erde, und der von ihm erhöhte Christus ist die Mitte der Welt. Wenn Christus uns an das Herz Gottes legt, können wir mitten in einer Welt der Angst wie ein Kind Ruhe finden.

Wir liegen Gott am Herzen. Da können wir als seine Kinder mitten in allen Stürmen und Erschütterungen ruhig sein.

Wellen von Schwierigkeiten sehen wir. Auf ihnen wandelt der Herr; schaue ihn an! Du hörst den Sturm brausen. Er spricht: »Ich bin's.« Seine Stimme übertönt alle anderen, die dich verzagt und traurig machen wollen. Es ist Wahrheit, dass er dich besser hütet als du den Augapfel in deinem Auge. Niemand und nichts darf dir schaden, wenn du ein Eigentum des Herrn Jesus geworden bist. (Hedwig v. Redern)

15. Dezember

Das Leichteste und das Schwerste: Warten

Im Hauptbahnhof einer Großstadt laufen Tausende von Menschen durcheinander. Jeder will den Zug erreichen, Fahrkarten kaufen, Plätze reservieren, Gepäck aufgeben. In der Vorhalle des Bahnhofs drängen sich die Menschen, überschlagen sich die Stimmen, machen sich Hast und Hektik breit. Eine Frau führt ihren blinden Mann in eine kleine, stille Ecke abseits, lehnt ihn an eine Säule und sagt zu ihm: »Warte hier, ich komme wieder.« Sie will ihm das Gewühl ersparen, besorgt die Fahrkarten und Platzkarten, erkundigt sich nach Bahnsteig und Abfahrtszeit. Währenddessen steht der Mann da, lächelt und wartet. Er kann nichts tun. Er ist aber nicht aufgeregt. Er steht da und wartet. Sie hat gesagt, sie komme wieder. Das ist seine Hoffnung. Er ist ein Wartender, hilflos und doch ruhig und gelassen. Seine Frau kommt wieder, nimmt ihn am Arm, und sie gehen weiter. Der Zug fährt ab. Sie erreichen ihr Ziel.

So ist das auch in unserem Leben. Jesus hat seiner Gemeinde eine wunderbare Verheißung zurückgelassen: »Ich komme bald!« (Offenbarung 22,20). Jesus hat seine Gemeinde nicht allein gelassen. Er besorgt die ganze Geschichte, und dann geht es weiter. Das Warten ist das Leichteste und das Schwerste. Einfach warten, nichts tun können und doch voller Hoffnung und Gewissheit wach sein.

Vielleicht stehen wir in einer schwierigen Situation, einer Krankheit, einer Einsamkeit, einer Sorge oder Angst, einer Trauer oder Verwundung. Wir können nichts tun als warten. »Herr, ich warte auf dein Heil!« Aber Gott handelt, er besorgt die Dinge, die wir brauchen. Wenn wir auch im Moment nichts tun können, geschieht doch etwas. Gott lenkt die Geschicke unseres Lebens und der Welt. Uns bleibt die Hoffnung und frohe Gewissheit, Jesus kommt und führt uns weiter. Er sorgt für uns und bringt uns zum Ziel.

»*Befiehl dem Herrn deine Wege und hoffe auf ihn, er wird's wohl machen!*« (Psalm 37,5)

16. Dezember

Die andere Sicht

Als ich zwanzig war und durch das Land fuhr, sah ich die Häuser mit Augen der Sehnsucht. Hinter jedem Fenster dachte ich mir ein Glück, an jedem Tisch ein gutes Gespräch, an jedem Feuer eine behagliche Wärme. Ich träumte von sonnendurchglühten Zimmern, von gemütlichen Lampen und geborgenen Menschen. Hinter jeder Tür wähnte ich eine große Liebe eingeschlossen. Die Tage stellte ich mir freundlich und die Nächte selig vor. In meiner Sehnsucht wünschte ich mir solch ein Haus voller Wärme und Glück, mit Mauern der Geborgenheit und Türen der Freiheit. Ich träumte von einem Heim voller Liebe und Lachen, mit Büchern und Liedern, gemeinsamer Arbeit und fröhlichen Festen. Wo wird es so ein Haus für mich geben?

Wenn ich heute mit fünfzig durch das Land fahre, sehe ich die Häuser mit anderen Augen. Ich weiß, dass in jedem Haus ein Leid wohnt, sich Ängste und Sorgen eingenistet haben. Ich denke an durchkämpfte Tage und durchwachte Nächte. Ich sehe Menschen streiten und weinen, höre sie schweigen und schreien. Hinter jeder Tür wohnt ein Kummer, in allen Zimmern wird gelitten, überall ist die Einsamkeit zu Hause. Oft sind die Alltage mühsam, und die Feste wollen nicht mehr gelingen. Ich brauche nicht mehr wehmütig zu träumen von all den glücklichen Häusern. Ich kann ruhig werden und dankbar sein für alles, was möglich und täglich ist.

Die erleuchteten Fenster lassen mich beten für die Menschen in den Häusern. Die verschlossenen Türen sperren mich nicht aus, sondern laden meine Gedanken des Mitleidens und Fürbittens ein in fremde und doch gewohnte Häuser. Ich bringe alle ihre Bewohner vor Gott und befehle sie in ihrer Lebensnot seiner grenzenlosen Barmherzigkeit an. Und dann denke ich an Gott.

»Denn er schaut von seiner heiligen Höhe, der Herr steht vom Himmel auf die Erde, dass er das Seufzen der Gefangenen höre und losmache die Kinder des Todes!« (Psalm 102,20f)

17. Dezember

Gott meint es gut

Im Konfirmandenunterricht lesen wir den 37. Psalm. Der bekannte vierte Vers lautet: »Habe deine Lust am Herrn, der wird dir geben, was dein Herz wünscht!« Einer der Konfirmanden soll den Psalm laut vorlesen. Beim vierten Vers schaut er nicht so genau hin und liest vor: »Habe deine Last am Herrn ...«

Der Junge hat mit seinem Versprecher etwas ausgedrückt, was viele Menschen empfinden und denken. Wir tun uns schwer mit Gott. Seine Gebote sind schwer. Seine Wege tief. Seine Gerichte schmerzlich. Seine Worte schwierig. Sein Handeln unerforschlich. Menschen tun sich schwer mit Gott. Gott ist schwer zu erkennen und schwer zu verstehen. Gott lockt und lädt uns ein: »Gib mir, mein Sohn, dein Herz!« (Sprüche 23,26). Aber wir zögern und haben Angst, uns damit eine Last aufzuladen. Warum tun wir uns so schwer mit Gott?

Das liegt wohl weniger an Gottes als an unserem Wesen. Solange wir unsere Lust an uns selbst haben, werden wir uns schwertun mit Gott. Solange wir die Sünde mehr lieben als den heiligen Geist, werden wir uns an ihm wundreiben. Solange wir das Zeitliche ewig festhalten und das Ewige auslassen, werden wir Gott nicht verstehen. Solange wir das Lebensglück im irdischen suchen, werden wir Gottes Worte als Last empfinden. Wenn wir aber die Selbstliebe und Sünde, die Torheit und unerfüllte Sehnsucht Gott übergeben und loslassen, werden wir uns mit Lust und Freude an Gott festhalten. Losgelöst von allen anderen Mächten und Diktaten, ist es eine Lust, Gott ganz zu gehören. Dort werden die tiefsten Herzenswünsche wirklich erfüllt. Gott wird uns geben, was unser Leben im tiefsten ersehnt, die Geborgenheit und Versöhnung.

Es ist wie mit dem kleinen Jungen, der weinend zur Mutter kommt, weil er die Hand aus der Vase nicht mehr herausbekommt. Die Mutter zieht, und es tut sehr weh. Es geht nicht. Nun versucht es der Vater. Es tut noch mehr weh. Dann sagt der Vater: »Mach die Finger ganz lang und leg den Daumen nach innen. Mach deine Hand ganz schmal!« – »Nein«, sagt der Junge, »das geht nicht, dann muss ich ja das Markstück loslassen!« – Solange wir die Sünde, den Reichtum, Begierde und Macht festhalten, tut es weh. Wir werden uns schwertun mit Gott und seiner Liebe. Wenn wir aber loslassen, können wir alles gewinnen, was unser Herz wünscht, die Freiheit der Kinder Gottes, die Würde des erlösten Menschen, die Zukunft des ewigen Lebens. »Habe deine Lust am Herrn, der wird dir geben, was dein Herz wünscht!«

---

18. Dezember

Die Lichtflamme

Selma Lagerlöff erzählt in einer Legende von einem Ritter, der nach einem Kreuzzug in das Heilige Land geschworen hatte, die Kerze, die er an der heiligen Flamme vor dem Grab Christi angezündet hatte, unversehrt in seine Heimat Florenz zu bringen. Dieses Vorhaben, die Lichtflamme zu bewahren, machte aus dem Ritter einen neuen Menschen. Es verwandelte den Kriegsmann in einen Menschen des Friedens. Als er unterwegs von Räubern überfallen wurde, setzte er sich nicht zur Wehr. Er gab den Räubern freiwillig, was sie wollten, wenn sie ihm nur sein Licht nicht auslöschten. Sie nahmen seine Rüstung und sein Pferd, seine wertvollen Waffen und sein Geld und ließen ihm einen elenden Klepper dafür. Auf dem ritt er nach vielen bestandenen Abenteuern in seine Heimatstadt Florenz ein. Rücklings saß er auf dem Pferd, um mit seinem Körper die Lichtflamme gegen den Wind zu schützen. Als die Straßenjungen ihn sahen, hielten sie ihn für einen Verrückten und versuchten, sein Licht auszulöschen. Nur durch ein Wunder blieb die Flamme bewahrt, sodass er endlich damit die Kerzen auf dem Altar des Domes anzünden konnte. Als er von einem, der auch ein Licht trug, gefragt wurde, was er tun solle, damit es nicht verlösche, sagte er ihm: »Die Lichtflamme verlangt, dass ihr aufhört, noch an irgendetwas anderes zu denken. Ihr dürft euch keinen Augenblick sicher fühlen. Aus wie viel Gefahr ihr die Flamme auch gerettet habt, ihr müsst immer darauf gefasst sein, dass sie euch im nächsten Moment entrissen wird!«

Gott hat uns sein Licht anvertraut. Wenn wir es für ihn bewahren wollen, wird es uns selbst verwandeln und unsere Blicke auf die richtigen Ziele lenken.

»Halte an dem Vorbilde der heilsamen Worte im Glauben und in der Liebe in Christus Jesus. Dies köstliche anvertraute Gut bewahre durch den heiligen Geist, der in uns wohnt!« (2. Timotheus 1,13f)

19. Dezember

Weltnot ist Herzensnot

Dostojewski erzählt in einer Novelle von einem jungen Mann, der über die Not in der Welt enttäuscht ist. Er ist tief verzweifelt darüber, dass es unter den Menschen so viel Hass und Gemeinheit, Gier und Neid, Eifersucht und Krieg gibt. So beschließt er, resigniert über den bösen Zustand der Welt, seinem Leben ein Ende zu machen. Er sitzt abends in seiner Kammer und hat den Revolver, mit dem er sich erschießen will, vor sich auf den Tisch gelegt.

Während er noch über die böse Welt nachdenkt, schläft er ein. Es träumt ihm, dass er von starker Hand aufgehoben und auf einen anderen Planeten getragen wird. Dort trifft er Menschen, die in vollkommenem Frieden miteinander leben. Es gibt keinen Streit, es entstehen keine Konflikte. Es gibt keine Kriege, kein Blutvergießen. Jeder achtet den anderen. Es ist ein wunderbarer, paradiesischer Zustand. Ganz erstaunt über das große Glück geht er über den Planeten und muss dann eine furchtbare Entdeckung machen. Überall, wohin er kommt, flammen plötzlich kleine Feindseligkeiten und Missverständnisse auf. Sie weiten sich aus zu Konflikten und Streit. Überall, wohin er geht, verstehen sich die Menschen nicht mehr. – Dann wacht er auf und findet sich in seiner Kammer wieder, der Revolver liegt vor ihm auf dem Tisch.

Da merkt er, dass die ganze Weltnot, die Ungerechtigkeit im Großen, das Meer von Blut und Tränen, Elend und Leid in seinem Herzen beginnen. Im Herzen der Menschen ist die Zerrissenheit und das Unglück der Welt begründet.

Das möchte Dostojewski mit seiner kleinen Novelle deutlich machen: Die Weltnot ist Herzensnot. Weltkriege beginnen in einem trotzigen, ängstlichen, machtgierigen Herzen.

»Du musst erfahren, was es für Jammer und Herzeleid bringt, den Herrn, deinen Gott, zu verlassen!« (Jeremia 2,19)

20. Dezember

Irret euch nicht!

Am 20. Dezember 1908 erschien in Messina auf Sizilien in einem Witzblatt folgendes Gedicht: »O du kleines Kindelein, das nicht wahrer Mensch allein, nein, auch wahrer Gott will sein: Um deines Kreuzes willen begehren wir, deine Stimm zu hören. Bezeuge dich uns, die wir leben. Schick uns ein Erdbeben!«

Am 28. Dezember 1908 wurde die Stadt Messina durch ein schreckliches Erdbeben heimgesucht. Von den 150.000 Einwohnern kamen 83.000 ums Leben. Die gesamte Familie des Verfassers kam um. Er selber überlebte das Erdbeben und verfiel dem Wahnsinn.

»Irret euch nicht! Gott lässt sich nicht spotten!« (Galater 6,7).

Nicht immer antwortet Gott so schnell und eindrücklich auf seine Verhöhnung. Aber es ist auch heute noch lebensgefährlich, sich bewusst und wissentlich von Gott loszusagen und öffentlich gegen ihn auszusagen. »Das Erdreich muss vergehen, wenn er sich hören lässt!« (Psalm 46,7).

Auch heute noch gilt Gottes Feinden: »Irret euch nicht!« und seinen Freunden: »Fürchtet euch nicht!«

Was fragt ihr nach dem Schreien der Feind und ihrer Tück?
Der Herr wird sie zerstreuen in einem Augenblick.
Er kommt, er kommt – ein König, dem wahrlich alle Feind
auf Erden viel zu wenig zum Widerstande seind.
Er kommt zum Weltgerichte, zum Fluch dem, der ihm flucht,
mit Gnad und süßem Lichte dem, der ihn liebt und sucht!

(Paul Gerhardt)

21. Dezember

Zwiegespräch an der Krippe

Ein kleiner Junge besucht um die Weihnachtszeit seinen Großvater. Er schaut zu, wie der Großvater an einer Krippenfigur schnitzt. Einige andere Figuren der Weihnachtsgeschichte stehen schon fertig auf dem Tisch. Der Junge wird müde, legt den Arm auf den Tisch, und zuschauend schläft er ein. Im Traum werden die Figuren lebendig, und er ist mitten unter ihnen. Er geht mit in den Stall von Bethlehem und schaut das Jesuskind an .»Ich möchte gerne drei Dinge von dir haben«, sagt das Jesuskind. Und der Junge sagt eifrig: »Meinen neuen Mantel, meine elektrische Eisenbahn, mein schönes Buch mit den bunten Bildern?« »Nein«, erwidert das Jesuskind, »das brauche ich nicht. Ich möchte von dir etwas anderes haben! – Schenk mir deinen letzten Deutschaufsatz!« sagt das Jesuskind leise. Der Junge erschrickt: »Da hat doch der Lehrer ›ungenügend‹ druntergeschrieben!« »Eben deshalb will ich ihn haben. Bringst du mir immer alles, wo ›ungenügend‹ darunter steht?« »Gern«, sagt der Junge, – »Und dann möchte ich zweitens von dir deinen Milchbecher!« »Aber den habe ich doch zerbrochen!«»Willst du mir immer alles bringen, was in deinem Leben zerbrochen ist?« fragt das Jesuskind. »Und nun mein dritter Wunsch: Du sollst mir noch die Antwort bringen, die du deiner Mutter gabst, als sie dich nach dem Milchbecher fragte.« Da weint der Junge bitterlich und schluchzt: »Da habe ich doch gelogen, er wäre mir heruntergefallen. In Wahrheit habe ich den Becher absichtlich auf den Boden geworfen.« »Ja, du sollst mir immer alle deine Lügen, deinen Trotz, dein Böses, was du getan hast, bringen, damit ich dir helfen und dir vergeben, dich heilen und verändern kann!«

Da wacht der Junge auf und weiß plötzlich, warum Gott Mensch geworden ist, und warum Jesus als Heiland geboren wurde: damit er alles Ungenügende, Zerbrochene und Böse heilen und verwandeln kann.

»Des Menschen Sohn ist gekommen, zu suchen und selig zu machen was verloren ist!« (Lukas 19,10)

22. Dezember

Geschätzt

»Es begab sich aber zu der Zeit, ... dass alle Welt geschätzt würde.« – Damit beginnt die Weihnachtsgeschichte. Bis heute werden Menschen geschätzt: eingeschätzt und abgeschätzt, unterschätzt und überschätzt, eingestuft und abgestuft, taxiert und gewogen, zensiert und registriert, numeriert und etikettiert, einsortiert und aussortiert, in Listen eingetragen und ausgestrichen. Wir sind Rädchen und tragen Nummern: Hausnummer, Telefonnummer, Autonummer, Versicherungsnummer, Personalnummer, Kontonummer. Es ist wichtig, dass alle Welt geschätzt wird. Alles muss seine Ordnung haben.

Gott kommt nicht an dieser Ordnung vorbei in unsere Welt. Mitten in einer Schätzung kommt er zur Welt. Unter dem Namen Jesus wird er in Listen eingetragen. – Und mitten darin leuchtet eine wunderbare Botschaft auf: Gott schätzt unser Leben. Er gibt für uns sein Kostbarstes und Höchstes. Welch ein Schatz müssen wir in den Augen Gottes sein! Wir sind nicht nur registriert, wir sind geliebt, unendlich geschätzt, wertgeschätzt von Gott. Das tut wohl, dass wir bei Gott nicht eingeschätzt und abgeschätzt, sondern wertgeschätzt und geliebt werden. – Unsere Antwort darauf könnte dann sein, dass wir – wie die Weisen aus dem Orient

– an der Krippe Jesu unsere Schätze Jesus geben. Gehen wir ganz nahe an die Krippe Jesu heran und weihen ihm unser Leben. Weihnacht, die Nacht, in der sich Gott den Menschen weiht, sucht geweihte Menschen, Menschen, die Gott ihr Leben schenken: das Gold des Glaubens, den Weihrauch der Anbetung und die bittere Myrrhe des Leidens.

In der Welt werden wir geschätzt und numeriert, bei Gott sind wir geschätzt und geliebt. Bei Jesus tun wir unsere Schätze auf und geben unser ganzes Leben in seine Hand. Frohe Weihnachten!

In unser armes Leben, das wir so oft veracht',
hast du dich ganz gegeben und hast es wert gemacht!

(Siegfried Goes)

23. Dezember

Gott ist aber klein

Ein kleiner Junge besucht mit seiner Großmutter am Heiligen Abend die Christmette. Nach dem Gottesdienst gehen sie nach vorne, um die große Krippenlandschaft anzusehen. Der Stall, die Hirten, Maria und Josef, Ochse und Esel, die Weisen aus dem fernen Orient werden bestaunt. Plötzlich entdeckt der Junge das winzige Kind in der Krippe und ruft laut: »Oma, der liebe Gott ist aber klein!«

Wir erwarten von Gott etwas Großes, Herrliches, Mächtiges und Gewaltiges, aber er wird so klein und winzig wie ein Kind. Gott kommt uns Menschenkindern nah. Denn an seine Größe reichen wir nie heran. Wer ihm begegnen will, muss sich zu der Einfalt eines Kindes herabneigen. Und dann wächst die Offenbarung Gottes, wie auch Jesus dann gewachsen, groß und stark geworden ist. Aber es beginnt klein, unscheinbar und gering, um dann heranzuwachsen zum vollen Maß des Glaubens. Wenn der Glaube an Christus in unserem Herzen geboren wird, ist er zunächst ganz klein. Aber er wächst und wird stark. Gott bleibt gerade darin groß, dass er sich in Liebe so tief zu uns herabneigt.

»Jesus nahm Knechtsgestalt an, ward den Menschen gleich und erniedrigte sich selbst!« (Philipper 2,7f)

24. Dezember

Mit Freuden beschenkt

Mit vier Jahren erlebte ich erstmals die Vorweihnachtszeit ganz bewusst mit all ihrem Zauber und Geheimnis. Wir Kinder konnten in jener Zeit – 1945 – wahrlich keine großartigen Geschenke erwarten und mit üppigen Festlichkeiten rechnen. Es waren vielmehr die kleinen Dinge, die uns mit Vorfreude erfüllten. Wir dachten an den Baum und seinen Schmuck, an die Lichter und ihren Glanz, an die Stube und ihren weihnachtlichen Duft. Mit allen Sinnen warteten wir auf das große Fest und die vielen kleinen Dinge, die es zu sehen und zu hören, zu riechen und zu schmecken, zu fühlen und zu erleben gab.

Für unsere Mutter war diese wunderbare Zeit der Lichter und Geheimnisse von dunklen Schatten und tiefem Bangen überdeckt. Noch immer hatte sie keine Nachricht von unserem Vater. Die Hoffnung, dass er noch lebt und aus russischer Gefangenschaft nach Hause kommt, musste immer wieder gegen die Angst und Sorge um sein Ergehen ankämpfen.

Es wird Heiligabend. Die Spannung in den Kinderherzen erreicht ihren Höhepunkt. Aufgeregt rennen wir durch die Wohnung. Es klingelt, der Postbote bringt einige Briefe. Mutter setzt sich an den Tisch und beginnt zu lesen. Wir springen davon, lachen und singen, toben und balgen. Als wir in die Küche kommen, bleiben wir erschrocken stehen und verstummen. Mutter sitzt über einen Brief gebeugt, der in ihren Händen zittert, und weint. Die Tränen laufen auf den Brief hinab, tropfen auf die Erde. Nur mühsam gelingt die Erklärung: Ein Kriegskamerad hat uns mitgeteilt, dass unser Vater in einem russischen Gefangenenlager erkrankt und am 15. Oktober verstorben ist.

Obwohl das ganze Ausmaß der Schreckensnachricht nicht in unsere Kinderherzen eindringen kann, spüren wir, dass etwas zerbricht, zusammenstürzt und abreißt. Wir drücken uns an die Mutter. Traurigkeit erfüllt den Raum. Die Tränen mischen sich. Lange finden sich keine Worte. Es ist totenstill. Mitten hinein in die stumme Verzweiflung dringt meine kindlich besorgte Frage: »Mutti, fällt Weihnachten jetzt aus?« Meine Mutter stutzt, gibt sich einen Ruck, nimmt mich in den Arm und sagt: »Nein, jetzt feiern wir erst recht Weihnachten!« Und dann beginnt meine Mutter, ihre Traurigkeit und ihr Leid damit zu bewältigen, dass sie uns Kindern die Weihnachtstage gestaltet.

Die Weihnachtsbotschaft von der Freude fällt nicht aus, weil es in unserer Welt so viel Leid und Tränen, Angst und Sorge gibt, sondern gerade deswegen und dann »erst recht« werden Geburt und Kommen Christi verständlich. Weihnachten fällt nicht aus, wenn Trauer und Leid die Menschen bedrängen, sondern es fällt hinein in die ganze Dunkelheit irdischen Lebens. Mitten in Leid und Weh, Schuld und Not müssen wir »erst recht« Weihnachten feiern, das Kommen Christi besingen, den Retter anbeten und den Heiland finden. Das Kommen Gottes in die Welt hat ja mit unserer Not und Trauer, unserem Leben und Sterben zu tun.

> Mein Gott, dein hohes Fest des Lichtes
> hat stets die Leidenden gemeint ...
> Wenn unsere Feste jäh zerronnen,
> muss jeder Tag noch Christtag sein.
> Wir preisen dich in Schmerz, Schuld, Not
> und loben dich bei Wein und Brot!
>
> (Jochen Klepper)

25. Dezember

Träume werden wahr

Drei Bäume wuchsen auf einem Hügel. Sie lebten fröhlich mit Sonne und Wind und wurden groß und stark. Sie hatten den Himmel über sich und reckten ihre Kronen empor. Sie hatten die Erde unter sich und gruben ihre Wurzeln tief hinein. Sie hatten manche Stürme hinter sich und waren dadurch fest geworden. Sie hatten das Leben vor sich und freuten sich darauf. Sie hatten Träume in sich und warteten auf ihre Erfüllung.

Der erste Baum träumte davon, einmal eine Schatztruhe zu werden. Der Baum malte sich aus, eine wunderbar geschnitzte Truhe zu sein, die einen kostbaren Schatz in sich bewahrt. – Der zweite Baum träumte davon, ein Schiff zu werden. Er sehnte sich danach, Könige über die Meere zu bringen. – Der dritte Baum gar wollte der wichtigste Baum auf Erden sein. Er wollte auf dem Hügel bleiben und alle Menschen an die Geheimnisse des Lebens erinnern.

Eines Tages kamen Holzfäller und hieben die drei Bäume um. Der erste Baum wurde zu einer Futterkrippe verarbeitet und kam in einen armseligen Stall nach Bethlehem. Ochse und Esel fraßen aus der Futterkrippe und rieben sich am Holz ihr Fell. Dann wurde in einer wundersamen Nacht in diesem Stall das Jesuskind geboren und in die Futterkrippe gelegt. So wurde der Traum von der Schatztruhe doch noch erfüllt, aber so ganz anders und noch viel tiefer, als es der Baum geträumt hatte. – Aus dem zweiten Baum wurde ein Fischerboot gemacht. Am See Genezareth fuhren die Fischer mit dem Boot hinaus. Es war ein mühsamer Alltag in Wind und Wetter, Härte und Not. Da kam eines Tages Jesus an den See und stieg in das Boot, um von dort aus vielen Menschen zu predigen. So wurde das Boot zu einem Gefährt, das den König aller Könige mit seinem wunderbaren Evangelium zu den Menschen brachte. – Der dritte Baum wurde zum Fluchholz und Todesbaum und dachte wehmütig an seinen Lebenstraum. Da wurde Jesus an ihm festgenagelt und erlöste durch seinen Tod am Kreuz alle Menschen. So wurde der Baum auf dem Hügel Golgatha der wichtigste auf Erden, ein Baum des Lebens und Zeichen des Sieges. (Nach einer alten Volkserzählung)

Wie oft platzen unsere schönsten Träume vom Leben. Aber Gott kommt mit uns auf ganz anderen Wegen zu einer wunderbaren Erfüllung. Wenn unser Leben mit Jesus in Berührung kommt, wird es mit Sinn und Liebe erfüllt. Wenn Jesus in uns ruht, durch unser Leben mit seinem Evangelium zu den Menschen kommt und seine Erlösung am Kreuz aus unserem Leben leuchtet, wird es sich tiefer erfüllen, als wir es je zu träumen wagten.

»In Jesus wohnt die ganze Fülle Gottes leibhaftig, und ihr habt diese Fülle in ihm!« (Kolosser 2,9f)

26. Dezember

Die beste Parole

In der Millionenstadt Tokio stromert ein kleiner Junge frierend und bettelnd durch die Straßen. Er spricht einen Europäer an und bittet um eine Gabe. Der nennt ihm eine Adresse, beschreibt ihm das Haus und sagt: »Wenn man dir öffnet, sagst du: ‚Johannes drei, Vers sechzehn.‹« Der Junge wundert sich, aber er rennt los. Unterwegs murmelt er vor sich hin: »Johannes drei, Vers sechzehn!« Er findet die Straße und das Haus, klopft an, und auf die Frage, was er wünsche, sagt er: »Johannes drei, Vers sechzehn!« Der Junge wird hereingebeten, bekommt ein warmes Bad, neue Kleidung und ein gutes Essen. Als der Junge überglücklich das Haus verlässt, denkt er noch immer an die wunderbare Parole: Johannes drei, Vers sechzehn. In Gedanken versunken rennt er auf die Straße und wird von einem Auto angefahren. Bewusstlos wird er ins Unfallkrankenhaus gebracht. Die Ärzte und Schwestern kämpfen um sein Leben. Er sagt nur immer wieder: »Johannes drei, Vers sechzelm!« Schließlich geben die Schwestern auf und schreiben auf die Tafel über seinem Bett: »Name: Johannes drei, Vers sechzehn«.

Irgendwie gleicht unser Leben dieser wahren Geschichte. Wir laufen durch die Straßen unserer Welt und betteln um Liebe und Freude, Vertrauen und Geborgenheit. Und Gott lässt uns eine wunderbare Wahrheit sagen: »Du bist geliebt. So sehr geliebt, dass ich mein Liebstes für dich gab!« Diese Nachricht ist wie eine offene Tür, wie ein warmes Bad, wie ein neues Kleid, wie ein gutes Essen. Wir sind geliebt, das ist die beste Parole.

Es wird auch in unserem Leben Situationen geben, wo wir buchstäblich unter die Räder kommen und vor Schmerzen und Sorgen, Leid und Trauer bewusstlos sind. Wir wissen nicht mehr, wer wir eigentlich sind. Wo finde ich dann Geborgenheit und Ruhe, Hilfe und Heilung, Gewissheit und Vertrauen?

Über unserem Leben, über unserer Sehnsucht, über unserer Zukunft, über unserer Krankheit steht: »Johannes drei, Vers sechzehn: Geliebt, unendlich geliebt!«

»*Also hat Gott die Welt geliebt, dass er seinen eingeborenen Sohn gab!*« (Johannes 3,16)

27. Dezember

Menschen, die zu Jesus passen

Heinrich Waggerl berichtet, dass seine Mutter auf die Frage, warum die Bilder der Weihnachtsgeschichte immer Ochse und Esel zeigen, obwohl sie im biblischen Bericht nicht erwähnt werden, folgende Geschichte erzählte:

Während Josef und Maria nach Bethlehem wanderten, war der Erzengel schon dort und versammelte alle Tiere der Gegend, um zwei von ihnen auszuwählen, die bei der Geburt Jesu dabeisein dürften. Als erster meldete sich natürlich der Löwe. Nur der König der Tiere sei würdig, brüllte er, bei der Geburt des Königs der Welt zugegen zu sein. Er würde sich in seiner Stärke vor den Stall legen und jeden zerreißen, der sich in die Nähe des Kindes wage. »Du bist viel zu grimmig«, sagte der Engel. – Nun schlich sich der Fuchs heran und erwies in aller Unschuld eines Diebes seine Reverenz mit der Rute. »König hin, König her«, meinte er, »wenn ein Kind geboren wird, geht es um die leibliche Nahrung für Mutter und Kind!« Deshalb erbot er sich, jeden Tag ein Huhn zu stehlen, damit die Wöchnerin wieder zu Kräften komme. »Du bist mir viel zu listig«, meinte der Engel. Nun stelzte der Pfau in den Kreis und entfaltete rauschend sein Rad. »Wenn es schon so ein armseliger Stall ist, in dem Jesus zur Welt kommt, will ich für eine farbenprächtige Kulisse sorgen.« Der Engel erwiderte: »Du bist viel zu eitel!« So kamen alle Tiere, priesen ihre Schönheit, Weisheit und Kraft. Die kluge Eule, die süß flötende Nachtigall, alle boten ihre Künste an, aber vergeblich. Zuletzt sah der Engel noch Ochse und Esel, die den ganzen Tag beim Bauern am Wassergöpel im Kreise liefen, und ließ sie herbeiholen. Ochse und Esel trotteten heran. »Was könnt ihr denn?« fragte der Engel sie. »Wir können nichts, nur dienen und gehorchen«, sagten die beiden. »Dann seid ihr die einzigen, die zu Jesus passen.« – »Und so kam es«, sagte die Mutter, »dass gerade Ochse und Esel bei der Geburt Jesu dabeiwaren.«

Zu wem wollen wir passen? Wollen wir nach dem Gesetz des Stärkeren leben, das listige Beschaffen üben, im eitlen Zurschaustellen unserer Gaben mit anderen wetteifern? Oder wollen wir zu Jesus passen? Wollen wir ihm auf dem Weg der Liebe und Hingabe folgen? Dienen und Gehorchen sind nicht Dummheit und Schwäche, sondern der Weg des Überlebens und Siegens. Jesus hat ihn gewählt und sucht nun Menschen, die ihm auf diesem Weg nachfolgen.

Jesus sah Simon und Andreas, wie sie die Netze ins Meer warfen, und sprach zu ihnen: »*Folget mir nach!*« (Markus 1,16f)

28. Dezember

Die Flöte des Hirtenjungen

In der wundersamen Nacht, in der der Heiland geboren wurde, war ein armer Hirtenjunge im Gebirge bei Bethlehem. Er suchte nach einem entlaufenen Schaf. Hinauf hastete er und suchte. Atemlos war er und unglücklich. Und während die Luft schon erfüllt war vom Lobgesang der Engel, war er noch erfüllt von der Sorge um sein Lamm. Da stand plötzlich ein Engel vor ihm und sagte: »Mach dir keine Sorgen um dein Schaf. Heute ist ein größerer Hirte geboren. Lauf nach Bethlehem, dort liegt der Retter der Welt in einer Krippe!« »Der Retter der Welt«, antwortete zaghaft der Junge, »zu ihm kann ich nicht ohne Gabe kommen!« »Nimm diese Flöte und spiele für das Kind«, sagte der Engel und war verschwunden. Vor den Füßen des Hirtenjungen lag eine silberglänzende Flöte. Sieben himmelreine Töne hatte sie und spielte von selber, als er hineinblies.

Fröhlich sprang der Junge den Berg hinunter, achtete nicht auf den Weg und schlug der Länge nach hin. Im Fallen verlor er die Flöte und einen Fluch. Als er die Flöte wieder aufnahm, war sie um einen Ton ärmer. Jetzt war der Weg gut. Plötzlich saß vor ihm auf dem Pfad ein großer Wolf. »Du Schafsmörder!« rief der Junge und warf die Flöte nach dem Tier. Der Wolf war verschwunden, aber auch ein weiterer Ton von seiner Flöte. – Bald war er bei seiner Herde. Alle Tiere lagen friedlich. Nur ein Schaf strich noch herum und blökte laut. Der Junge wollte es in den Pferch treiben. Als das Schaf nicht folgte, warf der Junge mit der Flöte nach ihm. Wieder verlor er einen Ton. – Aber wo waren die anderen Hirten? Der Hirtenjunge dachte, dass sie im Wirtshaus bei Kartenspiel und Bier säßen. Voller Groll schwang er die Flöte in der Hand. Und wieder verlor sie einen Ton. – Nun lief er nach Bethlehem. Als er an das Stadttor kam, umringten ihn die Gassenjungen und wollten ihm die schöne Flöte abnehmen. Das gab eine Balgerei und Schlägerei. Die Flöte behielt er, aber sie hatte noch einen Ton weniger. Jetzt sah er schon den Stall. Über dem Dach strahlte ein heller Stern. Gerade als er durch den

Hof gehen wollte, fuhr der Kettenhund auf ihn los, und der Junge wehrte sich mit der Flöte. Er klimpfte sich den Weg frei, doch nun hatte die Flöte nur noch einen einzigen Ton. Der Junge schämte sich so sehr. Seine wunderbare Gabe war so klein geworden. Dann ging er in den Stall und sah das Jesuskind in der Krippe liegen. Da spielte er seinen einzigen, letzten Ton. Mild und rein klang er. Maria und Josef, Ochse und Esel und alle im Stall lauschten und wunderten sich. Das Jesuskind aber streckte die Hand aus und berührte die Flöte. Im selben Augenblick wurde sie wieder, wie der Junge sie empfangen hatte, volltönend, ganz und rein.

(Nach einer norwegischen Legende)

Gott gab uns das Leben, Lebensraum und Lebenszeit, Lebensmittel und Lebensgefährten, Lebenskraft und Lebensfreude. Und alles war ganz und gut und vollkommen. Aber auf unserem Lebensweg verlieren wir diese Ganzheit. Was zerbricht da alles! Schuldhaft und schicksalhaft kommt uns ein Ton nach dem anderen abhanden. Was haben wir alles verloren? Was ist alles zerbrochen? Wie tief ist manches gescheitert? Und dann stehen wir vor Gott und pfeifen aus dem letzten Loch. Nur ein Ton ist uns noch geblieben. Aber in der persönlichen Begegnung mit Jesus wird alles wiederhergestellt. Unser Leben wird heil, rein und ganz. Jesus Christus ist der Heiland und Retter unseres Lebens.

»Euch ist heute der Heiland geboren, welcher ist Christus, der Herr!«
(Lukas 2,11)

---

29. Dezember

Heute!

Eine russische Legende erzählt von einer alten Frau, die sich in einer kalten Winternacht gerade anschickt, in ihr Bett am warmen Ofen zu kriechen, als es heftig an ihre Tür klopft. Sie hört einfach nicht drauf. Aber das Klopfen wird lauter und dringender. Schließlich öffnet sie die Tür einen Spalt breit. Draußen stehen Hirten mit roten Gesichtern und Schnee in den Haaren. Ihre langen Bärte sind ganz vereist, und aufgeregt erzählen sie der Frau von einem schönen Kind, das eben in dieser Nacht in einem armen Stall geboren wurde. »Komm schnell, Babuschka«, betteln die

Männer, »komm schnell, du kannst doch mit Kindern umgehen!« Die Babuschka schüttelt den Kopf. Zu warm ist die Stube. Zu kalt ist die Nacht. Zu wohlig ist das Bett, zu eisig der Wind. »Morgen«, sagt die Frau, »morgen will ich kommen und nach dem Kind sehen!« Die Hirten ziehen wieder ab. Doch bald darauf klopfen sie noch mal an die Tür und bitten die Frau um einen Korb mit etwas Brot und Wasser. Sie wollen es selbst zu den Leuten im Stall bringen. »Morgen«, sagt die Frau, »morgen will ich den Leuten etwas bringen.« Am nächsten Tag packt die Frau einen Korb mit Esssachen und kleinen Geschenken. Aber als sie ankommt, ist niemand mehr im Stall. Die Leute sind fort. Der Stall ist leer!

Jesus spricht: »Ich muss heute in deinem Haus einkehren!« (Lukas 19,5)

> Gott rufet noch. Ob ich mein Ohr verstopfet,
> er stehet noch an meiner Tür und klopfet;
> er ist bereit, dass er mich noch empfang;
> er wartet noch auf mich. Wer weiß, wie lang?
> Gott locket mich; nun länger nicht verweilet!
> Gott will mich ganz; nun länger nicht geteilet!
> Fleisch, Welt, Vernunft, sag immer, was du willst,
> meins Gottes Stimm mir mehr als deine gilt.

(Gerhard Tersteegen)

30. Dezember

Heute noch

Herr, Jahre verrinnen,
Jahre beginnen,
immer wieder 365 Tage und 365mal
deine Frage: »Beginnst du heute?«

Herr, du hast mich gefragt,
du hast mir gesagt:
»Ungeteilt will ich dich ganz
für mich. Heute noch!«

Jedesmal an 365 Tagen wusste ich
nur eines zu sagen:
»Heute habe ich andere Sorgen.
Komm morgen!«

Und am nächsten Tag? Da gab es
zu arbeiten, zu lesen,
Geld zu verdienen und Spesen.
»Heute«, so sagte ich, »fehlt mir
die Zeit, die Stimmung, der Mut,
die Gelegenheit.
Heute kann ich den Anfang nicht
wagen, dir ganz zu leben,
dein Kreuz zu tragen.
Morgen vielleicht! Morgen!«

Herr, wie soll ich es nennen,
wie bekennen, was ich getan?!
ich bot dir an:
Gebet, Almosen, Kirchgang,
frommen Verein,
um mich zu befrein
von deinem Verlangen:
dir ganz anzuhangen, dir ganz
zu leben auf allen Wegen.

Herr. Ich wollte dir dienen,
aber nur stundenweis;
ich wollte dir folgen,
aber nicht immer;
ich wollte dein Kreuz tragen
aber kein schweres;
ich wollte Opfer bringen,
aber nicht mich;
ich wollte lieben
aber nicht zu sehr;
ich wollte anfangen,
aber erst morgen.

Herr, noch ist dein Drängen
nicht verstummt,
noch fragt dein Mund:
»Beginnst du heute?«
Verzeih, Herr, was ich getan,
jetzt biet' ich dir an:
Mein Leben, mich selbst;
dir ganz zu dienen,
zu folgen auf allen Wegen;
dein Kreuz zu tragen;
zu lieben aus ganzem Herzen,
aus ganzer Seele.
Heute noch will ich beginnen.
Heute – nicht morgen!

(P. Roth)

31. Dezember

Von guten Mächten

Ich sagte zu dem Engel, der an der Pforte des neuen Jahres stand: Gib mir ein Licht, damit ich sicheren Fußes der Ungewissheit entgehen kann! Aber er antwortete: Geh nur hinein in die Dunkelheit und lege deine Hände in die Hand Gottes! Das ist besser als ein Licht und sicherer als ein bekannter Weg! (Gleichnis eines chinesischen Christen)

Danke, Vater, dass du mich in deinen Händen hältst.
Hände, die eingreifen, wo es nötig ist.
Hände, die mir eine Richtung angeben.
Hände, die mich tragen, mir aufhelfen
und mich auch zurechtweisen.
Hände, die nicht tatenlos zusehen,
sondern unbegreiflich liebevoll eingreifen.

Diese Liebe ist oft so überwältigend,
dass ich sie nicht begreifen kann.
Oft meine ich, du strafst mich
durch irgendwelche Schwierigkeiten
und Probleme; doch dann stelle ich fest,
dass du mir gerade in solchen Situationen
deine Liebe zeigst, indem ich lernen kann,
mich immer mehr auf dich zu verlassen,
dir allein zu vertrauen.

In diesen liebevollen Händen fühle ich
mich frei und geborgen. Ich kann mich
selbst in ihnen kennenlernen und so entfalten,
dass ich für andere zu einer Persönlichkeit werde.
Eine Persönlichkeit, die Licht, Freude,
Zufriedenheit, Geborgenheit,
Wärme und Liebe ausstrahlt
und somit für andere zum Bezugspunkt,
zur Orientierung, zum Helfer und Ruhepol wird.

Danke, Vater, dass du mich in deinen Händen hältst.

(Iris Breuninger)

»*So hoch der Himmel über der Erde ist, lässt er seine Gnade walten über denen, die ihn fürchten!*« (Psalm 103,11)

Der du die Zeit in Händen hast,
Herr, nimm auch dieses Jahres Last
und wandle sie in Segen.

(Jochen Klepper)

Von guten Mächten treu und still umgeben,
behütet und getröstet wunderbar,
so will ich diese Tage mit euch leben
und mit euch gehen in ein neues Jahr.

(Dietrich Bonhoeffer)

Verzeichnis der Bibelstellen

1. Mose		37,4	19. 7., 17. 12.
4,7	5. 12.	37,5	11. 2., 15. 12.
18,14	23. 9.	40,4	19. 10.
25,8	22. 7.	42,8	3. 7.
		46,7	20. 12.
2. Mose		56,9	24. 11.
20,8	11. 6.	59,17	21. 1.
20,16	12. 5.	63,9	6. 1.
		66,10–12	30. 11.
5. Mose		86,20	25. 8.
1,31	14. 1.	71,18	10. 7.
32,47	22. 2.	73,23	5. 2.
		73,23f	23. 10., 4. 12.
1. Samuel		73,28	6. 8.
14,6	23. 9.	84,12	7. 6.
		86,2	15. 2.
2. Könige		90,1	8. 11.
18,6f	27. 8.	91,1f	26. 7., 3. 11.
		93,3f	13. 10.
2. Chronik		93,4	30. 4.
15,7	10. 8.	102,20f	29. 10., 16. 12.
		103,2	15. 9.
Psalmen		103,4	21. 10.
4,7	2. 6.	103,4f	22. 10.
9,17. 10	14. 4.	103,11	31. 12.
14,1f	27. 6.	104,1f	22. 9.
18,19f	7. 11.	116,3f	18. 8.
22,11	18. 7.	118,24	3. 1.
23,1	23. 4.	118,28	4. 1.
27,1	15. 4.	119,18	2. 6.
31,5. 15f	9. 5.	119,56	26. 5.
31,15f	10. 11.	119,105	26. 6.
32,1	28. 3.	119,156	7. 5.
34,8	5. 6.	119,166	9. 1., 31. 3.
36,9	3. 7.	121,3f	25. 5.
36,10	11. 8.	127,3	6. 12.

130,1	28. 6.	55,3	12. 9.
133,1. 3	31. 7.	55,8	18. 9.
138,7	2. 4.	55,81	17. 9.
139	7. 8.	57,18f	5. 11.
139,1. 5	22. 4.	60,1–3	11. 12.
139,16	24. 11.	61,10	7. 12.
139,23f	28. 1.		
142,4	10. 6.	Jeremia	
		2,19	19. 12.
Sprüche		15,16	6. 3.
16,18	9. 9.	17,7f	1. 9., 14. 6.
23,26	17. 12.	17,14	10. 1.
		30,11	11. 1.
Prediger		30,17	21. 8.
5,12	6. 9.	31,3	9. 3.
6,7	24. 1.	32,17. 27	23. 9.
11,7	8. 6.		
		Hesekiel	
Hoheslled		11,19	29. 2.
8,6	25. 3.		
		Hosea	
Jesaja		6,6	10. 5., 6. 7.
7,9	17. 4.		
30,15	14. 3.	Joel	
30,15f	24. 7.	4,18	4. 7.
35	12. 12.		
35,1f	6. 6.	Micha	
38,17	30. 5.	6,8	17. 11.
40,31	22. 10.		
42,3	20. 6.	Sacharja	
43,1	20. 4.	9,9	1. 12., 2. 12.
43,2	9. 7.		
43,4	19. 4.	Maleachi	
46,4	10. 7., 23. 8.	3,3	14. 10.
53,2f	22. 9.	3,20	26. 2.
53,5	29. 3., 22. 11.		
53,12	17. 6.	Matthäus	
55,1f	13. 4.	5,5	7. 10.

5,7	1. 8., 18. 11.	Johannes	
5,9	31. 8.	1,29	16. 3., 24. 3.
5,14. 16	4. 6.	1,43	30. 6.
5,44f	12. 8.	1,51	6. 4.
6,27	14. 2.	3,16	26. 12.
6,33	1. 1.	6,35	9. 4.
7,14	27. 1.	7,38	15. 6.
10,30	24. 11.	8,12	4. 6., 13. 12.
10,42	9. 10.	8,34. 36	26. 4.
11,28	2. 5.	8,36	30. 1., 27. 5.
11,29f	30. 3.	10,9	3. 12.
13,23	8. 3.	10,14	6. 5.
13,47	8. 7.	10,27f	21. 6.
16,24	27. 3.	10,29	4. 4., 21. 11.
16,25	20. 5.	12,24	1. 7., 13. 9.
16,26	20. 1.	13,1	21. 4.
23,37	31. 10.	13,34	19. 5.
24,35	17. 10.	13,35	11. 7.
24,42. 44	30. 10.	14,21	29. 5.
28,20	31. 1., 10. 4., 16. 7., 23. 7.	14,3	26. 11.
		14,9	21. 2.
Markus		14,19	5. 4.
1,15	18. 10.	15,5	16. 4.
1,161	27. 12.	15,9	18. 5.
6,31	15. 11.	15,12	16. 6., 4. 8.
10,21	25. 4., 4. 9.	17,17	2. 3.
		17,24	20. 6.
Lukas		20,29	28. 2.
2,11	28. 12.		
12,29. 31	21. 7.	Apostelgeschichte	
12,35	10. 12.	1,8	2. 2.
12,48	1. 6.	4,12	8. 8.
12,49	25. 2., 23. 6.	4,20	4. 2.
15,4	12. 10.	9,15f	20. 2.
15,10	4. 11.	17,28	17. 1.
19,5	29. 12.	20,35	20. 10.
19,10	21. 12.		
22,53	8. 4.		

Römer
4,7	22. 5.
5,5	9. 2., 29. 7.
6,4	1. 5.
6,23	24. 2.
7,19	13. 5.
7,24f	13. 5.
8,17	20. 6.
8,18	19. 8.
8,28	17. 7., 20. 9.
8,32	24. 10.
8,38f	20. 11.
12,1	11. 3.
12,11	26. 1., 10. 12.
12,12	14. 9.
12,21	13. 8.

1. Korinther
1,9	28. 5.
1,18	14. 5.
1,23f	22. 3.
2,9	15. 5.
3,11	3. 3
7,20	10. 10.
12,31	13. 6.
13,6	16. 11.
13,7	21. 5.
13,13	13. 6., 3. 8.

2. Korinther
1,31	16. 2.
3,17	27. 4.
4,4	26. 8.
5,10	8. 10.
5,17	8. 2.
5,20	26. 6.
5,21	17. 3.
6,9f	17. 8.

9,10f	11. 10.

Galater
5,13	25. 10.
5,22	29. 11.
6,2	23. 5.
6,7	20. 12.
6,71	3. 10.
6,9	5. 10.

Epheser
1,5	15. 2., 11. 11.
2,10	29. 4., 5. 7.
3,17. 19	28. 6.
4,4–6	5. 9.
4,15	22. 1.
4,15. 23f	1. 11.
4,22. 24	24. 4.
4,24	5. 5.
4,25	11. 5.
5,2	30. 9.
5,81	26. 10.
5,15f	8. 5.

Philipper
1,9	29. 9.
2,71	23. 12.
3,13f	2. 10.
4,13	13. 5.

Kolosser
2,91	25. 12.
3,2	24. 1.
3,14	5. 10., 18. 6.
3,17	12. 6.

1. Thessalonicher
5,16–18	2. 8.

1. Timotheus	
2,4	25. 9.
3,16	29. 6.
6,6–8. 10	28. 9.
6,7	24. 1.
6,10	25. 6.
6,16	27. 2.
6,17f	3. 5.

2. Timotheus	
1,7	2. 7.
3,14	1. 11.
4,7f	1. 10.

Titus	
3,4–7	11. 4.

1. Petrus	
1,8	23. 1.
2,4f	19. 11.
4,10	7. 7.

2. Petrus	
1,10	14. 11.
1,13f	18. 12.
3,18	12. 11.

1. Johannes	
3,1	18. 4.
3,11	6. 10.
3,18	4. 10.
5,4	7. 3.
5,12	18. 1., 10. 2.

Hebräer	
1,2	25. 11.
13,5	16. 8.
13,14	27. 7.

Jakobus	
1,12	24. 8.
2,1–9	27. 10.
2,5	16. 5., 30. 7.
3,5–11	10. 3.
3,14–16	4. 5.
3,17	9. 11.
4,10	28. 10.

Offenbarung	
1,17f	15. 7.
1,18	6. 4.
2,8–10	24. 9.
2,9	8. 1.
2,10	21. 10.
3,1. 3	19. 9.
3,8	4. 12.
3,20	1. 3., 5. 12.
5,12	15. 3.
12,11	13. 11.
21,10–27	11. 9.
22,1	19. 3.
22,11	16. 8.
22,20	15. 12.

Stichwortregister

Aberglaube 26. 8.
abgeben 11. 10.
Abgrenzung 11. 9.
abstürzen 22. 10.
abweisen 27. 10.
Achtlosigkeit 3. 1.
Acker 8. 3.
Advent 1. 12.
Allmacht Gottes 26. 7.
Alltag 11. 6., 30. 6.
Alter 10. 7.
Anerkennung 29. 8.
anfangen 30. 12.
Angewiesenheit auf Gott 22. 6.
Angst 2. 4., 10. 4., 10. 6., 29. 10.
Anklage 5. 10.
anschauen, sich 29. 9.
Anstrich 22. 1.
Antwort 11. 11.
Arbeit 29. 4., 12. 6.
Atheismus 21. 9.
aufblühen 9. 6.
Aufbruch 1. 11.
Aufgabe 14. 11.
aufhören 12. 9.
Aufrichtigkeit 12. 5.
aufstehen 9. 4.
aufsteigen 22. 10.
aushalten 20. 9., 2. 11.
ausliefern, sich 28. 1., 28. 8.
Aussaat 13. 9.
außen 3. 12.
Äußerlichkeit 22. 1.

Bahnhof, toter 11. 1.
Barmherzigkeit 17. 5., 1. 8., 8. 11.

Baum 14. 6., 14. 8., 15. 8., 1. 9., 27. 11.
Befreiung 15. 7.
Beistand 7. 5.
Bekenntnis 3. 2., 5. 9.
Belastung s. Last
Bereitschaft 29. 12.
Beruf 13. 6.
beten 21. 1.
Bewahrung 5. 2., 17. 2., 23. 2., 25. 5., 17. 7., 31. 12.
Bewegung 10. 9.
Bewusstheit 20. 7.
Beziehung 12. 1., 3. 8.
Bibel 19. 2., 21. 2., 22. 2., 2. 3., 19. 6., 26. 6., 16. 10., 17. 10.
Bildhauer 18. 4.
Blatt 28. 11.
blühen 25. 2., 23. 4.
Blume 6. 6.
Brücke 15. 1.

Chance 30. 9.

Dank 21. 1., 12. 3.
Dankbarkeit 4. 1., 2. 8., 15. 9.
Demütigung 28. 10., 9. 11.
dennoch 20. 9.
dienen 27. 12.
Dreck 29. 1.
drüben 29. 5.
du 15. 10.
dunkel 10. 4.
durchkreuzt 18. 9.
Durchreise 27. 7.
Durst 4. 7.

Dynamit 2. 3.

Ebenbild Gottes 19. 4.
Eigentum Jesu 25. 11.
eingebunden 6. 8.
Einheit 5. 9.
Einladung 31. 10.
Einsamkeit 2. 4., 21. 4., 13. 9.
Einsatz 27. 9., 9. 11.
Einsicht 26. 4.
Einsiedler 2. 7.
eitel 19. 1., 9. 9.
empfangen 25. 1.
Ende 17. 4., 1. 10., 23. 10.
Engel 17. 5.
entgegenkommen 12. 8., 13. 8.
Entscheidung 3. 9.
Entspannung 15. 11.
Erbe 10. 2., 20. 8.
Erbgut 6. 12.
erfahren 23. 1.
Erfolg 17. 4.
Erfüllung 25. 12.
Erhöhung 28. 10.
erkannt sein 22. 4.
erleben 23. 1.
Erlöser 1. 4.
Erlösung 19. 3.
Erneuerung 8. 10.
Ernst 18. 1., 11. 8.
Ernte 3. 10.
erwartet werden 26. 11.
Erwartung 2. 10.
erzählen 4. 2.
Ewigkeit 25. 7.

Fang, großer 17. 4.
Fantasie 30. 9.

Fehler 18. 2.
Feiertag 5. 8.
Feind 31. 8.
Fest 7. 1.
festhalten 4. 11.
Feuer 23. 6., 24. 6., 10. 12.
Fisch 17. 1.
Flucht 24. 7., 10. 10.
Fragen 11. 11.
Freiheit 30. 1., 26. 3., 27. 4., 21. 6.,
 6. 8.
Freude 24. 5.
Frieden 31. 8., 7. 10., 22. 11.
Frucht 8. 3., 8. 6., 1. 9., 3. 10.,
 29. 11.
Fundament 3. 3.
für andere 17. 8.
füreinander einstehen 23. 5.
Fürsorge Gottes 19. 7.

Gaben 7. 1.
Gang 12. 3.
Ganzheit 28. 12.
Gebet 14. 9.
Geborgenheit 6. 2., 15. 4., 21. 6.,
 14. 12.
Gebete 17. 2.
Gebundenheit 7. 11.
Gefahr 26. 5., 27. 5.
gefangen 30. 1., 11. 2., 2. 11.
Geheimnis 29. 6.
gehorchen 14. 3., 31. 3., 27. 12.
Gekreuzigter 29. 3.
Gelassenheit 2. 12.
Geld 3. 5.
Gemeinde 8. 1., 7. 2., 6. 2., 18. 6.,
 7. 7., 8. 7., 19. 11.
Gemeinschaft 7. 2.

Genügsamkeit 28. 9.
Gerücht 12. 5.
geschätzt 22. 12.
geschenktes Leben 12. 3.
Gesicht 29. 9.
getragen sein 14. 1.
Gewalt 16. 3.
gewinnen 1. 7 .
Gier 14. 2.
Gilt 28. 11.
Glanz 2. 5., 8. 6.
Glaube, glauben 28. 2., 13. 3., 9. 4., 5. 7.
Glauben bewahren 18. 12.
Glaubensgemeinschaft 23. 5.
Glaubensgewissheit 1. 4., 2. 4.
Glück 28. 7., 2. 8., 7. 12.
Gott benutzen 21. 9.
Gott erkennen 17. 1., 26. 2., 27. 2., 28. 2., 29. 2., 1. 3., 27. 6., 28. 6., 6. 7.
Gott finden 13. 3., 29. 6.
Gott, herabgestiegen 17. 3., 23. 12.
Gott, mütterlich 25. 5.
Gottes Partner 24. 2.
Gotteslästerung 20. 12.
Gottlosigkeit 14. 4.
Grenzen 12. 9.
Grund 3. 3.

Habgier 20. 1., 25. 6.
Halt 6. 1.
Hand Gottes 5. 2.
handeln 9. 1.
Hass 25. 3., 13. 8.
Hauptperson 27. 8.
Heiligkeit 10. 5.

Heilung 10. 1., 21. 8., 21. 12., 28. 12.
heimatlos 23. 3.
helfen 11. 7., 18. 11.
hereinlassen 5. 12.
Herr des Lebens 14. 7.
Herrschaft 13. 10.
Herz 1. 3., 19. 12.
Hetze 9. 5., 21. 7., 9. 8.
heute 29. 12., 30. 12.
Hilfe 29. 10.
Himmel 31. 7.
Himmelsschlüssel 6. 4.
hindurchgehen 4. 12.
Hingabe 20. 5., 13. 7., 13. 9., 16. 9., 19. 9.
hingerissen sein 4. 2.
Hirte 6. 5.
Hochmut 14. 4.
Hoch-Zeit 13. 1., 2. 10.
Hoffnung 30. 4., 24. 5., 29. 7., 11. 10., 10. 11., 30. 11.
höher hinaus 28. 6., 30. 6.
Hölle 31. 7.
hören 31. 3., 12. 9.
Hunger 16. 1.

Identität 22. 4., 24. 4.
innen 3. 12.

Jesus 20. 3., 7. 4., 9. 7., 27. 8.
Jesus einladen 13. 1., 8. 12.
Jesus, vorausgegangen 29. 5.

Ketten 27. 5.
Kinder 6. 12.
Kleidung 2. 12.
klein 12. 4., 23. 12.

Kraft 6. 3., 7. 3., 24. 8.
Kraft der Liebe 12. 8., 13. 8.
Kreuz 2. 1., 4. 3., 5. 3., 19. 3.,
 21. 3., 22. 3., 16. 8.
Krieg 31. 8.
Krone des Lebens 21. 10.

Lamm 15. 3.
Last 30. 3., 23. 8., 24. 8., 25. 8.
Leben 18. 1., 24. 2., 15. 4., 1. 5.,
 1. 7., 25. 7.
Lebensaufgabe 9. 10., 10. 10.,
 30. 10.
Lebensbaum 16. 8.
Lebensfreude 14. 7.
Lebensfülle 22. 7.
Lebensgeschichte 18. 2., 6. 6.
Lebenskraft 14. 5., 14. 6., 22. 6.
Lebensmittel 20. 1., 9. 3., 15. 5.
Lebensquelle 1. 9., 2. 9.
Lebenstage 24. 11.
leer werden 26. 2.
Leichtfertigkeit 18. 1., 10. 8.
Leid 16. 2., 20. 2., 16. 7., 17. 7.,
 18. 8., 24. 12.
Leidensdruck 7. 9.
Licht 20. 2., 8. 4., 2. 6., 3. 6., 4. 6.,
 10. 12., 13. 12., 18. 12.
Liebe 10. 2., 24. 3., 20. 5., 21. 5.,
 16. 6., 4. 8., 4. 10., 25. 10., 16. 11.
Liebe Gottes 11. 1., 9. 2.,
 13. 2.,19. 2., 22. 5., 3. 6., 23. 6.,
 24. 10., 26. 12.
Lilie 12. 2.
loslassen 15. 5., 17. 12.
Lücke 19. 11.
Lüge 11. 5.
Macht 16. 3.

Macht Gottes 23. 9., 13. 10.
Maß 16. 6.
Maßstab 13. 1.
Matthäi am Letzten 31. 1.
Medizin 4. 1.
Mensch 19. 4.
Mensch, unantastbar 19. 5.
Mensch, zerschlagen 18. 4.
Menschenbild, biblisches 18. 3.
Mission 5. 6.
Mitte 14. 12.
mitteilen 1. 2.
Möglichkeit 16. 12.
Müll 23. 2.
Mut 3. 2.
Mutterliebe 17. 5.

nachfolgen 27. 3., 25. 4.
Nachricht 7. 4.
Nacht 12. 7.
Name 21. 2., 20. 4., 19. 6.
Neid 4. 5.
Netz 8. 7.
Neuanfang 8. 2.
Neugeburt 11. 4., 24. 4.
Not 15. 2.
Null 1. 1.
Nummer 22. 12.
Nummer eins 1. 1.
nutzen 24. 1.

Oase 15. 6.
Offenbarung 29. 6.
Offenheit 8. 3., 11. 9.
offenlegen 7. 6.
Opfer 11. 3., 26. 3.
Orientierung 8. 8.
Paradies 19. 3.

Pause 15. 11.
persönlich 21. 2.
Petrus 27. 3.
Platz, freier 21. 3.
preisgeben, sich 5. 6.
Probleme 15. 2.

Quelle 6. 3.
Quo vadis 27. 3.

Realität 16. 12.
Regenbogen 31. 1.
Reichtum 8. 1., 10. 2., 3. 5., 31. 5., 1. 6., 1. 8., 6. 9.
Reichtum Gottes 16. 5.
Reife 3. 9., 7. 9., 12. 11.
Reinheit 29. 1.
Reinigung 11. 4., 28. 8., 14. 10.
respektieren 23. 7.
Rettung 6. 1., 15. 1., 22. 2., 17. 3., 24. 3., 22. 8.
Reue 5. 5.
Richtung 18. 10.
Ruf 31. 10.
Ruhe, ruhen 9. 1., 5. 8., 10. 9.

Samen 16. 4., 9. 6.
Sammlung 20. 7.
Sanftmut 15. 3.
Säuberung 28. 11.
Schaf 6. 5.
Schatten 3. 11.
Schatz 3. 1., 8. 1., 19. 2., 13. 3.
scheitern 3. 9.
schenken 27. 11.
Schicksal 25. 8.
Schiff 9. 2.
schlucken 15. 2.

Schlüssel 15. 7.
Schmerz 18. 2., 19. 8., 13. 11.
Schönheit 30. 7., 22. 9.
Schöpfer 27. 6.
Schuld 2. 1., 22. 5.
Schutz s. Bewahrung
Schwermut 24. 5., 10. 8.
schwertun, sich 17. 12.
Segen 4. 3.
sehen 30. 7.
Sehnsucht 16. 1., 11. 12., 12. 12.
Selbstachtung 12. 2.
Selbsterniedrigung Gottes 28. 6.
Sicherheit 20. 6.
Sinn 28. 4., 29. 4., 9. 10.
Sinnlosigkeit 24. 6., 7. 8.
Sonne 2. 6., 8. 6.
Sonntag 11. 6.
Sorge 6. 9.
Sorge Gottes 14. 10.
Spaltung 30. 8.
Spiel 11. 8.
Spott 2. 2., 22. 3.
Sprache 1. 2.
standhalten 28. 5.
Steinboden 23. 4.
sterben 21. 11., 23. 11.
Stichwort 20. 3.
Stille 16. 1.,25. 1.
Stolz 9. 9.
Sturm 14. 12.
suchen 19. 10.
Sünde 7. 11.

Tag 12. 7.
Taufe 20. 4.
Testament 20. 8.
Tiere 2. 7.

Tod 13. 2., 4. 4., 30. 4., 23. 11.
Tod Jesu 3. 11.
Todesmut 17. 3.
Träume 25. 12.
Traurigkeit 25. 2., 24. 12.
Trennung 30. 8.
Treue (zu Gott) 5. 6., 24. 9., 2. 11.
Treue Gottes 31. 1., 28. 5.
Tropfen 12. 4.
Trost, trösten 16. 2., 30. 5., 23. 7.,
   6. 10., 5. 11.
Trümmerhaufen 28. 3.
Tür 3. 12., 4. 12., 5. 12.

Übermaß 16. 6.
Überwindung 26. 10.
Uhr 28. 1.
Umkehr 29. 2., 26. 4., 3. 5., 5. 5.,
   17. 6., 18. 10.
umsonst 24. 1., 8. 9.
Unerfülltheit 24. 1.
Unersättlichkeit 25. 6.
Ungeduld 14. 2.
Unglück 17. 9.
Unkraut 26. 1.
Unruhe 21. 7.
unsichtbar 14. 5.
unterwegs 8. 8.
Unwissenheit 16. 5.
Unzertrennbarkeit 20. 11.
Unzufriedenheit 2. 8., 25. 8., 15. 9.
Ursprung 7. 3.

Vater 15. 4., 6. 11.
Veränderung 23. 9.
Verantwortung 5. 10., 8. 10.,
   27. 10.
Verbindung 11. 1

Verderben 26. 1., 27. 1.
Verehrung 29. 8.
Verführung 27. 4.
Vergangenheit 8. 2.
Vergänglichkeit 19. 1.
Vergebung 25. 3., 26. 3., 3. 4.,
   21. 12.
Verlassenheit 10. 6.
verlaufen 12. 10.
Verlust, verlieren 1. 7., 24. 12.
verschenken 31. 5., 1. 6., 1. 8.
verschwenden 3. 1.
verstehen 21. 4., 22. 8.
Vertrauen 9. 1., 17. 5., 9. 7.,16. 9.,
   17. 9., 6. 11., 9. 12.
Vertrautes 1. 11.
verurteilen 20. 10.
verwalten 26. 9.
Verwandlung 21. 5., 4. 9.
Verwundungen 10. 1., 21. 8.
vivit 5. 4.
Vorsicht 15. 6.
vorübergehend 27. 7.

Waffen 15. 3.
Wahrheit 11. 5., 7. 6., 16. 11.
Wärme 3. 6.
Warnung 26. 5.
warten 14. 3., 15. 12.
warum 28. 4., 16. 7., 18. 7.
waschen 29. 1.
Wasser (des Lebens) 7. 1., 17. 1.,
   13. 4., 15. 6., 3. 7.
Weg 11. 2., 23. 2.
Weg, schwerer 27. 1.
Wein 7. 1., 4. 7.
Weinberg 24. 1.
weitergeben 4. 6.

Weltenherrscher 26. 7.
Weltnot 19. 12.
Werke 5. 7.
Wert 2. 5., 3. 8., 13. 12.
Wertschätzung 22. 12.
wichtig 17. 11.
Widerspruch 10. 11.
wiederfinden 19. 10.
Winter 30. 11., 9. 12.
Wirklichkeit 13. 5.
Wohnort Gottes 4. 8.
Wolf 16. 3.
Wort 10. 3., 20. 3.
Wort Gottes s. Bibel
Worte der Liebe 18. 5.
Wunde 10. 1.
Wunsch 16. 4., 13. 5.
Würde 25. 9.

Wurzeln 2. 9.
Wüste 13. 4., 12. 12.

Zeichen 2. 1., 2. 2., 4. 3., 5. 3.
Zeit 5. 1., 10. 1., 8. 5., 9. 5., 22. 7., 9. 8.
Zelt 23. 3.
Ziel 1. 10., 25. 11.
Zuflucht 8. 11.
Zufriedenheit 4. 1.
Zug 12. 1
Zugang 22. 11.
zugreifen 22. 8.
Zukunft 8. 2.
Zunge 10. 3.
zurückgeben 26. 9.
zusammen 8. 9.
Zuversicht 23. 10., 31. 12.

Quellennachweis

Balling, Adalbert Ludwig: Wir lieben einander so sehr/Der beinlose Fuchs und der Tiger/Vielleicht ist dann alles wieder gut, aus: ders.: Immer wenn ich an dich denke © Verlag Herder, Freiburg im Breisgau, 2. Auflage 1990. (4. 10., 5. 10., 6. 10.)

Fishback Powers, Margaret: Spuren im Sand © Margaret Fishback Powers 1964, übersetzt von Eva-Maria Busch © der deutschen Übersetzung Brunnen Verlag, Gießen 1996. (14. 1.)

Johnson, Gnanabaranam: Gleichnisse aus Südindien, aus: ders.: Heute mein Jesus, S. 43 © Erlanger Verlag für Mission und Ökumene, Neuendettelsau 1983. (31. 10.)

Radecki, Sigismund von: Ein gutes Urteil, aus: ders.: ABC des Lachens, Rowohlt Verlag, Reinbek 1953 © Landschaftsverband Westfalen-Lippe, LWL – Archivamt für Westfalen. (20. 10.)

Weber, Emil: Der Schritt über die Linie © SCM R.Brockhaus im SCM-Verlag GmbH & Co. KG, Witten 1996. (15. 1., 3. 2., 3. 3., 27. 5., 9. 7.)